北京市国土资源年鉴

2010

北京市国土资源局　编

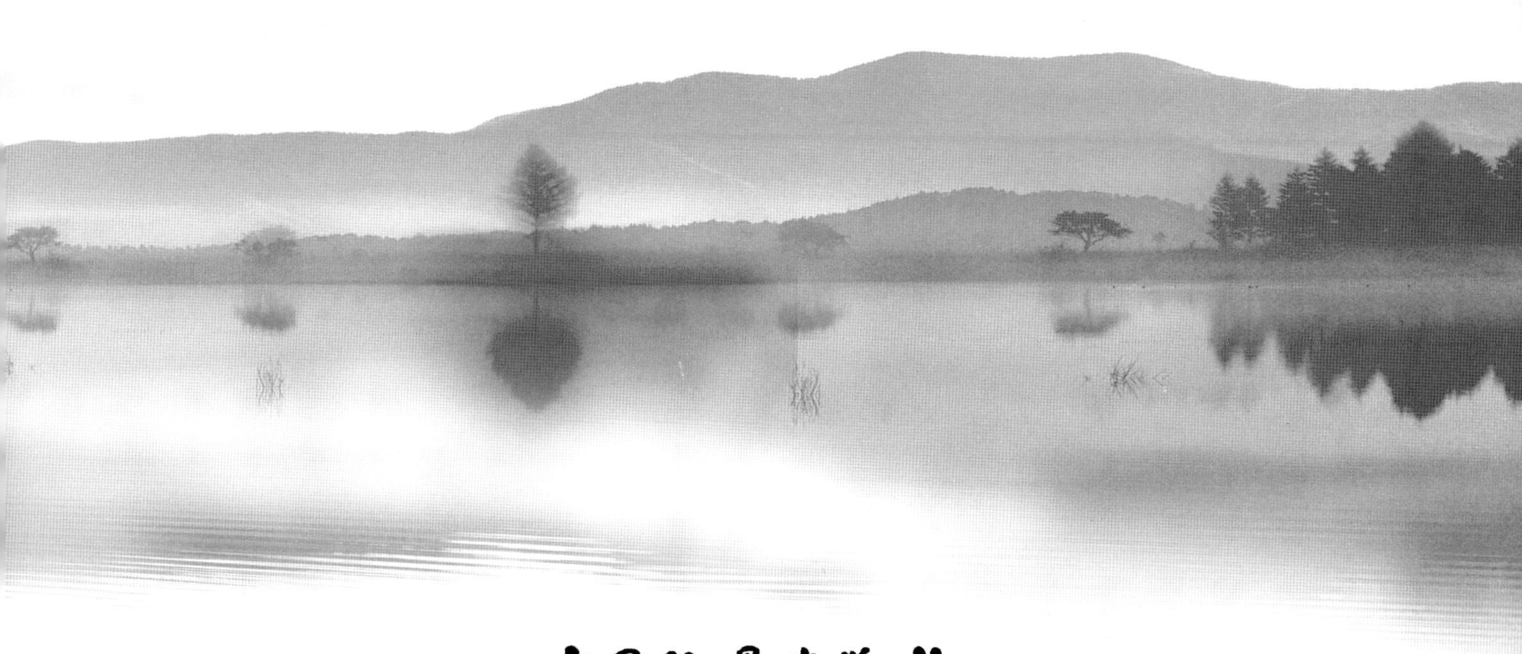

中国计量出版社

图书在版编目（CIP）数据

2010年北京市国土资源年鉴 / 北京市国土资源局编. —北京：中国计量出版社，2010.6

ISBN 978-7-5026-3318-9

Ⅰ. ①2… Ⅱ. ①北… Ⅲ. ①国土资源－资源管理－北京市－2010－年鉴 Ⅳ. ①F129.91-54

中国版本图书馆CIP数据核字（2010）第144140号

中国计量出版社出版
北京和平里西街甲2号
邮政编码 100013
电话（010）64275360
http://www.zgjl.com.cn
北京华睿林彩色印刷有限公司印刷

*

880mm × 1230mm　16开本　25印张　430千字
2010年6月第1版　2010年6月第1次印刷

*

定价：240.00元

国家土地督察机构与北京市人民政府联席会议框架协议签约仪式，国土资源部党组书记、部长、国家土地总督察徐绍史，北京市市长郭金龙，国土资源部党组副书记、副部长、国家土地副总督察鹿心社出席。

为贯彻落实国土资源部《关于印发开展地质找矿改革发展大讨论工作方案的通知》精神，2009年5月12日，北京市地质找矿改革发展大讨论办公室在北京会议中心召开了北京市地质找矿改革发展大讨论工作部署会。

国土资源部部长徐绍史（中）、北京市市长郭金龙（左）到北京市国土资源局视察指导工作，魏成林局长（右）陪同。

2009年4月21日，北京市落实1000亿元土地储备开发投资动员大会，北京市副市长陈刚同志作动员。

北京市国土资源局代表北京市政府与中国农业银行签订土地储备开发战略合作协议。这是在一千亿土地储备开发贷款授信签约仪式中。

二○○九年九月二十八日，国务院批复了《北京市土地利用总体规划（2006－2020年）》，这是新闻发布会现场。

目　录

第一部分　特　稿

第二部分　北京市国土资源局行政管理

第三部分　专业管理

第四部分　科教文化

第五部分　北京市国土资源局各分局国土资源工作

第六部分　附　录

第七部分　统计资料

特 稿

北京市大兴区住宅楼

2009年4月27日在中共北京市委十届六次全会上的讲话（摘录）

中共中央政治局委员、中共北京市委书记　刘　淇

要正确处理好加强政府宏观调控与发挥市场作用的关系。充分利用财政、规划、土地以及政府采购政策，提高宏观调控的水平。发挥公共财政的杠杆作用，引导产业发展方向，调动社会投资的积极性；发挥规划的引导作用，引导先进生产力落地，完善首都的产业布局，实现城市的有序发展；发挥土地管理对发展的保障作用，提高土地使用效率，保障经济发展和改善群众生活的用地需求。

2009年4月27日在中共北京市委十届六次全会上的讲话（摘录）

中共中央委员、中共北京市委副书记、北京市人民政府市长　郭金龙

严格落实投资目标责任，努力解决重大项目落地难问题，加快推进新开工项目和重大项目，切实做好重大项目储备工作，全面推进重大项目建设；加快实施保障性安居工程，大力调整住房供给结构，积极发展住房租赁市场，抓好土地储备和供应，促进房地产市场健康发展。

统一思想　坚定信心
落实责任　真抓实干
确保全市1000亿土地储备开发投资落地

2009年4月19日在落实全市1000亿土地储备
开发投资动员会上的讲话（摘录）

北京市副市长　陈　刚

统一思想，提高认识，切实增强责任感和紧迫感

1000亿土地储备开发投资，既是市委市政府贯彻落实中央保增长、扩内需、调结构方针的重大举措，又是确保全面实现全市保增长、保民生、保稳定目标的重要任务。要科学认识当前形势，增强责任感，迎难而上，打好这场硬仗，确保完成任务。

落实责任，改进作风，全力推进1000亿投资工作落实

要将1000亿土地储备开发投资的各项工作进行分解落实，实行目标责任制，做到工作任务清楚，完成时限明确，责任具体到人，并层层签订责任状。要切实改变工作作风，按照“加快、简化、下放、取消”的原则，创新机制，打破常规，加快手续办理。要靠苦干、实干、大干，集中精力抓落实，身先士卒、靠前指挥，扎扎实实地完成1000亿元土地储备开发投资这一重要任务。

科学组织，明确要求，确保1000亿投资任务顺利完成

要切实把思想和行动统一到市委、市政府的工作要求和部署上来，进一步加强对1000亿土地储备开发投资落地工作的组织领导，及时研究解决工作中的困难和问题。加强资金监管，确保资金安全、高效使用。建立项目动态监测机制和督查制度。

北京市国土资源局2009年工作总结及2010年重点工作安排

北京市国土资源局党组书记、北京市国土资源局局长　魏成林

一、2009年国土资源工作

2009年，是新中国迎来六十华诞的喜庆之年，是本市克服国际金融危机实现经济企稳向好的一年。本市国土资源系统在市委、市政府、国土资源部的坚强领导下，按照“打赢一场硬仗、办好一件大事”的目标要求，全面贯彻十七届三中、四中全会精神，深入学习实践科学发展观，全力保增长、保民生、保稳定、保红线，加大土地储备开发投资力度，促进重大项目落地，调整土地供应节奏，扎实推进城乡一体化工作，提高工作效率和质量，为全市经济社会发展做出了贡献。

2009年为应对危机，本市固定资产投资力度加大，土地需求强劲，耕地“占补平衡”压力增大。全年通过建设用地预审项目1392个，总面积17711公顷，同比增长87%。审批建设用地8418.77公顷、同比增长178%，其中农转用5557.57公顷、同比增长218%，含耕地3552.9公顷、同比增长204%。土地市场自一季度低迷后持续上扬，入市交易总量加大，地块出让价格攀升，政府收益溢价比例增大。全年供应土地6082公顷，完成计划（5700公顷）的107%，比上年（4634公顷）增长31%。国有土地入市交易成交250宗，成交面积1965.16公顷，同比增长52%。全年国有土地有偿使用收入征缴入库约483亿元，比上年增长43.7%；全市矿产资源类收入首次超过亿元，收费征缴入库达到1.14亿元，比上年增长67.1%。国土资源执法工作力度加大。全市共立案查处各类土地违法违规案件615件、同比增长80%，结案1240件、同比增长179%；立案查处各类矿产违法案件48件，同比下降68%。国土资源基础性工作进一步加强，全面推进第二次全国土地大调查工作，积极开展确权登记发证工作。全市国有建设用地使用权登记发证率达到78%，全年土地使用权抵押6994宗。

总结2009年的国土资源工作，主要有以下五个方面。

（一）保增长，充分发挥土地参与经济宏观调控的“闸门”作用

2009年为积极应对金融危机，根据经济走势的变化，本市适时调整工作思路，多

储快供，通过大规模的投资开发，掌握了一定量的土地，进一步强化了政府对土地市场的调控力度，为充分发挥土地参与宏观调控的“闸门”作用奠定了良好的基础。

投资拉动，千亿储备资金落实到位。本市充分发挥投资对经济增长的促进作用，加大固定资产投资工作的力度，制订并实施《北京市2009年度土地储备开发计划》，安排土地储备开发资金1000亿元，涉及项目383个。本市与中国农业银行、中国工商银行、国家开发银行等13家银行建立融资关系，市、区两级储备机构共筹措银行贷款约1198亿元。各区县政府均成立了土地储备开发领导协调机构，市国土局与十八个区县和北京经济技术开发区国土分局签订了土地储备开发责任状。建立了千亿投资项目信息管理平台，实时监测项目进展及投资情况。在各区县委、政府及市国土、发展改革、规划、建设等部门的通力合作下，各项目进展顺利，全年实现土地储备开发投资1165.47亿元，占全市房地产开发投资（2337.7亿元）的50%，占全市固定资产投资（4858.4亿元）的24%，涉及土地面积约18000公顷，完成开发土地面积约4300公顷，完成约80个村、6万余户群众的搬迁工作。其中，朝阳区累计投资540亿元，在全市范围内率先完成了目标任务；顺义区累计投资151.59亿元，超额完成年初计划。

多储快供，促进房地产市场健康发展。适度调控、密切关注市场动态，加大土地供应力度和速度，进一步带动社会投资。全年本市土地交易市场推出土地284宗，土地面积2312公顷；其中供应经营性用地147宗，土地面积1458公顷，相当于上年的262%；成交经营性用地134宗，土地面积1241公顷，建筑规模1665万平方米，促进了土地市场的繁荣，保障了全市房地产市场的平稳发展。其中，平谷区供地159.17公顷，完成计划的95%，比2008年增长138.14%；北京经济技术开发区共有27宗工业用地入市交易，通过招标方式出让商服用地7宗。

主动服务，促进重大项目尽快落地。按照“加快、简化、下放、取消、协调”的十字要求，提出了保障重点项目供地的22项具体措施，建立了加快重大项目用地审批分级负责制、重大项目用地审批协调和督办制度、信息反馈和成果上报制度、重大项目用地审批绩效考评制度等四项制度。积极为央企和金融机构服务，对中石油征地、京沪高铁临时用地、中国人民银行清算中心等重点工程、基础设施、公益性、金融后台项目，采取提前服务、急件直报等方式，加快审批进度，受到企业好评。两次组织召开绿色通道项目建设单位对接会，主动邀请已纳入绿色审批通道但尚未申报用地手续的建设单位座谈，现场解决涉及用地审批的各类问题。积极推进市政府确定的1039个绿色审批通道项目，目前已完成用地预审的项目905个（含不需办理，下同），占项目总数的87%；已完成征地的项目695个，占项目总数的67%；已完成供地（划拨或出让）的项目692个，占项目总数的67%。其中，丰台区提出“提前沟通、提前介入、提前勘察、提前办理”四个“提前”机制；西城分局按照“原有审批时限减半”的原则，特事特办、急事急办。

争取政策支持，促进首都经济社会发展。经多次与国土资源部沟通、协调，配合国土资源部出台了《关于支持北京市经济社会发展进一步加强国土资源管理的意见》（国土资函〔2009〕1275号），从处理历史遗留问题、中关村园区用地规划、二调成果确认等十个方面给予了本市政策优惠，特别是部里三次给本市增加建设用地指标，对于化解本市经济社会快速发展对土地需求强劲和耕地后备资源严重不足的矛盾、确保重点项目落地发挥了积极作用。

（二）保民生，落实保障性住房等民生工程供地任务

本市在土地供应上，继续坚持土地供应向以改善民生为核心的公共服务领域倾斜，向新城、南城、西南部地区、生态涵养发展区和新农村建设倾斜，在土地利用计划、供应计划和储备计划中优先安排相应指标。进一步调整了土地供应结构，确保全年930万保障性住房的供地任务，确保燃气、供热、供电等民生工程用地的供地任务，确保中央在京单位和部队用地需求，确保重点工程建设用地需求，体现出有保有压，政府调控力度进一步加大。全年供应限价商品住房及政策性租赁房用地453公顷，规划建筑面积815万平方米；供应廉租住房及经济适用住房类用地209公顷，规划建筑面积485万平方米。

（三）保红线，积极推进城乡一体化

2009年一季度后，本市固定资产投资提速，项目加快落地，土地开发需求旺盛与后备资源严重不足的矛盾日益突出，耕地保护任务加重。为落实最严格的耕地保护制度，推进城乡一体化，本市结合实际，主要做了以下工作：

加大耕地保护力度。积极推进农村土地综合整治工作，加大土地开发整理力度，完成了29个项目的立项，建设规模13万亩；40个项目的总验收，新增耕地2万亩。顺利完成了北京市2008年度耕地保护责任目标履行情况的自查和国务院两部一局的抽查工作。切实加强基本农田示范区建设。积极探索基本农田建设和保护的经济补偿新机制。初步建立耕地破坏程度鉴定工作机制。按照“一个入口、一个出口”的模式加强储备耕地指标管理，建立土地开发整理项目信息数据库并报国土部备案，初步建立区县间补充耕地指标有偿转让新机制。继续规范集体建设用地审批和备案管理工作，组织完成农村集体建设用地流转方面的专题调研，做好大兴区国土资源部基层联系点相关工作。

修编土地利用总体规划。《北京市土地利用总体规划（2006－2020年）》于2009年9月获国务院批准，标志着市级方案全面完成，土地利用总体规划修编工作进入了全面实施管理阶段。目前，各区（县）、乡（镇）级土地利用总体规划修编工作正在加紧推进，石景山区的方案已进入技术审核阶段，通州区启动了乡镇规划指标的分解落实工作。

加强地籍管理。全面推进第二次全国土地大调查工作，基本完成农村与城镇土地调查工作；完成基本农田调查、储备耕地和后备耕地调查；建设城乡一体化地籍数据库；

城镇国有土地总登记发证顺利开展。其中，东城区发证 3805 宗，发证率达到 72.01%，确权率达到 98.03%。拟定了本市农村集体土地所有权和集体建设用地使用权登记发证的相关规定，积极开展农村土地确权登记颁证试点工作。基本完成农村宅基地使用权确权和登记发证调研。对日常国有土地登记颁证工作职责、流程、标准进行重新梳理。

推进征地制度改革。积极支持北坞村、大望京村城乡一体化试点工作。积极推进实物返还、留地安置、合作分成、土地入股等征地多元化补偿安置试点工作。其中，海淀区结合北坞村城乡结合部改造试点工作，积极开展城乡一体化建设用地调研和实践。组织拟定本市征地补偿区片指导价。加强征地补偿费用监管工作。继续深入开展征而未用土地调查工作。积极推进征地及农转用带图作业试点工作。认真研究“先行用地”有关政策，对有关重点急需项目采取先行用地报批，京津二通道、京平高速等 10 余条道路用地已上报国务院，京沪高铁、南水北调等 6 个项目已经国务院批准征地。

支持小城镇建设。继续给予重点小城镇资金和政策扶持。在计划投资土地储备开发项目中，安排了涉及重点小城镇的项目共 90 个，土地面积约 4677 公顷，总投资约 675 亿元，2009 年实际投资约 130 亿元。从征地、农转用、供地的计划调控力度、土地储备和一级开发项目资金、土地规划、地籍管理、农民拆迁安置、土地综合整治、历史遗留项目处理等方面提出政策措施，盘活存量、控制增量，节约用地，解决小城镇建设产业发展中的投融资瓶颈和用地审批问题。

强化土地执法监察。认真清查以设施农业为名进行违法建设，共发现 38 个项目，占地面积约 5072.6 亩（含基本农田 2321.4 亩）；除司法保全等 3 个特殊项目外，其余 35 个违法违规项目建筑全部拆除，拆除总面积 27.66 万平方米，拆除率 100%；拆除整改建筑物 2695 栋，整改到位率 84.9%，复垦率达到 79.1%。利用国土资源部卫星遥感监测成果对本市 14 个郊区县 2007 年 10 月至 2008 年 10 月期间的新增建设用地变化情况，开展了第九次土地执法检查工作，发现违法违规用地 652 宗 24362 亩，处罚（理）到位率 95.9%，移送纪检监察机关追究党纪政纪处分 181 人，移送公安司法机关追究刑事责任 13 人，通过了国家土地督察的检查验收和评估。梳理并配合清理高尔夫球场项目 123 宗，占地 96028 亩（其中农用地 24003 亩），及时将有关情况上报国土资源部。利用“遥感二号”卫星对 2008 年 10 月至 2009 年 6 月本市土地变化情况进行遥感监测，加大对发现的违法违规用地纠改查处力度，为十次卫片执法检查违法占用耕地比例降到“问责线”以下做准备。建立健全土地执法监管共同责任机制，出台《关于严肃查处未报即用违法用地的通知》（京国土监〔2009〕762 号）、《北京市国土资源执法监察巡查工作实施办法》（京国土监〔2009〕795 号）。积极开展动态巡查，发现、制止各类国土资源违法违规行为 255 件，涉及土地面积 6600 亩，挽回经济损失 6384.3 万元。其中，昌平区对 72 个违法用地项目进行了重点依法查处；怀柔区发现违法居住类建设项目 42 个，查处 28 个，已下发行政处罚决定书 9 个。

（四）推改革，加强矿产资源管理

积极开展“地质找矿改革发展大讨论”。制定了《北京市国土资源局地质找矿改革发展大讨论工作方案》，研究确定了20个大讨论重点讨论专题，按照工作方案以城市地质为重点分四阶段开展了大讨论工作，形成了9个专题成果总结报告。本市大讨论工作得到了国土资源系统及在京地勘行业单位的积极响应和参与，产生积极影响。

加强对矿产资源开发的监督管理。贯彻落实《北京市矿产资源总体规划》，继续减少固体矿山数量，全年预计减少固体矿山19个、矿泉水项目4个，固体矿山数量减少的比例累计达到84%。新发采矿许可证1个，延续4个，变更12个，转让1个，注销11个。完成28个固体矿山采矿权价款的审批确认工作，收缴价款5728.54万元，征收矿产资源补偿费1200多万元。组织市打击非法开采矿产资源专项工作联席会议成员单位对密云等9个区县的打击非法开采矿产资源工作进行专项检查。开展矿业权实地核查工作，完成了62个探矿权的外业测量及内业整理工作，已基本完成178个采矿权的外业核查工作，出具非法开采造成破坏矿产资源价值鉴定意见12份。其中，密云县查扣非法开采运输矿产资源车和机械共计96辆、机械10台，没收非法存放及运输的铁矿石4000余吨，拆除非法砂石料加工厂14家。

加强地质勘查和储量管理。认真贯彻落实《北京市“十一五”时期地质勘查发展规划》；进一步加强勘查登记，已登记地热探矿权20个；建立地质勘查成果通报制度；完成2009年度中央补助地方地质勘查项目、国外矿产资源风险勘查项目的组织申报工作；加强地质资料管理，努力实现资料管理法制化、档案资料数字化、馆藏机构标准化、资料服务网络化。继续开展矿山储量动态检测工作；建设维护资源储量登记统计数据库；调整完善了建设项目压覆矿产资源核查工作程序，完成了96个项目的核查工作；完成了34份矿产资源储量评审报告的备案、21个矿山的占用储量登记工作。积极开展北京城市地质土壤调查工作；继续组织开展北京市资源利用现状调查专项工作；继续组织开展矿产资源潜力评价工作。

加强地质环境管理。完成新中国成立60周年庆祝活动期间北京市突发地质灾害风险评估与控制对策报告。加强汛期地质灾害防治，完善全市地质灾害防治群测群防网，换发地质灾害防治“明白卡”1万张，共发布三期地质灾害气象预警预报。建立了矿山环境恢复治理保证金制度，全年矿山企业已缴存保证金7200余万元。加强矿山地质环境保护，实施矿山地质环境治理项目8个已完工6个，获中央财政补贴资金3140万元。继续做好地质遗迹保护及地质公园建设工作，组织申报的密云云蒙山、平谷黄松峪市级地质公园被国土资源部批准为第五批国家地质公园资格。完成北京市地质工程勘察院等二十五家资质单位地质灾害治理工程、地质灾害危险性评估资质的换证工作，新批准北京中核大地矿业投资有限公司等十家单位地质灾害治理工程、地质灾害危险性评估资质，完成280份一级二级地质灾害危险性评估报告的备案工作。其中，房山区走访12

个乡镇1123个险户，发放地质灾害防治宣传画1590张，对大安山村40余户群众的住房进行了地质险情排查；门头沟区评估排查确定地灾隐患点共57处，汛期内共协调组织排除隐患点15处，启动预警响应4次，开展应急调查2次。

加强地热管理。全年审核批准地热勘查、开采项目申请37件，征收地热资源补偿费约1800万元。登记并答复浅层地温项目23件，供暖制冷面积共计112.8万平方米。编制了《北京市浅层地热能调查评价工作方案》，并已上报国土资源部备案。北京市地热资源动态监测、回灌监测及地热回灌示踪试验研究项目及北京市地热井开发利用现状调查及数据库建设等项目前期工作进展顺利。

（五）上台阶，切实提高工作效率和质量

加强依法行政。简化、下放、取消各类行政许可和服务类事项工作进展顺利。规范性文件清理工作全面完成，保留行政规范性文件89件、废止47件、失效25件。加强了各级受理服务大厅建设。城镇成套住宅分摊土地使用权登记业务和军产、保密产土地登记审核移交各区县国土分局办理。主动公开政府信息3652条；受理依申请信息1662件，比上年增长127%；针对政府信息依申请公开发生行政复议78件，比上年增长12倍，复议机关确认违法的0件；针对政府信息依申请公开发生行政诉讼案41件，比上年增长40倍。深入开展“信访积案化解年”活动，梳理下发了68件重点重复信访事项化解率达到88.7%，全年办理信访4933件次7590人次（与上年基本持平），局主要领导和主管领导召开了10次重信重访和积案化解工作专题会议，有效化解12件“骨头案、钉子案”，重复信访量下降了50%。

加强信息化建设。以“土地审批业务带图作业”工作为核心，积极推进国土资源政务管理信息系统的深入应用。初步完成数字证书安全认证系统的部署和调试。完成土地市场监测预测预报信息系统框架建设及数据入库校对。网站群建设不断丰富网站内容、提升服务。开展档案数字化（三期）、日常档案数字化工作，使日常档案与历史档案数字化成果实现对接。开发建设土地批后监管系统，实现了按季度对土地征收和土地出让项目的动态监管。土地利用规划管理信息系统在部分区县分局进入试运行阶段。其中，崇文区成功开发国土资源管理信息系统；宣武区完成北京市地籍管理系统试点工作，并在全市进行推广。

加强调控监测和批后监管。组织开展了基准地价更新和应用管理政策研究。对3个国家级开发区、16个市级开发区，共19846宗地、总面积344.58平方公里，开展了土地集约利用评价工作。完善地价动态监测工作机制，组织全市54家评估机构、229名土地估价师参与地价动态监测工作，2009年国家级监测范围内平均楼面熟地价为3819元/平方米，平均楼面熟地价上涨约2.58%。开展了土地市场监测预测预报系统的应用开发工作。对本市2007年清理出的333宗、规划用地面积1587公顷的闲置土地完成处置工作。在2008年开展国有土地使用权出让情况专项清理的基础上，进一步对2005年1

月1日至2007年12月31日清理的3102宗、10301公顷的国有土地使用权出让情况进行"回头看"检查。

（六）促党建，加强国土资源管理队伍建设

全市国土资源系统认真开展学习实践科学发展观"回头看"工作，以提高工作效率和质量为目标，加强党风廉政建设，抓好领导干部作风建设年活动，积极开展工程建设领域突出问题专项治理工作，推进干部队伍建设。

推进党建工作。积极开展"三进两促"活动。举办专题摄影作品评比展览活动。积极开展党内"争先创优"评比表彰活动。加强学习型机关建设，提高党员干部综合素质。深入开展精神文明创建活动。积极组织开展迎国庆60周年系列活动。积极组织开展党建工作调研活动。

推进队伍建设。重新编写了"三定"，对市局机关与事业单位、市局与分局的职责权限进行重新划分。基层国土资源管理所建设已获得了市编办的批复，目前进入具体运作阶段。其中，延庆县积极对基层国土资源管理所建设进行调研，分析了目前工作职能运行现状及存在问题，提出了科室及国土所工作职责的调整建议。领导班子和干部队伍梯次建设得到加强，调整了10个处级领导班子，全局系统共晋升、调整公务员职务169人。建立了后备干部管理机制，全局共确定4名局级后备、1名优秀青年处级领导干部，推荐39名正处级后备领导干部、101名副处级后备领导干部。不断加大人才引进和培养力度，共有8名基层干部调入市局机关、所属事业单位；面向应届毕业生招考公务员7名，接收军转干部16名，组织了第三批23名大学生干部分别到基层和机关学习锻炼；朝阳区委、大兴区委、宣武区委分别选用了我局系统的3名优秀副处级以上领导干部到区县工作，市规委、大兴区委向我局推荐了2名副处级领导干部。

推进党风廉政建设。狠抓全系统党风廉政建设，认真贯彻落实《北京市建立健全惩治和预防腐败体系2008－2012年实施办法》。全面推进廉政风险防范管理工作，以土地征收、土地和矿业权出让、土地储备、土地开发整理、登记发证、政府采购、干部任用、大额资金使用等为重点，全面开展清权确权、梳理工作流程、查找廉政风险点、制定防控措施，目前已经梳理并制定30项重点业务工作廉政风险防范管理流程图。大力加强扩内需保增长政策措施落实的监督检查。作为"规范土地使用权、矿业权审批和出让行为工作组"牵头单位，积极开展治理工程建设领域突出问题工作。

通过一年来的工作，主要有以下四点体会：

第一，只有切实加强和改进党的建设，深入贯彻落实科学发展观，才能扎扎实实地推进首都国土资源事业。

结合开展学习实践科学发展观活动整改落实"回头看"工作，注重将党建工作与全年重点任务紧密结合，与应对国际金融危机、多储快供、推进"绿通"项目落地紧密结合，与庆祝建国六十周年紧密结合，与开展"保增长、保红线"和"地质找矿改革发展大讨论”活动紧密结合，与加强领导干部作风建设年活动紧密结合，为首都经济社会发展做出了贡献。今后，要继续坚持把思想理论建设放在首位，把党建工作与业务工作紧密结合起来，以执政能力建设和先进性建设为主线，改革创新，加强学习，坚持和健全民主集中制，深化国土资源干部人事制度改革，做好基础工作，弘扬党的优良作风，加快推进惩治和预防腐败体系建设。

第二，只有整合多方面的资源，构建土地管理共同责任机制，才能实现“保增长、保红线”的工作目标。

一年来，通过构建土地管理共同责任机制，本市在1000亿元土地储备开发投资资金落地、清查以设施农业为名进行违法建设、国土资源部第九次卫片执法检查、加强耕地保护等工作中取得了明显成效。下一步，本市将在市政府与国家土地督察机构联席会议制度的基础上，进一步深入探索建立各区县、各部门之间的共同责任机制，努力形成以区县委、政府主导，以国土、监察、发改、规划、建设、交通、农业、市政等相关政府职能部门为主体的“部门联动、全社会参与”的管理体系，化解首都人口、资源、环境之间的突出矛盾，破解首都经济社会发展中遇到耕地保护、违法用地、土地审批、用地指标、后备资源、土地规划等一系列难点问题。

第三，只有从首都经济社会发展的大局出发，统筹谋划，才能充分发挥土地参与经济宏观调控的“闸门”作用。

2009年，《北京市土地利用总体规划（2006－2020年）》获国务院批准；本市首次制订并实施了年度土地储备开发计划，与金融部门密切配合，加大固定资产投资工作的力度，促进投资拉动；年度土地供应计划圆满完成，土地市场交易活跃，土地“闸门”调控作用明显。结合“十二五”规划的编制、筹划工作，本市将着力构建“三圈九田多中心”的土地利用总体格局，严格规范各类土地利用和建设行为，促进土地合理利用和优化配置，保障首都人口、资源、环境与经济社会全面、协调、可持续发展。

第四，只有转变作风，加强基础工作，才能提高工作效率和质量。

全年结合推进“绿色通道”项目落地工作，共减少行政许可及服务类事项工作程序3个，下放行政许可及服务类事项3个，减少19个审批环节。加强“以图管地”，实现了市局征地、划拨、出让、预审业务及分局所有土地审批业务的“带图作业”功能。下一步，随着党员作风建设年活动的推进，结合贯彻落实中办、国办《关于实行党政领导干部问责制的暂行规定》，结合土地执法监察、提高审批质量、信访、政府信息公开、落实实事和折子工程、信息化建设等关键点的业务工作，努力突出作风建设要“实”，脚踏实地，把工作落实。

过去一年，国土资源工作克服困难，奋发图强，完成了市委市政府下达的工作任务。成绩的取得，离不开市委、市政府、国土资源部的关心和支持，刘淇书记、郭金龙市长、王安顺副书记、陈刚副市长多次听取工作汇报、做出具体指示；国土资源部徐绍史部长先后两次到北京市通报情况、指导工作；国土资源部各司局组成了联合调研组，专门到北京市就“扩内需”、“保增长”、“保红线”进行调研、给予优惠政策，有力地促进了首都国土资源工作的开展。成绩的取得，离不开宣传、发改、教育、监察、民政、财政、人力社保、环保、规划、住房建设、市容市政、交通、农业、水务、商务、审计、国资、工商、文物、统计、园林绿化、地勘等相关部门和各区（县）委、政府的积极支持和配合。成绩的取得，更离不开国土资源系统广大干部职工的拼搏努力。

2009 年取得了一定的工作成绩，但是，还要清醒地认识到，在国土资源管理工作方面，在提高工作质量和效率方面，在努力使社会各界、广大群众满意方面，还存在着一些问题和不足，需要进一步改进，如：个别部门对千亿土地储备开发投资资金工作在思想认识上还不到位，工作力度和方法存在欠缺；对处理好保增长和保红线关系的能力还有待加强，对严格保护耕地的认识还有待提高；土地执法工作力度还需要不断加大，全市违法占地问题还没有从根本上遏制住，统筹协调各部门的水平还有待提高；涉地政府信息公开的行政诉讼、行政复议件数量比较大；基础工作中数字不准的问题仍然存在，等等。这些问题，还需要在今后的工作中不断努力解决。

二、2010 年面临的形势和下一步思路

2010 年，是“十一五”规划的收官之年，是加速推进“人文北京、科技北京、绿色北京”建设的关键之年。本市将大举措推动科学发展，高标准谋划首都建设，高起点加强自主创新，高水平提高国际化程度，努力使各项工作走在全国前列，做好全年的国土资源工作至关重要。

（一）2010 年国土资源工作面临的形势

当前首都经济企稳回升，基本度过金融危机时期，在抓住奥运和国庆活动筹办等机遇实现大发展后，正处在“调结构、上水平”的新战略机遇期。紧紧抓住产业结构调整的新机遇，把首都的资源优势切实转化为现实财富，是首要任务，也对国土资源工作提出了更高的要求。

一是首都经济社会发展与土地资源有限的矛盾将更加凸显。一方面随着建设国际城市的高端形态世界城市目标的确立，2010 年首都经济社会发展将全面提速，交通、环境、生态、能源等基础设施建设，教育、文保、保障性住房等民生工程建设，自主研发、文化创意、生物医药等产业基地建设，城乡结合部、小城镇、浅山区等城乡一体化建设等将全面推进，需要大量的土地供应，2009 年建设占用耕地的需求量就约为往年的 2 – 3 倍；另一方面，北京市宜耕后备资源严重匮乏，补充耕地储备指标相对有限，难以实现“先补后占”的要求，难以落实“占补平衡”。2010 年，还将是国土部 15 号令全面落实的一年，各级政府将作为土地监管的责任主体承担土地违规行为的责任，形势不容乐观。因此，要处理好保增长与保红线之间的关系，坚持最严格的耕地保护制

度，坚持节约用地，使首都的土地利用走上精细化、高效化、集约化之路。

二是国土资源管理在首都经济社会发展中将越来越发挥基础性、战略性的作用。2009 年，面对金融危机挑战，市委市政府英明决策，提出了多储快供的工作原则，通过千亿土地储备开发投资的落实，转“危”为“机”，实现了经济社会的平稳较快发展。2010 年，城乡结合部性 50 个重点村的建设整治、城南地区发展的全面提速、中关村海淀北部新区建设、通州新城建设、永定河绿色生态发展带建设、轨道交通沿线的土地综合开发、小城镇建设的全面推进等一系列重点工作，将随着政府主导的土地储备和一级开发工作的深化得到全面落实。因此，要进一步发挥土地参与宏观调控的“闸门”作用，深化与金融部门之间的协作，强化与政府各部门和区县之间的配合，使国土资源管理与首都发展建设的形势和要求相适应。

三是土地供应的节奏和时序将对调控土地市场、房地产市场的走势产生重大影响。由于 2009 年国家实行宽松的货币政策，资金流动性充足，市场对资产价格上涨有一定预期，土地市场需求旺盛，住房价格上涨过快。2009 年底，《国务院办公厅关于促进房地产市场平稳健康发展的通知》（国办发〔2010〕4 号，即国十一条）及一系列货币金融调控政策的出台，使 2010 年初的房地产市场出现观望信号，目前形势较为复杂，可能导致土地市场遇冷。同时本市 2009 年储备的地块即将大量上市交易。如土地市场出现低迷，则政府将面临着偿还银行贷款及利息的巨大压力。因此，要高度关注土地市场动态，深入研究土地与金融两个“闸门”之间的互动关系，保障土地、房地产市场健康平稳发展。

（二）2010 年国土资源工作的总体思路

2010 年全市国土资源工作的指导思想是：继续贯彻落实党的十七大和十七届三中、四中全会精神，深入学习实践科学发展观，围绕建设“人文北京、科技北京、绿色北京”，继续落实市委、市政府“扩内需、调结构，保增长、保民生、保稳定”的工作要求，按照首都率先形成城乡经济社会发展一体化新格局的要求，保增长、保红线，加大土地储备工作力度，积极推进重点工程建设项目“落地”，促进房地产市场健康稳定发展，全面推进信息化建设，努力实现高标准、高效率、高质量。

2010 年全市国土资源工作的主要目标是：全市计划年度新增建设用地总量 4000 公顷，新增建设占用农用地指标 3500 公顷，新增建设占用耕地指标 2200 公顷。计划年度供应土地 6400 公顷。计划年度土地储备开发投资 1000 亿元。计划落实 16 万亩土地开发整理，新增耕地 3 万亩项目的立项工作；完成建设规模 10 万亩、新增耕地 3 万亩的项目验收工作。

三、2010 年重点工作

2010 年，是“十二五”规划的筹划之年，是后金融危机时期首都发展进入高端、高效、高标准的一年，是明确建设“世界城市”奋斗目标的第一年。本市国土资源工作要深入学习实践科学发展观，保增长，保红线，认真贯彻落实中央经济工作会议、中央农村工作会议、市委十届七次全会精神，贯彻落实《国土资源部关于支持北京市经济社会发展进一步加强国土资源管理的意见》（国土资函〔2009〕1275号）精神，着重抓好以下重点工作：

（一）加大土地储备开发投资力度

制订并实施《北京市2010年度土地储备开发计划》，计划年度新增储备开发土地3000公顷，计划年度完成开发土地4000公顷，计划年末结存土地1.2万公顷，计划年度土地储备开发投资1000亿元。启动2010－2012三年中期土地储备计划编制工作。继续加大固定资产投资工作的力度，适当安排土地储备开发资金，加强政策性用地储备，向城乡结合部、南城、通州新城、海淀山后等本市重点建设项目倾斜，为保障性住房等民生工程、重点功能区、重大项目建设做好准备。

（二）继续落实多储快供，调控市场健康发展

制订并实施《北京市2010年度土地供应计划》，6400公顷土地供应总量中新增建设用地严格控制在3300公顷以内，鼓励和引导利用存量建设用地3060公顷左右。其中住宅用地2500公顷，确保全年政策性住房用地供应不低于住宅用地供应总量的50%（廉租住房及公共租赁房用地80公顷，经济适用住房类用地270公顷，限价房用地900公顷）。在空间上向新城、城南地区、城乡结合部、轨道交通等重点区域倾斜，重点新城土地供应量约占全市土地供应总量的18%，城南地区土地供应量约占全市土地供应总量的25%。积极探索建设城乡统一的建设用地市场。在土地供应中密切关注市场动态，把握土地供应时序和节奏，促进土地市场平稳健康发展。

（三）提高行政审批效率，促进项目落地

按照“加快、简化、下放、取消、协调”十字要求，坚持依法依规完善行政审批制度，层层落实责任、主动协调、科学决策、敢于决断，使“绿通”常态化、制度化。从预审、征地、供地、权属四个关键环节入手，在总结去年“绿通”项目审批经验的基础上，减少前置条件，缩短审批时限，并联中间过程，加快前期工作，构建联席机制，变“绿通”为“普通”。

（四）推进城乡一体化发展

认真贯彻落实《国务院关于北京市土地利用总体规划的批复》精神和《北京市土地利用总体规划（2006－2020）》，加强土地用途管理。抓紧推进区（县）、乡（镇）级土地利用规划的修编工作。在乡镇级土地利用总体规划中，划定基本农田，实行永久保护。全面应用二调成果，继续推动农村集体土地所有权、集体建设用地使用权确权登记颁证工作；加大农村宅基地使用权确权登记政策研究力度，适时启动农村宅基地使用权

确权登记试点工作。积极探索“万村整治”、集体建设用地流转试点。稳步推进征地多元化补偿安置工作。积极支持小城镇建设，加强浅山区土地利用研究工作。

全面推进城乡结合部50个试点村建设，明确以土地储备开发建设整治模式为主，探索集体建设用地流转，加快审批程序办理，及时核发土地使用证。将50个村的整治纳入2010年的土地利用计划、土地供应计划、土地储备计划中，优先安排涉及50个村的农转用指标等各类用地指标，统筹协调市、区两级耕地储备库指标，优先保障整治项目的占补平衡。

（五）加大土地执法监察力度

积极构建土地管理共同责任机制。全面建立对违法违规重点地区的约谈制度。积极研究处理历史遗留问题特别是土地市场秩序治理整顿期间清理出的原有各类开发区内的违法违规用地问题的办法和措施，防止反弹。进一步完善国土、规划、建设、监察、工商等部门联合办案制度，形成查处土地违法违规案件的合力。

加大案件查处力度，力求在查处重大案件、处理到位上取得新突破。严格落实15号令，强化问责制。加强国土资源卫片执法检查工作，充分利用总参二部航侦局卫星，加强对全市14个近远郊区县新增建设用地变化情况的常规监测。进一步推进国土资源动态巡查工作。对违法违规建设拆除一批、补办一批，坚决遏止违法违规行为的势头。

（六）深化本市矿产资源管理

总结、应用“地质找矿改革发展大讨论”活动成果，构建与首都发展相适应的资源利用与保护格局。围绕城市建设发展的目标和资源需求，积极推进《绿色北京行动计划（2010－2010）》，结合发展绿色经济、循环经济、建设低碳城市战略目标的落实，建立地质勘查新机制，严格矿产资源开发利用的准入管理，加强监管，特别是提高地热等资源开发水平。采取有力措施引导矿产开发整合和转型，规范秩序，妥善处理闭坑矿山，深化地质灾害防治工作。

（七）加强全局基础性工作

积极推进信息化建设，全力打造国土资源综合管理平台。在第二次全国土地调查工作的基础上，整合各类资源、信息、系统、数据，明确需求，强化监管，落实责任。深入推进“以图管地”，完善“带图作业”。开展‘十二五’国土资源科技发展规划研究，加强国土资源科技创新机制建设。

（八）加强党建工作、党风廉政建设、干部队伍建设

继续深入贯彻落实党的十七届四中全会精神，进一步加强和改进新形势下党的建设工作。继续深入开展“三进两促”活动和“精神文明”创建活动。结合开展“党员作风年”活动，积极推进学习型机关建设，加强机关基层党组织建设，抓好服务党员干部群众工作，深入开展党内“争先创优”活动。加强机关党建工作的组织领导，组织落

实机关党委换届选举工作。

深入开展工程建设领域突出问题专项治理工作，认真查找土地使用权、矿业权审批和出让以及征地拆迁过程中存在的突出问题，加强制度建设，提高制度执行力。深化和完善惩治和预防腐败体系建设，深入推进廉政风险防范管理工作。全面推进党风廉政建设和反腐败各项工作，认真贯彻执行国土资源部15号令。

进一步推动干部人事制度改革，加强领导班子思想政治建设和制度建设。编制国土资源系统“十二五”人才规划。抓好干部教育培训工作。搞好干部轮岗交流工作，加快干部人才队伍的有序流动和良性循环。全面落实新“三定”方案的实施。推进国土所标准化建设工作。

2009年大事多、任务重，我们积极应对金融危机，喜迎建国六十周年，圆满完成了落实千亿土地储备开发投资的艰巨任务，承担了“绿通”审批的大量工作，加大打击违法违规用地行为的力度，保增长、保红线，为促进全市经济社会平稳发展发挥了作用。2010年我们将继续贯彻落实党的十七大和十七届三中、四中全会精神，继续贯彻落实中央经济工作会议、市委十届七次全会精神，围绕着“着力推动世界城市建设”的总体要求，推进“人文北京、科技北京、绿色北京”建设。

2009年国土资源工作促进北京经济社会发展研究

北京市国土资源局党组书记、局长　魏成林

2008年底以来，面对国际金融危机的严峻形势，北京市迅速采取了一系列有针对性的措施，扩内需、调结构、保增长、保民生、保稳定，取得了显著成效。固定资产投资加快提速，主要是由于加大政府土地储备力度使得土地一级开发投资大幅增加，截止到今年10月底，已完成土地一级开发投资921亿元，为首都经济社会平稳较快发展做出了贡献。

一、保增长，充分发挥土地参与经济宏观调控的“闸门”作用

北京作为首都，经济发展具有自身的优势，总部经济、服务经济的特点比较突出。在金融危机的冲击下，与南方一些经济发达城市相比，危机对北京造成的影响相对较晚，自去年年底到今年一二月份压力逐渐显现，从三月份开始向好的方向发展，二季度的经济形势就有了明显好转。根据经济走势的变化，我市适时调整了工作思路，多储快供，通过大规模的投资开发，掌握了一定量的土地，进一步强化了政府对土地市场的调控力度，为充分发挥土地参与宏观调控的“闸门”作用奠定了良好的基础。

（一）坚决保障1000亿元土地储备开发投资资金落实到位

今年，为进一步发挥投资对经济增长的促进作用，加大固定资产投资工作的力度，推动征地、拆迁等“硬性”拉动，本市制定了《北京市2009年度土地储备开发计划》，计划安排土地储备开发资金1000亿元，分解落实到435个地块，土地面积约14000公顷。

为保障资金使用安全，我局专门成立了市级土地储备项目融资领导小组，并会同市财政、审计、监察等部门，加强对土地储备资金的筹措、拨付和使用监管的管理。同时，我局还初步建立了1000亿投资项目信息管理平台，实时监测项目进展及投资情况。

我局与中国农业银行、中国工商银行、国家开发银行等13家银行建立融资关系，共取得银行授信资金额度1510亿元。在市发展改革、规划、建设等部门的积极配合和大力支持下，各项目进展顺利，截至10月底，市区两级土地储备机构共筹措土地储备

开发资金约1127亿元，实现土地储备开发投资约921亿元，完成投资任务的92.1%。这些项目已全部纳入绿色审批通道，全面进入到征地、拆迁实施阶段。

下一步，我局将进一步加强在施土地储备开发项目管理，建立健全土地储备开发资金审批、拨付及使用监管制度，加快推广区县政府主导征地拆迁的工作模式，确保年底前完成1000亿元任务，使土地储备开发工作真正成为改善百姓居住条件和城市环境的民心工程和环境工程。

（二）调整供地节奏，确保民生工程用地需求

今年一季度，由于土地市场观望气氛较浓，开发企业拿地信心和能力不足，我局适当调整了土地供应节奏，减少了供应量。从二季度开始，随着各项“扩内需、保增长、调结构”政策措施的出台，北京房地产市场出现了一些积极变化，我局落实市政府“多储快供”的工作要求，进一步带动社会投资。截止到10月底，全市实际供应土地4025公顷，完成全年计划供应量（5700公顷）的71%。是去年同期的140%。截止10月底，我市土地交易市场已推出土地232宗，土地面积1738公顷，其中经营性用地供应123宗，土地面积1163公顷，其中住宅用地71宗、844公顷。

下一步，我局还将继续适度调控、密切关注市场动态，保障全市房地产市场的平稳健康发展。近期对年底前拟入市交易的地块倒排工期，并对重点项目进行实地调研、现场办公，及时解决项目开发过程中的具体问题。通过建立用地预申请制度，确保土地顺利成交。通过设立外币保证金帐户，更好的吸引外资，促进土地市场的繁荣发展。

（三）主动服务，促进重大项目尽快落地

我局按照“加快、简化、下放、取消、协调”的十字要求，提出了保障重点项目供地的22项具体要求，减少行政许可及服务类事项工作程序3个，下放行政许可及服务类事项3个，减少19个审批环节。建立了加快重大项目用地审批分级负责制、重大项目用地审批协调和督办制度、信息反馈和成果上报制度、重大项目用地审批绩效考评制度等四项制度。

我局作为重大投资项目调查工作领导小组成员和领导小组办公室、中央企业项目调查工作小组以及金融机构项目调查工作小组成员单位，对于重点项目和基础设施等公益性项目，如中石油征地、京沪高铁临时用地、中国银联信息处理中心、中国人寿研发中心（一期）、中国人民银行清算中心等金融后台供地等项目，我局采取提前服务、急件直报等方式，加快审批进度，受到了企业的好评。

在梳理项目进度过程中，我局主动与未申请办理用地手续的项目单位进行联系，了解项目进展情况，解答项目单位问题，督促办理。两次组织召开绿色通道项目建设单位对接会，主动邀请已纳入绿色审批通道但尚未申报用地手续的建设单位座谈，现场解决涉及用地审批的各类问题。积极推进市政府确定的1039个绿色审批通道项目，积极推进市政府确定的1039个绿色审批通道项目，截止10月底，已完成用地预审的项目884

个（含不需办理，下同），占项目总数的85.1%；已完成征地的项目678个，占项目总数的65.3%；已完成供地（划拨或出让）的项目687个，占项目总数的66.1%。

二、保民生，落实保障性住房等民生工程供地任务

今年本市在土地供应上，继续坚持土地供应向以改善民生为核心的公共服务领域倾斜，向新城、南城、西南部地区、生态涵养发展区和新农村建设倾斜，在土地利用计划、供应计划和储备计划中优先安排相应指标。进一步调整了土地供应结构，确保今年850万保障性住房的供地任务，确保燃气、供热、供电等民生工程用地的供地任务，确保中央在京单位和部队用地需求，确保重点工程建设用地需求，体现出有保有压，政府调控力度进一步加大。截止10月底，已通过市场供应或已取得市政府批准的“三定三限三结合”项目及定向供应的限价商品房用地共73宗，可提供限价商品房建筑面积约1091万平方米；廉租住房及经济适用住房类用地166公顷，规划建筑面积384万平方米。

三、保红线，推进城乡统筹一体化发展

去年底以来，本市固定资产投资提速，项目加快落地，土地开发需求旺盛与后备资源严重不足的矛盾日益突出，耕地保护任务加重。为落实最严格的耕地保护制度，推进城乡一体化，我局结合实际，主要做了以下工作：

（一）加大耕地保护工作力度

积极推进农村土地综合整治工作，加大土地开发整理力度。切实加强基本农田示范区建设，积极探索基本农田建设和保护的经济补偿新机制，初步建立耕地破坏程度鉴定工作机制。确保完成耕地占补平衡任务，落实耕地占补项目挂钩制度，建立区县间补充耕地指标有偿转让机制。

（二）积极做好土地利用总体规划修编工作

北京市土地利用总体规划（2006—2020年）成果根据各部委反馈意见进行了修改，已经国务院批准。各区县正抓紧开展区乡规划方案编制工作，计划年底前基本完成。

（三）及时出台农村集体土地权属管理政策

在本市集体土地地籍调查和第二次全国土地调查工作的基础上，已初步拟定了农村土地所有权、集体建设用地使用权的相关规定。正在制定宅基地使用权确权登记的政策、程序、操作办法，拟于年内在有条件的地区启动宅基地使用权确权登记试点工作。全面开展土地总登记工作。

（四）加快推进征地制度改革

改进我市轨道交通基础设施等公益性项目征地及农转用报批方式，由原来按项目征地完善改进为“先按分批次方式储备征地，再按具体项目进行供地”。积极推进实物返

还、留地安置、合作分成、土地入股等征地多元化补偿安置试点工作。加强征地补偿费用监管工作，出台了《北京市征地补偿费征缴监督管理暂行规定》，确保征地补偿费及时足额到位。进一步研究“征地标准价”与我市148号令“逢征必转、逢转必保”社会保障政策的衔接问题。

（五）加强小城镇建设用地管理

在征地、农转用、供地的计划调控力度、土地储备和一级开发项目资金、土地规划、地籍管理、农民拆迁安置、土地综合整治等方面继续给予重点小城镇资金和政策扶持。在今年计划投资的1000亿元土地储备开发项目中，已安排了涉及重点小城镇的项目共79个，土地面积约2745公顷，总投资约515亿元，2009年预计投资约207亿元。

（六）积极支持北坞村、大望京村城乡结合部试点工作

我局按照市委市政府统一部署，对绿隔地区有关问题进一步研究，从产业用地、3－5%绿色产业用地征占地、人员安置、供地以及保障绿隔地区农民长远生计问题等方面积极创新政策。特别是对产业用地，我局从征占地原则、征地多元化补偿安置、定向出让等方面给予政策支持。

（七）严格监管，加大土地执法监察工作力度

7月20日，徐绍史部长亲自率队到我市通报情况后，市委市政府、各区县、各相关部门高度重视，本市于8月25日专门组织召开了全市严格土地管理严肃查处违法用地工作会议，郭金龙市长出席会议并作了重要讲话。9月8日，徐绍史部长再次带队到我市调研，出席国家土地督察机构与北京市政府签订联席会议框架协议仪式。目前，本市正在结合徐绍史部长两次到北京市提出的工作要求，积极落实九次卫片整改查纠工作，坚决遏制以设施农业为名进行的违法违规占地行为，建立健全土地执法监管共同责任机制。

四、上台阶，切实提高工作效率和质量

我局认真开展学习实践科学发展观“回头看”工作，以提高工作效率和质量为目标，加强党风廉政建设，抓好领导干部作风建设年活动，积极开展工程建设领域突出问题专项治理工作，推进干部队伍建设。

（一）充分发挥市政府与国家土地督察机构联席会议作用，构建土地管理共同责任机制

北京市的土地管理，涉及到各级政府以及发改、规划、建设、交通、农业、市政、监察等各个部门的工作。现在由我们国土部门牵头，在市政府与国家土地督察机构联席会议制度的基础上，正在积极探索建立各区县、各部门之间的共同责任机制，努力形成以区县委、政府主导，以国土、监察等为主体的职能部门联动，全社会积极参与的管理体系，化解人口、资源、环境之间的矛盾，破解首都经济社会发展中遇到耕地保护、违

法用地、土地审批、用地指标、后备资源、土地规划等一系列难点问题。

（二）转变工作作风，切实提高行政执行力

今年，我局简化、下放、取消各类行政许可和服务类事项工作进展顺利。规范性文件清理工作全面完成，保留行政规范性文件89件、废止47件、失效25件。加强了各级受理服务大厅建设。以处理违法违规用地、提高审批质量、信访、平安北京、实事和折子工程、信息化建设等工作为关键点，抓好作风建设，脚踏实地，把工作落实。

（三）以信息化工作为依托，夯实基础性工作

以“土地审批业务带图作业”工作为核心，积极推进国土资源政务管理信息系统的深入应用，实现全局系统的联网办公。初步完成数字证书安全认证系统的部署和调试。完成土地市场监测预测预报信息系统框架建设及数据入库校对。网站群建设不断丰富网站内容、提升服务。数据库建设稳步推进。档案数字化（三期）工作推进顺利。对土地开发利用实施有效监管和综合评价开发的土地利用规划管理信息系统已经进入试运行阶段。继续完善开发区集约用地评价和基准地价更新等基础工作。

（四）加强土地市场监测预测预报系统建设，提升辅助决策分析能力

自2006年起，我市开始探索建设集监测分析、走势预测和预警预报“三位一体”土地市场辅助决策分析系统。目前该系统已搭建了以土地供应空间属性数据库为核心的信息平台，构建了以土地市场监测指标体系、预测方法体系和预报指标体系重点的决策分析体系，初步实现了信息展示查询、动态监测、分析预测和预警预报等功能，为开展国土资源经济形势分析提供信息，为准确把握市场走势、适时决策提供基础。下一步，我市将在完善系统建设的基础上，严格节约集约用地，加强对已征、供地项目的批后监管，认真开展闲置土地清查工作，保障土地市场的平稳健康发展。

今年我们面临着前所未有的机遇和挑战，也使我们得到了前所未有的锻炼和提高。2009年最后两个月，是1000亿落地的决战时期，是土地供应实现“多储快供”的决战时期，是重大项目落地的决战时期，任务十分艰巨，责任十分重大。我局广大干部职工，将继续努力拼搏，提高效率，转变作风，切实学习实践科学发展观，确保市委市政府制定的“调结构、上水平、保增长、保民生、保稳定”目标任务的完成，确保“双保行动”的顺利进行，以庆祝新中国成立六十周年为动力，加快建设“人文北京、科技北京、绿色北京”，保持首都经济平稳较快发展、社会安定祥和的良好局面。

本文摘自北京市社会科学院主编的北京蓝皮书——《北京城乡发展报告（2009－2010）》第135页。

《关于上报北京市土地利用总体规划（2006－2020年）的请示》

市政府：

按照市政府的工作部署，我局多次召开专家论证会，并在充分征求各委办局和区县政府意见的基础上，完成了北京市土地利用总体规划市级方案修编工作。现将修编成果《北京市土地利用总体规划（2006－2020年）》报送市政府并请示如下：

一、工作进展

我市修编工作从2004年7月正式启动。按照“政府组织、专家领衔、部门合作、公众参与、科学决策”的工作方针，至今已经完成了修编前期研究工作、规划大纲编制与报批工作、以及规划方案编制工作。其中，规划前期研究成果和规划大纲分别于2008年3月与2008年11月得到国土资源部正式批复，规划方案于2006年1月通过市政府办公会和市委常委会审议。此后，我们结合国家和市委、市政府新的政策要求，不断对规划方案进行完善，并多次与各委办局、各区县政府沟通协调，形成了规划成果上报稿（后附），现报请市政府审查。

二、主要内容

（一）规划范围与规划期限

规划范围为北京市行政辖区，面积为16411平方公里。

规划期限为2006－2020年，基期年为2005年，近期目标年为2010年，规划目标年为2020年，展望到2030年。

（二）指导思想

以邓小平理论和“三个代表”重要思想为指导，全面落实科学发展观，切实坚持严格保护耕地、节约集约用地的根本方针，大力提倡生态文明，统筹协调区域之间、城乡之间、平原山区之间和近远期之间的各业用地需求，积极探索规划实施的制度创新，严格规范各类土地利用和建设行为，促进土地合理利用和优化配置，保障首都人口资源环境与经济社会全面、协调、可持续发展。

（三）规划目标

根据《全国土地利用总体规划纲要（2006－2020年）》给我市分解的指标和首都土地的功能定位，以实现城乡和谐发展、节约集约用地为目标，着力加强耕地保护特别是基本农田保护，着力加强生态安全格局建设，着力优化土地利用结构和空间布局，着力促进城乡区域统筹发展，全面促进土地节约集约利用，促进首都“三圈九田多中心”土地利用总格局的形成，为将北京建设成为特色鲜明、运行高效的现代化国际城市提供土地资源保障。具体目标为：

切实保护耕地和基本农田。规划到2010年和2020年耕地保有量分别保持在22.6万公顷（339万亩）和21.47万公顷（322万亩）（比规划基期2005年减少11万亩和28万亩）。确保18.67万公顷（280万亩）基本农田数量不减少、质量不降低（比2005年减少70万亩）。其中，规划近期（2006－2010年）本市新增建设占用耕地控制在20万亩以内，确保新增建设占用耕地实现占补平衡。

保障首都经济社会发展必需的建设用地。规划到2020年，建设用地总规模为3817平方公里（比2005年增加587平方公里），其中城乡建设用地总量控制在2700平方公里以内（比2005年增加304平方公里）。存量建设用地内涵挖潜力度加大，新增建设用地规模得到有效控制，节约集约用地水平不断提高。

（四）规划重点

1. 落实保护责任，集中连片保护耕地和基本农田

落实耕地和基本农田保护责任，严格控制耕地流失。规模化建设和保护基本农田，设立9个基本农田集中分布区，积极推进标准化基本农田建设。适度推进土地整理复垦开发，积极安排工矿废弃地复垦，大力推进集体建设用地整理，科学开发未利用地，加强农用地综合整治。加强对农业结构调整的引导，确保不因农业结构调整降低耕地保有量。

2. 加强建设用地空间管制，促进节约集约用地

依据土地利用总体规划，从严控制城乡建设用地规模，强化城乡建设用地统一管控，促进城镇建设用地增加与农村建设用地减少相挂钩。加强建设用地空间管制，划定城乡扩展边界，优化建设用地结构和布局，促进建设用地节约集约利用。保障重点项目用地需求。

3. 加强绿色空间体系建设，构筑生态安全格局

保护基础性生态用地，积极构建保护城市生态环境、历史文化遗产以及城市安全的核心网络系统，整合绿色空间的生态环境和历史文化保护及景观游憩功能，构筑城市生态安全格局。加强山区生态环境综合整治和生态修复力度，促进产业结构转型，适度开发建设浅山区，建设环境友好型“绿色北京”。

4. 完善规划管理措施，强化规划实施保障

落实耕地保护和集约节约用地责任制，完善规划管理体系，加强规划对土地利用的

整体控制。健全土地利用年度计划、建设项目用地预审、规划修改、规划实施动态评价、土地执法等实施管理制度。完善规划实施的利益调节机制，建立耕地和基本农田保护的经济补偿机制，强化节约集约用地的价格调节机制，提高建设用地的市场化配置程度。推进规划实施的基础建设，制定土地利用规划实施办法，积极推进集体建设用地流转的基础工作，从严制定集约节约用地标准，加强规划宣传。实施一批基本农田建设、土地整理复垦和生态环境修复重大工程，确保规划目标的实现。

三、下一步工作建议

1. 规划方案经市政府办公会、市委常委会审定后，以市政府名义上报国务院。

2. 依据规划方案批复精神，推进区、乡规划修编工作。

妥否，请批示。

附件：1、《北京市土地利用总体规划（2006－2020年）》修编工作报告

2、《北京市土地利用总体规划（2006－2020年）》文本

3、《北京市土地利用总体规划（2006－2020年）》图集

二○○九年二月二十五日

北京市国土资源局

《国务院关于北京市土地利用总体规划的批复》

国函［2009］116号

北京市人民政府：

你市《关于报请审批北京市土地利用总体规划（2006—2020年）的请示》（京政文［2009］50号）收悉。现批复如下：

一、原则同意修订后的《北京市土地利用总体规划（2006—2020年）》（以下简称《规划》）。

二、北京市是全国的政治中心和文化中心，世界著名古都和现代国际城市，土地利用率高，人均耕地少，后备耕地不足，人地矛盾日益突出。要以科学发展观为指导，坚持经济、社会、人口、环境和资源相协调的可持续发展战略，落实最严格的耕地保护制度和最严格的节约用地制度，统筹土地利用，强化规划的整体控制作用。

三、加强对耕地特别是基本农田的保护。严格控制非农建设占用耕地，加大补充耕地力度；加强基本农田保护和建设，稳定数量，提高质量。到2010年，新增建设占用耕地控制在1.33万公顷以内，土地整理复垦开发补充耕地义务量不少于1.33万公顷。到2020年，全市耕地保有量不少于21.47万公顷，基本农田保护面积不少于18.67万公顷。

四、严格控制建设用地规模。从严控制建设用地总规模，特别是城乡建设用地规模，科学配置城镇工矿用地，合理调控城镇工矿用地增长规模和时序，整合规范农村建设用地，保障必要的基础设施用地。优化建设用地结构和布局，加大存量建设用地挖潜力度，促进各项建设节约集约用地，积极拓展建设用地新空间。到2020年，全市城乡建设用地规模控制在27万公顷以内，人均城镇工矿用地控制在120平方米以内。严格控制中心城区用地规模，中心城区土地利用要以调整、改造、挖潜为主，建设用地扩展应优先利用闲置地、空闲地，尽量不占或少占耕地。到2020年，中心城区建设用地规模控制在778平方公里以内。

五、进一步加强对区域土地利用的统筹和管控。首都功能核心区，要突出首都土地利用特有的国家服务功能和公共服务功能，维持土地利用的适当强度，保障发展适合旧城传统空间特色的产业用地需要；城市功能拓展区，要强化生态服务功能，加强环中心城区绿色空间建设，加大开发区、园区集约用地力度，加强集体建设用地管理；城市发展新区，要高效率地利用土地资源，重点保障新城建设和重要交通廊道的用地需求，严格保护、积极建设高标准、高质量的基本农田，保留一定规模的后备发展空间；生态涵养发展区，要重点发挥土地的生态服务功能，保护自然生态系统和地质历史遗迹，发展生态型产业，引导人口相对集聚，建设高品质、集约型新城。

六、在《规划》的指导下，尽快完成市以下各级土地利用总体规划修编工作。《规划》确定的主要目标和指标，要纳入国民经济和社会发展规划，严格执行。要将耕地保有量、基本农田保护面积、城乡建设用地规模等约束性指标层层分解落实，不得突破。对预期性指标，要通过经济、法律和必要的行政手段加以引导，力争实现。

七、严格实施《规划》。土地利用总体规划事关国家和人民的长远利益，关系经济社会全面协调可持续发展，必须高度重视实施工作。你市人民政府要加强组织领导，认真组织落实《规划》提出的各项任务和措施，确保规划目标实现。市人民政府主要负责人要对市域内的土地利用总体规划和年度计划执行情况负总责，严格落实保护耕地和节约集约用地责任制，确保《规划》确定的耕地保有量和基本农田保护面积不减少、质量有提高。要健全规划实施管理制度，强化土地利用年度计划控制，严格建设项目用地审批，加强农用地转用管理；加强规划实施动态监管，严格土地利用总体规划修改；加强规划宣传，提高全社会依法依规用地的意识。国土资源部要加强对《规划》实施的指导、监督和检查。

二〇〇九年九月二十八日

北京市土地利用总体规划（2006－2020年）文本

前　言

北京是我们伟大祖国的首都，全国的政治中心、文化中心。进入二十一世纪以来，首都经济社会快速发展，土地资源的供需矛盾日益尖锐，2000年经国务院批准的《北京市土地利用总体规划（1997－2010年）》即将到期，亟需进行修编。为深入贯彻落实党的十七大和十七届三中全会精神，全面推进科学发展，努力构建和谐社会，认真落实新时期“资源节约、环境友好”的总体战略部署，坚定实行最严格的耕地保护制度和最严格的节约用地制度，努力实现建设“人文北京、科技北京、绿色北京”的战略构想，促进北京市国民经济和社会发展规划与《北京城市总体规划（2004年－2020年）》的实施，推进首都城乡一体化建设，保障首都经济、社会、人口、环境和资源的全面协调可持续发展，根据《中华人民共和国土地管理法》、《国务院关于深化改革严格土地管理的决定》、《国务院关于促进节约集约用地的通知》等规定，依照国务院批准的《全国土地利用总体规划纲要（2006－2020年）》的要求，制定《北京市土地利用总体规划（2006－2020年）》。

本规划提出了首都土地资源保护与开发利用新的战略目标、发展重点、空间格局和政策措施，集中体现了国家关于土地参与宏观调控的决策意图，是北京实行最严格土地管理制度的纲领性文件，是规划首都城乡建设和各项建设、各级部门依法行政的重要依据。

第一章　总则

第1条　规划前提

（1）本世纪前二十年，是北京全面推进现代化进程、建设“国家首都、国际城市、文化名城、宜居城市”的重要阶段。到2020年左右，北京将力争全面实现现代化，确立具有鲜明特色的现代国际城市地位。

（2）上轮规划实施期间，土地利用和管理成效显著。建设用地利用效率不断提高，农用地特别是耕地保护力度不断加大，生态环境建设水平不断提升，土地管理和执法能力不断增强，有力保障了首都经济社会的快速发展。

（3）立足当前，展望未来，首都人口增加和土地供给压力日益增大。耕地和基本农田保护形势依然严峻，城乡区域间用地结构和布局尚待优化，节约集约用地能力仍需增强，国土资源综合整治和生态安全网络建设力度仍需加大，土地管理机制亟待创新。

第 2 条　指导思想

以邓小平理论和“三个代表”重要思想为指导，全面落实科学发展观，切实坚持严格保护耕地、节约集约用地的根本方针，大力提倡生态文明，统筹协调区域之间、城乡之间、平原山区之间和近远期之间的各业用地需求，积极探索规划实施的制度创新，严格规范各类土地利用和建设行为，促进土地合理利用和优化配置，保障首都人口资源环境与经济社会全面、协调、可持续发展。

第 3 条　规划原则

北京市土地利用总体规划的编制和实施，必须贯彻严格保护耕地特别是基本农田的原则；必须贯彻节约集约用地的原则；必须贯彻以人为本，生态环境保护与经济社会发展并重的原则；必须贯彻区域与城乡统筹协调发展的原则；必须贯彻强化规划实施保障，不断提高土地管理制度创新能力的原则。

第 4 条　规划依据

（1）《中华人民共和国土地管理法》

（2）《中华人民共和国城乡规划法》

（3）《中共中央关于推进农村改革发展若干重大问题的决定》

（4）《国务院关于深化改革严格土地管理的决定》（国发［2004］28 号）

（5）《国务院关于加强土地宏观调控问题的通知》（国发［2006］31 号）

（6）《国务院关于节约集约用地的通知》（国发［2008］3 号）

（7）《全国土地利用总体规划纲要（2006－2020 年）》

（8）《国务院关于北京城市总体规划的批复》

（9）《北京城市总体规划（2004 年－2020 年）》

（10）《北京市国民经济和社会发展第十一个五年规划纲要》

（11）《北京市土地利用总体规划（1997－2010 年）》

（12）《省级土地利用总体规划编制守则》

（13）其他相关法律法规等。

第 5 条　规划范围

本规划范围为北京市行政辖区，面积为 16410.54 平方公里。

第 6 条　规划期限

本规划期限为 2006－2020 年，基期年为 2005 年，近期目标年为 2010 年，规划目标年为 2020 年，展望到 2030 年。

第 7 条　规划重点

（1）适应社会主义市场经济体制和政府职能转变的要求，充分吸取上轮规划的经验和不足，本着珍惜资源、善用资源的思想，探索体现“首都特色、符合国策”的技术思路和规划手段，推进土地利用规划编制和管理方式的创新。

（2）规划修编将构建首都的农用地资源和生态空间保护体系、建设用地节约集约利用体系和土地利用规划实施保障体系，重点开展建设用地整合与节约集约利用规划、耕地和基本农田保护规划、绿色空间体系建设规划，着重研究土地利用规划管理的机制创新问题。

第二章 总体战略和规划目标

第一节 土地利用总体战略

第 8 条 明确首都的土地功能定位

（1）北京土地利用方式和功能结构的调整，应按照首都政治、经济、社会、文化发展的要求，着力体现首都土地独有的战略价值，高度重视土地的资源、资产双重属性，充分发挥首都土地的国家服务、公共服务、生态服务的功能，优先满足国家政治事务和党政机关行政办公、国家级文体教育、国防安全、国际交往、历史文化名城保护和现代服务业的用地需求。

（2）首都非建设用地的利用，必须充分考虑城市发展空间保障功能、生态服务功能、景观文化功能和鲜活农副产品生产功能。

（3）北京的发展和土地利用必须注重区域之间的统筹协调，强化各区县功能定位、产业布局和土地利用的有机衔接，有序推进首都功能核心区、城市功能拓展区、城市发展新区和生态涵养发展区四类功能区的发展。

第 9 条 积极推行和谐持续发展战略

（1）实施土地利用城乡统筹策略，构建首都城乡和谐社会。按照统筹城乡区域发展、构建和谐社会首善之区的要求，统筹安排城乡土地资源。正确处理保护与发展的关系，提倡首都农用地功能多元化。依照各区县的功能定位，合理布局城乡建设用地，充分发挥市场配置土地资源的基础性作用，保障北京现代化和城市化的健康发展，推进首都率先形成城乡经济社会发展一体化新格局。

（2）实施绿色空间区域共筑策略，推动北京“宜居城市”建设。统筹人与自然和谐发展，推进北京和周边地区的区域生态安全网络共建，充分保护城市现存生态空间，加强国土资源综合整治，完善市域绿色空间，不断改善生态环境，实现北京土地生态系统的良性循环。

（3）实施文化名城城乡共建策略，推进自然、人文资源的共同保护。合理继承北京长期作为首都所形成的土地利用格局，保护城镇的历史文化资源及具有重要文化价值的村落，保护特色农产品的核心生产地，保护展现古都风貌及城市演变的自然文化遗产。

第 10 条 大力推进节约集约用地战略

（1）实施用地结构布局优化策略，重点保障首都功能用地。满足首都功能对土地利用的必要需求，有机疏散中心城功能，集约发展新城和重点镇，促进产业集聚；积极运用内部挖潜、边缘控制、外部疏导等节地途径，构建“整体疏、局部密、大分散、小集中”的空间格局。

（2）推进城镇用地理性增长和存量建设用地集约挖潜策略，严格控制城乡建

设用地盲目扩张。统筹规划和管理城乡建设用地，按照“保发展，促集约，盘存量”的原则，实施城乡建设用地增减挂钩，推动建设用地节约集约利用。

（3）实行基本农田规模保护策略，积极引导都市型现代农业有序发展。严格保护耕地，坚持“用养并重”，加大科技、资金投入，集中连片保护基本农田，积极推行标准化基本农田建设，不断提高耕地和基本农田的综合生产能力、生态服务能力和景观美化能力。

第二节　土地利用规划目标

第11条　实现“城乡和谐发展、节约集约用地”的总目标

着力加强耕地保护特别是基本农田保护，着力加强生态安全网络建设，着力优化土地利用结构和空间布局，着力促进城乡区域统筹发展，全面促进土地节约集约利用，促进首都“三圈九田多中心”土地利用总格局的形成，实现“城乡和谐发展、节约集约用地”的土地利用总目标，为将北京建设成为“国家首都、国际城市、文化名城、宜居城市”提供土地资源保障。

第12条　严格落实各项用地调控指标

落实《全国土地利用总体规划纲要（2006－2020年）》的要求，切实保护耕地特别是基本农田，因地制宜推动农村土地整治，严格控制各项建设用地规模，不断提高节约集约用地水平，努力实现各项用地调控指标。

规划到2010年和2020年，耕地保有量分别保持在2260平方公里（339万亩）和2147平方公里（322万亩）。确保1867平方公里（280万亩）基本农田数量不减少、质量有提高。其中，规划近期（2006－2010年）本市新增建设占用耕地控制在133平方公里（20万亩）以内，确保新增建设占用耕地实现占补平衡。

规划到2020年，建设用地总规模为3817平方公里，其中城乡建设用地总量控制在2700平方公里以内。继续加大存量建设用地挖潜力度，有效控制新增建设用地规模，不断提高节约集约用地水平。

专栏1　土地利用的主要调控指标　　单位：平方公里

规划指标	2005年	2010年	2020年	指标类别
耕地保有量	2334	2260	2147	约束性
基本农田面积	2333	1867	1867	约束性
建设用地	3230	3480	3817	预期性
其中：城乡建设用地	2396	2520	2700	约束性
其中：城镇工矿用地	1516	1685	1970	预期性
人均城镇工矿用地（m^2/人）	121	120	120	约束性
新增建设用地规模		273		预期性
新增建设占用农用地规模		213		预期性
新增建设占用耕地规模		133		约束性
整理复垦开发补充耕地规模		133		约束性

第三章 统筹城乡区域土地利用

第一节 构建首都土地利用总格局

第13条 划分四大土地利用区域

依据首都经济社会发展的区域功能定位要求，结合自然、生态条件、历史文化传承和行政区划等因素，按照“优化城区、强化郊区”的原则，划定首都功能核心区、城市功能拓展区、城市发展新区、生态涵养发展区四大土地利用区域，因地制宜，分类引导和管制，保障首都社会、经济与环境的和谐发展。

第14条 构筑“三圈九田多中心”

针对首都土地利用的特点，结合“两轴－两带－多中心”的城市空间结构，着力构建首都“三圈九田多中心”的土地利用总格局。

（1）三圈：指围绕城市中心区的三个“绿圈”，即以第一道绿化隔离带和第二道绿化隔离地区为主体的环城绿化隔离圈、以“九田”为基础的平原农田生态圈和以燕山、太行山山系为依托的山区生态屏障圈。

专栏2 各圈层土地利用管制规则

1、环城绿化隔离圈	优先保障绿化用地，将基本农田纳入绿色空间体系，提升绿色空间体系的复合生态环境功能；严控新增建设用地规模，加强城乡结合部存量集体建设用地挖潜。
2、平原农田生态圈	集约建设新城和开发区，逐步腾退低效建设用地，积极推进基本农田和农村土地整治。
3、山区生态屏障圈	严格保护自然生态系统和历史文化遗迹，积极开展小流域综合整治，加大矿山关停和生态修复力度，鼓励生态搬迁，适度发展生态友好型产业。

（2）九田：指位于延庆县、昌平区、顺义区、平谷区、通州区、大兴区、房山区七个区县的九片规划基本农田集中分布区。

（3）多中心：指中心城、新城，以及其它服务全国、面向世界的重要城市节点。

第二节 统筹平原山区土地利用

第15条 优化首都功能核心区用地功能

（1）东城、西城、崇文、宣武四区构成首都功能核心区。本区域是体现首都功能、展现古都特色最主要的载体，应突出首都土地利用特有的国家服务功能和公共服务功能，高度重视和保护土地所承载的历史文化价值，维持土地利用的适当强度。

（2）建设高品位的文化名城和国家政治、文化中枢。进一步疏导不适合在旧城内发展的城市职能，合理疏散旧城区的居住人口；充分挖掘和盘活存量土地，积极引导开放和连通城市公共空间，进一步

提高地下空间综合利用水平，保障发展适合旧城传统空间特色的产业用地需要，满足城市生态环境改善、防灾避险、绿化美化和居民休闲、健身等功能需要，不断美化城市环境。

第16条　整合城市功能拓展区用地布局

（1）朝阳、海淀、丰台、石景山四区构成城市功能拓展区。该区涵盖中关村科技园区核心区、奥林匹克中心区、北京商务中心区等重要功能区，是体现北京现代经济与国际交往功能的重要区域。土地利用应保障载体功能，强化生态服务功能。

（2）整合城市功能拓展区的各类用地。加强环中心城区绿色空间建设，提升其在控制城市发展、发挥生态服务等方面的功能。着重发展高新技术产业和现代服务业，加大开发区、园区集约用地的力度，加强集体建设用地管理。各类建设项目应避让地裂缝、沙土液化集中区；采取切实可行措施，控制地下水开采规模，防止地面进一步沉降。

第17条　推动城市发展新区集约用地

（1）城市发展新区包括通州区、顺义区、大兴区、房山区的平原地区和昌平区的平原地区，是北京发展现代制造业和都市型现代农业的主要载体，也是承接中心城疏散产业和人口的重要区域。本区域应有重点地发挥土地的载体功能、生态服务功能和鲜活农副产品的生产功能，并为城市保留未来发展空间与必要的生态廊道。

（2）优化区域建设用地的内部结构，统筹安排各类建设用地，高效率的利用土地资源，重点保障新城建设和重要交通廊道的用地需求，引导城市空间集中发展。各类开发建设活动应尽量避让地裂缝、洪泛区与沙土液化集中区。

（3）对非建设用地进行合理规划，强化其在引导和控制城市用地规模扩张、提供生态服务和社会保障等方面的作用。严格保护、积极建设高标准、高质量的基本农田，保留一定规模的城市发展后备空间，建设开放式的田园生态游憩系统。

第18条　提升生态涵养发展区生态服务功能

（1）生态涵养发展区包括门头沟区、平谷区、怀柔区、密云县、延庆县、房山区的山区和昌平区的山区，是北京的生态屏障和水源保护地、自然人文景观荟萃的旅游集中地。本区域应重点发挥土地的生态服务功能，适度发展生态友好型产业。

（2）保护自然生态系统和地质、历史遗迹，积极开展山区水土流失和生态清洁小流域综合治理，严格控制水源保护区核心地带的开发活动，鼓励生态搬迁，加大矿山关停和生态修复力度，积极联合周边省市开展流域生态建设，加强水土保持监督执法。

（3）引导人口相对集聚，因地制宜建设高品质、集约型的新城。

第四章　保护和合理利用农用地

第一节　规模化保护耕地和基本农田

第19条　严格保护农用地、耕地

（1）加强土地利用的宏观调控，合

理调整农用地的结构和布局。规划期末，农用地规模保持在11900平方公里左右。

（2）严格保护耕地和农用地，按照不占或少占的原则，严格控制各类建设用地占用农用地特别是耕地的规模，确需占用耕地的应尽量占用等级较低的耕地。

（3）积极推进农用地特别是耕地的规模化、集约化经营，推进中低产田改造，加强农田环境综合治理，增加农业基础设施投入，不断改善农业生产条件，建设高标准农田。

（4）加强对农业结构调整的引导，确保不因农业结构调整降低耕地保有量。各类防护林、绿化带等应尽量避免占用耕地。

（5）合理规划各类设施农用地，鼓励利用废弃地和未利用地发展规模化畜禽养殖。

第20条　集中连片保护基本农田

（1）在数量不减少、质量有提高、布局总体稳定的前提下，集中连片保护基本农田，设立九片基本农田集中分布区，区内基本农田保护面积不低于全市总量的50%。

（2）以基本农田标准化建设为核心，以农村土地综合整治为着力点，推进“九田”重大工程建设，不断提高基本农田质量。

专栏3　基本农田集中分布区

基本农田集中分布区是根据“优质耕地，集中连片；不跨区界，易于管理”的原则划定的基本农田相对集中分布的区域，包括延庆平原片、昌平东部片、顺义西北片、顺义东部片、平谷西南片、通州东部片、通州南部片、大兴南部片、房山东南片。“九田”内基本农田规模不低于全市总量的50%。

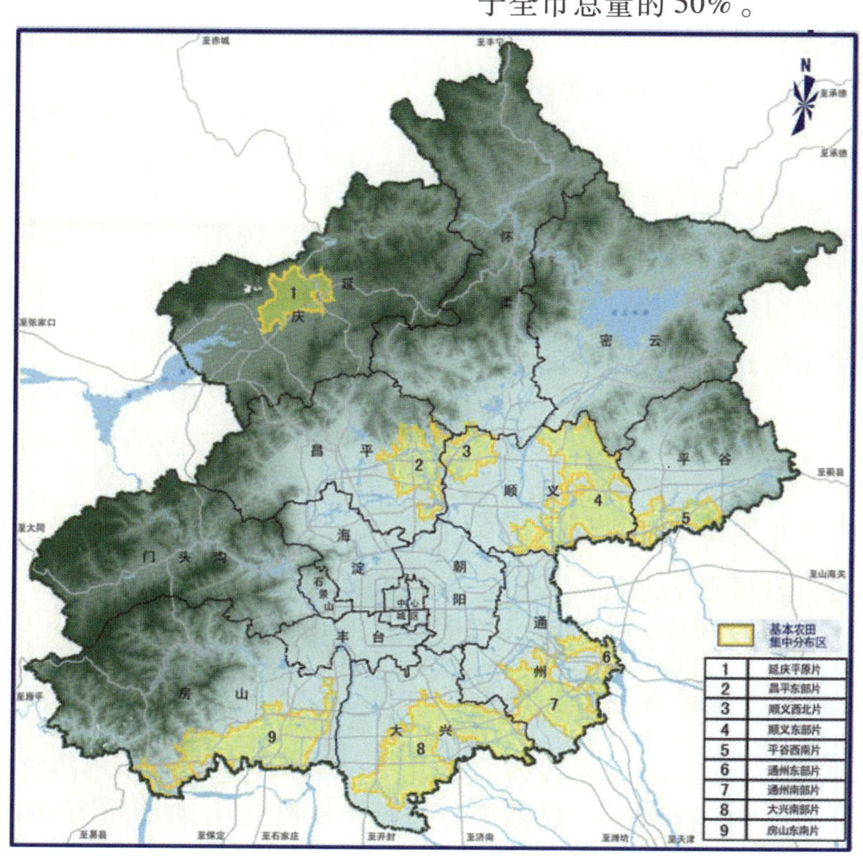

第二节　适度推进农村土地整治

第 21 条　切实落实耕地占补平衡制度

（1）规划近期，按照“先补后占”的原则，确保本市新增建设占用耕地实现占补平衡；规划期末，根据本市后备资源条件，力争实现建设占用耕地占补平衡。

（2）对国家重大工程建设项目和完善首都功能项目的用地指标及补充耕地任务，积极争取国务院及有关部门支持，通过指标调剂和实施农村土地整治重大工程，在全国范围内统筹安排。

第 22 条　加强农用地综合整治

适应首都发展都市型现代农业的需要，积极稳妥地开展田、水、路、林、村综合整治，改善郊区农村生产生活条件和生态环境，积极开展农田水利、水土保持等工程建设，提高农用地质量及生产力。

第 23 条　积极开展废弃地复垦

按照因地制宜、统筹规划、突出重点、经济可行、改善环境的要求，合理安排废弃地复垦的规模、布局、时序和利用方向。积极开展矿山环境整治、砂石坑治理等废弃地复垦工程建设，逐步恢复生产或生态功能。

第 24 条　科学开发未利用地

在保护和改善生态环境的前提下，有计划、有步骤地开发后备土地资源，加强土地开发项目的调查评价和论证工作。

第 25 条　确定土地整理复垦开发重点区域

结合区域土地整理、复垦、开发的要求，按照自然、社会、经济条件相对一致、资源条件较好、分布相对集中、有利于生态环境的原则，确定东北部综合重点区、中部整理重点区、东南部整理重点区、南部复垦重点区、北部开发重点区、东部开发重点区六片土地整理复垦开发重点区域。

第三节　引导都市型现代农业有序发展

第 26 条　加强都市型现代农业用地管理

科学规划和合理布局都市型现代农业用地，探索制定都市型现代农业附属设施的用地标准，规范都市型现代农业用地用途管制规则和审批程序。

第五章　节约集约利用建设用地

第一节　统筹管理城乡建设用地

第 27 条　强化城乡建设用地统一管控

（1）按照“逐级管理、规模统筹、空间管制”的原则，统筹管理城乡建设用地。实行最严格的节约用地制度，从严控制城乡建设用地规模，2020 年全市城乡建设用地控制在 2700 平方公里以内。

（2）严格划定城乡建设用地的扩展边界，明确管制规则和监管措施，综合运用经济、行政和法律手段，控制城乡建设用地盲目无序扩张。

（3）落实城乡建设用地空间管制制度。城乡建设用地扩展边界内的农用地转用，要简化用地许可程序，完善备案制度，强化跟踪监管；城乡建设用地扩展边界外的农用地转用，只能安排能源、交通、水利、军事等必需单独选址的建设项目，提高土地规划许可条件，严格许可程序，强化项目选址和用地论证，确保科学选址和合理用地。

(4) 加强对建设用地的供给控制和需求引导，切实转变土地利用方式。加大存量建设用地挖潜力度，各项建设要优先开发利用空闲、废弃、闲置、低效利用的土地，鼓励开发利用地上地下空间，努力提高建设用地利用效率。规划到2020年，市域范围平均每公顷建设用地的地区生产总值不低于360万元；平均每公顷城乡建设用地的二三产业增加值不低于500万元。规划期间，全市地区生产总值每增长1亿元，建设用地增量控制在10公顷以内，城乡建设用地增量控制在5公顷以内；全市常住人口每增长1%，城乡建设用地增长速度将控制在0.74%以内。

第28条　推动城镇建设用地集约发展

(1) 科学配置城镇用地，合理调控城镇用地增长规模和时序。积极培育“中心城—新城—镇”的空间结构，不断促进人口、产业向城镇集中。规划期末，城镇建设用地规模控制在1650平方公里以内。有序疏导中心城职能，中心城城镇建设用地规模约778平方公里。高效集约建设新城，顺义等11个新城的城镇建设用地总规模约640平方公里。加快环境优美、设施配套的小城镇特别是重点镇的建设，合理控制建制镇用地规模。规划期内，建制镇的城镇建设用地总规模约212平方公里。

(2) 实行“分类指导、区别对待”的用地标准，推动中心城、新城集约高效建设。

——严格控制中心城集中建设区的建设规模，加强城乡结合部环境整治，加快形成中心地区核心功能集聚、边缘集团功能优化、绿化隔离地区协调发展的良好格局。

——强化通州、顺义、亦庄重点新城的枢纽地位，鼓励紧凑、高标准地建设新城，促进城市空间战略的实施，形成人口增长、产业发展和土地利用三者之间的良性互动。根据各新城的特点，分别制定人口增长、产业发展与土地资源消耗相挂钩的标准，有效引导和调控重点新城的人口增长和产业发展。规划近期内，三个重点新城工业项目的用地投资强度原则上不低于6000万元/公顷。

——高效集约建设大兴、房山、昌平等城市发展新区内的其他新城，大力盘活存量土地资源，优化人口和产业结构，合理调整用地布局，建设高品质的宜居新城。规划近期内，三个新城工业项目的用地投资强度原则上不低于4000万元/公顷。

——生态涵养发展区内的新城是支撑山区发展、确保首都绿色生态屏障构建的重要节点。门头沟、延庆、怀柔、密云、平谷等新城应依照城市功能定位，合理引导人口、产业有效集聚，因地制宜地建设生产、生活、生态和谐，依托山区、引领山区的新城。规划近期内，门头沟、延庆、怀柔、密云、平谷等新城的工业项目用地投资强度原则上不低于3000万元/公顷。

（3）规范开发区用地管理。将中关村科技园区、北京经济技术开发区等国家级和市级开发区纳入中心城、新城和邻近城镇的规划城镇集中建设区，统一规划，有序发展。开发区内各项建设活动应严格遵照有关规定，工业项目应严格执行国家和北京市相关用地标准。

第29条　促进集体建设用地资源盘整

（1）鼓励各类城乡建设尽量挖潜利用存量地，少占耕地和其他农用地。本着节约集约、生态安全、保护历史文化的原则，分区划类、因地制宜地推进集体建设用地整理。

（2）加强对现状产业用地特别是集体工矿用地的空间整合力度，促进各类产业向园区集中。

（3）规划期内，通过城镇化整理、生态搬迁、撤并改造等方式缩减农村居民点用地规模。结合土地储备和一级开发，逐步腾退或改造中心城、新城、建制镇等规划城镇集中建设区内的集体建设用地，优化城乡结合部土地利用结构和布局。推进城镇建设用地增加与农村建设用地减少相挂钩重大工程，促进规划城镇集中建设区外的存量建设用地通过挂钩等方式，向城镇集中。

（4）保留具有历史文化价值的农村聚落，对有重大历史文化价值的村庄实行整体保护。

第二节　优先保障中央党政军单位用地

第30条　优先保障中央党政军单位用地

按照中央对北京做好“四个服务”的工作要求，结合城市发展与土地利用总体部署，预留必要的发展空间，保障中央党政军单位的合理用地需求，完善首都职能。

第三节　积极引导各类设施用地高效利用

第31条　引导交通基础设施合理布局、节约用地

（1）统筹兼顾，有机协调基础设施用地安排和城乡建设用地布局的关系，发挥交通基础设施对城市结构和功能的引导作用，探索形成交通基础设施建设、用地规模的控制标准体系。各类交通设施项目应严格执行国家有关规定，尽量压缩用地规模，避让基本农田。

（2）公交优先，合理安排公共交通发展用地，重点保障公共交通枢纽与各类站场接驳换乘的设施用地。以公共交通运输为主体，建立现代化城市综合交通体系。完善城镇之间的路网和轨道交通体系建设，优化系统结构，最大限度地提高道路网及各类交通运输设施整体运行效率和服务水平，减少资源、能源消耗及对环境的影响。

（3）轴带引导，合理构筑高速公路、铁路及城际快速轨道交通网体系，重点保障连接周边、服务全国的京津、京九、京石、京张、京承、京沈等六大方向交通廊道用地。完善联系京津冀的区域公路网体系，重点建设京沪高速铁路，京张城际铁路、京承城际铁路，京沈、京石客运专线等铁路及站场。

第32条 推动市政基础设施节约集约用地

（1）严格用地标准、加强土地储备、预留发展空间，保障城镇供水、雨水排放、污水处理、再生水利用、供电、供气、供热、信息工程、环卫设施系统的建设用地供给。建设城市防洪规划的蓄滞洪区、南水北调相关配套工程，统筹安排垡头、定福庄、东坝、北苑、五里坨、清河、丰台河西以及各区县排水工程的用地需求。

（2）加快小城镇市政基础设施建设。因地制宜，逐步建立适应首都社会主义新农村发展的基础设施服务和保障体系。

（3）加强空间协调，妥善处理市政基础设施的线、站、点与周边区域的土地利用关系，市政设施建设应避让基本农田，尽量避免占用优质农用地，特别是耕地。

第33条 强化社会公共服务设施高效用地

（1）高度重视科技、教育、文化、卫生、体育、公共安全等社会事业发展，重点保障各项公共服务设施的建设用地。积极引导中心城公共服务设施的合理疏散，保障新城公共服务设施的用地需求，完善小城镇和农村公共服务设施的配套布局，建成覆盖城乡、功能完善的综合公共服务体系。

（2）在满足公共服务设施功能的前提下，严格执行各类公共服务设施建设标准和土地供应标准。按照“控制总量、盘活存量、优化增量、提高质量”的原则，严格控制中心城区的医疗、文化、教育和社会福利等大型设施的规模扩张，原则上不再新建各级学校、医院；重点加强城市功能拓展区和城市发展新区的教育、卫生、文化、体育等功能性公共设施建设；推进城市社区和村级公共服务设施的整合，尽可能统建共用，节约土地资源。

第六章 加强生态安全网络体系建设

第一节 构筑城乡生态安全网络

第34条 保护“两山八水”，建设“九楔九田”

精心保护太行山、燕山绿色生态屏障，以及大清河水系、永定河水系、北运河水系、潮白河水系、蓟运河水系、密云水库、官厅水库和南水北调工程；积极建设以九片楔形绿地为重点的环中心城生态绿化系统和九个基本农田集中分布区，构筑适应北京“宜居城市”建设要求的生态安全网络体系。

第35条 重点保护基础性生态用地

重点保护山地、天然湿地、天然林、自然保护区、风景名胜区、森林公园等生态敏感区。严格控制具有重要生态功能的未利用地开发。规划期内，确保具有改善生态环境作用的耕地、园地、林地、牧草地、水域水面等地类面积占国土总面积的比例在76%以上，山区同类用地比例在92%以上，平原同类用地比例在55%以上。

在切实保护耕地和基本农田的前提下，坚持生产、生活与生态并重，逐步提高各类生态用地比重，完善绿地系统生态功能。强化环中心城绿色空间和城市绿色廊道的建设，构建首都和谐、安全、高效的绿色空间体系。规划期末，全市森林覆盖率达到38%，林木覆盖率达到55%，人均公共绿地面积15－18平方米。

第36条　分类管制土地利用空间

综合生态适宜性、工程地质、资源保护等因素，划定禁止建设区、限制建设区和适宜建设区，指导各类开发建设行为。

（1）禁止建设区包括天然湿地、地表水源一级保护区、地下水源核心区、山区泥石流高易发区、自然保护区的核心区和缓冲区、风景名胜区的特级和一级保护区、大型市政通道控制带、中心城绿线控制范围、河流、道路以及城市楔形绿地控制范围等，原则上禁止任何建设和开发行为。

（2）限制建设区包括基本农田集中分布区、地表水源二级保护区、地下水源保护区、蓄滞洪区、山区泥石流中易发区、地质环境不适宜地区、自然保护区的实验区、风景名胜区的二级和三级保护区、森林公园、农田林网、山前生态保护区、文物保护区、绿化隔离地区以及中心城外地下水严重超采区、机场噪声控制区、高压走廊、污染集中处理设施附近等，必须科学地引导建设行为，严格控制建设用地总规模，建设用地选址应尽可能避让此类区域。

（3）适宜建设区为禁止建设区、限制建设区以外的区域，是城乡建设优先选择的地区，应根据资源环境条件，科学合理地确定开发模式、规模、强度和时序。

第二节　推进生态基础设施建设

第37条　维护水资源和水环境安全

维护并强化区域水系格局的连续性和完整性，保护或恢复河流、坑塘和自然灌溉系统，构建河、湖、湿地等多层次的水生生态系统。切实保护浅山区和山前洪积扇地带的地下水补给区，以及密云水库、怀柔水库、京密引水渠、南水北调中线等重要的地表、地下水源地。

第38条　完善生态基础设施体系

保育山区森林、大型湿地等生态源地，维护平原小型林地、农田和湿地等生态斑块，建立水系、林带、文化遗产线路、郊野公园等生态廊道、文化遗产廊道和游憩廊道，实施以生态源地、斑块、廊道等构成的生态基础设施建设工程，构建城乡融合的生态基础设施网络体系。

第39条　加强国土资源综合整治

（1）根据山区、平原和流域之间的差异性，有针对性的划分国土资源综合整治区域，积极推进流域综合整治。

专栏4 北京国土资源综合整治分区

一级区	亚区	区域综合整治的目标定位
Ⅰ 山区	Ⅰ1 潮白河山区	水源保护、生态屏障、灾害治理的重点区域
	Ⅰ2 永定河上游妫水河山区	水源涵养、风沙治理、生态屏障的重点区域
	Ⅰ3 北运河山区	该区西北部是风沙的重灾区，整治目标为生态屏障，重点发展林业、生态旅游
	Ⅰ4 永定河－大清河山区	灾害治理的重点区域，生态屏障，生态旅游
	Ⅰ5 蓟运河山区	水土保持、果树种植
Ⅱ 平原地区	Ⅱ1 北运河平原区	风沙治理、适度建设
	Ⅱ2 潮白河平原区	风沙治理、适度建设
	Ⅱ3 蓟运河平原区	生态农业、适度建设
	Ⅱ4 永定河－大清河平原区	风沙治理、适度建设

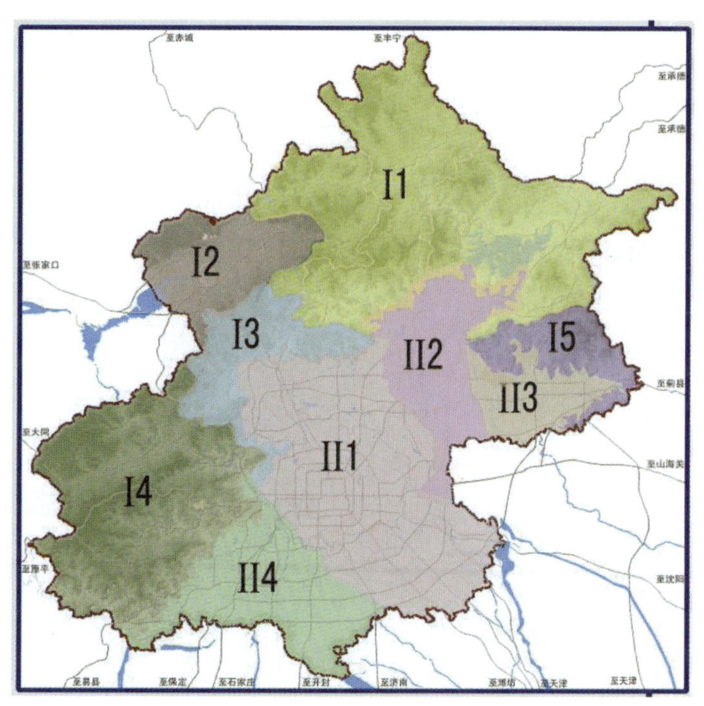

（2）潮河、白河、怀沙河、妫水河等水系的深山地区，以生态清洁小流域建设为核心，全面控制水土流失、防治水污染；泥石流重灾区和采空区，鼓励生态搬迁，防治崩塌、泥石流等地质灾害；推进京津风沙源治理工程、太行山绿化工程、水源林保护工程等生态安全维护重点项目建设。平原地区努力减少地下水开采，进一步完善防护林体系，建设林种、树种布局合理、景观优美的沙地生态系统。

（3）结合矿山关闭整合，实施矿山地质环境治理、生态修复和工矿废弃地复垦重大工程，消除或减轻灾害隐患，改善生态环境，保护地质遗迹，促进产业结构转型。

第三节　探索环境友好型土地利用模式

第 40 条　探索城镇乡村布局优化的平原模式

（1）城镇地区。按照高效节约、生态健康的要求，重点加强城郊林网系统建设，严格控制城市建设用地规模，保障基本生态用地需求，促进“城在林中、林在城中”城市生态格局的形成。

（2）乡村地区。以耕地保护、生态建设和环境保护为主，努力减轻农业污染，推广生态农业模式。着力发挥农业用地的生态效益及景观效益，不断优化特色农业布局。

第 41 条　探索自然生态本底差别化的山区模式

（1）坚持生态优先、整体保育与局部适度开发相结合，强化山区的生态保育和水源涵养功能，调整与生态保护不适宜的土地用途。规划期内努力实现建设用地总量平衡、布局合理、结构优化，不断提升山区的生态服务功能。

（2）精心利用自然和人文景观资源，因地制宜发展农、林、果、牧业和生态友好型产业，促进山区农民致富和农村发展，适度开发建设浅山区，努力建设生态山区、和谐山区。

第七章　有机协调土地利用时序与布局

第一节　近期规划与远景展望

第 42 条　近期规划目标

积极引导土地高效集约利用和建设用地理性增长，保障中心城、重点新城等重点地区和必要基础设施项目建设需要，不断促进首都绿色空间和生态安全网络体系建设，为北京率先基本实现现代化、构建高效运行的现代国际城市提供强有力的支撑。

第 43 条　近期规划要点

（1）集约高效利用土地。本着“严控总量、理性增长”的原则，集约高效地建设中心城和新城，引导城镇用地集中紧凑发展，推进城中村、城乡结合部集体建设用地资源整合，控制非农建设占用耕地。

（2）确保奥运后经济平稳运行。本着“保民生、促发展”的原则，土地供应重点投放在基础设施建设、公共服务设施建设、保障性住房建设、生态环境建设、新农村建设和产业结构调整六个方面。

（3）有力促进新城的启动建设。重点保障通州、顺义、亦庄三个重点新城的建设用地供应，提高新城建设用地效率，优先保障文教、医疗等公共服务设施和交通、市政基础设施建设用地。

（4）积极推进土地生态环境综合整治。严格控制规划绿色空间范围内的建设用地增长，开展地质灾害治理、河道综合整治，保护重要的生态功能区，加快山区关停矿山的生态修复，努力控制水土流失、风沙危害。重点开展永定河生态环境综合治理，推进城市周边的郊野公园和滨河公园建设。

第 44 条　远期目标和远景展望

（1）从 2010 年到 2020 年，北京土地利用将进入优化整合、全面建设国际城市和宜居城市阶段。城市发展将由规模扩张转向结构优化、质量提高，存量建设用地挖潜力度不断加大，土地生态服务功能不断提升，城市居住环境不断改善。

（2）预计到2030年，我国将达到或接近人口高峰年，北京仍然面临着较大的人口压力，土地利用方式应更加集约高效，结构布局更趋合理，生态安全网络体系更趋完善。首都将发展成为运行高效、环境友好、空间集约、社会和谐、安全健康的现代国际城市。

第二节 区（县）规划的调控要求

第45条 促进人口产业发展与用地布局相协调

各区（县）应坚持人口、产业发展和资源配置相适应的原则，做好与国民经济和社会发展规划、城市总体规划的有机衔接，统筹功能定位、产业导向和城乡用地布局。推动中心城功能疏散，引导人口、产业向新城（特别是重点新城）适当集聚，结合土地利用分区的引导管制规则，合理配置各类用地。

第46条 强化区（县）规划目标调控

切实加强对区（县）规划各项指标的调控，严格执行指标分解方案（附表3），明确相应的强制性要求：

（1）落实上级规划各项用地调控指标。

（2）落实耕地和基本农田保护责任，依据基本农田划定的有关标准，科学合理调整基本农田布局，确保基本农田质量有提高。

（3）划定城乡建设用地扩展边界，落实城镇建设用地规模和空间管制制度，加大存量建设用地挖潜力度。

（4）落实整理复垦开发补充耕地重点区域和项目，按照“先补后占”的相关要求，力争实现耕地占补平衡。

（5）优先布设基础性生态用地，协调安排基本农田与基础设施 用地，优化城乡建设用地布局。

第八章 强化规划实施保障机制

第一节 健全规划管理体系及制度

第47条 加强土地利用总体规划的整体控制

（1）落实耕地保护和节约集约用地责任制

依据土地利用总体规划，建立各级政府耕地保护和节约集约用地责任制，完善耕地保护和节约集约用地责任的考核体系，将实际耕地保有量、基本农田保护面积、耕地占补平衡落实情况等内容作为考核的重要内容。

（2）做好相关规划与土地利用总体规划的相互衔接

土地利用总体规划确定的主要目标和指标，要纳入国民经济和社会发展规划，严格执行。各地区、各部门、各行业编制的城市、村镇、交通、水利、能源、旅游、生态建设等相关规划，应当与土地利用总体规划相互衔接，必须符合保护耕地和节约集约用地要求，必须符合土地利用总体规划确定的用地规模和总体布局安排。严格依据土地利用总体规划，从严审查各类规划的用地规模和标准，切实落

实土地用途管制制度。凡不符合土地利用总体规划的，必须及时调整和修改，核减用地规模，调整用地布局。

（3）完善逐级调控的土地利用规划体系

强化土地利用总体规划自上而下的控制。下级土地利用总体规划修编必须以上级规划为依据，全面贯彻落实上级规划分解下达的各项用地指标，并在规划指导思想、规划目标、用地结构和布局调整等方面与上级规划做好充分衔接。

第48条　健全土地利用规划实施管理制度

（1）强化土地利用计划调控，按照土地利用总体规划，编制和实施土地利用年度计划，分解落实计划指标；严格以实际用地考核土地利用年度计划的执行情况，防止超计划批地用地。

（2）加强建设项目用地预审管理，严格依据土地利用总体规划确定的土地用途和管制规则，以及节约集约用地标准审核项目用地。凡不符合土地利用总体规划或节约集约用地标准的，不得通过建设项目用地预审。

（3）加强农用地转用管理。各项建设活动必须符合土地利用总体规划确定的土地用途，涉及农用地转用的，必须严格依据土地利用总体规划和年度计划进行审查，取得农用地转用许可。

（4）加强批后监管工作。综合运用遥感影像、地籍数据库等信息技术手段，对项目后期建设开发情况进行跟踪管理。

（5）严格土地利用总体规划修改。完善土地利用总体规划修改的条件和程序，严禁违法违规修改规划行为，切实维护土地利用总体规划的权威性。

（6）建立规划实施动态评价制度。加强规划实施的动态监管，充分利用遥感动态监测、土地利用现状调查、土地执法检查等各类调查成果，开展土地利用总体规划实施评价，督促和引导各级政府严格实施规划。

第49条　加大土地利用规划监督执法力度

建立健全土地利用规划执法监督共同责任机制；加强规划实施的舆论监督、行政监督、司法监督。建设垂直型的监察体系，加强基层执法队伍建设，加大监管力度。对于违反土地利用总体规划批地、用地的，坚决依法查处，维护规划的严肃性。

第二节　完善促进重要生态用地保护的保障机制

第50条　落实耕地和基本农田保护责任制度

层层落实耕地和基本农田保护责任制，建立各级政府、各相关部门耕地保护的共同责任机制；制定耕地保护责任目标考核办法，建立耕地和基本农田保护领导干部离任审计制度。

建立耕地和基本农田保护的补偿机制，加大土地整理复垦开发补充耕地的力度。

第51条　完善基本农田保护区的管理机制

（1）各级政府在编制土地利用总体规划时，应优先将集中连片的基本农田划入基本农田保护区，对基本农田实施规模化保护和建设。规划期内，鼓励零星分散的基本农田，通过调整补划逐步向保护区集中。

（2）加大对基本农田保护区内基本农田保护和建设的资金投入，鼓励将区内非农建设用地和其他零星农用地优先整理、复垦或调整为基本农田；确实不能复垦或调整的，可保留现状用途，但不得扩大面积。

（3）基本农田保护区划定中，可以多划一定比例的基本农田，用于规划期内补划不易确定具体范围的建设项目占用基本农田，包括难以确定用地范围的交通、水利等线型工程用地，不宜在城镇村建设用地范围内建设、又难以定位的独立建设项目（如防灾救灾建设、社会公益项目建设、城镇村重要基础设施建设、污染企业搬迁等）。同时，列明可在基本农田保护区内安排的建设项目清单。

（4）基本农田的占用和补划，依据国家相关政策执行。

第 52 条　探索生态基础设施用地的储备与管制制度

对于需要长期保育和维护的城市生态基础设施用地，应纳入生态用地储备，逐步建立财政转移支付机制；严格限制与环境保护相冲突的利用方式，促进耕地和基本农田保护与生态安全网络建设的有机衔接。

第三节　建立健全节约集约用地机制

第 53 条　建立新增与存量建设用地挖潜相挂钩的制度

在严格控制城乡建设用地总规模的前提下，大力开展农村建设用地综合整治，探索建立城镇建设用地增加与农村建设用地减少相挂钩的政策机制，调整用地结构，优化空间布局，促进城乡一体化发展。

第 54 条　制定盘活存量建设用地资源的激励机制

强化价格调节机制，积极推进征地制度改革，合理确定土地征收补偿标准，逐步建立有利于节约集约用地的征地价格形成机制。健全和完善土地协议出让和招拍挂出让制度，发挥地价杠杆调控作用。严格执行闲置土地处置政策，促进闲置土地盘活利用。

加大建设用地保有环节税收调节力度，提高土地保有成本，促进土地向集约高效方向流转。加大对土地深度开发等的税收支持力度，鼓励工业企业在符合规划、不改变用途的前提下，提高土地利用率，促进节约集约用地。

第 55 条　制定各业各类用地节约集约利用标准体系

探索建立和完善分区域、分行业、分类型的节约集约用地标准体系，特别是公共设施和公益事业建设用地标准、以及各类工程项目建设用地标准。

第 56 条　加强基础设施及公益性项目论证

按照统筹兼顾、节约集约用地的要求，加强交通、能源、水利等基础设施和文化、教育、体育、行政办公等公益性项目用地方案论证，防止重复建设、贪大求全等浪费土地资源的行为，鼓励充分利用存量建设用地、少占耕地、避让基本农田，确保土地资源的高效、有序利用。

第57条　提高建设用地的市场化配置程度

（1）扩大国有建设用地有偿使用范围，严格执行划拨用地目录，控制划拨用地数量。

（2）加大土地储备力度，提高土地参与宏观调控的能力，促进土地市场平稳、有序发展。

（3）按照“产权明晰、用途管制、节约集约、严格管理”的原则，全面建设与农村改革发展相适应的土地产权制度，加快集体土地和农民宅基地的确权登记颁证工作，保障土地发展权利和权益，显化土地资产价值；研究农村集体建设用地流转管理办法，探索建立城乡统一的建设用地市场。

第四节　加强规划实施基础信息建设

第58条　积极推进土地利用总体规划的立法

制定《土地利用总体规划实施管理办法》，明确土地用途管制、规划修改程序、规划动态监测和实施评价、违反规划应承担的法律责任等内容，为规划实施和监督管理提供法律保障。

第59条　加快推进规划管理信息系统建设

加快土地利用总体规划管理信息系统建设，不断提高土地规划管理信息服务水平；进一步完善规划数据库建设，并与地籍数据库整合应用，实现“以图管地”。

第60条　加强规划宣传，推进民主决策

加强规划宣传，积极引导公众参与和专家咨询，增强规划编制和实施的公开性和透明度，提高全社会依法用地、依规用地、科学用地、节约用地的意识。

第九章　附　则

第61条　本规划自国务院批准之日起生效。

第62条　本规划由北京市人民政府组织实施并负责解释。

附　表

附表 1　土地利用的主要调控指标

单位：平方公里

规划指标			2005 年	2010 年	2020 年
耕地保有量			2334	2260	2147
基本农田面积			2333	1867	1867
建设用地			3230	3480	3817
	其中：城乡建设用地		2396	2520	2700
		其中：城镇工矿用地	1516	1685	1970
		人均城镇工矿用地（m^2/人）	121	120	120
新增建设用地规模				273	
新增建设占用农用地规模				213	
新增建设占用耕地规模				133	
整理复垦开发补充耕地规模				133	

附表 2　北京市土地利用结构调整表

单位：平方公里，%

类别名称		2005 年		2010 年		2020 年		2006－2010 年变化		2010－2020 年变化		2006－2020 年变化	
		面积	比重	面积	比重	面积	比重	面积	比重	面积	比重	面积	比重
全市土地		16411	100	16411	100	16411	100	0	0	0	0	0	0
农用地	小　计	11055	67.4	11831	72.1	11904	72.5	776	4.7	63	0.4	849	5.1
	耕地	2334	14.2	2260	13.8	2147	13.1	－74	－0.4	－113	－0.7	－187	－1.1
	其它各类农用地	8721	53.1	9571	58.3	9757	59.5	850	5.2	176	1.1	1036	6.4
建设用地	小　计	3230	19.7	3480	21.2	3817	23.3	250	1.5	337	2.1	587	3.6
	城乡建设用地	2396	14.6	2520	15.4	2700	16.5	124	0.8	180	1.1	304	1.9
	交通、水利和其他用地	834	5.1	960	5.8	1117	6.8	126	0.7	157	1	283	1.7
未利用地		2126	13	1100	6.7	690	4.2	－1026	－6.3	－400	－2.4	－1436	－8.8

注：个别数据分项加和与总数有出入是因为数据取整导致的。

附表 3　北京市区（县）土地利用总体规划的主要调控指标表

区县	基本农田（万亩）	耕地保有量（万亩）	建设用地（平方公里）			近期新增建设用地（万亩）	近期新增建设占用农用地（万亩）	近期新增建设占用耕地规模（万亩）	近期整理复垦开发补充耕地规模（万亩）
			总量	城乡建设用地	交通、水利设施及其它用地				
城四区	0	0	92	92	0	0	0	0	0
朝阳区	4.5	5.1	335	269	66	2.5	1.9	0.9	0
丰台区	1.3	3.9	228	173	55	0.9	0.6	0.3	0.1
石景山区	0	0	69	57	12	1.2	0.7	0.3	0
海淀区	2.4	3.1	277	227	50	2.6	2	0.8	0
功能拓展区	8.2	12.1	909	726	183	7.2	5.2	2.3	0.1
顺义区	40.6	44	385	277	108	6.9	5.2	3.9	1.9
通州区	41.6	49.6	360	275	85	7	5.8	4	1.6
亦庄新城集中建设区外	41.6	49.6	302	217	85	4	3	2.2	1.6
亦庄新城集中建设区内	0	0	58	58	0	3	2.8	1.8	0
大兴区	47.7	55	377	296	81	4.5	4	3.2	2.6
亦庄新城集中建设区外	47.7	55	332	251	81	3.1	2.9	2.2	2.6
亦庄新城集中建设区内	0	0	45	45	0	1.4	1.1	1	0
房山区	32.3	38.8	375	282	93	3.1	2.4	2	2.5
昌平区	15	16.4	401	262	139	3.6	2.6	1.5	0.6
城市发展新区	177.2	203.8	1897	1392	505	25.1	20	14.6	9.2
平谷区	18.4	16.8	144	104	40	2.3	2	1	1.3
怀柔区	11.1	13.5	148	96	52	2.1	1.7	0.8	2.1
密云县	27.8	31.8	241	132	109	2	1.3	0.7	2.3
延庆县	36.3	42.3	147	88	59	1	0.8	0.4	4.1
门头沟区	1	1.7	109	70	39	1.3	1	0.2	0.9
生态涵养区	94.6	106.1	789	490	299	8.7	6.8	3.1	10.7
机动	0	0	130	0	130	0	0	0	0
合计	280	322	3817	2700	1117	41	32	20	20

附表 4　北京市重点基础设施项目表

序号	项目名称	建设地点（区、乡镇、村）	建设期限
铁路			
1	京沪高速铁路（北京段）	丰台、大兴	近期
2	京石客运专线（北京段）	丰台、房山	近期
3	京广高速铁路（北京段）		近期
4	京津城际轨道交通（北京段）	跨区县	近期
5	北京至唐山至秦皇岛城际铁路	东城、朝阳、通州、顺义、平谷	近期
6	京沈客运专线		近期
7	京津四线	—	近期
8	北京站至北京西站地下直径线	丰台、宣武、崇文、东城	近期
9	北京南站改造（主体工程）	丰台	近期
10	新北京东站	—	近期
11	京通线扩能	—	近期
12	京承扩能	—	近期
13	大秦线扩能	—	近期
14	京原电化改造	—	近期
15	京九电化	—	近期
16	集装箱中心站		近期
17	动车组走行线（含动车段）	丰台、大兴	远期
18	京张城际铁路（北京段）	西城、海淀、昌平、延庆	远期
19	京承城际铁路（北京段）		远期
20	北京至石家庄城际铁路		远期
21	京九客专		远期
22	枢纽客货运环线		远期
23	魏善庄南编组站		远期
24	相关物流中心及市郊铁路		远期
城市轨道交通			
1	M4	海淀、西城、宣武、丰台	近期
2	M4 北延长线	海淀	近期
3	M6 一期	海淀、西城、东城、朝阳	近期
4	M7	丰台、宣武、崇文、朝阳	近期
5	M8 二期	东城、西城、海淀、昌平	近期
6	M9	海淀、西城、丰台	近期
7	M10 二期	朝阳、丰台、海淀	近期
8	M14	丰台、宣武、崇文、朝阳	近期
9	M15 一期	顺义、朝阳	近期
10	M15 二期	朝阳、海淀	近期
11	M16	朝阳、海淀、西城、宣武、丰台	近期

续表

序号	项目名称	建设地点（区、乡镇、村）	建设期限
12	房山线	丰台、房山	近期
13	亦庄线	丰台、朝阳、亦庄、通州	近期
14	大兴线（M4 二期）	丰台、大兴	近期
15	昌平线	昌平、海淀	近期
16	M6 二期	通州	近期
17	S1	海淀、石景山、门头沟	近期
18	西郊线	海淀	近期
19	M11 线	石景山、丰台、宣武、崇文、朝阳	远期
20	M12 线	海淀、西城、宣武、丰台、亦庄	远期
21	S3 线	顺义、平谷	远期
22	M3	海淀、西城、东城、朝阳	远期
23	S6 线一期	顺义、通州、亦庄	远期
机场			
1	北京新机场	大兴区	近期
2	首都国际机场三期扩建	顺义区	近期
干线公路			
1	京津高速（北京段）	朝阳、通州	近期
2	京石二通道 G5	门头沟、丰台、房山	近期
3	京新高速（北京段）	昌平、海淀	近期
4	西六环路	房山、丰台、石景山、门头沟、海淀区	近期
5	京秦联络线高速	密云、平谷、通州、大兴	近期
6	京台高速北京段		近期
7	六环路 G45		近期
8	京开高速公路 G45	大兴	近期
9	机场南线	朝阳	近期
10	京平高速公路	朝阳、通州、顺义、平谷	近期
11	东部发展带联络线	通州、顺义、怀柔、密云	近期
12	蒲黄榆路（三环－四环）	丰台	近期
13	蒲黄榆路（四环－五环）	丰台	近期
14	北部货运通道	跨区县	近期
15	京原公路 G108	门头沟、房山	近期
16	京大公路 G109	门头沟	近期
17	京丰公路 G111	昌平、怀柔	近期
18	京良公路	大兴、房山	近期
19	110 国道改造工程	昌平、延庆	近期
20	垡渠路	朝阳、通州	近期
21	颐南公路	海淀、昌平	近期

续表

序号	项目名称	建设地点（区、乡镇、村）	建设期限
22	山区旅游公路环线	跨区县	近期
23	西南（闫村）一级枢纽	闫村	近期
24	东南（马驹桥）一级枢纽	马驹桥	近期
25	东北（空港城）一级枢纽	空港城	近期
26	大广高速（京承段）	朝阳、顺义、怀柔、密云	近期
27	京承公路 G101	朝阳、顺义、怀柔、密云	远期
28	京济公路 G104. G105	大兴	远期
29	京保公路 G107	房山	远期
30	通香公路	通州	远期
31	京永公路（垡渠公路）	通州	远期
32	南中轴路南延	大兴	远期
33	106 国道辅线（京开辅路）	丰台、大兴	远期
34	芦西路	大兴	远期
35	长韩路	丰台、房山	远期
36	京周公路	丰台、房山	远期
37	周张公路	房山	远期
38	房易公路	房山	远期
39	110 国道辅线	昌平、延庆	远期
40	昌赤公路	昌平、延庆	远期
41	松曹路	密云	远期
42	密兴公路	密云	远期
43	机场第二通道	朝阳、通州	远期
44	怀大公路	怀柔、顺义、通州、大兴	远期
45	密三路	密云、平谷	远期
46	东南部过境通道	密云、平谷、通州、大兴、房山	远期
47	密关路	密云	远期
48	平三公路	平谷	远期
49	怀丰公路	怀柔	远期
50	怀长路	怀柔、昌平	远期
51	昌金路	昌平、顺义、平谷	远期
52	白马路	昌平、顺义、平谷	远期
53	顺平南线	顺义、平谷	远期
54	顺沙公路	昌平、顺义	远期
55	北清路及东延	昌平、海淀	远期
56	琉辛路	怀柔、密云	远期
57	延琉路	延庆、怀柔	远期
58	延康路	延庆	远期

续表

序号	项目名称	建设地点（区、乡镇、村）	建设期限
59	康张路	延庆	远期
60	滦赤路	延庆、怀柔	远期
61	康雁公路	延庆、门口沟	远期
62	南雁公路	昌平、门头沟	远期
63	军大公路	门头沟、房山	远期
64	闫东路	房山	远期
65	房通公路	房山、大兴、通州	远期
66	黄良路	房山、大兴	远期
67	黄马路（南六环辅路）	大兴	远期
68	燕采公路	房山、大兴、通州	远期
供水设施			
1	南水北调配套工程管理设施专项	海淀四季青、房山长阳镇、大兴	近期
2	燕化水厂	房山城关丁家洼	远期
3	大兴黄村水厂	大兴黄村	远期
4	房山城关水厂	房山城关饶乐府村	远期
5	长辛店水厂	丰台王佐庄户村	远期
6	新建小哑叭河渠道工程	小哑叭河至永定河	远期
7	大宁调蓄水库西侧	丰台长辛店	远期
	雨污水排除工程		远期
8	第十水厂	朝阳区：1. 定福庄常营乡	远期
		2. 北苑路东侧	远期
环境卫生			
1	东南郊水网（通州、大兴）	大兴区瀛海镇、采育镇、长子营镇和烧饼庄地区	近期
		通州区潞城镇、西集镇、张家湾镇、漷县镇、台湖镇、马驹桥镇、于家务乡	
2	延庆县再生水厂	延庆县污水厂内	近期
3	清河再生水厂二期及再生水利用工程	海淀区	近期
4	卢沟桥再生水厂工程	丰台区厂站	近期
5	门头沟区再生水厂	门头沟区冯村沟下游北侧	近期
6	昌平新城昌平再生水厂	昌平区南邵镇	近期
7	郭公庄水厂（丰台）	丰台花乡郭公庄村	近期
8	海淀区上庄再生水厂	海淀区上庄镇	近期
9	大兴区黄村再生水厂	大兴区黄村镇	近期

续表

序号	项目名称	建设地点（区、乡镇、村）	建设期限
10	房山区城关中水处理厂	房山区城关办事处田各庄村	近期
11	通州河东新城再生水（中水）处理厂	通州区潞城镇留庄村	近期
12	平谷区自来水厂工程	平谷区兴谷开发区平旺街和台城路交口	近期
13	垡头污水厂	朝阳区豆各庄乡	远期
14	定福庄污水厂	朝阳区黑庄户乡	远期
15	东坝污水厂	朝阳区东坝乡	远期
16	北苑污水厂	朝阳区来广营乡	远期
17	五里坨污水厂	石景山区麻峪乡	远期
18	清河	海淀、朝阳	远期
19	通州漷县镇梁家务垃圾填埋场	通州	近期
20	大兴安定卫生填埋场（扩建）	大兴	近期
21	房山东南召填埋场（二期）	房山	近期
22	房山燕山填埋场	房山	近期
23	怀柔庙城填埋场	怀柔	近期
24	平谷填埋场（二期）	平谷	近期
25	门头沟斋堂填埋场	门头沟	近期
26	门头沟焦家坡填埋场（二期）	门头沟	近期
27	综合处理厂	六里屯、北天堂、通州、顺义、房山、昌平阿苏卫、平谷、密云	近期
28	转运站	通州、大兴、房山、昌平、平谷	近期
29	粪便消纳站	三星庄、小红门、大兴、房山、昌平沙河、怀柔、平谷、延庆、门头沟	近期
30	渣土处理场	高安屯、卢沟桥、大兴南宫、昌平南口	近期
31	焚烧厂	六里屯、大兴南宫、昌平阿苏卫、门头沟京西（珠窝）	近期
水务工程			
1	新建水库工程		
(1)	张坊水库	房山区拒马河	远期
(2)	陈家庄水库	门头沟区永定河	远期
(3)	二道河水库	房山区二道河	远期
(4)	西峰山水库	昌平区	远期
2	城市防洪规划蓄滞洪区		
(1)	南旱河蓄滞洪区	海淀区	远期
(2)	万泉河万泉庄蓄滞洪区	海淀区	远期
(3)	西郊阜石路砂石坑蓄滞洪区	海淀区	远期

续表

序号	项目名称	建设地点（区、乡镇、村）	建设期限
(4)	坝河出口蓄滞洪区	朝阳区	远期
(5)	凉水河三海子蓄滞洪区	大兴区	远期
(6)	清河砂子营蓄滞洪区	朝阳区	远期
(7)	沈家坟蓄滞洪区	朝阳区、昌平区	远期
3	南水北调市内配套工程		近期
(1)	大宁调蓄水库库区工程	现状大宁水库库区	近期
(2)	南干渠（上段）	丰台、大兴	近期
(3)	南干渠（下段）	丰台、大兴	近期
(4)	团城湖调节池	海淀	近期
4	河道及建筑物工程		
	近期共计23项		
	远期共计6项		
5	河湖管理用房		

行政管理

房山佛子庄土地整理

综合行政（信访部分）

办公室

【信访室的基本情况】

市国土资源局信访室于2004年10月成立，现有信访工作人员7名，其中办公室编制2人、借调1人、返聘1人、信访轮岗3人。针对老的信访室因奥运会道路建设被拆迁，外租的信访接待场所存在着环境差，场地小的问题，2009年3月，市局专门报请市领导同意，在局办公楼后院新建一幢二层面积140平方米的信访楼，新楼于2009年10月16日正式交付使用。新楼设接访区、办公区和档案存放区。信访室信息化建设与局办公楼相连，并配齐了电脑、打印机、传真机等办公设备。

目前，局信访室主要接收群众来信、来访、“政风行风热线”、“市长信箱”、局外网投诉，以及国土资源部、市信访办等上级部门转办的信访件。主要工作有：一是接访。接待上访群众后，对属于我局职能范围的信访事项，首先进行盖章登记，领导批示后转相关部门办理，并书面告知信访人“受理”、“不受理”或“转送”。待承办部门办理完毕，信访室对《信访答复意见》进行审核、把关，再将符合要求的《信访答复意见》转交或邮寄给信访人；二是电子信访。主要有“政风行风热线”、“市长信箱”、局外网投诉等，要以电子版的方式在网上回复意见；三是办理群众来信。程序与办理来访件相同；四是统计报送。信访室每月、每季度、半年、全年对市局及全系统的信访情况进行统计并上报，同时在局内网上进行公示。每月还需将相关情况报国土资源部、东城区公安分局等部门；五是催办、督办。为了能够按期答复信访人、向上级部门报情况，对办理时间紧、即将到期的信访件定期、适时进行催办、督办，与承办部门及时沟通情况，将督办情况及时向主管领导汇报。对久拖不决的案件采取书面督办、电话督办及现场督办的方式进行督办，按照答复意见的要求尽快落实；六是完成领导交办的其他任务。

【信访工作的开展情况】

根据国务院《信访条例》、《北京市信访条例》的要求和我局的实际情况，2009年我局相继制定并印发了《关于开展信访积案化解年工作方案》、《关于对涉及群众利益的重大决策进行信访风险评估的实施办法》、《北京是国土资源局关于进一步规范我局系统领导干部信访接待日有关事项的通知》（京国土办［2009］104号）、《关于印发2009年信访

信访折子项目的通知》（京国土办［2009］356号）、《北京市国国土资源局关于依法办理信访事项有关问题的通知》（京国土办［2009］769号）等一系列规章制度，使我局信访工作不断纳入法制化、规范化轨迹。

【2009年信访工作主要做法】

1. 领导重视，责任落实，形成了齐抓共管的信访工作格局

近两年来，我局主要领导对信访工作的关注度高，对信访部门的职能作用定位高。信访部门不但给各单位提供案件的线索和来源，解决好信访问题，也是检验各单位工作能力、工作水平工作作风和工作成效的“晴雨表”。要做好信访工作，基础是干部，关键在领导。

各级领导高度重视，把信访工作纳入党组、行政工作的议事日程。局主要领导把信访工作作为一把手工程来抓，率先垂范，做到“五个亲自”：亲自接待上访群众、亲自批阅人民来信、亲自召开信访工作专题会议、亲自化解“骨头案”、“钉子案”、亲自协调区县政府领导化解信访积案。2009年，我局主要领导先后四次利用局领导信访接待日，接待200多名上访群众代表，批阅人民来信和网上信访件180多件，主持召开了10次重信重访和积案化解工作专题会议，特别是对12件“骨头案、钉子案”的有效化解，使我局重复信访量下降了50%。各分局党组、主要领导都能够重视信访工作，切实把信访工作作为确保社会安全稳定、有效保护群众合法合理诉求的有效途径，摆上位，摆到位。东城分局把信访工作纳入局党组会、办公会的议题，及时通报情况，集中研究信访工作。密云分局将将信访工作纳入年终工作绩效考核内容，与年终绩效奖金挂钩，如因信访事项办理不及时或办理错误造成信访人投诉或给不良影响的，取消直接责任人的评优资格并视情节扣除部分或全部年终绩效奖。

市局每月一次、分局每月两次局领导信访接待日得到较好落实。目前，局领导信访接待日已日益成为接待信访群众来访的重要途经。从市局领导信访接待日情况统计看，有近60%的上访群众都选择领导接待日上访。一方面，领导干部转变作风，实施一线接访，密切了干群关系，畅通了群众诉求渠道；另一方面，也导致群众上访较为集中，接访时间越来越长，压力越来越大。局领导在接访中，都能够认真倾听群众呼声，以“有理推断、有过判断和有解决策”原则，正面答复信访人的合理诉求，及时作出批示，推进案件办理。各分局领导接待日，也都能够落实一名处级领导值班制度，坚持领导干部亲自接访、约访、下访，实施首问责任制，确保信访渠道畅通。

2. 扎实开展“信访积案化解年”活动，重点矛盾纠纷排查化解工作取得初步成效

今年是“信访积案化解年”，按照市委、市政府的工作要求，我们坚持强化责任，制定措施，重抓落实，努力在“事要解决”上见成效，化解了一批信访积案。

2009年4月份，市局下发了《关于开展信访积案化解年工作方案》，在工作目标上明确了“三率”要求，在市政府要求的基础上再增加5个百分点，即：初信初访化解率达到95%，重信重访化解率达到85%，历史积案化解率达到75%的目标；在工作方法上创新思路，2009年6月份，将全局系统摸排出的68件重点信访事项，以折子的形式正式发文下发各有关区县分局，明确了基层分局的包案领导、承办部门、承办人和化解时间。要求每月报送化解进度，每季进行信访工小结，年终对“折子”工作完成情况进行考评，考评结果作为各区县国土分局领导和班子各项考核的重要内容。2009年11月6日，市局召开了信访折子化解情况汇报会，各区县分局主要领导对交办的68项折子的化解情况做了专题汇报，目前，除个别问题因历史久远，情况复杂，需进一步做好化解协调工作外，其它问题基本得到解决，化解率达到90%。2009年9月7日，中央信访督导组副组长、中央联席会议办公室副主任、中央信访局副局长张恩玺到我局检查指导工作，在听取了信访工作的汇报后，又查阅了我局2009年出台的包括“印发对涉及群众的重大决策进行信访风险评估的实施办法”等在内的14份文件和制度，14份简报和17份向有关部门的致函、工作台帐以及局领导对信访件的批示，对我局信访工作，特别是领导重视抓信访工作取得的实效给予了充分肯定。2009年10月21日，中央联席办简报第655期以“北京市国土资源局系统认真落实中央精神解决信访问题见成效”为题，介绍了我局信访工作“四个见成效”的经验和做法。

各分局除对市局交办的信访折子项目落实领导包案外，还加大自查力度，对排查出的信访矛盾纠纷建立台帐，局领导、主责科室领导两级包案，实行“一案双责制”，通过责任制落实推进信访问题化解。西城分局针对二次土地调查中排查出的因土地登记引发的信访矛盾纠纷问题，敏感性强，措施到位，协调及时，使问题得到较好解决；崇文分局窦丰启同志依法做好拆迁中的群众工作，主动化解信访矛盾纠纷，受到私房产权人的高度称赞。市局转发了他们的做法。通过大力宣扬信访工作先进典型，起到了较好的带动作用，在全局信访系统引起强烈反响。

坚持把信访风险评估机制纳入中心工作中。2009年年初，市局制定并下发了《关于对涉及群众利益的重大决策进行信访风险评估的实施办法》，从制度上规范行政行为，降低信访风险。特别是针对2009年1000亿土地储备任务，各分局在项目启动前，坚持对可能引发的信访风险进行评估，认真排查信访风险点，及时制定应对预案，配合区县政府建立联动机制，准确掌握信息，切实将信访矛盾纠纷化解在萌芽状态，确保“保增长”任务的顺利进展。

3. 切实采取有效措施，信访事项督查督办力度不断加大

一是以国庆60周年大庆保稳定为契机，成立了由市局领导牵头的7个“平安国庆”工作督导组，于2009年8月上旬和9月上旬先后2次开展了以重点督查交办有关区县国土分局信访事项化解为主要内容的督查督办工作，使一批重复上

访问题得到了及时化解。

二是认真贯彻落实“属地管理”的原则，主动协调区县政府化解重大信访事项。2009年市局先后就信访问题致函相关区县政府20余次，就涉地、涉矿重点信访案件进行沟通、商洽，提出解决问题的意见和建议；对少数重大典型信访案件，魏成林局长及时召集由相关委、办、局和区县政府主管领导参加的协调会议，积极推进问题的解决。如2009年11月26日上午，魏成林局长在市局主持召开会议，协调解决门头沟永定河治理等7个长期遗留用地问题，下午又到顺义区政府，就李遂镇赵庄村村民因京平高速占地后，农民对异地建宅基地不满多次集体上访、国际鲜花港因用地存在问题引起群体性上访的问题与区政府主要领导进行沟通、协调，研究具体的化解措施。

三是指定专人从事领导批示件的督查督办工作。为确保领导批示件落到实处，市局信访室实行了专人从事局领导批示件的督办工作，督办工作做到了“四个坚持”，坚持及时交办并要求相关单位和部门于次月20日之前反馈办理意见；坚持跟踪督办并及时向信访人反馈查处情况；坚持定期通报制度，每月在局长办公会上通报督办件的办理情况；坚持分析研究，适时向局领导提供重点信访地区、重点信访矛盾纠纷及问题产生的根源。

4. 信访部门基础建设不断加强，信访干部队伍素质进一步提高

按照局领导充实信访工作人员，培养锻炼干部的工作思路，市局信访室已成为培养干部的重要平台。一是坚持了每季度抽调2名机关工作人员轮流到市局信访室进行为期3个月的信访接待，目前，先后共有7批14名工作人员到信访岗位轮岗参与接待；二是从2009年11月起，市局又做出决定，今后凡安排到我局工作的军队转业干部，都要到信访部门锻炼工作一年时间，同时，市局相关处室还在研究对处级后备干部到信访部门进行锻炼的办法。

在注重干部培养的同时，根据全局系统信访一线工作人员政策水平、法律法规知识缺乏的情况，2009年3月份，举办了全局系统一线工作的信访人员和2008年部队新转业到我局工作人员110人参加的法律法规政策培训班，授课人员为市局6个业务处室的处长（队长），针对的问题也是信访部门对区县国土分局征集的62个信访热点、难点问题。这种有针对性的讲解，开阔了信访工作人员的知识面，达到了“解疑释惑，提高素质，贴近实际，确实管用”的目的。

对于市局信访室的建设，局主要领导也给予了关注和大力支持。针对老的信访室因奥运会道路建设被拆迁，外租的信访接待场所存在着环境差，场地小的问题，2009年3月份，市局专门报请市领导同意，在局办公楼后院新建一幢二层面积140平方米的信访楼，局领导多次协调有关部门加快办理审批手续，从审批到建成前后只用了半年的时间，新的信访楼于2009年10月16日正式交付使用。

【2009年信访情况统计】

1. 基本情况

2009年1至12月30日，我局共办理

来信、来访5101件次，与2008年相比，信访件次基本持平，其中市局信访室办理来信、来访2530件次，与2008年同期相比上升8.8%，登记受理1928件次，同期相比上升8.6%。

2530件次信访请求中，来访1096批次/2686人次，同比批次、人次分别上升24.6%、20.4%，其中，登记来访540批次/1877人次，同比批次、人次分别上升46.7%、96.6%，集体访82批次/1009人次，同比批次、人次分别上升100%、142.6%，重访295批次/1020人次，同比批次、人次分别上升170.6%、181.7%。

来信1434件次，同比上升4.8%，其中，初信1044件次，重信390件次。

登记受理的1928件次信访件按反映问题的性质，可分为7个方面，违法占地问题占第一位，达到1486件次，占信访登记总数77.1%；

2. 信访件反映的主要问题

（1）违法占地问题1378件次，占登记信访总数71.5%；

（2）政策咨询和建议等其他问题128件次，占登记信访总数6.6%。

（3）非法盗采沙、矿石问题85件次，占登记信访总数4.4%；

（4）宅基地问题62件次，占登记信访总数3.2%；

（5）征占地补偿安置问题63件次，占登记信访总数3.3%；

（6）私房院落补偿问题22件次，占登记信访总数1.1%；

（7）其他问题190件次，占登记信访总数9.9%。

调查研究

研究室

【调研工作概况】

2009 年，全局坚持以科学发展观为统领，紧紧围绕着国土资源管理工作中的重点问题和重大决策，在保障首都经济社会全面、协调、可持续发展和支持社会主义新农村建设方面，开展了深入的调查研究，全局调查研究工作取得了比较丰硕的成果。据初步统计，全年全局系统完成 156 篇调研报告（各单位调研报告数量详见表 1），比 2008 年少 15 篇。其中：分局完成 108 篇，机关和事业单位完成 48 篇。

表 1　2009 年北京市国土资源系统调研成果统计表

全局总计（篇）	156		
局机关和事业单位小计（篇）	48	分局小计（篇）	108
研究室	1	东城	28
信息科技处	1	西城	4
市场处	1	崇文	1
耕保处	9	宣武	5
地籍处	2	朝阳	21
勘储处	1	丰台	5
地热处	1	石景山	13
财务处	1	海淀	1
机关党委	6	门头沟	5
监察处	3	房山	4
老干部处	2	通州	3
执法大队	1	昌平	1
储备中心	6	大兴	1
信息中心	4	怀柔	2
利用中心	2	平谷	4
规划中心	6	亦庄	1
登记中心	1	密云	1
		延庆	8

年内，研究室与局财务处等部门密切配合，进一步完善了局系统调查研究工作的制度建设；组织完成北京市委研究室2009年度重点关注课题的选题、立项、申报工作；完成《关于土地收益在房价中所占比例的简要调研报告》；积极参与了市农委组织的北京市乡镇规划建设、沟域经济、小城镇产业项目、山东农村住房建设与危房改造等课题的调研；配合人事处开展了国土资源系统职能机构调整的调研；参与了局耕保处、规划中心等部门农村集体建设用地管理、都市型现代农业用地规模和附属设施用地标准、浅山区土地利用规划等项目的调研工作。

【政策研究】

年内，研究室重点加强四项政策研究工作：一是协助国土资源部完成了《国土资源部关于支持北京市经济社会发展进一步加强国土资源管理的意见》（国土资函〔2009〕1275号）的政策调研工作，部里从处理历史遗留问题、加强设施农业用地管理、农村土地整治、军队空余土地转让、出让工业用地改变用途管理、城市绿化代征地、中关村园区用地规划、二调成果确认、城市地质和矿山地质环境治理、浅层地温能勘查开发等十个方面给予了我市政策优惠，其中特别是处理历史遗留问题、保增长重点工程边补边占、二调成果确认等政策的明确和支持，对于化解本市经济社会快速发展对土地需求强劲和耕地后备资源严重不足的矛盾、确保重点项目落地保增长有着重要的意义；二是积极参与本市推进城乡统筹一体化发展的政策研究工作，研究制定了促进我市小城镇建设涉地政策的初步意见、促进我市小城镇建设加强土地管理的若干意见及实施细则，从解决投融资瓶颈、征地、供地、农民安置、流转等八个方面提出了支持政策；三是完成了大兴区国土部基层联系点的前期政策研究，结合开展农村土地整治、小城镇建设、旧村改造、农村集体土地所有权和集体建设用地使用权登记发证、处理“未批先用”遗留产业项目等工作，在规划修编、集体建设用地流转、城乡建设用地增减挂钩、征地多元化补偿、基本农田有偿保护机制等方面进行综合配套政策探索，解决历史遗留问题；四是配合耕保处、规划中心完成了农村土地整治的相关政策研究；五是参与了平谷马坊镇实施撤村并点退宅还耕土地置换城乡一体试点的政策研究。

【综合性文稿撰写】

年内，研究室共计完成了五十余篇综合性文稿的撰写工作，主要包括组织撰写了全局系统年度工作总结及计划；组织撰写了我局向刘淇书记、郭金龙市长、王安顺副书记汇报工作相关报告；撰写了陈刚副市长支持“双保行动”《保增长保红线促进首都经济平稳较快发展》的署名文章；组织撰写了徐绍史部长两次率队到北京市调研及郭金龙市长带队到国土部回访工作中市、局领导重要讲话等；组织参与了全市土地执法工作会议、土地利用总体规划宣传、4.22地球日、6.25土地日、国家土地监察北京局督察专员派驻仪式市、局领导讲话及相关宣传文章的撰写工作等。

【史志年鉴工作】

完成了《北京志·国土资源志》编撰工作方案，召开了4次篇目设计研讨会并初步明确了篇目设计，启动了资料收集工作；组织完成了《北京市国土资源年鉴2009》、《北京市房地产年鉴2009》国土资源部分的编撰工作；完成了国土部《国土资源年鉴》、北京市《北京年鉴》、《当代中国北京卷》的相关供稿工作。

【其他工作】

积极配合局机关党委做好深入学习实践科学发展观活动各个阶段的相关工作；组织完成了2009年社会主义新农村建设折子工程和北京市重点改革任务涉地工作的牵头汇总；参与涉矿部门开展“地质找矿改革发展大讨论活动”相关工作；参与6.25土地日、4.22地球日、政风行风热线走进直播间、土地利用总体规划等宣传工作；参与了季度经济形势分析研究工作等。

法制建设

法制处

【规范性文件清理】

为全面落实行政执法责任制，保障政令统一，2009 年 4 月份，按照市政府法制办《关于进一步做好规范性文件清理工作的通知》（京政法制发［2009］21）要求，在 2008 年对原北京市房地产管理局、原北京市土地管理局、原北京市房屋土地管理局、原北京市国土资源和房屋管理局、北京市国土资源局制发的规范性文件进行全面清理的基础上，再一次对规范性文件进行了梳理。按照清理标准，决定保留行政规范性文件 89 件，废止 47 件，失效 25 件。（详见附录：废止和失效的规范性文件目录）

【规范行政审批事项】

2009 年将修改完善 2006 年制定的《北京市国土资源局行政许可事项》和《北京市国土资源局行政服务事项》列为“折子工程”。对修改内容进行了全面系统的梳理，结合行政审批制度改革的实际情况，提出了初步意见。

为推进中关村国家自主创新示范区核心区建设，进一步转变政府职能，2009 年 11 月，经市政府批准，除中央国家机关及其直属单位、驻京部队以及跨地区的建设项目划拨用地使用权由市政府审批外，将北京市实施国土资源部《划拨用地目录》细则范围内的划拨用地审批权限下放至海淀区政府。

【行政复议和行政诉讼】

2009 年行政诉讼应诉和民事诉讼应诉案件共 91 件。案件数量比 2008 年增加 57 件，案件增长量为 62%。案件涉及履行法定职责、政府信息公开、土地使用权登记、行政处罚、国有土地使用权出让合同等方面。截止至 2009 年 12 月 31 日，除尚未审理完结的 25 件外，法院判决驳回诉讼请求和裁定驳回起诉的 35 件、原告撤诉的 29 件、判决撤销部分原具体行政行为的 1 件、判决限期履行法定职责的 1 件。

2009 年行政复议案件共 112 件，案件数量比 2008 年增加 67 件，案件增长量为 60%。案件涉及政府信息公开、各类用地批复、行政处罚、土地使用权登记、建设项目用地预审、行政赔偿等方面。截止至 2009 年 12 月 31 日，除告知申请人应向有权机关申请复议的 5 件外，接受市政府行政复议审查的为 107 件，其中未审结 6 件、维持的 81 件、驳回申请的 19 件、撤销行政处罚决定的 1 件。各类行政

复议案件审结后，当事人又提起行政诉讼的共22件。

2009年行政诉讼和行政复议案件大幅增加的一个原因是政府信息公开涉诉量激增，对依申请公开政府信息的答复不满意而发生的案件在2008年只有7件，2009年迅速激增到123件，占全部案件的60%。

规划管理

规划处

【土地利用总体规划】

1. 市级土地利用总体规划修编 《北京市土地利用总体规划（2006—2020年）》（以下简称《规划》）于2009年9月28日获国务院批复。批复要求：（1）要以科学发展观为指导，坚持经济、社会、人口、环境和资源相协调的可持续发展战略，落实最严格的耕地保护制度和最严格的节约用地制度，统筹土地利用，强化规划的整体控制作用。（2）加强对耕地特别是基本农田的保护。严格控制非农建设占用耕地，加大补充耕地力度；加强基本农田保护和建设，稳定数量，提高质量。（3）严格控制建设用地规模。从严控制建设用地总规模，特别是城乡建设用地规模。优化建设用地结构和布局，加大存量建设地挖潜力度，促进各项建设节约集约用地。（4）进一步加强对区域土地利用的统筹和管控。首都功能核心区，要突出首都土地利用特有的国家服务和公共服务功能，保障发展适合旧城传统空间特色的产业用地需要；城市功能拓展区，要强化生态服务功能；城市发展新区，要高效率地利用土地资源，重点保障新城建设和重要交通廊道的用地需求，严格保护、积极建设高标准、高质量的基本农田；生态涵养发展区，要重点发挥土地的生态服务功能，保护自然生态系统和地质历史遗迹，发展生态型产业。（5）在《规划》的指引下，尽快完成市以下各级土地利用总体规划修编工作。（6）严格实施《规划》。市人民政府要加强组织领导，认真组织落实《规划》提出的各项任务和措施。

《规划》本着严格保护耕地特别是基本农田、节约集约用地、生态环境保护与经济社会发展并重、区域与城乡统筹协调发展的原则，全面落实科学发展观，大力提倡生态文明，统筹协调区域之间、城乡之间、平原山区之间和近远期之间的各业用地需求，积极探索规划实施的制度创新，从严管理各类土地利用和建设行为，促进土地合理利用和高效配置，保障首都人口资源环境与经济社会全面、协调、可持续发展。《规划》对我市土地利用管理的特点和问题进行深入研究和分析，并与国务院批复的《北京城市总体规划（2004—2020年）》紧密衔接，本着“科学发展、节约集约、统筹协调、制度创新、从严管理”的指导思想，提出了规划期内首都土地资源保护与开发利用的战略目标、空间格局、发展重点和政策导向，在前瞻性、科学性、合理性、可操作

性等方面都有了长足的进步，实现跨越式发展。《规划》阐明了规划期内我市土地利用战略，明确政府土地利用管理的主要目标、任务和政策，引导全社会保护和合理利用土地资源，是实行最严格土地管理制度的纲领性文件，是落实土地宏观调控和土地用途管制、规划城乡建设和各项建设的重要依据，对于未来北京市经济社会的可持续发展具有重要意义。

2. 区（县）、乡（镇）级土地利用总体规划修编 以《北京市土地利用总体规划（2006—2020年）》确定的种类用地规模，按照市政府下达各区县主要规划指标，根据“区（县）、乡（镇）级土地利用总体规划编制要点”，指导区（县）、乡（镇）级土地利用总体规划方案修改完善和报批工作。同时加强对区（县）国土分局规划技术力量的培训，努力促进各区（县）间的经验交流与技术合作。研究制定区（县）、乡（镇）级土地利用总体规划成果技术审查标准和报批程序，部署规划审批计划。目前，各区（县）正在加紧对规划成果进行修改完善，预计于2010年底前完成我市区（县）、乡（镇）级土地利用总体规划审批工作。

3. 北京市土地利用总体规划宣传工作 为更好地向社会各界展示新一轮北京市土地利用总体规划成果，提高公众参与程度，增强全社会对土地资源的忧患意识，全面提升土地利用总体规划在国家经济宏观调控中的地位和作用，为规划实施奠定良好的社会基础。按照市政府领导有关指示精神，于2009年5月至7月成功举办了《北京市土地利用总体规划（2006—2020年）》公示展，本次公示展受到了国土资源部、外省市国土资源厅、相关委办局、局系统各部门、国土资源方面的专家学者以及参观展览的广大市民的一致好评。北京电视台、中央人民广播电台、中国国土资源报、北京日报、新浪网等13家媒体进行了重点报道。展览期间共有约15000市民到场参观，写下了约150条留言。公示展达到了我局工作的初衷，向市委市政府、国土资源部、相关委办局和社会各界展示新一轮北京市土地利用总体规划最新成果，促进与相关委办局之间、北京与外省市之间的工作交流与协作，取得了良好效果。

按照局领导关于进一步加强规划宣传工作的指示精神，目前正在加紧策划《北京市土地利用总体规划（2006—2020年）》长期展览的前期准备工作，展厅设计方案和文字内容已有初步成果，拟定于2010年5月份在北京市规划展览馆正式开展。

【矿产资源规划】

根据《中华人民共和国矿产资源法》、《全国矿产资源规划（2008～2015年）》、《北京市国民经济和社会发展第十一个五年规划纲要》等相关法律法规和政策文件，按照国土资源部《关于开展第二轮矿产资源规划编制工作的通知》（国土资发［2006］255号）等要求，2006年底，我局正式启动了《北京市矿产资源总体规划（2008－2015年）》（以下简称《规划》）编制工作，通过专题调研、征求各方意见、专家论证、国土部预审等阶段性工作，并经市政府同意，于

2009年12月上报国土资源部审批。

新一轮矿产资源规划在分析了我市已编制完成并经国土部规划司批准的《北京市矿产资源总体规划（调整）》与国土部最新要求存在的差异基础上，增加了我市矿产资源供需形势分析、矿产资源调查评价与勘查研究、矿产资源节约与综合利用研究、矿山环境保护与恢复治理研究等4个专题。《规划》围绕北京市全面建设小康社会、实现现代化和建成世界城市的发展目标，统筹协调人口、资源和环境，建立完善矿山地质环境保护与恢复治理机制；形成节约集约资源利用方式；建立健全多元互补、全方位供应、协调有序的矿产资源供应体系，提高矿产资源对全市经济社会可持续发展的保障能力。《规划》是北京市矿产资源勘查、开发利用与保护的指导性文件，是依法审批和监督管理矿产资源勘查、开采活动的重要依据。

【土地利用年度计划】

按照2004年颁布的《土地利用年度计划管理办法》（国土资源部第26号令），根据《北京市土地利用总体规划（2006—2020年）》总体安排、“十一五”国民经济社会发展规划各专项规划、北京城市总体规划及各新城规划相关成果，结合过去几年本市土地利用年度计划实施情况、经济社会发展对土地利用的需求及中央经济工作会议精神，编制了2010年土地利用计划（草案），我市将继续加快产业结构调整，进一步转变经济增长方式；加大投资力度，建设安全、高效、完善的现代化基础设施体系，提高基础设施承载能力和运行效率，保障城市发展需要；扎实推进新农村建设，促进城乡协调发展；关注民生、保障民生、改善民生，稳步推进廉租房、经济适用房、两限房等保障性住房建设，构建和谐社会首善之区；加强教育医疗卫生等公益设施建设，不断推进社会事业全面进步；加强生态建设和环境保护，建设宜居城市，提升生态文明水平；落实城市总体规划，加快推进新城建设。草案建议2010年我市耕地转用计划指标控制在2200公顷，经市政府批准后上报国土资源部。

【土地利用规划实施管理】

镇域、村庄规划成果审核　从土地利用规划的角度，本着严格保护耕地、节约集约用地的原则，按照规划审查的工作程序、技术标准、规范格式，充分利用技术手段，对中心城片区规划、新城街工控制性详细规划、镇域规划、村庄规划以及其他各类专项规划成果进行审核。在市局规划中心的协助下，全年共审核15个乡（镇）的镇域规划。

【审查土地利用总体规划局部修改】

根据《土地管理法》有关规定，为维护土地利用总体规划的严肃性，保障我市“绿通”项目和我局承担1千亿投资的土地储备开发项目及早落地，及早开工，促进经济较快发展，依据国家法律法规有关政策，在依法的基础上，大胆创新规划调整审查机制，优化规划调整审查程序，缩短审查时间。截至2009年底，共组织审查、论证国家、市级、区县级基础设施项目和重点工程项目146个，其中报国务院审批项目51个，报市政府审批项目95个。

信息科技

信息科技处

信息资源管理工作

【档案数字化建设】

为发挥土地专业档案在国土资源行政管理工作中的作用，开展了档案数字化三期项目建设，对32.93万卷、2295万页档案进行了数字化处理。并通过档案数字化三期项目，完成与一、二期成果的衔接。项目成果的应用提高了办事效率和对外服务水平，方便公众查询，满足国土资源系统和社会各界群众对国土资源专业档案的使用需要。

【监测与监管系统数据填报工作】

按照《国土资源部关于部署运行土地市场动态监测与监管系统的通知》要求，经第8次局长办公会研究，制定了《北京市土地市场动态监测与监管系统数据填报工作方案》，成立了由谢俊奇副局长领导的土地市场动态监测与监管系统数据填报工作协调小组，局机关各相关业务处室和事业单位负责具体的工作落实。信息科技处负责检查监督和系统人员注册的审核管理工作。形成了按业务系统部署、启动、督促向监测与监管系统填报数据的工作格局。

【国土资源领域社会信用体系建设】

根据2009年北京市推进社会信用体系重点任务要求，信息科技处牵头，协调相关部门开展国土资源管理信用体系建设和信息发布工作。制定了《国土资源管理领域信用体系建设和信息发布工作方案》，明确了主要任务、各部门职责分工、工作要求和发布报审程序等相关内容，为信用体系建设工作的有序开展提供了指导和依据。根据相关法律法规和管理办法，确定了国有土地使用权招标、拍卖和挂牌以及土地一级开发和收购储备工作中的企业信用信息具体发布内容。依据北京市企业信用信息系统所需的土地与矿产资源信息范围，对相关处室负责的工作内容进行系统培训，设置相应权限，使各部门可以在系统上查询浏览企业信用信息。

科技管理工作

【科研课题研究】

2009年科技工作的重点是继续围绕《北京市国土资源中长期科技发展规划

(2006年-2020年)》工作目标，结合重点工作和体制、机制创新目标开展了相关工作。

1. **完成《面向国土资源管理的网格化遥感监管与服务》课题研究工作。**取得了以下几方面的效果：

一是成果的创新性强，为土地管理工作提供新思路与新手段。课题将网格化管理这一新理念与我局实际工作相结合，为土地管理单元从行政辖区向自然地理单元、社会经济发展区域的转变提供了新思路，课题研发的多个服务系统也为土地调查、批后监管、土地规划、地价监测等日常土地管理业务的机制创新提供了新手段。

二是业务成果的系统化管理，提高土地管理业务的效率。通过土地管理全要素生产系统快速生产和采集日常管理业务所需的基础数据；通过日常地政管理业务服务系统加工、存储、归类汇总各类业务服务成果；通过土地管理空间分析系统分析、展示辅助土地管理决策信息。成果系统化管理保证了土地管理数据的现势性，保证了数据在各个业务处室之间的流动性，提高了土地管理业务的效率。

三是系统运行稳定，有力辅助日常工作的开展。土地利用变更调查、征收土地批后监管、出让土地批后监管、土地利用规划实施和地价监测5个业务服务子系统已成为业务处室管理、查询、统计、展示日常业务数据的有效工具。土地管理空间分析系统提供了季度的耕地与基本农田、新增建设用地、城市地价等分类决策信息。

利用卫星遥感数据，按“未利用、平整、施工和竣工”四个阶段对历年征地项目以季度为周期进行遥感动态监测，建立和更新征收土地批后监管数据库，掌握全市征地项目的开发、储备和利用情况。建立了季度征地批后监管和机制，掌握了1992年以来5000余宗征地项目的利用状态，摸清了征而未供、供而未用土地的位置和数量，为领导开展调研、业务处室统计上报数据和区县征地管理日常工作提供了依据。按照国土资源部对建设用地实施“批、供、用、补、查”动态监管的工作要求，利用卫星遥感数据，按“未建、在建、竣工”三个阶段对出让项目的开发建设情况进行滚动式监测，定期更新出让土地批后监管数据库，强化对出让土地的监督与管理。

2. **开展《北京市土地管理统计分析研究》。**本项研究通过对2009年年内各季度北京市土地供应、土地使用权出转让数据分析，以及国有建设用地开发利用与首都经济社会发展、新增建设项目实施、固定资产投资、工业产业开发、房地产业发展等核心领域的发展关系分析，研究土地开发利用和管理中存在的问题，并与全国部分重点城市进行了对比分析，形成季度及年度报告，供市政府、市国土资源局及其他相关单位使用。截至2010年3月，共编纂形成《2009年北京市土地管理统计季度分析报告》和《2009年北京市土地管理统计年度分析报告》五份研究成果。

【国土资源科普基地建设】

根据国土资源部开展科普基地推荐命名工作的要求，在地环处、市地质研究所及有关区县分局的配合下，组织北京延庆硅化木国家地质公园、北京房山世界地

质公园、北京平谷黄松峪矿山公园进行科普基地申报工作。经国土资源部评审确定延庆硅化木国家地质公园和北京房山世界地质公园为国土部首批科普基地。为加强国土资源科普基地的建设，在延庆千家店镇组织召开了国土资源科普基地建设座谈会，请国土部主管司局领导与地方政府直接沟通，听取工作建议，指导国土资源科普基地建设工作。探讨新农村建设中如何借助科普基地加强国土资源科普知识的宣传，进而引领京郊农民生态就业增收、生态创业致富，实现经济发展与资源保护良性互动。

【国土资源科普宣传】

1. 根据国土资源部《坚决制止用有毒垃圾填造耕地的行为》的通报，组织开展了防止有毒有害垃圾污染耕地宣传子资料的编制工作。根据我市农村的特点，向农村居民宣传有毒有害垃圾对土壤、对家禽牲畜、对人体的影响和危害，提高自觉抵制和监督污染土地行为的积极性和科学修养。

2. 根据国土部关于开展世界地球日科普宣传活动的通知要求，北京市国土资源局机关、各区县国土资源分局、北京地质学会以及北京市地质勘查局及所属单位联合组织开展了第 40 个“世界地球日”宣传工作。市局及 18 个区县国土分局共出动 300 多人参加地球日科普宣传和咨询活动。共发放地球日国土资源报（北京版）特刊 2 万余份，地球日宣传册 12000 份，制作宣传展板 100 多块，以丰富多彩的宣传形式营造热烈的活动氛围，切实提升了公众对“地球日”的认知程度。

统计管理工作

【统计管理制度】

2009 年综合统计工作的重点是贯彻国土资源部统计制度改革的思路，落实局党组继续加强基础数据管理的要求，强化综合统计责任，规范综合统计管理，实现数据信息的统一管理和对外发布。一是坚持信息发布制度和分析研究例会制度。按时发布《北京市国土资源主要指标统计监测月报》及时进行跟踪分析；二是坚持《北京市土地管理季度统计分析报告》和《北京市土地管理年度统计分析报告》为主要课题研究的专项统计分析制度；三是继续落实《局统计调查数据统一报送管理规定》和《局数据信息共享管理制度》，规范局系统各部门数据使用，做到统计数据归口管理，避免“数出多门”的共享管理模式；四是继续坚持《信息统计工作考核制度》，提高统计数据质量，提升依法统计意识。

【统计报表制度】

2009 年执行的统计报表制度共十套制度。一是按月、季、年度向国土资源部报送的综合统计报表，涉及土地、矿产管理及部门基本情况等各个方面；二是按季度向国家土地督察北京局报送土地利用情况相关统计表及调研点（海淀分局、通州分局、门头沟分局、延庆分局）数据材料的上报；三是与市财政局联合向财政部、国土资源部、中国人民银行按季度报送国有土地收支情况统计报表；四是按月、季、年度向市统计局和东城区统计局报送各类统计表；五是向市住建委住房保障办按季度报送城市低收入家庭住房保障统计报表中有关廉租住房、经济适用房用地情况统计表；六是每月网上填报市发改委《北京市总投资5000万元以上拟建项目档案信息管理系统》有关土地手续办理情况；七是向市地方税务局提供有关土地基础信息资料；八是向市发改委按季报送公共机构能源消耗统计报表；九是向市统计局每月报送北京市完成投资动态监测统计表；十是我局内部综合统计月报制度统计工作。

【统计分析与研究】

为及时掌握国土资源管理情况，摸清土地市场动态，提高国土资源统计数据服务于社会和公众的水平。一是坚持按时发布《北京市国土资源主要指标统计监测月报》，准确、及时地反映国土资源主要经济指标的运行情况和各项政策措施的实施效果。对用地审批、土地供应、权属登记、矿产管理等热点问题及时进行跟踪监测分析和指标环比变化情况的对比分析。二是开展北京市土地管理年、季度统计分析综合研究工作。把相关行业的主要指标与国土资源管理的指标做了初步的关联分析，强化统计数据的预警和前瞻作用，关注数据承载的信息和反映的趋势。

【数据采集系统建设】

开发建设了“北京市国土资源局统计数据信息采集平台”，实现统计数据的即时上传和统计报表的灵活定制。有14个业务处室和局属相关单位进入该系统进行月报数据填报。采用统一的数据采集平台填报各类报表，疏通了局系统统计数据采集渠道，规范了基础数据填报、审核、汇总、上报的工作流程，减轻了基层单位的统计负担，避免了重复统计和数据不交圈的问题，提高了统计工作的效率和质量。

【依法统计与检查考核】

为贯彻新修订的《统计法》和新颁布的《统计违法违纪行为处分规定》，落实国土资源部《统计工作管理办法》，加强统计基础工作，在局系统开展了综合统计专项检查工作。检查内容包括各单位依法开展统计工作情况、《局统计工作管理暂行办法》落实情况、职能部门基础数据管理情况、统计分析和数据资源共享情况以及统计人员配备和持证上岗等情况。该专项检查工作达到了预期目的，一是各基层单位积极组织负责统计工作的领导和统计人员学习新修订的《统计法》和新颁布的《统计违法违纪行为处分规定》。二是在加强基层基础工作、贯彻统计法律法规、提高统计数据质量、规范统计调查制度等方面做了大量工作，数据质量明显提升。三是结合《局统计工作管理暂行办法》和《局数据资源共享管理制度》的落实，总结梳理了统计管理工作的经验做法，及时分析查找工作中存在的问题和原因，促进基层统计管理水平的提高。

2009年，我局在统计制度建设、规范管理、数据分析、系统应用、信息共享和巡查考核等统计管理方面的经验和作法，得到了国土资源部调控和监测司领导的肯定，在2009年全市统计工作会上作了工作交流。

征地管理

征地处

【征地管理工作情况】

2009年是实现保民生、保增长、拉动内需的重要之年，围绕此项工作，我处进一步简化征地程序，提高工作效率，确保千亿项目的落地。

继续稳步推进征地制度改革。在兼顾“用地需求”和“被征地农民利益”的前提下，积极稳妥推进留地安置、实物补偿等征地补偿多元化补偿安置方式。在市属基础设施工程用地（如地铁4号线）、经济适用房（如回龙观经济适用房）用地中采取了留地安置方式；大望京城乡一体化试点、鸿善家园经济适用房以及一些储备项目中采取了实物补偿方式。

组织拟定我市征地补偿指导价。在综合考虑实际补偿标准、当地经济发展水平、农民生活水平、社会平均保障水平、土地区位、土地供求关系等多方面因素的基础上，形成了我市征地补偿指导价初步成果。

加强批后监管工作。开展了对2007年、2008年批而未用土地的清查处理工作，并按时向国土部、国家土地督察北京局上报了相关专项清查报告。

【征（占）地及农用地转用审批情况】

2009年，国务院及市政府共审批征（占）用集体土地及农用地转用项目383个，总用地面积8418.77公顷，其中经国务院批准用地面积1486.91公顷，经市政府批准用地面积6931.86公顷。

【土地利用年度计划执行情况】

2009年2月10日，国土资源部下达《土地利用计划（草案）》（国土资发［2009］9号），核定我市2009年新增建设用地总量为4000公顷，其中农用地指标3500公顷，耕地指标为2200公顷。年内又多次申请追加指标，截止到2009年底，共下达我市新增建设用地指标为5360公顷，其中农用地计划指标4853公顷，耕地计划指标3113公顷。

截止到2009年12月31日，我市共安排使用新增建设用地指标4921.7299公顷，占新增建设用地指标总量的91.82%；安排使用农用地转用指标4755.145公顷，占农用地计划指标总量的97.98%；安排使用耕地指标2786.5283公顷，占耕地计划指标的89.51%。

详见统计资料表3。

耕地保护

耕保处

【基本职能】

耕地保护处负责本市耕地保护、集体建设用地利用、农用地使用等方面的监督管理，拟订有关管理办法和政策措施，依法承担相关的行政许可工作；编制土地复垦、整理的工作规划和年度计划，拟订耕地开发复垦费标准，并组织实施；监督落实占用耕地的建设项目的占补平衡措施；组织实施土地整理储备以及宜耕土地后备资源库、补充耕地储备库建设管理等工作。

【基本农田保护】

按照《国土资源部 农业部 国家统计局关于印发〈2008 年度省级政府耕地保护责任目标履行情况检查工作方案〉的通知》（国土资发〔2009〕33 号）的要求，我局会同市农委、市农业局、市统计局、国家统计局北京调查总队，顺利完成北京市 2008 年度耕地保护责任目标履行情况的自查和国务院两部一局的抽查工作，并向市政府报送了《关于北京市 2008 年度耕地保护责任目标履行情况的报告（代拟稿）》。通过检查，抽查组认为我市在履行耕地保护责任目标方面领导重视、认识到位、责任明确、措施得力、工作认真、效果较好。主要表现在：一是不断健全完善基本农田保护责任机制，通过制度建设不断强化耕地保护工作；二是土地开发整理投入大，成效显著，设施农业建设正在兴起，农民保护耕地的积极性进一步增强；三是基本农田保护力度进一步加大，形成了政府牵头、部门联合执法的良好局面。

积极探索耕地保护经济补偿机制，顺利完成《北京市耕地保护经济补偿机制研究》课题研究，为我市基本农田保护经济补偿机制的建立打下了坚实的理论基础。

初步建立耕地破坏程度鉴定工作机制，将本市耕地和基本农田保护工作落到实处。针对一些区县分局在集中整治非法占地违法建设工作中，发现一些用地行为涉嫌构成非法占用农用地罪（《刑法》第 342 条第一款）等情况，先后对 14 宗土地违法案件进行了耕地破坏程度鉴定，为土地违法案件顺利移交提供了资料，取得了初步成效。

【耕地占补平衡】

2009 年，我市严格按照《土地管理法》关于耕地占补平衡的规定，由占用耕地的单位负责补充与被占用耕地数量和质量相当的耕地。全年经批准建设占耕地项目共266个，共占用耕地2，482公顷（5.2233万亩）。其中，单独选址项目13个，占用耕地757公顷（1.1358万亩）；分批次项目253个，占用耕地2，725公顷（4.0875万亩）。上述项目均已按照“先补后占，占补平衡”的原则全面完成了补充耕地任务，补充耕地数量和质量均符合有关要求，并认真落实了占用耕地的建设项目与补充耕地的土地开发整理项目挂钩制度。全力保障我市扩内需，保稳定、促增长项目、国家和我市重点工程的顺利落地以及我局1000亿土地储备任务的顺利完成。

此外，按照国土资源部关于土地整理复垦开发项目信息备案工作的相关要求，我们组织完成土地复垦整理开发项目信息备案工作，涉及项目共425个。并对我市补充耕地储备库指标的具体情况进行了全面梳理，建立了用于日常管理工作的补充耕地储备指标数据库，切实保障耕地储备库科学化、规范化管理，

进一步完善占补平衡工作机制。在严格按照“一个入口、一个出口”的原则由市局统一管理全市储备耕地库、严把建设用地项目审批关的同时，拟定《关于进一步加强我市耕地占补平衡工作的意见》，并已提交市长专题会原则同意。明确提出：建设项目占补平衡任务原则上立足于本区县落实。但对于后备资源不足、确实难以在本行政区域完成的区县，可以按照“补充耕地指标区县政府间有偿转让”的方式，由该区县政府与其他区县政府协商，有偿使用补充耕地指标；市国土局按照“综合平衡、统筹安排”的原则进行审核；各区县不得自行跨区县占补平衡。

【土地开发整理】

下发《关于加强土地开发整理项目管理的通知》，进一步加大项目管理力度，明确相关单位责任，规范项目管理。2009年以来，我们共完成了29个土地开发整理项目的立项审查工作，项目总规模12.93万亩，拟新增耕地1.81万亩，总预算约4.57亿元，分别占年初计划总规模12万亩的107%，拟新增耕地1.5万亩的120%和市财政投资预算4亿元的114%；共对113个在施项目进行不定期抽查，及时了解并有效解决项目实施存在的问题，推动了项目实施进度；先后共组织完成了40个开发整理项目的总验收工作，总规模9.74万亩，新增耕地2.02万亩。其中国家级项目4个，规模1.90万亩，新增耕地0.20万亩，市级项目36个，规模7.84万亩，新增耕地1.82万亩。同时，我们结合国土资源部“万村整治”工程，积极研究农村土地整治有关政策，探索建立与新农村建设、都市型现代农业建设相结合的农村土地综合整治工作新机制。

【农村集体建设用地管理】

继续规范集体建设用地审批和备案管理工作。2009年区县政府审批农村村民宅基地648宗，占地10.9477公顷，主要分布在密云县、昌平区、平谷区、大兴区、房山区和通州区。市政府共审批乡镇村企业、公共设施和公益事业占用存量农

村集体建设用地项目9宗，占地28公顷，其中：旧村改造村民住宅楼3宗，占地16.2863公顷；乡镇企业1宗，占地9.5341公顷；公共设施公益事业5宗，占地2.1817公顷。

2009年，结合国土资源部关于农村集体建设用地流转的立法调研要求，进一步加强农村集体建设用地流转政策研究。先后组织并完成了通州区域范围内农村集体建设用地流转专题调研，以及朝阳区、通州区典型村改革开放以来村内乡镇（村）企业用地及流转情况调研，并向国土资源部上报了《通州区农村集体建设用地流转专题调研报告》、《朝阳区崔各庄乡何各庄村和十八里店乡周庄村农村集体建设用地流转的调研报告》和《通州区宋庄镇小堡村农村集体建设用地流转的调研报告》，同时，完成了《北京市农村集体建设用地使用权流转研究》报告。

2009年北京市土地开发整理情况统计表

分类 区县	立项			在施			已验收		
	项目个数	建设规模	新增耕地	项目个数	建设规模	新增耕地	项目个数	建设规模	新增耕地
昌平	0	0	0	8	19626.96	1201.97	0	0	0
大兴	5	73029.49	8466.66	13	208908.43	14733.22	2	22067.11	1998.34
房山	5	12145.25	1838.3	17	38666.61	4683.19	7	27816.15	3062.28
怀柔	4	4227.77	1500.22	14	15427.37	3452.78	5	1658.34	1596.43
门头沟	2	1310.29	821.71	3	1560.34	1065.91	4	3110.92	820.83
密云	1	1188.8	1035.4	3	4016.2	3043.53	11	18840.09	7713.68
平谷	2	4308.7	1179.31	9	20970.57	4535.56	0	0	0
顺义	3	3004.44	1413.03	15	37000.39	3651.36	4	7906.45	1148.42
通州	3	28032.9	116.5	10	91100.75	1652.67	2	10693.651	384.623
延庆	4	2118.84	1745.98	21	34606.87	18436.47	5	5281.2	3475.52
合计：	29	129366.48	18117.11	113	471884.49	56456.66	40	97373.911	20200.123

土地市场管理

土地市场处

土地供应计划

【年度土地供应计划编制】

2009年在《北京市2007至2010年土地供应中期计划》的基础上，结合首都年度社会经济发展形势，编制完成了2009年度土地供应计划，并下发了《关于印发北京市2009年度土地供应计划的通知》（京国土市［2009］211号）正式公布实施。

2009年度土地供应计划安排土地供应总量为5700公顷，其中新增建设用地严格控制在3300公顷以内，鼓励和引导利用存量建设用地2400公顷左右。

2009年土地供应总量按用途类型分：基础设施用地2800公顷；工业仓储用地800公顷；其他产业用地200公顷；科技、教育、文化、卫生、体育和行政办公用地400公顷；住宅用地1300公顷，其中：廉租住房及经济适用住房类用地200公顷，限价商品房及政策性租赁房用地400公顷，其他商品房用地700公顷；商服用地200公顷。

2009年土地供应总量按空间结构分，首都功能核心区和生态涵养区的土地供应量不高于土地供应总量的25%，城市功能拓展区和城市发展新区的土地供应量不低于土地供应总量的75%。

【年度供应计划实施】

2009年全市土地供应计划工作，按照市委市政府“多储快供”的总体要求，在各区县政府和相关委办局的大力配合下，落实科学发展观，切实加强土地调控，促进土地节约集约利用，确保了社会经济的平稳较快增长。

一是2009年实际供应土地6082公顷，完成全年土地供应计划的107%，比去年同期增长31.2%，确保了扩内需、保增长项目落地。

二是基础设施和公共服务设施落地量大，投资拉动作用明显。2009年实际供应基础设施和公共服务设施用地3451公顷，完成土地供应计划的108%。

三是住宅用地供应量大幅度增加，结构进一步优化，突出了保民生和稳市场。2009年住宅用地供应1532公顷，同比增长77%。其中政策性住房供应比例达到43%，在供应规模和时序上优先保证了

850万平方米政策性住房的开工建设，商品住宅用地同比增长76%。

四是产业用地供应量大幅度增加，同比增长24%，为其发挥扩充经济总量、提升首都发展后劲奠定基础。促进产业结构调整和经济发展方式的转变，生产型服务业、文化创意产业、高新技术产业、现代制造业等高端产业用地所占比重达到70%以上。

五是土地储备开发投资拉动和保障供应作用明显。实现土地储备开发投资1165亿元，占全市固定资产投资的24%，完成储备开发土地面积4300公顷。

六是土地市场供应速度较快，为投资增长拓展了空间，政府土地收益得到有效保障。2009年土地市场成交250宗地块，面积1965公顷，土地市场总成交额966亿元，政府土地收益557亿元。（详见表1、图1）

表1　2009年土地供应情况（按用途分列）　　单位：公顷

	合计	基础设施用地	工矿仓储及其他产业用地	科教文卫体和行政办公用地	住宅用地				商服用地
					合计	经济适用住房类及廉租住房用地	限价商品及公共租赁房用地	其他商品房用地	
面积	6082	3244	842	207	1532	209	453	870	257
结构比例	100%	53%	14%	3%	25%	3%	7%	14%	4%

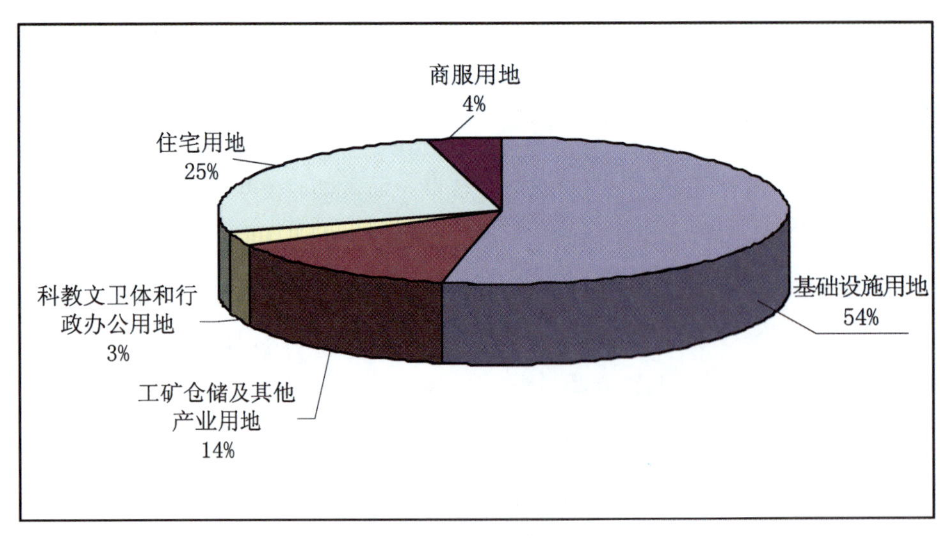

图1　2009年土地供应情况分布图

【全市土地供应空间结构】

2009年土地供应中，首都功能核心区、城市功能拓展区、城市发展新区、生态涵养发展区土地供应占全市供应总量的比例分别为0.5%、18.5%、63.2%、14.2%。（详见图2）

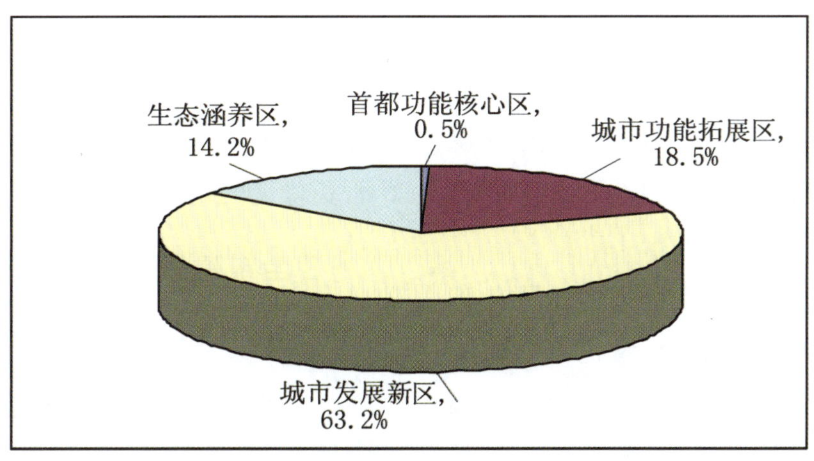

图 2 2009 年全市土地供应空间结构图

建设项目用地预审

【建设项目用地预审工作措施】

2009 年建设项目用地预审工作以“国土机关建设年”为契机，以建立健全绿色通道审批机制为重心，通过下放审批权限、优化审批程序、精简要件要求、创新审批方法，努力改善工作作风、提高办理效率。

一是落实保增长扩内需政策，用地预审批复面积增势明显。2009 年共批复用地预审项目总计 1392 个，同比增长约 23%，涉及用地总面积约 17711.41 公顷，同比增长约 87%，其中农用地约 8405.82 公顷，同比增长约 83%，耕地约 5465.48 公顷，同比增长约 90%，基本农田约 1167.66 公顷，同比增长约 105%；建设用地约 8857.74 公顷，同比增长约 96%；未利用地约 447.85 公顷，同比增长约 28%。与 2008 年数据相比较，除项目个数和未利用地面积没有发生较大变化外，其他各项指标基本都是去年的两倍左右。进一步对比现状地类数据，农用地面积、耕地面积和建设用地面积分别比 2008 年增加 83%、90% 和 96%。

二是储备类项目用地预审规模超万公顷，千亿储备投资拉动效果明显。储备类项目预审规模 11100.79 公顷面积，占 2009 年批复预审总面积的约 63%，规模同比增加约 185%，储备类项目规模的快速增长拉动了 2009 年预审批复总量的增加。

三是城市发展新区用地需求增长迅速，用地预审引导城市发展作用明显。通州、顺义、昌平、大兴等四个城市发展新区用地预审批复规模占总规模的约 43%，用地需求向城市发展新区集中趋势明显，用地预审通过落实土地利用总体规划和城市总体规划，进一步发挥了引导城市发展的功能。

四是以规范审批行为为切入点，健全预审制度。完成《北京市建设项目用地预审文件汇编》、《北京市建设项目用地预审工作操作规程》、《北京市建设项目用地预审现场踏勘规定》等文件，为方便项目单位办理用地预审手续，合并市区

县两套用地预审告知材料，重新拟定新版《建设项目用地预审告知单》，积极推进市区县建设项目用地预审网上办公系统互联互通，规范市区县用地预审审批行为，不断提高标准化审批水平。

五是以提高审批效率为导向，优化审批程序。将用地预审工作与绿色审批机制有机衔接，优化审批程序，改变原用地预审受理、经办人审查、副处长审核、处长审核、会审和局领导审批的工作程序，将受理和经办人审查程序合并，副处长审核和处长审核程序合并，改会审为会签，取消每个项目均需会审的制度，从程序上实现审批周期净减少。

六是以绿色审批通道为重心，强化服务意识。根据用地预审市区县工作分工，结合大部分具体审批工作由区县负责的实际，着重完善市区县沟通机制，建立市区县统一台帐，倒排“保增长、扩内需”等重点工程用地预审办结日期，建立加快审批倒逼机制，利用政务系统对重点工程进行实时监控，不断加强批后监管。

【全市建设项目用地预审总量】

2009年全市共批复建设项目用地预审1392个，涉及用地面积约17711.41公顷。

【全市建设项目用地预审用途结构】

2009年排在前4位的用地类型分别是储备类11100.79公顷，同比增长185%；基础设施类3773.67公顷，同比增长约26%；住宅类项目约1041.03公顷，同比增长约44%；科教文卫类项目约1018.67公顷，同比增长约45%。储备类项目面积占2009年批复预审总面积的约63%，规模同比增加约185%，储备类项目规模的快速增长拉动了2009年预审批复总量的增加。（详见附表）

【全市建设项目用地预审空间结构】

2009年用地预审批复规模排在前几位的区县分别是朝阳区2487.75公顷，同比增长约163%；通州区2316.38公顷，同比增长约167%；顺义区2254.41公顷，同比增长约109%；房山区2060.6公顷，同比增长约264%，用地需求向城市发展新区集中趋势明显，用地预审通过落实土地利用总体规划和城市总体规划，进一步发挥了引导城市发展的功能。（详见附表）

城市地价动态监测

【城市地价动态监测工作安排】

作为105个国家级城市地价动态监测重点城市之一，2009年北京市严格按照国土资源部《关于进一步加强城市地价动态监测工作的通知》（国土资发［2008］51号）和《城市地价动态监测技术规范》要求开展城市地价监测工作。2009年全市范围共划定212个区段，布设标准宗地498宗，其中国家级监测范围内布设标准宗地257宗，市级监测范围内布设标准宗地241宗。全市54家土地估价机构，共229名土地估价师参与了标准宗地信息采集工作。监测结果客观地反映了北京市土地价格水平变化状况，为开展土地市场宏观调控提供了参考依据。（详

见表4）

表4 北京市2009年地价监测标准宗地

土地用途	居住	商业	综合	工业	合计
国家级监测	105	91	——	61	257
市级监测	55	53	133	——	241
总　计	160	144	133	61	498

【城市地价动态监测结果】

2009年，北京市国家级监测范围平均定基地价指数为164，居住用途为174，商业用途为162，工业用途为152，平均地面熟地价较2008年上涨约2.58%。其中居住、商业、工业用途同比上涨率分别为3.84%、-0.83%和0.93%。（详见图3）。

2009年第一至四季度北京市国家级监测范围内各用途地价水平环比增长率详见表5。

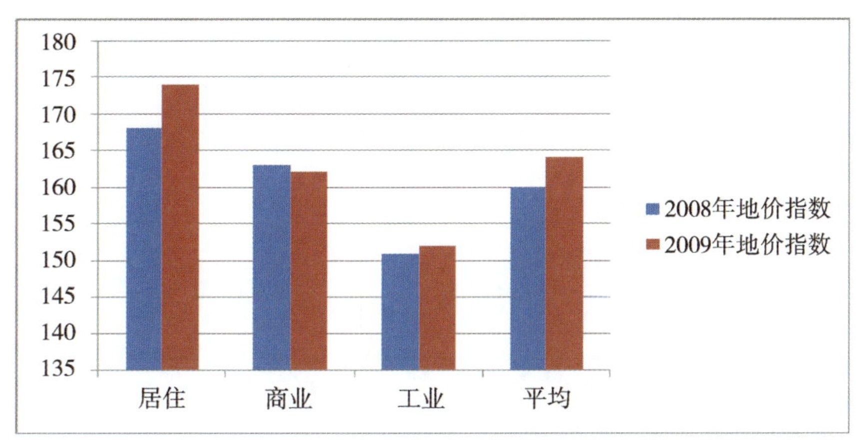

图3 2008-2009年北京市国家级监测范围各用途地价指数

表5 2009年1-4季度国家级监测范围各用途地价环比上涨率

	平均	商业	住宅	工业
一季度	-2.64%	-2.53%	-3.02%	1.52%
二季度	0.86%	-1.13%	1.79%	-2.07%
三季度	2.10%	1.86%	2.29%	0.85%
四季度	2.30%	1.04%	2.84%	0.67%

土地利用管理

土地利用处

【划拨城镇建设用地情况】

1. 1992－2009 年的 18 年间，共办理划拨城镇建设用地 1502 宗，总用地面积 9557. 25 公顷。（详见表 1）

表 1　划拨城镇建设用地分年度统计表　（单位：公顷）

年度	宗数	比例	面积	比例
1992	25	1. 66%	204. 64	2. 14%
1993	36	2. 40%	241. 02	2. 52%
1994	39	2. 60%	404. 80	4. 24%
1995	36	2. 40%	215. 33	2. 25%
1996	24	1. 60%	55. 16	0. 58%
1997	33	2. 20%	122. 24	1. 28%
1998	38	2. 53%	157. 76	1. 65%
1999	33	2. 20%	187. 10	1. 96%
2000	35	2. 33%	67. 40	0. 71%
2001	72	4. 79%	412. 95	4. 32%
2002	65	4. 33%	311. 21	3. 26%
2003	79	5. 26%	501. 66	5. 25%
2004	73	4. 86%	447. 67	4. 68%
2005	123	8. 19%	611. 16	6. 39%
2006	183	12. 18%	2086. 16	21. 83%
2007	294	19. 57%	1400. 08	14. 65%
2008	181	12. 05%	1409. 29	14. 75%
2009	133	8. 85%	721. 62	7. 55%
总计	1369	100. 00%	8835. 63	100. 00%

（1）从用地宗数来看，从 1992 年的 25 宗开始逐年增加，至 1994 年达到最高点 39 宗，之后 1995 年开始下降，至 1996 年下降至最低点 24 宗，从 1997 年开始又逐年上升，到 2007 年达到最高点 294 宗。

从用地面积来看，从 1992 年的 204. 64 公顷开始逐年增加，至 1994 年达到最高峰宗 404. 8 公顷，之后 1995 年开始直线下降，至1996年下降至最低点55.16公顷，从1997年开始又开始逐步上升，到1999年达到一个小高峰187.1公顷，2000年有所下降至67.4公顷，2003年达到又一个高点501.66公顷，2004年稍有回落至447.67公顷，到2006年达到最高点2086.16公顷。

（2）从用地项目分类来看，其他住房用地最多，共361宗，占24.03%，用地面积2799.63公顷，占29.29%，其次是公共建筑用地项目共327宗，占21.77%，用地面积1138.47公顷，占11.91%；随后是交通运输用地，共301宗，占20.04%，用地面积2417.48公顷，占25.29%；公用设施用地共287宗，占19.11%，用地面积1458.44公顷，占15.26%；经济适用住房共127宗，占8.46%，用地面积1221.27公顷，占12.78%；最少的是特殊用地共99宗，占6.59%，用地面积521.96公顷，占5.46%。（详见表2）

表2 划拨城镇建设用地分项目统计表 （单位：公顷）

项目名称	宗数	比例	用地面积	比例
公用设施用地	287	19.11%	1458.44	15.26%
公共建筑用地	327	21.77%	1138.47	11.91%
经济适用住房	127	8.46%	1221.27	12.78%
其他住房	361	24.03%	2799.63	29.29%
交通运输用地	301	20.04%	2417.48	25.29%
特殊用地	99	6.59%	512.96	5.46%
总　　计	1502	100.00%	9557.25	100.00%

（3）自1992－2009年的18年间，市局办理划拨用地涉及我市19个区、县，从用地位置来看，东城、西城、崇文、宣武、朝阳、海淀、丰台等七城区办理的最多，共1207宗，占80.36%，用地面积6688.98公顷，占69.99%。（详见表3）

表3 划拨城镇建设用地分区县统计表

区县	宗数（宗）	比例	用地面积（公顷）	比例
东城	131	8.72%	550.80	5.76%
西城	193	12.85%	710.21	7.43%
崇文	109	7.26%	609.20	6.37%
宣武	134	8.92%	530.44	5.55%
朝阳	260	17.31%	2062.67	21.58%
海淀	235	15.65%	1508.82	15.79%
丰台	145	9.65%	716.85	7.50%
石景山	38	2.53%	136.60	1.43%
门头沟	16	1.07%	74.76	0.78%
大兴	23	1.53%	227.31	2.38%
通州	28	1.86%	130.51	1.37%

续表

区县	宗数（宗）	比例	用地面积（公顷）	比例
昌平	51	3.40%	567.34	5.94%
顺义	25	1.66%	1200.76	12.56%
平谷	10	0.67%	39.86	0.42%
房山	18	1.20%	132.70	1.39%
怀柔	22	1.46%	72.82	0.76%
密云	43	2.86%	149.68	1.57%
延庆	16	1.07%	77.06	0.81%
亦庄	5	0.33%	58.85	0.62%
总计	1502	100.00%	9557.25	100.00%

4. 2009 年共办理划拨城镇建设用地 133 宗，总用地面积 721.62 公顷。（详见表 4）

表 4　2009 年按划拨土地用途分类统计表

项目类型　用地	宗数（宗）	比例	面积（公顷）	比例
公用设施用地	37	28.24%	181.76	25.19%
公共建筑用地	53	40.46%	207.43	28.75%
经济适用住房	22	16.79%	141.7003	19.64%
其他住房	9	6.87%	67.38	9.34%
交通运输用地	6	4.58%	19.32	2.68%
特殊用地	6	4.58%	104.03	14.42%
总　　计	131	100%	721.62	100%

2009 年市局办理划拨用地涉及我市 18 个区县，从用地位置来看，朝阳、海淀、丰台、通州、房山、昌平六个区县办理的最多，共计 80 宗，占 60.15%，用地面积 471.3497 公顷，占 65.31%。从用地面积来看，海淀、房山、大兴最多，共 38 宗，用地面积 374.83 公顷，占 51.94%。（详见表 5）

表 5　2009 年按各项目用地位置分类统计表

区县	宗数（宗）	比例	用地面积（公顷）	比例
东城	1	0.75%	0.6023	0.08%
西城	7	5.26%	6.7669	0.94%
崇文	0	0.00%	0	0.00%
宣武	2	1.50%	7.22	1.00%
朝阳	17	12.78%	60.3267	8.36%
海淀	16	12.03%	161.4594	22.37%
丰台	12	9.02%	68.9493	9.55%
石景山	2	1.50%	2.7132	0.38%

续表

区县	宗数（宗）	比例	用地面积（公顷）	比例
门头沟	5	3.76%	9.9136	1.37%
大兴	8	6.02%	103.8284	14.39%
通州	11	8.27%	29.9203	4.15%
昌平	10	7.52%	41.1547	5.70%
顺义	5	3.76%	23.6784	3.28%
平谷	4	3.01%	6.5923	0.91%
房山	14	10.53%	109.5393	15.18%
怀柔	5	3.76%	20.0294	2.78%
密云	7	5.26%	8.9743	1.24%
延庆	6	4.51%	58.2821	8.08%
亦庄	1	0.75%	1.6722	0.23%
总计	133	100.00%	721.6228	100.00%

【国有土地使用权出让】

1.2009 年北京市国有土地使用权出让概况

2009 年北京市共出让土地 677 宗，出让土地总面积约 1854 公顷，合同地价款总额约为人民币 731.07 亿元（详见表 6）。其中出让新建项目用地 331 宗，出让土地面积约为 1570 公顷，占出让总土地面积的 85%，合同地价款总额约为人民币 712 亿元，占出让地价款总额的 97%；出让现状建设项目用地 346 宗，出让土地面积约 284 公顷，占出让总土地面积的 15%，合同地价款总额约为人民币 18.74 亿元，占全市出让地价款总额的 3%。

按出让方式来分，其中以招拍挂方式出让项目用地 281 宗，出让土地面积约 1376 公顷，占出让总土地面积的 74%，合同地价款总额约为人民币 700.32 亿元，占出让地价款总额的 96%；以协议方式出让项目用地 396 宗，出让土地面积约 478 公顷，占出让总土地面积的 26%，合同地价款总额约为人民币 30.75 亿元，占全市出让地价款总额的 4%。

表 6　按区域划分 2009 年北京市国有土地使用权出让情况

区县	宗数	宗地面积（公顷）	合同地价款（万元）
东城区	47	5.3985	209643.9
西城区	31	4.5905	33910.56
崇文区	15	7.8614	109852.9
宣武区	7	1.1582	14602.04
朝阳区	98	168.3337	1858186
丰台区	34	31.2764	83363.86
石景山区	14	32.0045	336869.6
海淀区	46	101.3336	397645.4
门头沟区	8	5.5761	1373.99

续表

区县	宗数	宗地面积（公顷）	合同地价款（万元）
房山区	32	113.5537	776203.1
通州区	31	141.8391	902343.4
顺义区	84	293.4210	443305.1
昌平区	52	116.8672	277120.6
大兴区	46	214.9414	1298583
怀柔区	24	139.1171	158569.5
平谷区	29	97.9589	48473.04
亦庄开发区	51	229.6453	233819.6
密云县	21	125.7702	110409.8
延庆 县	7	22.9399	16451.26
合计	677	1853.5867	7310727

2.2009 年北京市国有土地使用权协议出让情况

2009 年北京市共协议出让土地 396 宗（包括现状经营性用地补办出让手续、教科文卫用地等），出让土地总面积约 478 公顷，合同地价款总额为人民币 30.75 亿元（详见表 7）。其中协议出让新建项目用地 50 宗，出让土地面积约为 193 公顷，占协议出让总土地面积的 40%，合同地价款总额约为人民币 12.01 亿元，占出让地价款总额的 39%；出让现状建设项目用地 346 宗，出让土地面积约 284 公顷，占出让总土地面积的 60%，合同地价款总额约为人民币 18.74 亿元，占全市出让地价款总额的 61%。

表 7 按用途划分 2009 年北京市国有土地使用权协议出让情况

		宗地数	面 积（公顷）		规划建筑面积（万平方米）	成交价款（万元）
				新 增		
合 计		396	478	232	512	307492
商服用地		235	107	33	129	144660
工矿仓储用地		87	211	78	123	32383
公用设施用地		2	3	3	1	1230
公共建筑用地		28	79	71	116	43502
住宅用地		44	77	47	143	85717
其中	别墅、高档公寓	9	0		1	1861
	普通商品房	35	77	47	142	83856
	其他住房					

3.1992 年－2009 年北京市国有土地使用权出让情况

1992 年－2009 年北京市国土资源局共审批出让国有建设用地 10194 宗，涉及土地面积约 25897 公顷，规划建筑面积约 41505 万平方米。

地籍管理

地籍处

【地籍管理2009年工作总体情况】

2009年，全市地籍管理工作以提升地籍管理基础支撑保障能力为目标，以全面完成第二次土地调查工作为重点，坚持改革创新、强化应用、狠抓落实，地籍管理基础性地位得到进一步巩固和发展。

1. 人员编制情况

截止到2009年12月底，全市地籍管理行政编146人，事业编281人，临时聘用76人。

2. 地籍调查

年度应完成地籍调查面积3549.92平方公里，已完成3018.26平方公里，完成率达85.02%。

3. 权属争议调处

共受理各类争议案件591件，已处理139件。其中：国有土地与集体土地权属争议64件，已处理10件；集体土地所有权权属争议314件，已处理12件；国有土地使用权之间权属争议68件，已处理37件；集体建设用地使用权权属争议1件；宅基地使用权权属争议144件，已处理80件。同时办结人大代表建议和政协委员提案10件。

4. 地籍资料公开查询

年内受理公开查询达12458次，累计受理公开查询39686次。

5. 业务（技术）培训

市级组织业务（技术）培训4期，参加545人；区县级组织业务（技术）培训3期，参加900余人。

【第二次土地调查工作】

2009年是第二次土地调查的决战年，市、区县二调办严格按照全国土地调查办统一部署，继续采取科学的技术路线和调查方法，严格落实质量保障措施和制度，精心筹划、强化组织，初步形成了真实、准确、现实性强的土地基础数据。

1. 全面完成农村土地调查工作

在2008年12月底完成第二次土地调查成果（农村部分）预检工作基础上，经全国土地调查办三次核查，2009年4月底已将调查成果全部上报全国土地调查办，并于8月底完成与河北、天津的行政接边及我市区（县）间、区（县）内部的线状地物接边工作。按照全国土地调查办的统一要求，2009年9月底已委托北京市测绘院将我市地方坐标系的调查数据成果转化为满足全国汇总要求的西安80坐标成果。

2. 城镇土地更新外业调查全面完成

按照全国土地调查办的统一要求，根

据土地利用现状调查成果，市城镇土地调查范围为城镇（201、202）范围内的1360.37平方公里土地。根据《关于开展城镇更新调查有关事项的通知》（京国土调查办发〔2009〕14号）要求，开展了城镇土地更新外业调查，2009年11月初，全面完成了此项工作，共调查宗地112685宗，更新调查率为100%。

3. 完成基本农田调查、储备耕地和后备耕地调查

按照第二次全国土地调查实施方案的要求，开展了基本农田调查；根据市实际情况，增加了储备耕地和后备耕地等两项调查。此项工作采取了内外业相结合的方式，对全市基本农田划定资料、土地利用现状与规划数据、遥感影像等相关资料和图件进行空间叠加与分析，并经过外业核实和进一步内业处理，建立了基本农田、储备耕地和耕地后备资源数据库。

4. 土地总登记发证工作基本完成设定目标

针对全市土地登记发证率低的实际情况，根据北京市第二次土地调查实施方案的要求，按照《土地登记办法》，2008年1月1日起，开展了城镇国有建设用地总登记工作，并与区（县）土地调查办签订了责任状（城镇范围内的居住小区内部用地、已发布拆迁公告涉及的用地、城镇私房用地和集体土地不纳入此次总登记工作考核范围），要求到2009年底，土地确权率达到90%，土地登记发证率达到70%。本着“先易后难，条块结合，循序渐进，逐步开展”的原则，各区（县）总结经验、对单位用地部门登记主动服务。截至2009年12月底，按照责任目标要求统计，全市国有建设用地使用权发证宗地数为32844宗，登记发证率达到80.35%。

5. 建设城乡一体化地籍数据库

按照“边调查、边入库”的原则，农村部分数据库和城镇数据库建设工作已经完成，市具有完整性和现势性的城乡一体化地籍数据库逐步形成。在完成建库工作基础上，地籍管理信息系统已完成初步开发，在宣武区进行了试点，试点成果已于2009年8月4日经专家验收通过，并选取了崇文、丰台、通州、密云、延庆五个分局作为第一批扩大试点单位；为扩大地籍管理信息系统试运行范围，进一步推广系统应用，完善系统功能，在扩大试点基础上进行了全市的部署和试运行工作。目前，包含农村土地调查数据库的系统已全部上线。

6. 开发区专项调查全面完成

按照市局局长专题会研究决定，由市土地调查办组织协调各区（县）土地调查办开展了开发区专项调查工作并认真配合开发区土地集约利用评价单位进行后续补充调查工作。此次开发区土地集约利用评价工作分为国家级和市级两部分，按照工作部署，3个国家级开发区专项调查工作已于09年2月完成，16个市级开发区专项调查工作已于09年4月完成，调查工作均已通过了项目验收。

7. 完成标准时点统一更新工作成果上报工作

根据全国土地调查办《关于开展第二次全国土地调查标准时点统一更新工作的

通知》（国土调查办发〔2009〕30 号）和《关于开展第二次全国土地调查城镇土地调查数据汇总有关事项的通知》（国土调查办发〔2009〕24 号）的要求，按照全国土地调查办统一部署，以市二次调查初始调查成果（时点 2007 年 10 月 31 日）为基础，以 2009 年 12 月 31 日为标准时点，利用国家下发的标准时点调查底图，采取内外业调查相结合方法，全面查清了更新期段内土地权属和地类变化、开发复垦新增耕地及耕地用于占补平衡情况，并将数据成果统一到了标准时点。

【农村土地确权登记颁证工作】

为认真落实十七届三中全会和市委十届五中全会精神，全面启动了农村土地确权登记颁证工作。2009 年 10 月，经请示市委、市政府同意，起草并下发了《北京市农村土地确权登记颁证试点工作方案》和《北京市确认农村土地所有权和集体建设用地使用权的办法（试行）》。成立了由市委常委牛有成同志担任组长，市政府副市长陈刚、夏占义同志担任副组长的农村土地确权登记颁证工作领导小组。同时，选择在朝阳、通州、平谷分局开展了农村土地确权登记颁证试点，并组织召开了试点工作乡镇动员培训会议。年底前，已完成了 3 个乡镇的确权登记颁证试点工作，总结了初步经验，为 2010 年全面推进农村土地确权登记颁证创造了有利条件。

【土地利用现状调查工作】

充分利用 3S 技术和地籍信息系统，讲求工作方法，把年度变更调查、季度新增建设用地季报和全国“一张图”工程建设外业调查工作有机结合起来，及时跟踪掌握了全市新增建设用地和耕地变化情况。

1. 精心组织年度变更调查工作

按照全国土地调查办关于开展标准时点统一更新工作有关年变更调查工作要求，以二次调查标准时点统一更新成果为基础，充分利用 2008 年度变更调查成果和有关用地批文，对比 2008 年度与 2009 年度遥感影像，提取了年度内各地类变化信息，如实核定了实际耕地和新增建设用地面积，逐级汇总形成了 2009 年度土地变更调查成果。

2. 新增建设用地季报扎实有效

为跟踪掌握季度内实际新增建设用地数据信息，我们采取季度遥感监测的方式，在 14 个区县范围内开展了季度新增建设用地季报工作。一至三季度利用两季度间的卫星遥感正射影像图进行对比分析，共提取新增变化图斑 2538 块，通过区县外业调查共有 1664 块图斑发生变化。累计核实新增建设用地 37985.71 亩。

3. 积极开展全国“一张图”工程建设外业调查

根据全国土地调查办《关于做好 2009 年全国“一张图”工程建设外业调查工作的通知》（国土调查办发〔2009〕37 号）要求，严格“四到”、“四一致”的工作标准，科学划分了调查准备、收集资料、实地调查、成果整理四个阶段，有计划、有步骤地按时完成了标注调查信息的外业调查底图、修正完善监测图斑之记、填写农村土地调查起止时间统计表等工作任务。

【土地登记工作】

为进一步规范土地登记行为，加快行业用地项目办理，提高办证效率。先后修改完善了《北京市日常国有土地登记工作规范》，按属地管理原则组织将军产、保密产及小业主土地登记386个项目移交分局办理。2009年，办理国有土地使用权登记19373宗，土地面积13750.80万平方米。办理土地使用权抵押登记6994宗，面积12159.79万平方米，贷款金额48972131.41万元。同时，为积极配合全市完成储备1000亿元的任务，为储备土地发证325宗，面积4908.39万平方米。先后及时下发了：

《关于为重点工程项目用地出具地籍调查成果的紧急通知》（京国土籍〔2009〕150号）

《关于做好我市政府机构调整变动部门和单位办公用房土地变更登记工作的通知》（京国土籍〔2009〕187号）

《关于城市园大绿化国有用地确权登记问题的通知》（京国土籍〔2009〕245号）

《关于土地注销登记和土地权利证书收回问题的通知》（京国土籍〔2009〕259号）

《关于政府储备土地办理土地登记有关问题的通知》（京国土籍〔2009〕339号）

《关于印发北京市城镇国有土地使用权登记发证统计报表制度的通知》（京国土籍〔2009〕366号）

《关于北京房地集团有限公司非经营性资产所占土地登记发证有关问题的通知》（京国土籍〔2009〕444号）

《关于房山区洪寺村经济适用住房项目办理土地使用权抵押登记有关问题的通知》（京国土籍〔2009〕581号）

《关于原外销商品房土地登记有关问题的通知》（京国土籍〔2009〕604号）

【土地权属工作】

积极配合北京市邮政局和北京市邮政公司，参与首都邮政设施建设调查和研究工作，并对促进首都邮政设施建设发展尤其是处理历史遗留邮政设施用地确权登记问题提出了可行性的意见和建议。解决了日常土地登记发证工作中未实施的道路规划红线内的土地确权问题。完成了对北京经中实业开发总公司“清商”遗留土地问题的清查工作。形成了关权属争议问题的请示、报告、意见：

《关于京包高速公路五环路至六环路段项目建设涉及昌平区回龙观镇西半壁店村与海淀区西北旺镇唐家岭村土地所有权争议问题的请示》（京国土籍〔2009〕315号）

《关于北京首都旅游集团有限责任公司与香山公园对香山饭店所占土地使用权争议问题的请示》（京国土籍〔2009〕422号）

《关于昌平区小汤山镇酸枣岭村西787亩用地有关工作的报告》（京国土籍〔2009〕350号）

《关于北京市宅基地使用权抵押工作有关情况的报告》（京国土籍〔2009〕515号）

《关于北京经中实业开发总公司清商

遗留土地问题的报告》（京国土籍〔2009〕430 号）

《关于东城区雍和科技园发展涉及土地有关问题的意见》（京国土籍〔2009〕467 号）

【课题研究工作】

为促进地籍管理工作的法制化、规范化建设，组织开展了《地籍管理办法》课题研究，年底已形成初步成果，并通过了专家评审。为统一地籍调查和测绘相关技术标准，实现全市地籍工作的科学化、标准化管理，市局联合市规划委员会共同完成了《北京市地籍调查与测绘技术规程》地方标准的编写工作。在对全市地铁、公路、停车场、燃气热力设施、供水排水设施、环卫设施和消防设施等用地情况调查的基础上，组织开展了《公共设施用地确权登记政策研究》，为全市下一步开展公共设施用地的确权和登记颁证工作奠定了基础。

【地籍管理制度建设】

严格土地登记执证上岗制度，坚持做到无证“不定岗、不审查、不签字”，同时不断加大培训力度，年内组织 105 人参加了国土资源部土地登记人员持证上岗资格考试，目前全市国土系统执土地登记上岗资格证人数 455 人，现有 307 人从事土地登记工作。同时，建立了地籍科长会议制度，每月适时组织召开一次，主要及时分析地籍管理工作形势，研究解决实际工作中重难点问题，一年来，先后组织召开地籍科长会议 4 次。

矿产资源储量管理

矿产资源勘查储量处

地质勘查管理

【2009年地质勘查工作指导思想】

北京市2009年地质勘查工作紧紧围绕“人口、资源、环境”主题和《北京市“十一五”时期地质勘查发展规划》(以下简称《规划》)开展，在城市地质、环境地质、农业土壤地质、地下水及新型清洁能源等方面取得明显成效；矿产资源勘查登记严格有序的进行；地质勘查资质管理严格按照《地质勘查资质管理条例》(国务院令520号)及国土资源部配套文件执行，完成了2009年的资质审批工作。

【《规划》实施】

《规划》主要内容有序实施，取得了明显成效。

1. 矿产资源勘查

2009年，北京市共开展野外施工矿产勘查项目33个，其中地热项目22个，地下水项目11个。矿产资源勘查投入资金总额达9153.4万元，其中社会资金投入8442.4万元。主要实物工作量为钻探进尺，共49715m，其中地热钻探进尺为48360m，地下水为1355m。

2. 水文地质调查评价

北京市平原区地下水污染调查项目由北京市财政拨款1089.49万，项目收集地质、水利、气象、环保、农林等相关部门或专业的环境资料，并进行1:5万水文地质补充调查和环境水文地质补充调查，调查面积6900km^2，最终提交《北京市平原区地下水污染调查报告》，为政府决策和保障供水安全提供依据。

3. 环境地质调查

2009年7月1日启动的北京市在生产矿山地质环境调查及治理对策研究项目，对全市120个矿山存在的地面塌陷、泥石流、尾矿库、煤矸石堆、采矿场等地质环境问题进行遥感解译，并采用逐矿实地调查的方法进行野外调查，共完成1:5万矿山地质环境调查404km^2。项目提交了《北京市在生产矿山地质环境调查及治理对策研究报告》，以及《北京市在生产矿山单矿山地质环境现状图集》和《北京市在生产矿山地质环境问题图片集》，并建立了北京市在生产矿山地质环境调查基础属性数据库。

4. 地质灾害调查与评价

2009年继续开展《北京地区滑坡泥石流灾害监测预警示范研究》项目，本年中央财政投入经费150万元，累计完成调查面积300km^2。该项目在开展北京地区滑坡泥石流灾害详细调查的基础上，总结地质灾害分布规律因素和发育规律，开展地质灾害气象预警临界值与预警区划研究，并完成北京地区地质灾害预警区划图，建立基于“3S”技术的地质灾害监测预警模型，构建以地质灾害群测群防网络与专业监测预警相结合的北京地区地质灾害监测预警系统。该项目的实施，为地方有计划地开展地质灾害减灾、防灾工作，提供了重要依据。

继续开展地面沉降监测。2009年度地面沉降监测项目，由北京市财政拨款1214.63万，监测面积4600km^2，基本形成了覆盖全市主要地面沉降区域的监测网络系统，包括7个地面沉降监测站内基岩标、分层标、地下水位、孔隙水压力和气象监测，监测频率为每5天一次；区域地面沉降专门监测网一等水准测量3478.56km；GPS监测网，测量114个点；地下水动态监测，监测频率为每5天一次；InSAR调查与监测，利用10000多平方公里提取工作区地面沉降信息。全面提高了北京地区沉降监测能力、预报能力和防御能力。

开展国家重大工程区域地壳稳定性调查与评价：“北京地区主要活动断裂工程地质稳定性评价与地应力测量”项目总体经费为900万元，其中2009年度经费350万元。截至目前，项目组已完成1:5万工程地质调查340km^2，其中2009年度完成120km^2；1:1万工程地质调查180km^2，其中2009年度完成120km^2。

5. 地热资源调查评价

北京市凤河营地热田勘查及开发项目在中央财政资金的补助下，截止2009年12月，已完成了凤河营地热田55km^{2}的地热资源调查评价工作，开工的第一眼勘探井已钻凿至2700m，与设计基本一致，有望达到预期效果（水温超过100度），项目建成后，可以有效节约能源，改善环境质量，刺激当地经济发展。

6. 北京市土壤生态地质环境调查与评价

按照《规划》要求，组织启动了北京市土壤生态地质环境调查与评价前期研究工作。

【矿产资源勘查登记】

北京市矿产资源勘查登记严格按照《矿产资源勘查区块登记管理办法》（国务院240号令）、《北京市矿产资源规划》、《北京市“十一五”时期地质勘查发展规划》、《北京市矿业权出让暂行办法》等规定执行，为了保护北京的生态环境，为“绿色北京”做贡献，北京市审批出让的主要是地热勘查登记的探矿权。

2008年探矿权登记项目为40个，按项目性质分：新立20个，延续12个，保留8个，登记矿种全部为地热。

2009年探矿权登记项目为20个，按项目性质分：新立17个，延续2个，保留1个；登记矿种全部为地热。登记面积51.03km^2（见2009年矿产资源勘查登记情况通报表）。

2009年与2008年相比，勘查登记项目减少较多，但新登记项目略有减少，登

记矿种都为地热。

【探矿权有偿取得】

按照《北京市矿业权出让暂行办法》的规定，我市近年来登记的矿种主要是地热，由于勘查的地区都远离热田，风险较大，为此，从2007年下半年开始，地热勘查登记没有进行探矿权评估，而是对采矿权进行评估，收取采矿权价款。

【地质勘查资质管理】

2008年3月3日国务院《地质勘查资质管理条例》颁布后，国土资源部出台了配套文件，从7月1日起开始实施。按照《条例》规定，石油天然气、海洋地质调查、航空物探、航空遥感及其他甲级资质由国土资源部审批，其他资质由省市国土资源主管部门审批。

截止到2009年底，我市共有96家地质勘查单位取得了地质勘查资质证书，其中47家单位通过国土资源部审批，获得甲级资质（包括石油天然气、航空物探、航空遥感），我局批准了81个单位的乙级、丙级地质勘查资质（有32家单位同时取得了部、局颁发的资质）。（见截止到2009年12月31日北京市国土资源局颁发地质勘查资质证书统计表、截止到2009年12月31日国土资源部颁发的北京地区地质勘查资质证书统计表）

【地质勘查“走出去”】

由于北京地区地质勘查单位较多，地质勘查以城市地质为主，矿产资源勘查主要是地热及新型能源，固体矿产勘查没有开展工作，为此，积极鼓励地勘单位到京外、境外开展工作。会同局财务处，组织开展了向市财政局（财政部、国土部）申请2008年度国外矿产资源风险勘查资金项目、中央财政补助项目两项专项资金的申报工作。按照规定，我市1个单位申报的1个国外风险勘查项目，2个单位申报4个中央财政补助项目，通过财政部、国土部的审批，获得财政资金705万元。目前，国外风险勘查各项目进展顺利，达到了预期效果。

矿产资源现状

截止2009年底，我市共发现各类矿产127种（含亚矿种，下同），其中固体矿产121种，水气矿产6种。有查明资源储量并已编入《北京市矿产资源储量表》的有67种365处矿产地。其中有能源矿产1种35个矿产地；金属矿产19种111处矿产地；冶金辅助原料非金属矿产9种44处矿产地；化工原料非金属矿产6种43处矿产地；建筑材料及其他非金属矿产32种132处矿产地（详见统计资料表10）。

【分布特点】

我市矿产资源分布不均衡，具有分布广泛、矿种相对集中，以远郊区（县）为主的特点：

煤矿80%以上的查明资源储量分布于京西门头沟和房山区；铁矿90%以上的查明资源储量分布于密云县；有色金属矿产主要集中分布于密云县、延庆县及怀柔区；化工、冶金及建筑用各类石灰岩、白云岩等矿产主要分布于山区与平原交界的西部与北部山前地带。

【保有资源储量】

《固体矿产资源/储量分类》（GB/T17766—1999），将资源储量分为储量、基础储量、资源量三大类十六种类型。储量是指基础储量中的经济可采部分；基础储量是经详查、勘探所获控制的、探明的资源量中通过可行性研究、预可行性研究认为属于经济的、边际经济的部分；资源量包括经可行性研究或预可行性研究证实为次边际经济的矿产资源、经过勘查未进行可行性研究的内蕴经济的矿产资源，以及经过预查后预测的矿产资源。

截止 2009 年底，我市矿产资源储量保有情况详见统计资料表 10。

【饮用天然矿泉水资源】

我市矿泉水主要为低钠、低矿化度或中等矿化度的淡矿泉水，有四种类型：锶型、锶—偏硅酸型、偏硅酸型、高矿化度型（溶解性总固体 >1000mg/L）。截止 2008 年底，共勘查评价矿泉水水源地 147 处，批准每日允许开采量 31166 立方米，每年允许开采量 1137.56 万立方米。按类型划分：

锶型：有 75 处，约占全市矿泉水总量的一半，主要分布在西部奥陶系灰岩地层中；

锶—偏硅酸型：有 50 处，约占总量的 1/3，主要为平原区第四系承压水；

偏硅酸型：有 20 处，占总量的 1/7 以上，主要分布在北部山区岩浆岩中；

高矿化度型：有 2 处，分别位于门头沟区和房山区。经勘查评价属三项达标的高矿化度矿泉水。

矿产资源储量管理

【矿山储量动态监督管理】

矿山储量动态监管工作得到进一步加强。在工作思路上，由过去以推动为主逐步向全面推进与提高质量相结合转变。在业务指导上，进一步规范了工作方法和要求，完成《北京市矿山资源储量动态监管工作参考资料汇编》的编写并发送相关单位参考使用。结合我市实际情况确定了检测范围。加强了过程管理，会同局相关处室及各分局，开展了全市矿山储量动态监管工作情况专项检查。结合检查情况，提交了《关于矿山储量动态监督管理工作检查情况的报告》，报告提出的工作建议均得到主管领导的同意。2009 年完成 32 家矿山的储量检测工作，占应完成的 90%，达到历史上最高比例。

【矿产资源储量评审备案工作】

严格按规定开展矿产资源储量评审备案工作。2009 年完成矿产资源储量评审备案并出具备案证明 45 份，其中固体矿产 15 份、地热勘查 6 份、建设项目压覆矿产储量评估报告 24 份。完成了 21 个矿山的占用储量登记工作。

【矿产资源登记统计】

开展年度矿产资源统计工作，根据矿山企业报送的年度统计基础表，审核汇总并录入数据库，建立我市年度矿产资源储量统计数据库。掌握矿山企业开采消耗资源储量情况及矿山保有资源储量情况。

2008年度登记统计数据顺利通过国土资源部的验收。根据统计结果，编写印制了《截至2008年底北京市矿产资源储量表》。

【建设项目压覆矿产资源核查】

为贯彻落实扩大内需保增长、保红线精神，缩短审批时限，减少审批环节，提高办事效率，调整完善了建设项目压覆矿产资源核查工作程序。组织编制并印发了《北京市建设项目压覆矿产资源储量核查技术要求》。全年共对120个建设项目进行了核查工作，比2008年增加40个，2003年以来共完成461个建设项目是否压覆矿产资源核查工作。

【编制矿产资源年报】

组织编写了《2008年度北京市矿产资源年报》，系统反映了我市矿产资源家底和矿产资源勘查、资源储量、开发利用、地质环境的管理情况。

地质资料管理

【成果地质资料管理】

按照国土部关于开展全国地质资料管理专项检查工作的要求，开展了我局地质资料管理情况的检查工作，系统总结了近十年来地质资料管理有关制度建设、馆藏机构建设、开展的工作、存在的主要问题等，为下一步提升地质资料管理水平和服务能力奠定了基础。同时加大了地质资料汇交管理力度，2009年接收整理入库成果地质资料337档，比上年增加94档（2008年接收243档）。截至目前，我市地质资料馆馆藏成果地质资料资料达5495档。

【实物地质资料收集】

实物地质资料管理取得突出成效。制度建设上，制定并印发了《关于加强地热井实物地质资料整理汇交工作的通知》（京国土勘函〔2009〕1005号），指导规范地热井实物地质资料的汇交、保管和利用。实物地质资料由原来临时租用的场所搬迁到新的比较规范的场所。2009年接收了20口地热井实物地质资料，完成的地热井实物资料全部汇交，地热井年度实物资料汇交率经过努力历史性的从零汇交达到100%汇交。截至2009年底，共接收了59口地热井实物地质资料。

【地质资料信息服务】

积极开展地质资料信息服务，为贯彻落实国土资源部《保增长保红线行动》，以最大限度地满足新增投资计划项目对地质信息的需求，为工程选址和施工提供基础地质信息服务与支撑。制定了《为扩大内需项目做好地质资料信息服务工作方案》，采取多种措施大力推进地质资料信息服务扩大内需项目工作。共为道路改建、天然气管道建设、旧城改造、建设用地压覆矿产资源核查、地质灾害危险性评估等扩大内需项目提供地质资料查询80余人次。提供借阅及复制资料81档，1000余件；共接待来馆咨询20余人次，电话咨询30余人次。为有关项目的选址、基础勘查争取了时间和节约了资金，对建设项目的顺利实施起到了促进作用。加强地质资料信息服务工作，受到国土部的好评。

【项目管理】

1. 北京城市地质土壤调查

完成了北京城市地质土壤调查与评价前期研究，确定了调查工作方法、工作区域、工作内容等。编写了北京城市地质土壤调查与评价工作立项建议书，向市政府报送了开展北京城市地质土壤调查与评价工作请示，已得到市政府同意。目前正在按计划推进相关工作。这项工作的实质性开展，将对全面推进我市城市地质工作，对我局地质管理工作实现由传统的矿产地质向城市地质的进一步转变将产生深远的影响。

2. 北京市矿产资源潜力评价项目

矿产资源潜力评价工作，是我市历史上第一次关于矿产资源潜力方面的矿情摸底调查。一年来，完成了年度总体工作方案及课题工作方案的编制工作，通过了中国地质调查局组织的审查验收。完成了我市铁矿、煤矿资源远景区圈定优选及建筑用矿产、地下水、地热及浅层地温能、尾矿资源等矿种的资源潜力评价工作，取得了一批重要的成果。已完成铁矿的评价工作，经专家论证并初步评审，认为我市铁矿资源潜力将在目前我市查明资源储量的基础上再翻一番还多。我市工作得到国土部及全国项目办的好评。市财政绩效考评评为优秀。

3. 北京市矿产资源储量利用调查项目

矿产资源利用现状调查工作，是我市历史上第一次关于资源储量方面的矿情摸底调查。目的是查清矿区保有储量、累计查明储量、矿山占用储量、采出情况、压覆储量等各种储量情况。按照总体实施方案，计划开展176个矿区的核查工作，完成单矿种汇总及相关专题研究工作。截止2009年底，初步完成煤、铁、铜等14个矿种96个矿区的核查调查工作。我市工作得到国土部及全国项目办的好评，其中铁矿调查还被全国项目办选定为全国的工作试点矿种。市财政绩效考评评为优秀。

矿产资源开发管理

矿产资源开发处

【采矿登记与采矿权管理】

2009年采矿权新立1个，延续6个，变更16个，转让2个，注销12个；收缴采矿权价款6374万元。

按照《北京市矿产资源总体规划》提出的2007年减少2004年842个固体矿山数量的70%、2010年减少90%的要求，2009年全市固体矿山数量减少31个；截至2009年底，全市保留固体矿山123个，矿泉水46个；固体矿山数量累计减少比例为85.39%。

【矿产资源开发监督管理】

2009年3月，召开全市矿山监督管理工作会。强调对合法矿山的监督管理，认真做好矿产资源开发利用年检工作，并以市国土局名义印发《关于加强对矿山监督管理防范矿山越界开采有关问题的通知》，要求各分局加强对矿山越界开采的检查，防止发生安全事故。

为了掌握矿山企业是否有越界开采现象，市国土局委托北京天地鸿图测绘有限公司对房山区地方煤矿的地下开采和井下工程布置情况进行核查。经检查，发现一些矿山可能存在越界开采迹象或矿界附近密闭方式不合理的问题。为此，印发了《关于进一步核查房山区地方煤矿越界开采情况的通知》（京国土矿函〔2009〕1346号），对北京荣耀煤矿等8个煤矿提出了限期整改要求，请房山分局进一步核查，在其改正后，报市局批准，方可同意其复工申请，否则不予签字批准复工；提出采矿权延续申请的，不予办理延续手续。现已同意6个煤矿的复工申请。

按要求完成了2009年度矿山企业矿产资源开发利用年检工作，组织并完成了2009年度北京市矿产资源开发利用情况统计表的审核和汇总工作。全市矿产资源开发利用情况详见本书第七部分统计资料表12。

【矿产资源补偿费征收管理】

2009年征收矿产资源补偿费3068.81万元（不含地热）。

按照财政部的要求，经过市国土局与市财政局组织专家初审采矿权人申报的13个矿产资源补偿费保护项目补助经费项目，其中10个项目通过市级初审，4个项目通过财政部评审，获得矿产资源补偿费保护项目补助经费1860万元。

【矿业权实地核查工作】

按照国土资源部《关于开展全国矿

业权实地核查工作的通知》（国土资发［2008］59号）要求，各省、市、自治区分三年完成本省市自治区的矿业权实地核查工作。北京市矿业权（探矿权、采矿权）实地核查项目，委托北京市地质工程设计研究院承担，该项工作于2008年3月开始，预计2010年6月完成。通过对本市范围内矿业权现状的实地核查，核准矿业权实际范围，摸清矿业权的分布现状及规律，及时纠正核查中发现的问题，更新矿业权登记数据库，提高我市矿业权管理水平。

到2009年底，该项目先后完成了《北京市矿业权实地核查实施方案》和《北京市矿业权实地核查项目设计书》的编写，并经专家评审通过了《北京市矿业权实地核查项目设计书》。完成了截止时间点内北京市有效的所有矿业权的外业测量及内业整理工作。

【市政府折子工程完成情况】

承办市政府第十五阶段大气污染治理折子工程第13项和节能减排折子工程第35项两个折子工程，其工作内容均为：关闭所有石灰生产企业和不符合《北京市矿产资源总体规划》的采石企业。按照职责，我局负责关闭不符合《北京市矿产资源总体规划》的采石企业这项工作。

全市现有采石生产企业115个，这些企业全部符合《北京市矿产资源总体规划》的要求，现已完成对这些采石生产企业开采情况的检查，所检查的采石生产企业基本能够做到合法开采、规模开采和安全开采；

截至2009年底，有19个矿山企业的采矿许可证到期。采矿许可证到期后，原则上不再办理采矿权延续手续，我局将按照有关规定，为其办理采矿权注销手续，并提请采石企业所在区县政府对其予以关闭。

【打击非法开采矿产资源专项行动工作】

按照《北京市人民政府办公厅关于印发北京市打击非法开采矿产资源专项行动工作方案的通知》（京政办发〔2009〕3号）要求，在全市范围内，开展为期一年的打击非法开采矿产资源专项行动。市国土局作为北京市打击非法开采矿产资源专项工作联席会议办公室，于3月12－18日组织联席会议成员单位分3个检查组，对密云、怀柔、平谷、昌平、房山、门头沟、大兴、通州、丰台等9个区县的打击非法开采矿产资源工作进行了检查。

各区、县政府高度重视打击非法开采矿产资源专项工作，积极贯彻落实文件精神，加强领导，健全组织机构；结合本地区和本部门的实际，在整顿和规范矿产资源开发秩序工作的基础上，进一步加强执法队伍建设，强化联合执法，采取炸封填埋非法矿硐和窑口、设立检查站、建设封堵设施、没收用于非法开采的工具设备、查扣非法开采使用的大型机械和运输车辆等各种有效措施，遏制大规模和群发性非法开采案件的发生，使大规模和群发性非法开采案件得到遏制。同时，加大对非法开采案件查处和清理外来非法务工人员的力度。

据统计，在这次专项工作中，全市查处违法案件358起，出动检查人员5.9万人，出动检查车辆8461台次，没收矿产品2.4万吨，查扣车辆493台，查扣机械设备928台（套），罚款181.95万元，拘留（刑拘及治安拘留）576人，判刑10人。

对反复出现非法开采、非法选矿现象的地区，以市打击非法开采矿产资源专项工作联席会议办公室名义至函当地区县政府，要求限期拆除非法加工设备，严肃查处涉案人员。

编写印发《北京市打击非法开采矿产资源专项行动工作简报》14期。草拟了向市政府报送的全市打击非法开采矿产资源专项行动工作总结。

【非法采矿破坏性采矿造成矿产资源破坏价值鉴定工作】

按照《北京市非法采矿、破坏性采矿造成矿产资源破坏价值鉴定实施办法》（京国土矿〔2005〕745号）的规定，组织完成并出具非法采矿造成矿产资源破坏价值鉴定15份。

地热管理

地热处

【地热资源分布】

北京市地热资源主要分布于平原地区（含延庆盆地）。地热出水温度一般为 50～70℃（目前最高为 89℃）。地热开发除作为能源利用热能外，还有一定的医疗、保健、养生作用，但不宜直接饮用。

经对已有的地质资料和地热勘查成果进行研究分析，北京平原地区深度 3000m 内温度大于 50℃ 的地区面积约 2760km²，构成相对独立又有一定联系的 10 个地热田。（详见图 1、表 1）

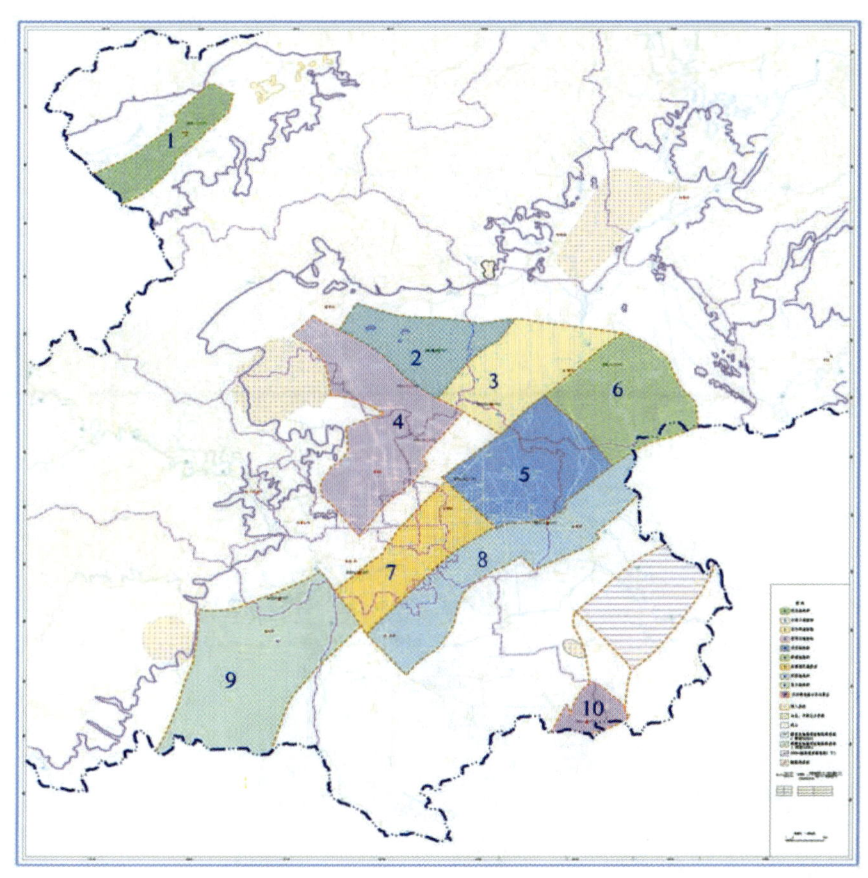

图 1　北京市地热田分区示意图

表1　地热田基本情况一览表

序号	地热田	面积（平方公里）	地热田最高温度地热井		
			编号	温度（℃）	井深（m）
1	延　庆	121.88	延热-2	70	2500
2	小汤山	186.42	汤热-30	70	1905
3	后沙峪	239.85	顺后热-2	75	2920
4	京西北（沙河）	363.21	沙热-13	76	2603
5	天　竺	290.75	京热-128	89	3688
6	李　遂	273.04	遂热-13	55	1300
7	东南城区	207.44	京热-59	88	3610
8	双　桥	339	通热-4	58	2509
9	良　乡	475.77	京热-96	70	2950
10	凤河营	262.51	桐-7	83	2000

至2009年底，北京市已有地热井446眼，主要分布于东南城区、小汤山和良乡地热田。最大单井深度已超过4000米，最高地热井出口温度89℃。（详见图2）

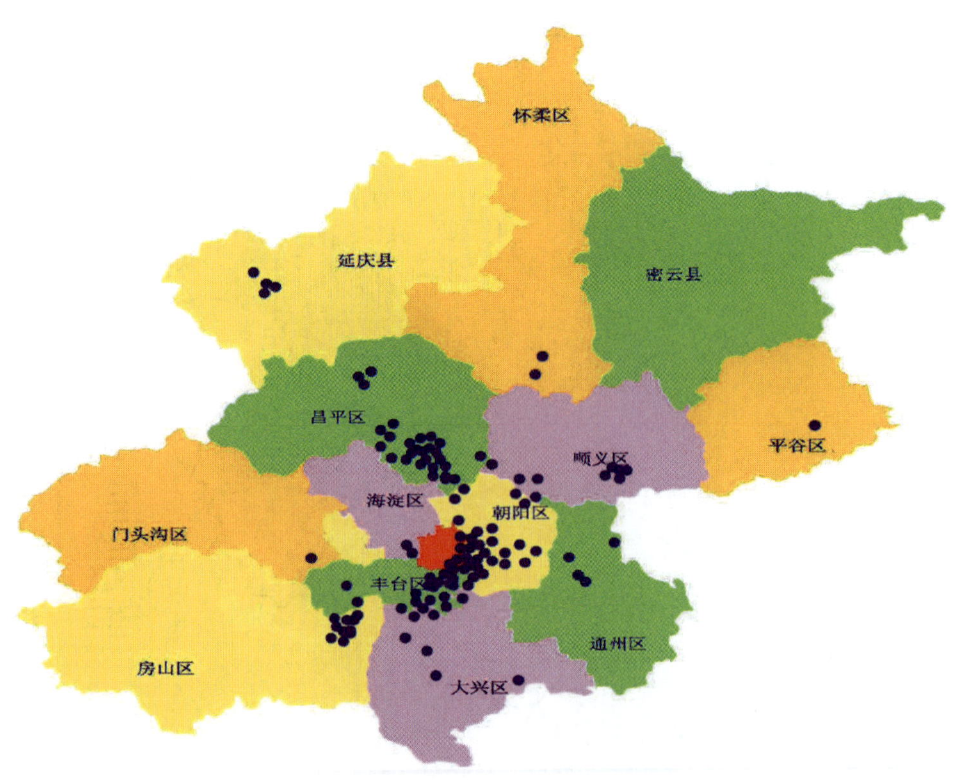

图2　北京市地热井分布示意图

【地热资源可持续发展规划】

为科学引导地热资源的开发利用，使其为首都的改善环境、建设宜居城市发挥积极作用，依据《北京城市总体规划》和《北京市矿产产资源总体规划》的要求，结合本市城市建设的需要和地热实际，在1999年编制的“北京市地热资源2001－2010年可持续利用发展规划”基础上，2006年编制本市2006－2020年地热发展规划。规划中明确了本市地热发展的指导思想、基本原则和总体目标。

1. **指导思想**

遵循“人口、资源、环境”的基本国策，落实以人为本，全面、协调、可持续的科学发展观，加强地热资源的勘查、开发与保护，大力推进地热回灌，依靠科技进步，提高地热资源的利用率，实现地热资源的可持续利用。

2. **基本原则**

开发与保护并重的原则、环境与效益优先的原则、地热开发与城市建设相适应的原则、统一规划、合理开发与科学利用的原则。

3. **总体目标**

重点发展以能源利用为主的可实现回灌的地热供暖项目；限制发展洗浴等纯消耗性项目；适量发展高档次高效益低开采低消耗的休闲健身项目，促进本市旅游服务业的发展；支持发展新农村建设中都市农业、精品农业项目对地热的需求。

【地热资源勘查管理】

北京地热资源勘查始于1956年，70年代初期，开始在有利于地热资源分布的平原区进行了有计划的地热勘查，已取得了许多重要的地质资料和地热勘查成果。

2009年我局严格按照地热资源规划的要求，对地热勘查申请项目实行从严审批、严格控制。全年共接到地热勘查项目申请49件，审核批准新立地热勘查项目18个，地热钻井25眼，其中地热回灌井8眼。批准计划利用采灌模式开发地热的申请项目占总批准项目的50%。

【地热资源开发利用管理】

2009年，共受理批准新立地热采矿权6件，变更1件。至2009年年底，本市共设置地热采矿权149个。

全年开采量为715万立方米，回灌量267万立方米。全年征收地热资源补偿费入库金额为1766.72万元。

北京地热主要用于供暖、温泉洗浴、农业温室、地热博览、康乐休闲、养生保健等方面。

全市现有地热井446眼，在用地热井216眼（含观测井、回灌井）。按地热井利用状态分类如图3。

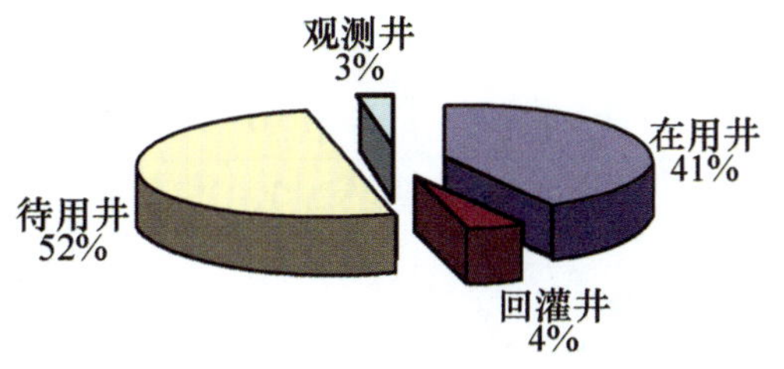

图3　地热井利用状态分类

2009年全市现有地热开发利用单位149多个，实现地热供暖约200万平方米，农业温室40万平方米；按利用模式分类如图4：

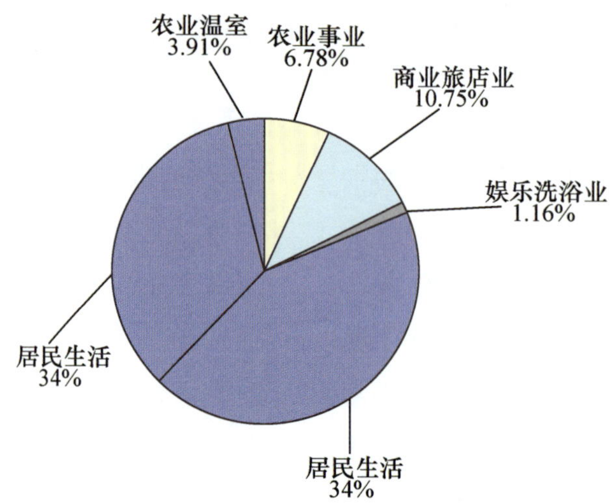

图4　地热井用途分类

【地热资源动态监测】

北京市地热动态监测工作已经进行了40多年的时间，70年代城区地热开发初期开始进行连续监测。最初地热监测工作主要对地热开采量和开采热储的水质进行监测。到了80年代，随着地热井数量的增多，地热开采量迅速增大，城区、小汤山等开发程度较高的热田陆续设立了专门的水位监测点，对主要开采热储的水位也开始实施人工监测。90年代，监测范围进一步扩大到良乡、李遂热田。2007年，地热回灌也成为监测的重要内容，地热动态监测体系进一步完善。

2009年继续对各热田的开采量以及各主要热田的热储水位、水温和水质实施监测，对回灌对井的开采量、回灌量、水位、水温和水质实施监测，同时，回灌期间在小汤山热田蓟县系铁岭组开展大型示踪试验，对地热回灌示踪试验进行研究。（详见表2）

表2　2009年全市各监测井水位监测汇总表

地热田	井号	观测储层	水位埋深（m）				
			最大	最小	年平均	比上年下降	年均下降
东南城区	京热-8	雾迷山	79.80	67.50	73.99	1.54	1.64
	京热-26		82.66	71.10	77.27	1.74	
	京热-10	铁岭	79.40	67.10	73.79	1.03	1.085
	京热-51		85.70	73.10	79.44	1.14	
小汤山	汤热观-1	雾迷山	44.30	32.00	37.11	1.82	1.82
	苗圃观测井	铁岭	37.50	31.26	33.40	——	——
李遂	208-4	雾迷山	42.80	39.00	40.74	2.48	2.48
良乡	碧溪-4	雾迷山	90.20	85.70	87.10	2.06	2.06

2009年东南城区热田两个热储的水位较2008年度仍然在下降，下降幅度比去年都略有减小，雾迷山组热储水位下降1.64m，铁岭组热储水位下降1.09m。(详见图5、图6)

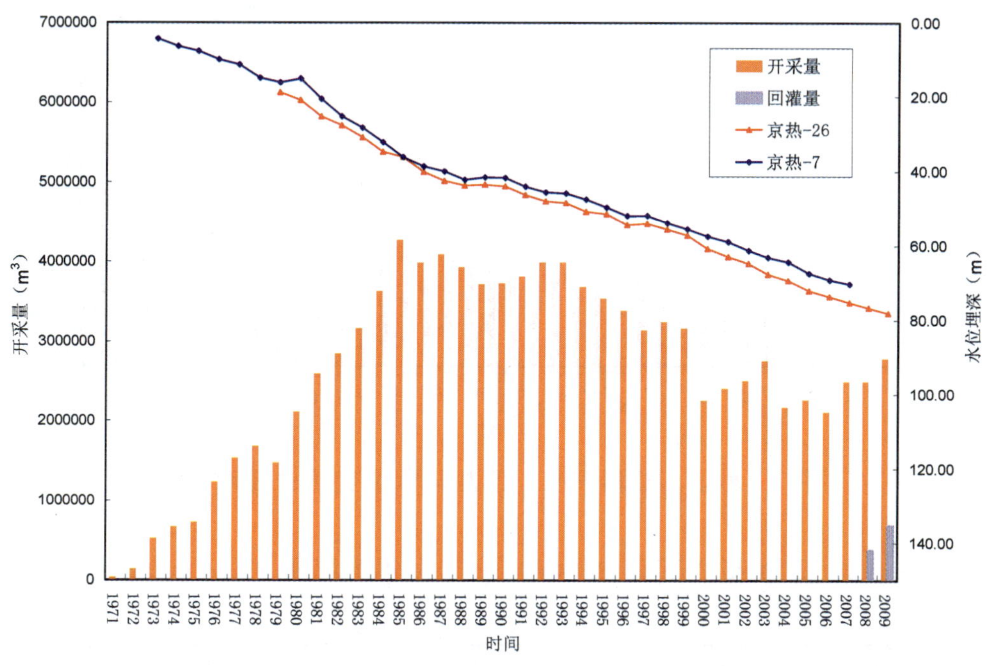

图5 东南城区热田雾迷山组开采、回灌与水位变化曲线示意图

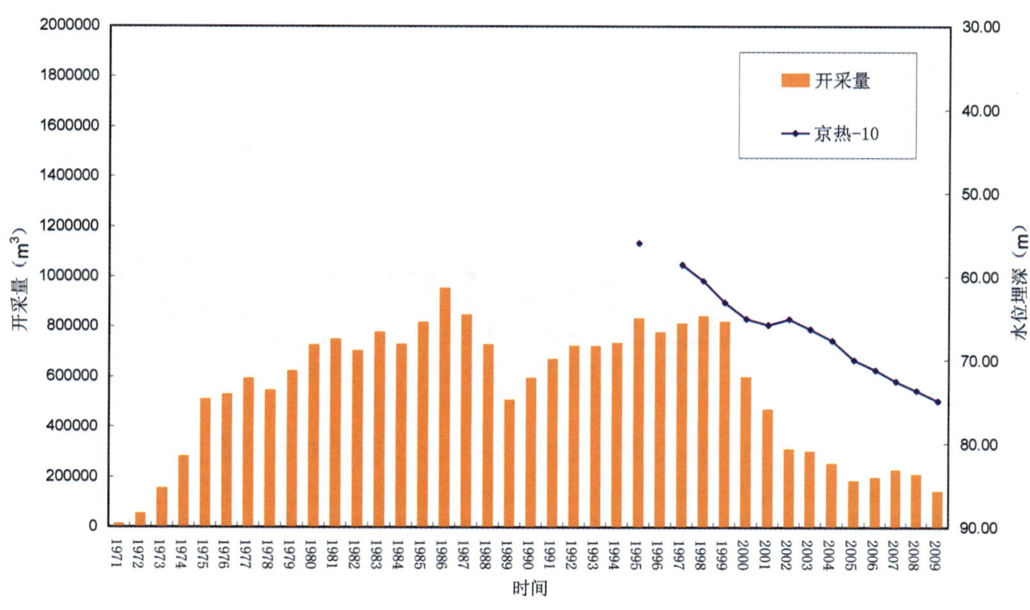

图6 东南城区热田铁岭组开采、回灌与水位变化曲线示意图

2009年小汤山热田年度热储水位有所下降，年平均水位比去年下降1.82m(去年水位下降0.8m)。(详见图7)

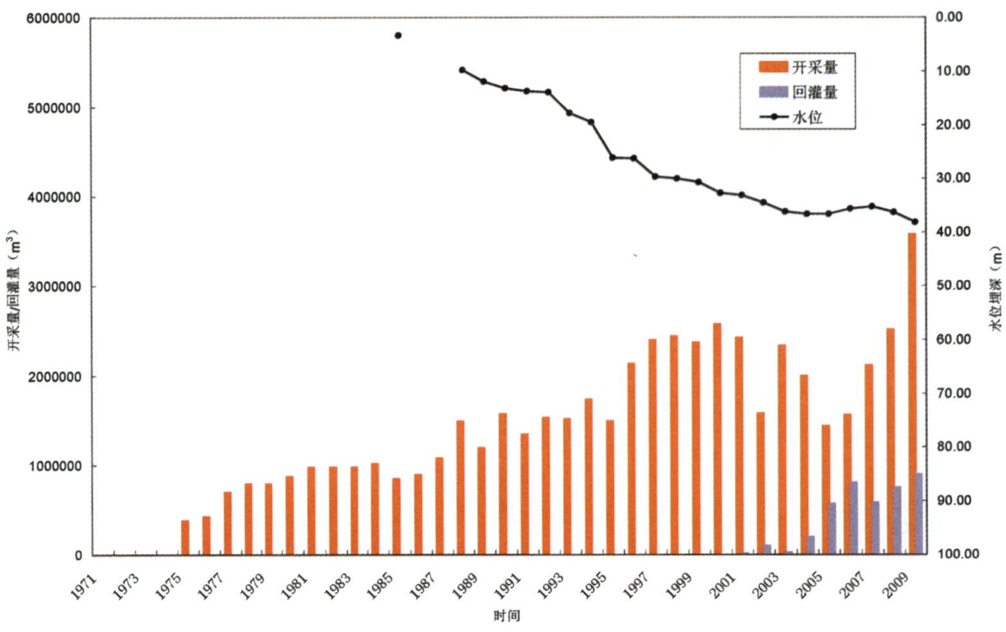

图7　小汤山热田开采、回灌与水位变化曲线示意图

2009年良乡热田的水位下降2.06m　（去年下降1.39m）。（详见图8）

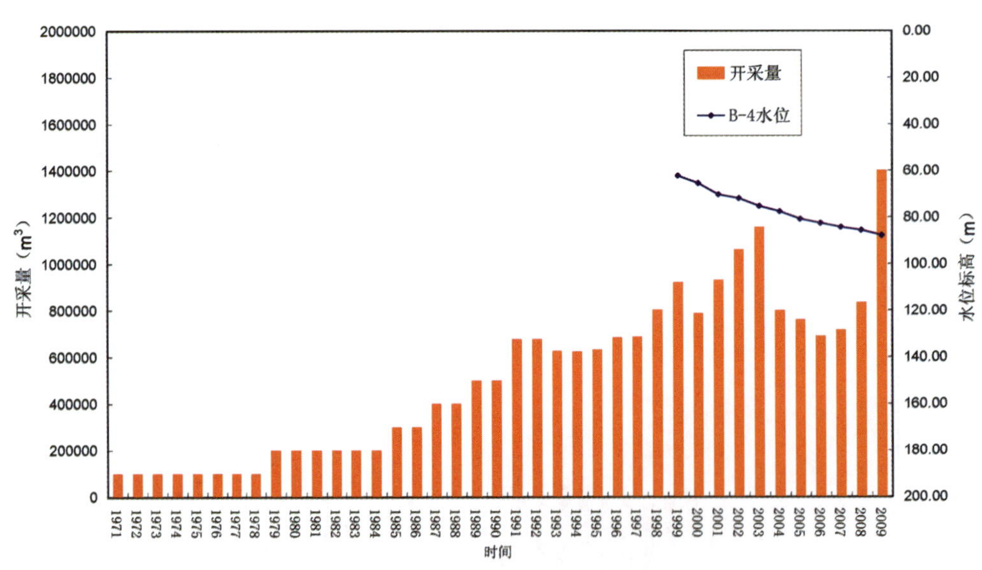

图8　良乡热田雾迷山组开采与水位变化曲线示意图

2009年李遂热田年度该热田水位下降2.48m（去年下降3.35m）。（详见图9）

全市各热田的多年水质动态表现出基本统一的规律。它们显示了冷地下水补给和深部热源水补给两个方面的变化。近年来北京东南城区热田的水质变化不大，小汤山热田显示北部雾迷山组热储冷补给增加更敏感，热田南部寒武系热储深部热补给有所增加，李遂热田冷、热补给接近平衡，而良乡热田热补给明显不足。2009年的水质动态有部分波动，但仍维持在大的趋势中。（2009年水质动态工作量详见表3）

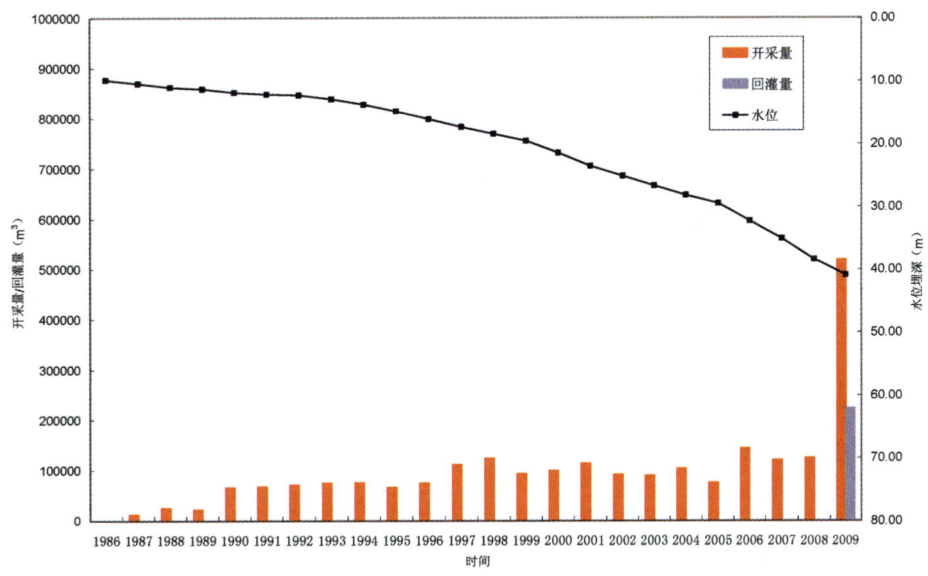

图9 李遂热田雾迷山组开采、回灌与水位变化曲线示意图

表3 2009年度水质动态监测采样工作量表

热田	采样点	春末样	冬初样	说明
城区热田	京热-35（Jxw）	2009. 4. 8	2009. 10. 30	2000年春起
	京热-45（Jxt，w）	2009. 4. 8	2009. 10. 30	2002年冬起接续京热-42系列
	京热灌-1（Jxt）	2009. 4. 8	2009. 10. 30	2000年春起
	京热-44（Jxt）	2009. 4. 8	2009. 10. 30	2003年冬起接续京热-9系列
小汤山热田	汤热-1（Jxw）	2009. 4. 2		1956（2009年春
	锡热-1（Jxw）		2009. 11. 12	2009年冬起接续汤热-1系列
	汤热-7（Jxt）	2009. 4. 2	2009. 11. 12	2005年冬起接续汤热-4系列
	汤热-16（∈）	2009. 4. 2	2009. 11. 12	2001年春起
李遂热田	顺热-15（Jxw）	2009. 4. 8	2009. 11. 12	2008年春起接续遂热-1系列
良乡热田	良热-10（Jxw）	2007. 4. 6	2007. 11. 9	1972年起
总计	10个采样点	9个样	9个样	全年共18个样

城区热田和小汤山热田基本继续以往的规律，虽然阳离子钠钾毫克当量百分数近年略有下降，但同时表现为总溶解固体含量略增，因此仍可以说，其冷、热补给接近平衡，在维持目前开采水平的条件下能保障热田的可持续开发。李遂热田显示热补给大于冷补给，开发规模的扩大尚具潜力。良乡热田代表热源补给的因素似较弱，但尚未形成趋势性影响。

【地热项目】

结合本市地热实际工作情况，2009年立项进行的地热项目5个，其中北京市地热资源动态监测、回灌监测及地热回灌示踪试验研究、北京市地热井远程监控系统跟踪维修项目为常年项目。

1. 北京市地热资源动态监测、回灌监测及地热回灌示踪试验研究；

2. 北京市地热井开发利用现状调查及数据库建设；

3. 基于浅层地热能冷、热响应测试仪的多功能地埋管换热器设计软件开发；

4. 北京市地热井远程监控系统跟踪维修；

5. 北京市平谷区地热资源潜力调查及利用研究。

【支持发展浅层地热能（地源热泵）的推广利用】

随着热泵技术发展进步，浅层地温资源作为可再生能源重要的组成部分，体现出其广阔的发展前景。为规范浅层地热能的开发和地源（土壤源）热泵地质勘查市场，按照市政府九个委办局联合下发的《关于印发关于发展热泵系统的指导意见的通知》京发改［2006］839号通知的要求。

2007年市发改委、市国土局和市水务局组织编制了浅层地温资源利用规划（初稿）。规划中对水源热泵和地源热泵适宜性进行了初步分区。（详见图10）

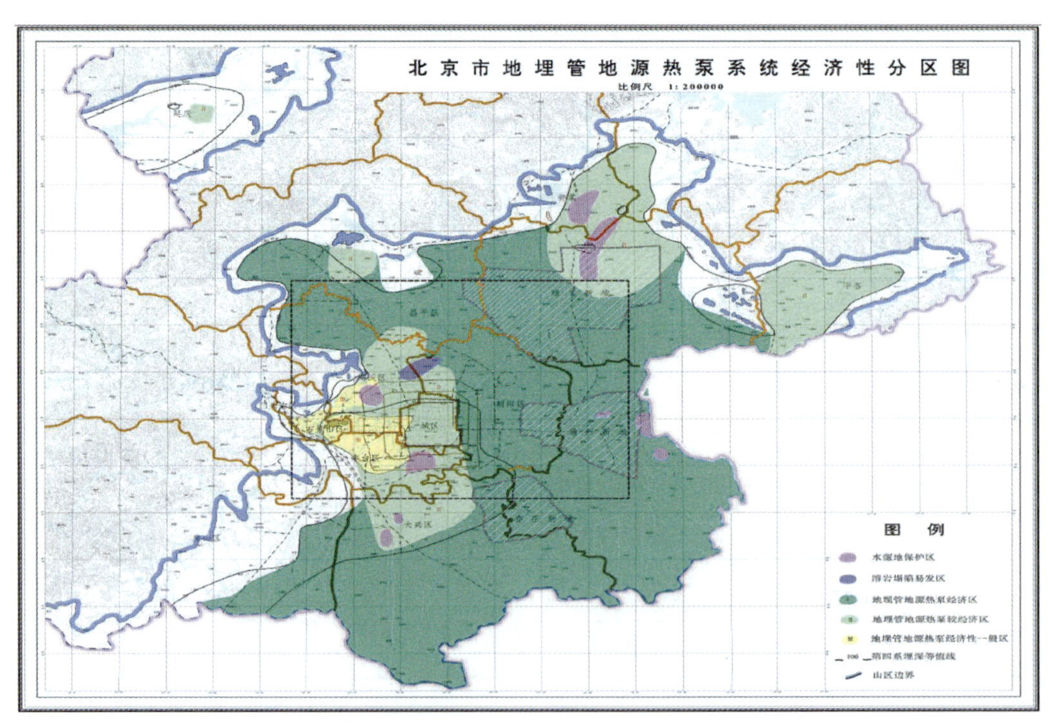

图10　北京市地埋管地源热泵系统经济性分区图

2008年市地勘局立项并组织完成了四环路内2000平方公里的浅层地温资源勘查评价项目。

2009年，正在组织开展全市浅层地温资源勘查评价，并结合首都城市发展的需要，编制浅层地温资源利用规划。

据调查，截止到2008年底，北京地区浅层地热能资源开发利用项目近700个，供暖制冷面积约1500万平方米。其中地下水地源热泵项目近500个，供暖制冷面积约1000万平方米，约占70%；地源热泵项目100多个，供暖制冷面积约500万平方米，占30%。2009年新增地源热泵项目40多个，供暖制冷面积近200万平方米。（详见图11）

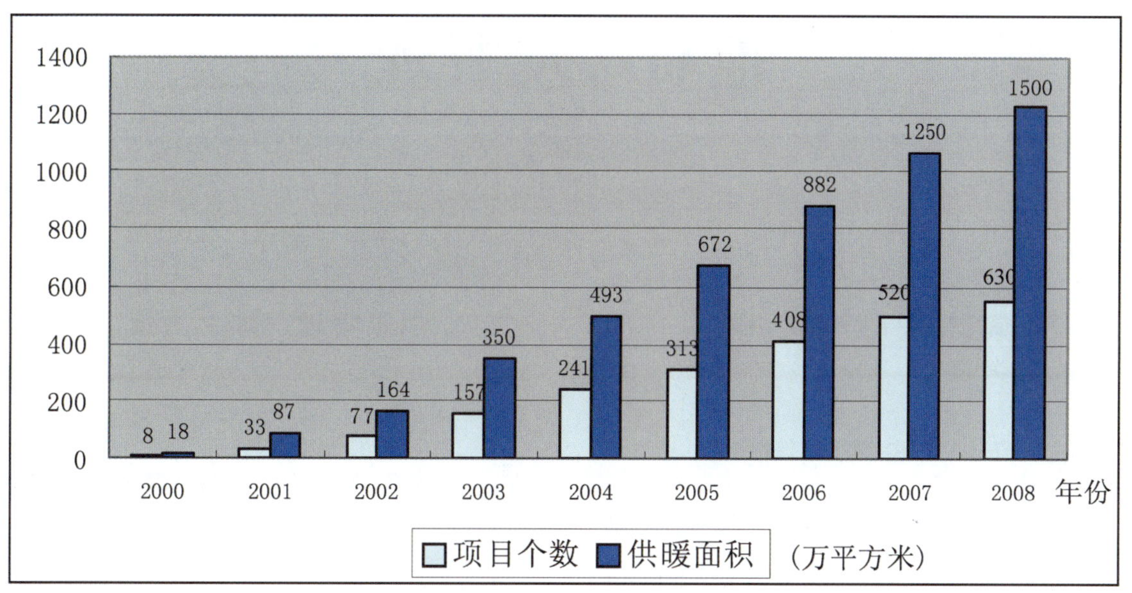

图11 近年来浅层地温项目发展趋势图

2009年1月—12月，我局按规定职能，接到地源热泵项目地质条件评估申请26件，并全部予以答复，供暖制冷面积共计154万平方米。

地质环境管理

地质环境管理处

地质灾害防治工作

【2009 年地质灾害发生情况】

2009 年 3 月 18 日，延庆县栾赤路 146km + 200m 发生小型崩塌，造成道路中断，没有直接经济财产损失和人员伤亡；

2009 年 4 月 20 日，平谷区东高村镇大旺务南山发生小型滑塌，没有直接经济财产损失和人员伤亡；

2009 年 8 月 21 日，门头沟区下安路落坡岭路段发生山体滑塌，造成道路中断，没有直接经济财产损失和人员伤亡。

【汛期地质灾害防治】

1. 加强领导、提高认识，落实岗位责任制

2009 年 4 月 9 日召开全市地质灾害防治工作会，会上对全市地质灾害防治工作进行了部署和安排，重点是泥石流、采空区、崩塌灾害的预防，特别是首都 60 周年庆典活动的地质灾害防治工作。我局和各分局均成立汛期地质灾害防治指挥部和地质灾害应急调查队伍。层层落实岗位责任制，行政首长负总责，分管领导具体负责。

2. 加强管理、加大力度，落实各项制度

下发《关于做好 2009 年汛期地质灾害防治工作的通知》（京国土环［2009］186 号），特别强调应急值守、地质灾害险情巡查、应急预案、灾情报告、灾情速报等各项制度。要求各分局在市局发布了三级或三级以上地质灾害气象预警预报，除值班人员外，要有分局领导带班，负责地质灾害防治工作的科室要有人在岗。每次中到大雨后二十四小时内要向市局书面报告灾情和险情（不管是否发生灾害，无灾害就报平安）。

3. 健全机制、快速反应，完善突发地质灾害应急预案体系

印发《北京市国土资源局汛期突发地质灾害应急预案》的通知（京国土环［2009］345 号），同时各区县分局编制完成了区县突发地质灾害应急预案，并加大对预案的宣传力度，提高广大人民群众对应急预案的认知度，在有条件的区县组织预案演练，以检验和校正预案的可操作性。印发《北京市国土资源局 2009 年汛期地质灾害防治工作方案》，确保全市汛期地质灾害防治工作规范有序的开展。

4. 夯实基础、提高能力，建立健全地质灾害群测群防监测网

结合全市防汛指挥体系和“四包七落实”措施，进一步完善了全市地质灾害群测群防网络。在房山、怀柔等十个山区区县建立完善了群测群防体系，将监测预警责任制落实到具体单位、具体责任人。统一换发地质灾害防灾明白卡，全市共换发“明白卡”一万份，填发至受威胁的每一户居民手中。编制市、区、镇、村四级“北京市地质灾害群测群防网通讯录”。

5. 提早动手、突出重点，加强地质灾害检查巡查工作

从5月中旬开始，由局领导带队对各区县地质灾害防治工作进行全面检查，检查防灾责任制和“四包七落实”的落实情况和重要隐患点地质灾害防灾方案的编制和执行情况，并深入到地质灾害易发区重要隐患点进行现场调研。为落实北京市中小学校舍安全工程的有关要求，将山区中小学校舍安全作为今年汛期地质灾害防治工作检查的重点。各国土分局对中小学校舍安全进行了全面排查。

6. 加强协调、形成合力，开展汛期地质灾害气象预警预报

今年汛期，我局继续加强和市气象局气象台的合作，完善汛期地质灾害气象预报预警方案，继续做好汛期地质灾害气象预报预警工作。截止目前，今年共发布三期地质灾害气象预警预报，分别于7月16日、7月23日、8月8日在北京电视台晚间天气预报节目中进行播报。

7. 确保重点，加强国庆期间地质灾害防范工作

在市应急办的统一协调指导下，积极组织技术力量开展“60年国庆大庆期间北京市突发地质灾害风险评估工作”，查明各种突发地质灾害隐患，落实相应防范措施，并进行多次更新和完善。

8. 加强中小学校舍安全工程防范工作

我局积极落实北京市校安办关于中小学校舍安全的有关要求，将山区中小学校舍安全作为今年汛期地质灾害防治工作检查的重点，各国土分局对中小学校舍安全进行了全面排查，排查出怀柔区琉璃庙镇奇峰茶寄宿小学校存在地质灾害安全隐患，我局领导高度重视，带队实地检查了的校舍安全情况，并与区里相关部门沟通交换意见，提出防治建议，争取迟早解决此安全隐患。

9. 开展地质灾害防治基本知识培训工作

于2009年5月7、8日召开地质灾害防治知识培训会。市局有关处室、14个分局的主管领导、科室及乡镇相关工作人员120余人参加了培训。会上发放地质灾害防治宣传画报3300套，折页12000份，制作宣传展板80块。

10. 加强宣传，提高防灾减灾意识和自救能力

入汛前，我局组织编制了《北京市突发地质灾害》科普宣传手册，印制一万册，分发每一个地质灾害险村险户手中。并且充分利用“地球日”、“土地日”、“环境日”等特殊纪念日，以现场咨询、专题讲座、广播媒体等方式广泛宣传地质灾害防治工作的重要性和必要性，以及防治地质灾害的基本知识，切实提高人民群众的防灾减灾意识和遇险自救能力。在地质灾害高风险源点，重点是交通干线两侧、旅游景区（点）竖立泥石流、滑坡、崩塌突发地质灾害隐患警示牌，提醒过往车辆和游人注意安全。

【地质灾害应急预案】

结合实践工作对《北京市突发地质灾害应急预案》进行修改完善，并组织实战演练，以对应急预案进行修正。指导各区县分局编制各区县突发地质灾害应急预案。完成《六十周年大庆期间北京突发地质灾害风险评估》报告及风险源更新工作。

【地质灾害群测群防网】

全面防治，有效利用地质灾害群测群防网。经过前几年努力，全市地质灾害群测群防系统基本建立，今年结合全市防汛指挥体系和“四包七落实”措施，进一步完善了全市地质灾害群测群防网络。入汛前对群测群防网进行了普查，更新信息，保证群测群防网的正常运行，并统一更新地质灾害防治“明白卡”10000份，在地质灾害危险区竖立警示牌600块。

【地质灾害科普宣传】

入汛前，我局组织编制了《北京市突发地质灾害》科普宣传手册，印制一万册，分发每一个地质灾害险村险户手中。并且充分利用“地球日”、“土地日”、“环境日”等特殊纪念日，以现场咨询、专题讲座、广播媒体等方式广泛宣传地质灾害防治工作的重要性和必要性，以及防治地质灾害的基本知识，切实提高人民群众的防灾减灾意识和遇险自救能力。在地质灾害高风险源点，重点是交通干线两侧、旅游景区（点）竖立泥石流、滑坡、崩塌突发地质灾害隐患警示牌，提醒过往车辆和游人注意安全。

【地质灾害危险性评估】

共完成370份地质灾害危险性评估报告的备案工作。

【地质灾害资质管理】

新批准北京中核大地矿业投资有限公司等十二家单位地质灾害治理工程、地质灾害危险性评估资质；完成北京市地质工程勘察院等二十五家资质单位地质灾害治理工程、地质灾害危险性评估资质的换证工作。

地质遗迹与地质公园

【地质遗迹】

为了保护不可再生的珍贵地质遗迹资源，我市积极推进地质遗迹保护工作。

中国房山世界地质公园和北京延庆硅化木国家地质公园被国土资源部核准并命名成为全国首批“国土资源科普基地”，并于2009年8月8日，在北京延庆千家店镇举行揭牌仪式。

2009 年，为了更好地保护北京延庆硅化木地质遗迹资源，根据北京市国土资源局组织申请的国家财政专项资金，编写并实施了《北京延庆硅化木国家级地质遗迹保护项目设计方案》，对园区内开展了坡面整理工程、河道工程、挡土墙工程、地质遗迹科普宣传工程等工作。该项工作的实施不仅改善了硅化木地质遗迹、乌龙峡谷地质遗迹区的生态环境，创造了和谐的人文生态环境，而且保障了游客的生命财产安全，同时可以吸引更多游客，创造经济效益。通过科普宣传，扩大了硅化木国家地质公园的知名度，对普及地质遗迹科学知识起到积极作用。

文化广场改造前后对比

坡面整理工程实施前后对比

【地质公园】

截至 2009 年底，北京市共批准建立了 7 处地质公园，其中 1 处世界地质公园、5 处国家地质公园、1 处市级地质公园。2009 年 8 月 19 日，密云云蒙山、平谷黄松峪地质公园被国土资源部批准为第五批国家地质公园。

北京地区地质公园一览表

序号	地质公园名称	遗迹类型	面积（km^2）	审批部门及文号	批建时间
1	房山世界地质公园	古人类、古生物遗迹、碳酸盐岩地貌	953.95	联合国教科文组织	2006.9.18

续表

序号	地质公园名称	遗迹类型	面积（km^2）	审批部门及文号	批建时间
2	房山石花洞国家地质公园	地质地貌类型遗迹（碳酸盐岩地貌）	36.5	国土资发［2001］388号	2001.12.10
3	延庆硅化木国家地质公园	古生物遗迹、水文遗迹	226	国土资发［2001］388号	2001.12.10
4	房山十渡国家地质公园	碳酸盐岩地貌、水文遗迹	301	国土资发［2004］16号	2004.1.19
5	平谷黄松峪国家地质公园	火山遗迹、岩溶遗迹、构造遗迹	64.4	国土资发［2009］110号	2009.8.19
6	密云云蒙山国家地质公园	地质地貌类型遗迹（花岗岩地貌）	280	国土资发［2009］110号	2009.8.19
7	房山圣莲山地质公园	碳酸盐岩地貌、水文遗迹	28	市国土房管环［2004］666号	2004.6.10

1. 房山世界地质公园

2009年房山世界地质公园在“一个中心、二条生态旅游发展带、六大功能园区”的空间布局中，以“坚持保护与开发并重原则、科学发展地学旅游产品、支持地方经济可持续发展”为目标，围绕首都北京城市发展新区和生态涵养发展区的功能定位要求，结合房山区的“首都西南枢纽，友好产业新区，山水文化名城”的发展战略，以地质遗迹保护、地质科研和科普教育、促进首都和周边地区旅游产业发展为重点，开展了系列工作。使园区的地质遗迹得到了保护，旅游基础设施和服务环境得到了改善、旅游替代产业推动区域经济可持续发展的优势明显，房山世界地质公园各项工作正在又好又快的健康发展。

（1）启动房山世界地质公园博物馆建设工程，于2009年3月29日举行房山博物馆奠基仪式，2009年9月16日博物馆主体工程成功封顶。

（2）房山区隆重举行“走进房山世界地质公园——房山旅游推介新闻发布会”，进一步对外推介、宣传、展示房山旅游“北京之源、地学摇篮、神奇秀地、休闲家园”的全新形象。

（3）启动北京旅游咨询服务中心房山世界地质公园长沟站，为广大旅游者提供优质的旅游咨询服务。

房山世界地质公园旅游推介新闻发布会

2. 平谷黄松峪国家地质公园

平谷黄松峪国家地质公园位于平谷区黄松峪乡境内，园区面积64.4平方公里，有中国北方干旱地区典型的砂岩峰丛峰林地貌、对中国华北地区产生重大影响的吕梁运动形成的角度不整合接触面及其上覆的中元古界底砾岩、距今14－16亿年的古火山活动遗迹和出露在华北地区最古老的碳酸盐中的岩溶洞穴－京东大溶洞等地质遗迹景观，有深厚的人文历史积淀和良好的自然生态环境。

2009年8月19日批准为国家地质公园后，平谷区相关部门正在全力以赴做好揭碑开园的各项准备工作：新建了面积为1430平方米的博物馆，新开发了“地学智慧谷”和“千佛崖”景点，修通了黄关路，更新了标示牌和指示牌，修缮了游客服务设施等。

3. 密云云蒙山国家地质公园

密云云蒙山国家地质公园位于北京市密云县石城镇、溪翁庄镇和西田各庄镇境内，公园总面积280平方公里，主要地质遗迹面积占210平方公里，以其独特的变质核杂岩构造和雄伟的花岗岩地貌景观为公园最主要的类型特征。园区内的地质遗迹景观和资源具有自然性、代表性、典型性和独特性，同时拥有密云水库水源保护区、云蒙山自然保护区的地质公园。随着云蒙山国家地质公园的批准，必将会使该公园建设成为具有影响力的地质科研、科普教育、观光旅游和休闲度假的国家级旅游圣地。

4. 国家地质公园监督检查工作

为了更好地贯彻地质公园“保护地质遗迹，普及地球科学知识，促进地方经济发展”的理念和目标，保障地质公园事业的健康发展，北京市国土资源局按照《国土资源部办公厅关于开展国家地质公园监督检查工作的通知》（国土资厅发［2009］35号）的要求，聘请有关专家和国家地质公园督察员组成检查小组，于2009年7月，对十渡、石花洞和硅化木国家地质公园的建设情况进行了检查。

检查工作是在地质公园自查的基础上进行的。检查小组听取了地质公园管理委员会的自查汇报，从管理机构建设、地质遗迹保护、科学普及、科学研究与交流、规划制定与实施、经济社会效益与地质遗迹保护、投资及项目实施情况等七个方面进行了检查和质询。在此基础上，按检查通知要求和自查报告内容进行了对照检查和实地考核，并依《国家地质公园考核评分表》进行了逐项打分。

经检查评议，这三处国家地质公园自开园以来，十分重视地质遗迹的保护，积极营造良好环境，较好地达到了国土资源部关于地质公园建设要求，取得了明显的社会、经济和环境效益。

矿山地质环境

【矿山地质环境问题】

北京市矿山地质环境问题主要表现为矿山地质灾害、地貌景观破坏、水环境破坏、占用破坏土地资源、环境污染5种类型。

截至2009年底，全市矿山地质灾害有139处，主要分布在西山煤矿区，影响范围约2.91平方公里。主要有地面塌陷70处，地裂缝28处。北京市矿山开采方式多为露天，由此造成了对地形地貌的改变和地貌景观的破坏。水资源破坏主要表现为地下采矿形成大面积水位下降漏斗区、地下水资源漏失和地下水污染三个方面。占用损坏土地资源主要表现为矿山采场、固体废弃物、尾矿和煤矿地面塌陷对土地资源的占用和破坏。环境污染主要表现为不同程度的土壤、地下水和大气污染。

【矿山地质环境治理】

1. 制度建设

（1）矿山环境恢复治理保证金制度建设

为了有效改善矿山环境，督促并确保矿山企业履行矿山环境恢复治理义务，北京市国土资源局按照国务院《关于全面整顿和规范矿产资源开发秩序的通知》（国发〔2005〕28号）及财政部、国土资源部、环保总局《关于逐步建立矿山环境治理和生态恢复责任机制的指导意见》（财建〔2006〕215号）的要求，依据《北京市矿产资源管理条例》的有关规定，开展了北京市矿山生态环境恢复治理保证金制度建设调研和《北京市矿山生态环境恢复治理保证金管理暂行办法》（简称《办法》）的制定工作。2009年1月，《办法》经市政府同意发布实施。

截止到2009年底，矿山企业已缴存保证金7500余万元。

（2）矿山地质环境治理项目管理制度建设

为使北京市矿山地质环境治理项目的管理工作更加规范和严格，2009年，北京市国土资源局组织编制了《北京市矿山地质环境治理和国家级地质遗迹保护项目管理暂行办法》、《北京市矿山地质环境治理技术指南（试行）》。两个办法的实施使矿山地质环境治理项目在可行性研究、治理方案设计、工程施工和竣工验收等各阶段有了统一的标准，对实施的治理方案规定了定量的技术指标和要求，对工程施工质量提出了具体的验收准则。

2. 矿山地质环境治理项目实施情况

2009年实施的矿山地质环境治理项目8个。截至2009年底，6个矿山地质环境治理项目竣工验收，完成治理面积1100余亩，增加可利用土地470余亩，使用当地劳动力达2.5万余人次，在环境效益、社会效益和经济效益等方面取得了明显成效。一是消除或减少了治理区存在的地质灾害隐患，改善了当地的区域生态环境和居民生存环境，并促进了当地旅游业的发展。二是治理工程直接使用当地劳动力，给当地部分农村人口提供了就业机会，促进了社会稳定。三是部分项目实施后增加了一定数量的农业用地，为当地经济发展发挥了积极的作用。

2009 年北京市矿山地质环境治理项目一览表

序号	项目名称	治理面积（km^2）
1	北京市房山区史家营乡榆东坡废弃煤矿矿山地质环境治理项目	0.4
2	北京市密云县放马峪村铁矿区矿山地质环境治理项目	0.17
3	北京市门头沟区龙泉镇门头口村煤矿矿山地质环境治理项目	0.03
4	北京市昌平区文殊峪石灰石矿区矿山地质环境治理项目	0.067
5	北京市房山区大安山乡曲岖涧煤矿矿山地质环境治理项目	0.075
6	北京市密云县太师屯镇头道领铁矿区矿山地质环境治理项目	0.13
7	北京首钢鲁家山石灰石矿矿山地质环境治理项目	0.017
8	北京市丰台区王佐镇西庄店石灰石矿区矿山地质环境治理项目	0.043

北京市房山区史家营乡榆东坡废弃煤矿矿山地质环境治理项目实施前后

北京市密云县放马峪村铁矿区矿山地质环境治理项目实施前后

北京市房山区大安山乡曲�

人事教育

局人事处

【人员编制情况】

截止2009年底，市国土资源系统人员编制共计2389名，其中行政编制632名，行政执法专项编制31名，机关工勤编制73名，事业编制1653名。

截止2009年底，市国土资源系统在职干部职工共计1894人，其中公务员641人，事业单位人员1192人，工勤人员61人。副科级以上干部678人，包括：厅局级正职1人，厅局级副职7人；正处级干部69人，副处级干部140人，其中，正、副处级领导干部151名。

【机构编制工作】

1. 重新编写了局新的主要职责、内设机构和人员编制规定（三定）

按照转变职能和理顺关系的要求，对各部门的管理范围、管理内容和管理权限进行了重新界定，着手对内设机构进行整合，编写了新的“三定”规定，将市场处调整为调控监测处，加挂综合处牌子，强化了为中央、驻京部队的服务职能，改善了行政许可事项的办理和监控流程。调整后我局共设16个内设机构、134名行政编制，19名正处级领导职数、30名副处级领导职数。较原先增加了17名行政编制，5名处级领导职数。对市局机关与事业单位、市局与分局的职责权限进行重新划分，编制了分局的“三定”规定草案。

2. 推进基层国土所体制改革工作

2009年，结合国务院、国土部有关文件精神和市政府领导的批示意见，对健全完善基层国土所建设的报告和方案进行了补充、细化，明确了设所方式、主要职能、人员编制、经费来源等，再次提交了《关于健全完善本市基层国土资源管理所建设的函》，于2009年7月份获得了市编办的批复，同意为朝阳等14个区县分局新增33个国土所，新增全额拨款事业编制264名。

3. 为市土地整理储备中心增加人员编制

对市土地整理储备中心人员及编制情况进行了深入调查摸底，于2009年4月上旬向市编办提出了增加市土地整理储备中心编制的申请，并积极配合市编办开展有关调研和论证工作。2009年12月，获得市编办正式批复，同意为市土地整理储备中心增加差额拨款事业编制从50名，其中新增编制30名，从我局所属职工医院调剂编制20名。调整后，市土地整理储备中心差额拨款事业编制增至100名，处级领导

职数从1正3副增加至1正4副。

【干部培训工作】

以多种方式集中培训干部。2009年，组织了11名处级干部参加市（地）国土资源局长培训班，19名处级干部、65名科级干部参加任职培训。组织了7次全局系统的干部素质教育培训，选送33名干部参加各类境外培训班。选派4名干部参加国土部举办的乡镇国土所长培训班，举办8期乡镇国土所干部培训班，累计培训300余人。开展干部素质教育培训和网上学习培训工作。面向各单位人事工作主管领导和组织人事干部举办了面试考官培训班，68名同志获得了市人事局颁发的面试考官资格证书。

【考核评优工作】

完成08年度干部考核和系统评优工作，99人获三等功，393人获嘉奖，崇文分局等10个单位、靳薇等10名同志被评为“2008年度北京市国土资源管理先进集体、先进工作者”。加大考核结果的使用力度，加强了对领导班子和领导干部履职情况的研究分析。参考干部考核情况和工作实绩，科学评价干部的素质能力，统筹考虑干部的调整使用。

【领导班子和干部队伍建设工作】

1. 干部选拔任用工作

截止2009年12月底，共调整处级领导班子8个，全局系统共晋升、调整公务员职务169人，其中市局机关及所属参照、规范管理事业单位32人，包括处级干部8人，科级干部24人；分局机关及所属参照、规范管理事业单位137人，包括处级干部21人，科级干部78人。晋升、调整事业单位人员职务17人。

2. 后备干部管理工作

制定了《全市国土资源系统后备干部队伍管理办法》，开展了我局系统2005年完成体制改革以来首次大规模后备干部调整工作。配合市委组织部完成了局级后备干部推荐选拔，完成处级后备干部民主推荐、笔试、面试工作，建立后备人才库。全局共确定4名局级后备、1名优秀青年处级领导干部，推荐39名正处级后备领导干部、101名副处级后备领导干部。开展了治理整顿拉票行为专项调查。

3. 干部监督管理工作

结合开展“万名组织部长下基层”工作，对各分局、事业单位贯彻执行《党政领导干部选拔任用工作条例》情况进行了专项检查，对实行垂直管理4年以来干部队伍建设情况开展了专题调研。共走访了18个区县国土分局，6个局属事业单位，采取自查自纠与检查相结合、分别谈话和实地教育相结合、知识测试与问卷调查相结合的方式，与140余名副处级以上干部及人事干部进行了个别谈话，组织了测评，详细查看了300余份干部档案和相关文书材料。对在监督检查中发现的问题进行了限时整改，

4. 人才引进工作

2009年，共有8名基层干部调入市局机关、所属事业单位工作。面向应届毕业生招考公务员7名，开展面向社会招考公务员工作，完成报名及资格审查。超额完成军转安置任务，通过笔试、面试，接

收16名军转干部。组织了第三批23名大学生干部分别到基层和机关学习锻炼。

5. 干部交流工作

2009年，我局系统3名副处级领导干部、5名科级干部被选调到区县政府任职，1名干部通过公开选拔到市委组织部工作，市规委、大兴区委向我局推荐了2名副处级领导干部。选送了2名处级领导干部到中央金融机构挂职锻炼，接收6名博士生和青海省国土资源厅3名干部到我局挂职锻炼。

6. 职位管理工作

办理干部网上核职144人次，通过职务调整、破格晋升等方式，为符合《干部选拔任用工作条例》规定、有工作实绩、群众公认、临近退休的10名副处级干部、11名科级及一般干部，办理了晋升手续。首次对参照公务员管理事业单位、规范工资管理事业单位人员进行了网上核职。

7. 为“保民生、保增长、保稳定”和“保增长、保红线”中心任务提供人事人才支持

配合有关处室，协调各分局抽调人员充实“重点项目推进工作小组”、“重点工程征地推进小组”，并协助制定了人员培训计划，为“落地办”正常运转做好保障工作。协助市整理储备中心完成了内设机构调整工作，采用多种方式，为市土地整理储备中心增加临时用工人数。出台《北京市国土资源局加班管理暂行办法》，解决了事业单位加班费问题。

【工资管理工作】

完成事业单位岗位聘用及工资兑现工作；完成了局系统工资统发人员2009年度级别工资、工作津贴调整变动、事业单位工作人员增加薪级、2008年度考核结束后的奖励兑现、机关事业单位职务岗位变动人员的工资调整、退休人员退休费计发、新参加工作人员工资确定等工资调整工作，涉及人员1270余人。完成了2008年度机关、事业单位工资统计年报审核汇总上报工作，完成了事业单位2008年、2009年上半年工资总额执行情况统计报表工作，按月完成了局系统工资统发单位的工资接收、汇总，完成了局系统年度考核结束后工资统发人员的奖励兑现工作。

【档案管理和干部信息系统建设工作】

按照市委组织部的统一部署，对全局系统786名已登记公务员的《公务员登记表》及《参照公务员管理人员登记表》进行了全面的审核。根据市委组织部对干部信息库建设的有关要求，组织各单位管理员开展业务培训，对各单位信息维护情况进行抽查。集中查阅了干部档案，对全局处级干部的信息进行了逐一核对、补充修正。我局干部信息系统建设工作在全市检查中被评为优秀。

【“平安国庆”专项工作】

对市局机关、事业单位使用局系统之外用工的240余名临时人员，重新进行了填表登记，交由服务中心制作临时进门证，并与用人单位签订了安全协议。按照局平安国庆总体工作部署和要求，对昌平分局、延庆分局及利用中心等三个单位平安国庆工作开展情况，特别是对涉及平安国庆的重点信访、重点部位、重点隐患等工作进行了专项检查。

党群工作

机关党委

党建工作

【广泛扎实开展“三进两促”活动】

2009 年，按照市直工委的安排部署，紧密结合国土资源实际，扎实有效的开展了以“进农村、进社区、进企业，促和谐、促发展”为内容的“三进、两促”活动。活动中各单位围绕深入学习实践科学发展观和巩固学习实践活动成果，围绕贯彻党的十七届三中、四中全会精神和市委十届五次全会精神；围绕建设“人文北京、科技北京、绿色北京”的目标和重大意义，围绕贯彻落实市委市政府的重点工作部署和国土资源管理重点工作需要，积极发挥国土部门优势，以“保增长、保红线”为中心，认真开展调研，转变工作作风，简化审批程序，提高工作效率，积极主动为农村、为社区、为企业办实事，为促进和保障首都经济平稳较快发展做出了贡献。据统计，2009 年参加进农村的支部数 49 个、进社区 30 个、进社区 39 个；党员干部参与进农村人数 911 人次、进社区 702 人次、进企业 722 人次；进农村开展调查研究 596 批次/1702 人次取得调研成果 77 个、进社区开展调查研究 59 批次/173 人次取得调研成果 4 个、进企业开展调查研究 214 批次/712 人次取得调研成果 33 个；进农村结对帮扶政策支持 51 次、技术支持次项、项目支持次项、资金支持 12130.53 万元，进社区结对帮扶政策支持 7 次、资金支持 5000 元，进企业政策支持 89 次，项目支持 20 次，资金支持 350 万元；挂职锻炼进农村人数 34 人；进农村学习考察 43 批次/519 人次、进社区学习考察 23 批次/227 人次、进企业学习考察 29 批次/215 人次；进农村开展党日活动 40 批次/1103 人次、进社区开展党日活动 23 批次/227 人次、进企业开展党日活动 29 批次/215 人次。

【以建党纪念日为契机，开展“最佳党日”评比活动】

2009 年，按照市直机关工委关于开展“最佳党日”评比活动的通知（京直通［2009］4 号）文件要求，市国土局机关党委组织开展了全局系统“最佳党日”评比活动。活动紧密结合纪念建党 88 周年、迎接建国 60 周年和全局中心工作，紧密围绕学习实践科学发展观；建设

“人文北京、科技北京、绿色北京”；提高机关党员干部素质；推动机关作风建设；开展“三进两促”活动；推进机关党建工作创新；落实“三会一课”制度等，丰富和创新机关党建工作内容、方法和载体，提高机关党组织凝聚力，充分发挥机关党组织围绕中心，服务大局、推动发展、促进和谐的积极作用。经过严格按照主题鲜明，内容充实；精心设计，形式新颖；结合实际，周密组织；有示范性，便于推广等评选标准和条件进行初评和复评，最终评选出金奖5名、银奖10名、铜奖14名。

市国土局执法监察大队党支部《庆祝建党88周年“党在我心中”故事会》荣获市直机关工委“最佳党日”评选一等奖，市国土局土地登记中心、地籍处党支部共同组织《走进农村，服务基层》荣获二等奖，市国土局土地整理储备中心党支部《发挥党员先锋模范作用、顺利完成1000亿元土地储备投资》荣获三等奖。

【开展党建调研，促进国土工作】

为贯彻落实中央和北京市机关党的建设工作会议精神，按照市直机关工委京直通〔2009〕14号和京国土机关党文〔2009〕17号关于开展机关党建调研工作的部署及要求，市国土局机关党委于2009年下半年组织本系统各级党组织，结合本单位党建工作实际，认真开展了机关党建工作调研活动。旨在加强和改进机关党建工作，解决目前存在的主要问题，保障促进全局中心工作和国土资源管理工作依法、规范、有序、健康地开展。各分局、各处室、各事业单位党组织的主要负责同志高度重视，针对布置的“创新机关党建工作、服务首都科学发展；贯彻落实中央、市委关于加强和改进机关党建工作会议精神；加强机关党员干部教育、管理和服务；加强机关作风建设和反腐倡廉建设；加强机关群团工作；加强机关党的工作运行机制等六个方面的具体调研工作，自选调研课题，确定课题负责人和具体撰稿人，明确责任，落实到位，较好地完成了调研任务，取得了可喜的成果。

市局机关党委共收到机关党建调研报告46篇，其中，18个分局完成上报调研报告20篇，局机关处室完成上报调研报告19篇，局属事业单位完成上报调研报告7篇。局机关党委组织分成三个小组对调研成果进行了汇报交流。从中选出30篇比较优秀的调研报告汇编成专集，印发本系统各有关单位，供大家学习、交流和参考。

市国土局机关党委荣获2009年度北京市直机关党建调查研究工作优秀组织奖；朝阳分局机关党总支撰写的《新形势下党员教育管理研究》荣获2009年度北京市直机关党建优秀调研成果三等奖。

【开展“爱党、爱国、爱岗”征文活动】

按照北京市委宣传部“关于围绕庆祝新中国成立60周年深入开展群众性爱国主义教育活动的实施意见”和“北京市国土资源局关于开展纪念建国六十周年活动方案”要求，市局机关党委自2009年6月至10月在全系统内开展了

“爱党、爱国、爱岗”征文活动，此活动在各单位各自组织征文和评选的基础上，收到上报征文33篇。市局机关党委组织局属事业单位党支部书记和专职副书记组成评委会，对上报作品进行了认真评选，按照突出“爱党、爱国、爱岗”主题，立意新颖、事迹感人、文笔流畅的标准和原则，评选出一等

奖3篇，二等奖6篇，三等奖9篇，纪念奖15篇，并印刷成册。这些征文歌颂了祖国60年的巨大变化，宣传和展现了国土管理事业取得的成就，展示了国土系统干部职工积极进取、乐于奉献的精神风貌，增强了全市国土系统广大干部职工“爱党、爱国、爱岗”的意识，调动了干部职工积极性，促进“三进两促”活动和“干部作风年建设”活动扎实深入开展，为完成“双保”任务特别是完成1000亿土地储备开发投资提供了强大精神动力和组织保障。

【积极参加国庆治安志愿服务活动】

2009年9月，按照市直机关工委布署，我局承担了参加建国60周年国庆庆祝大会和联欢晚会等庆典活动西城区治安协警疏散任务。从市局机关选拔了21名政治素质高、表现优秀、身体健康的国庆治安志愿者标兵接受此项任务，大家发扬无私奉献、团结协作精神，克服困难，不畏艰辛，勇挑重担，不辱使命，完成了这次艰巨而光荣的任务，树立国土部门和市直机关党员干部的良好形象，为建国60周年庆典活动取得圆满成功贡献一份力量。

【开展党内“创先争优”活动】

在建党88周年之际，全系统评选出18个“先进基层党组织”、130名“优秀共产党员”24名“优秀党务工作者”，受到局党组的表彰。

【组织发展工作】

基层党支部党支部增补3名支部委员，发展新党员10名，5名预备党员转正，组织参加市直工委入党积极分子培训班2期9人。

【精神文明建设取得新成果】

全系统评选出10个“市国土系统文明单位标兵”、4个“市国土系统文明处室标兵”、15个“市国土系统文明单位”、12个“市国土系统文明处室”，市国土资源局机关被首都精神文明建设委员会评为2009年度“首都文明单位”，市土地整理储备中心、市土地利用事务中心、市国土资源执法监察大队、市国土局机关后勤服务中心被市直机关工委评为2009年度“市直机关文明单位”。

工会工作

【开展“聚焦国土、主动服务、促和谐促发展”摄影作品比赛活动】

2009年7月，市局机关党委于在国土系统内组织开展了“聚焦国土、主动服务、促和谐促发展”摄影作品比赛活动。摄影作品紧紧围绕主题，反映十类专题内容，充分展现了国土系统开展丰富多彩的文体活动情况和广大干部职工良好的精神面貌。本次活动有26个单位参加比赛，报送十类专题摄影作品共355幅。经过评委认真评选，评选出获奖摄影作品90幅，其中一等奖20幅、二等奖30幅、三等奖40幅；优秀摄影作品70幅，共160幅，印制了专集。此次活动得到了市直机关工委常务副书记夏尚武同志充分肯定和高度评价，对我局组织开展的“聚焦国土、主动服务、促和谐促发展”摄影作品比赛活动和《摄影获奖作品专集》作出重要批示，提出明确要求，即：组织工委年轻同志，以“我从中看到了什么”为题，座谈分析市国土资源局摄影作品专集，然后以“一本匠心独具的摄影专集”为题，以纪实发言的形式，汇成一篇文章刊登在《心桥》上。目的是引导年轻同志开拓工作思路、学习好的方法，了解基层情况，做好本职工作。同时，也是对国土局党的工作的一种肯定，并通过宣传扩大示范效应。

【开展“迎国庆”台球团体比赛】

市国土资源系统2009年“迎国庆”台球团体比赛于8月25日圆满结束。本次比赛全系统共有27支代表队81名选手报名参赛，分为预赛和决赛两个阶段。预赛分为A、B、C三个区，分别由宣武分局、顺义分局和局机关工会（基层工作处）牵头组织；每个区9支代表队，分成三个小组进行循环比赛，小组第一名进入决赛阶段比赛。决赛阶段在市局举行，9支出线队分三个小组进行循环比赛，小组第一名进入冠、亚、季军的争夺。经过激烈角逐，最终通州分局代表队获得冠军、大兴分局代表队获得亚军、东城分局代表队获得季军；储备中心、利用中心、后勤中心、丰台分局、怀柔分局、延庆分局六支代表队获得优胜队。宣武和顺义分局获得优秀组织单位。本次比赛，全系统各单位组织工作到位，化整为零，节约时间，节省经费，不影响中心工作。本次比赛作为迎国庆系列活动之一，赛出了风格和水平、增进了友谊和团结，增强了团队精神和完成中心任务的决心，展现了国土系统良好的精神风貌。

财务管理

局财务处

【加强预算监督管理】

按照国土资源管理涉及的不同工作，实行预算资金按比例切块控制，在总额内各主管局长自行平衡年度工作，压缩预算规模，保证全局重点工作所需资金；严格重大项目前期可行性研究和论证工作，提前开展大额资金项目的政府采购和项目招标准备工作，保证年度预算批复后项目的及时实施，提高预算执行力度和资金的使用效率。

严格控制会议费、出国费用、车辆支出等一般性开支，行政经费支出得到压缩；在规范执行纳入预算的设备购置和会议、印刷、车辆维修全部定点管理的政府采购基础上，进一步扩大工作项目的采购范围，2009 年局机关有 10 个项目执行政府采购，涉及采购金额 4417 万元。凡未列入政府采购直接采取对外委托项目，实行报账制管理，加大预算项目资金的延伸监管。

加强预算项目成果管理，注重财政投资效益。扩大项目绩效考评范围，落实工作整改措施；审核项目竣工验收报告后，支付项目尾款；2009 年开展集体土地调查等大型项目的决算财务决算，及时总结财务工作，纠正存在问题。

【加强 1000 亿储备资金联动监管】

规范土地储备资金使用管理，印发《土地储备资金银行账户管理办法》、《土地储备资金会计核算办法》、《项目竣工决算报告编制办法》和《土地储备专项资金监督管理办法》等相关制度。组成市财政局、市审计局和市监察局等监督管理部门参加的全市土地储备开发项目监管小组，出台《北京市联合土地储备开发项目资金监管指导意见》，开展区县土地储备工作的督促检查和经验介绍工作，推动区县监督工作的开展。积极协调土地储备项目跟踪审计过程，保证储备资金同期审计正常进行。推行市级贷款资金拨付的预算批复管理和土地储备一级开发专用账户审批监督管理等相关工作。

【完成非税收入收费征管】

开展收费管理检查，认真清理收费项目。

完成国有土地有偿使用收入征收工作，全年上缴市财政专户 483.33 亿元；

加大收费管理力度，涉矿收费由半年缴库调整为即收即缴。全年上缴财政专户 1.14 亿元，其中矿产资源补偿费 5200 万元，两权及价款 6200 万元。

【配合审计检查完善内部管理】

配合做好2009年度开展的国家审计署长春特派办的延伸审计，国家审计署沈阳特派办负责的审计问题整改情况“回头看”，市审计局农业与资源环保审计处预算执行审计、土地业务专项审计，市审计局投资二处拉动内需项目同期审计，市财政局投资评审中心储备资金检查，市纪检部门小金库检查，市发展改革委治理乱收费专项检查等各项专项审计工作。

认真落实审计问题整改，规范局系统收费管理；加强对大额资金的延伸监管；重视预算外资金管理问题等内部管理工作。

【加强业务培训促进交流研究】

围绕2009年局内各项重点工作，积极做好财务人员培训工作。组织法律法规、土地储备及金融知识培训；结合项目验收组织土地开发整理业务知识培训；结合会计人员资质年度继续教育，安排内部控制理论、审计工作业务培训；组织部分区县财务人员与江苏省国土资源厅开展业务交流。

【稳步推行财务管理各项基本工作】

协调财政、税务部门完成2007年以来土地出让合同印花税税款预算资金及税款缴纳工作。

参与制定《矿山环境治理保证金制度》、《北京市开发整理定额标准》等相关工作规范。

全面梳理财务工作岗位职责，落实岗位责任制和一岗双责。

协调业务部门，收集相关资料，开展土地收益预测和分析工作。

严格做好项目资金支出审核，根据项目验收结果及成果报告，按报账制支付项目尾项。

认真梳理合同文本，完成合同管理系统建设工作。

完成2008年度决算工作，获市级决算工作一等奖。

纪检监察

驻局纪检组监察处

【学习贯彻党的十七大和十七届三中、四中全会精神，推进惩防体系建设，抓好党风廉政建设责任制落实】

结合2009年形势任务特点，市国土局党组组织局机关干部认真学习党的十七大和十七届三中、四中全会精神，学习胡锦涛同志在十七届中央纪委三次全会的重要讲话及市纪委十届三次全会精神。制发了《关于组织市国土系统全体党员干部认真学习贯彻党的十七届四中全会精神的通知》，举办了“学习贯彻党的十七届四中全会精神专题辅导讲座”。驻局纪检组向全系统转发了市纪委、市监察局《转发中共中央纪委、监察部关于认真学习贯彻党的十七届四中全会精神的通知》。

3月25日，局党组召开2009年党风廉政建设暨推进廉政风险防范管理工作会，140余名副处以上干部和纪检监察科长参会。会议由局党组成员、副局长李燕飞主持；中纪委驻国土部纪检组副组长苏振林、市监察局副局长杨小兵到会讲话；驻局纪检组长刘敬忠代表局党组做工作报告，对全系统党风廉政建设和反腐败工作进行部署。崇文分局、海淀分局、石景山分局、房山分局分别从不同角度介绍开展廉政风险防范管理工作的试点经验；局党组书记魏成林分析了2009年国土资源管理工作面临的新形势、新任务，对落实党风廉政建设责任制，推进廉政风险管理工作提出明确要求。

根据《贯彻落实〈北京市建立健全惩治和预防腐败体系2008－2012年实施办法〉的分工方案》任务分解，市局制发了《关于贯彻落实〈北京市建立健全惩治和预防腐败体系2008－2012年实施办法〉分工方案》，以及2009年党风廉政建设和反腐败工作要点、任务分工。结合各部门职责，将每一项任务分工细化落实到具体部门。

局党组坚持把廉洁自律各项要求作为领导干部经常性教育的重点，不断强化依法行政、廉洁自律意识。9月份，分批组织局机关处室、事业单位和分局560余名科以上领导干部参观北京市反腐倡廉警示教育基地。观看刘志华、周良洛等腐败案例图片展，以及服刑人员忏悔发言录像片，增强反腐倡廉自觉性。

针对贯彻落实国土部《违反土地管理规定行为处分办法》（15号令）和《关于实行党政领导干部问责的暂行规定》（中办发［2009］25号），组织全系统土地执法干部进行廉洁守纪教育培训；针对信访举报投诉案例涉及的问题，局党组在全系统下发了《关于违规办理大兴区兴花园小区项目土地出让登记有关问题的通报》；利用局长办公会，对个别分局在政府信息公开、地籍档案管理等方面存在的问题进行通报批评，强化了干部职工的责任意识和依法行政意识。

驻局纪检组7月、11月两次采取自查与抽查相结合的形式督促检查党风廉政建设责任制落实情况。结合对市局机关处室的绩效考核，监察处每季度对各处室落实党风廉政建设责任制的情况进行考核，增加监督力度，提高监督效果。

2009年，局主要领导及纪检组领导与下级党政主要负责人谈话23人次，与领导干部任前廉政谈话89人次，诫勉谈话4人次；严格落实领导干部述职述廉制度，全系统领导干部述职述廉共348人次，对领导干部落实廉洁自律各项规定起到促进作用。

为加强对全系统党风廉政建设和反腐败工作的领导，2009年1月，局党组对局风廉政建设领导小组部分成员进行调整。魏成林局长任组长，刘辉副局长、刘敬忠组长任副组长，李燕飞、张维、曾赞荣、谢俊奇副局长，史贤英、郭创兴助理巡视员为领导小组成员。领导小组办公室设在驻局纪检组，刘敬忠兼主任，副主任由监察处长孟庆秋、人事处长张川北、机关党委书李凤海、办公室主任高英军担任。

【加强监管，保障中央和市委市政府重大决策部署贯彻落实】

为加强对中央和北京市关于扩大内需、促进经济增长政策措施贯彻落实情况的监督检查，按照市纪委监察局的统一部署，2009年1月北京市国土局制发《关于加强对扩大内需促进经济增长政策措施落实情况进行监督检查的工作方案》。成立由魏成林局长任组长，刘敬忠组长、史贤英副巡视员任副组长，局办公室、研究室、法制处、规划处、耕保处、征地处、地籍处、市场处、利用处、地环处、财务处、人事处、驻局监察处、执法大队、利用中心、储备中心、规划中心、登记中心、受理中心主要领导为成员的市国土局扩大内需促进经济增长政策落实监督检查工作领导小组。领导小组下设办公室，驻局监察处孟庆秋处长任主任，负责日常工作。各分局、处室、中心明确一名工作人员，负责报送信息情况、协调相关事项。领导小组建立月例会制度。传达学习上级有关扩大内需、促进经济增长的指示要求，听取各单位工作情况汇报，针对国土资源服务扩大内需、促进和保障首都经济平稳较快增长政策措施落实情况监督检查中遇到的重大问题，研究贯彻落实措施和解决办法。加强与市局"加快推进重点工程建设项目土地供应领导小组办公室"的协调配合，对进入绿通的项目以依法合规和加快进度为重点，以行政检查为手段，督促各单位、部门尽快落实。通过填报《北京市国土局扩大内需促进经济增长措施落实情况检查登记表》，监督各项行政审批事项依法合规整改到位，为首都经济平稳较快增长提供保障。

加强对1000亿土地储备项目投资任

务的监管。一是完善土地储备资金管理制度。出台《北京市土地储备资金会计核算办法（试行）》、《北京市国土资源局项目竣工决算报告编制办法（试行）》、《北京市土地储备资金银行账户管理办法（试行）》、《北京市国土资源局土地储备专项资金监督管理办法（试行）》、《北京市联合土地储备开发项目资金监管指导意见》等土地储备资金管理制度。在各区县设立土地储备开发资金专户，实行专款专用、封闭管理；成立有市财政局、市审计局、市监察局参加的土地储备项目资金监管小组，建立项目全程审计监管模式，由市审计局对项目进行全程审计；聘请社会中介机构进行监理、审计，为资金使用监管提供技术支持；与贷款银行签订《资金监管协议》，明确其监管职责，充分发挥银行的专业监管优势，确保土地储备资金安全。

充分利用“1000 亿投资项目信息管理平台”，对项目审批进展情况、资金落实情况、项目实施情况全程实时监控。强化对市、区两级联合储备项目的监管，保证全市国土系统提前完成全年 1000 亿土地储备投资任务。

加强对土地使用权出让、信息化建设项目招投标工作的监督。严格执行《北京市国土资源局对招投标项目进行监督的规定（试行）》，通过现场监督开标、评标，及时发现并纠正存在问题，不断规范招投标行为。在信息化项目招投标过程中，发现招标中介服务机构行为不规范，及时约谈中介机构和项目分管处室，并向主管局领导报告。针对出现的问题研究修订《北京市国土局关于对招标项目实施监督的规定（试行）》；建立招投标中介服务机构黑名单制度，防止不规范行为再次发生。

【对领导班子和领导干部的监督工作】

2009 年，以监督检查驻在部门贯彻落实中央、市委市政府关于扩大内需促进经济增长重大决策部署情况为重点，通过参加局党组会、局长办公会、参与业务部门专项工作等方式，掌握和了解局党组和行政领导班子及其成员维护党的政治纪律，贯彻执行民主集中制方面的情况，通过参与处级干部考察、查处信访件等途径对干部队伍建设进行监督，没有发现临时动议研究干部任免和违规操作等问题。

为开好 2009 年度领导班子民主生活会，根据上级关于会前组织征求意见的要求，12 月 11 日，人事处、机关党委、驻局纪检组组织召开两个座谈会，分别向各区县分局和局机关各处室、局属事业单位征求对市局领导班子及成员的意见和建议，部分单位的主要领导、班子成员或一般干部共 17 人参加座谈会。

参加座谈的各类人员对局领导班子及成员 2009 年的工作给予充分肯定。同时在垂直管理体制、干部管理、工作制度健全完善、系统形象建设、改善福利待遇等方面，提出 17 条意见、建议。纪检组如实向局党组反馈。

【国土资源系统廉政风险防范管理工作取得成效】

廉政风险防范管理工作在 2008 年试点基础上在全市推开。按照市委市政府

《关于在全市推进廉政风险防范管理工作的意见》（京发〔2008〕26号）和全市廉政风险防范管理工作推进大会精神，2009年3月北京市国土局党组制发《关于在全市国土资源系统稳步推进廉政风险防范管理工作的实施方案》的通知、《北京市国土资源局廉政风险防范管理实施细则（试行）》，在全系统稳步推进廉政风险防范管理工作；以规范行政审批权力运行为核心，突出对重点部门、重点岗位和重点环节的监管，深入查找在思想道德、岗位职责、业务流程、制度机制和外部环境等方面可能发生腐败行为的风险点，采取前期预防、中期监控、后期处置等防控措施，通过制订方案、贯彻执行、检查考核、调整修正等环节，实现廉政风险防范管理的科学化、制度化和规范化。具体分七个步骤：

一是广泛动员教育（3月底前）。局召开全系统推进廉政风险防范管理工作动员会，通过学习胡锦涛总书记在中央纪委十七届三次全会上的讲话、市纪委十届五次全会精神、全市廉政风险防范管理工作推进大会精神和《北京市国土局廉政风险防范管理实施细则（试行）》，提高认识，明确任务，统一思想，增强做好廉政风险防范管理工作的自觉性和积极性。

二是深入查找“风险”点（6月底前）。采取自上而下和自下而上相结合的方式，全面梳理行政管理事项、业务工作流程，进一步明确各部门、各岗位、各环节的工作职责，形成工作流程图报局领导审定；按照岗位、处室、单位，逐一排查廉政“风险点”，按风险发生几率或危害损失程度确定风险等级，并将“风险点”登记、汇总、公示。

三是制定防范措施（6月底前）。针对风险点，研究制定具体防控措施和相关工作程序，以流程图或表格等形式在一定范围内予以公开；针对国土资源管理可能面临和存在的系统风险，结合业务工作和自身实际，进一步健全完善防控风险的相关规章制度，明确防控风险任务要求和工作标准，形成廉政风险防范管理上下一体、左右联动的运行机制。

四是加强监督管理（全年）。根据权力运行的风险内容和不同等级，实行分级管理、分级负责。对廉政风险等级较高的权力，由单位主要领导负责；对廉政风险等级一般的权力，由单位分管领导负责；对廉政风险较低的权力，由所在部门领导直接管理和负责。严格落实各项规章制度，防止权力运行的管理空档。坚持党内监督与群众监督、社会监督有机结合，增强监督管理的有效性。

五是检查考核评估（10月底前）。建立和完善廉政风险防范管理考核制度，通过信息监测、定期自查、上级检查、社会评议等方式，对廉政风险防范各项措施的落实情况进行考核评估。考核结果纳入党政领导班子党风廉政建设责任制考核和公务员绩效考核工作评价系统。

六是完善操作规程（11月底前）。以年度工作为周期，根据考核评估结果和国土资源管理工作的新形势新任务新要求，完善工作程序，纠正存在问题，及时调整风险防范内容和防控措施，逐步建立健全监督检查、考核评估、纠错整改和责任追究机制。

七是总结讲评（年底前）。适时召开会议，总结经验，推动工作。

在开展廉政风险防范管理工作过程中，先后5次召开工作交流会，下发20多份示范材料，使各单位在较短时间内掌握了廉政风险防范管理的内涵和要求，理清了工作思路和方法步骤。对一些困难较多的处室，采取典型引路、分类指导的方式，一对一地帮助。围绕国土资源管理业务工作，全局制定涉及土地征收、土地和矿业权出让、土地储备等30项重点工作廉政风险防控管理流程图，确定一级风险环节143个，制定防控措施318条，修订完善各类制度152项。

市纪委副书记隋秀梅到市国土局调研，对廉政风险防范工作给予肯定。《中国监察》报导了市国土局的做法。国土部纪检组、甘肃省国土厅纪检组先后到市国土局就廉政风险防范管理工作进行调研和交流。

【开展工程建设领域突出问题专项治理工作】

根据中共中央办公厅、国务院办公厅《关于开展工程建设领域突出问题专项治理工作的意见》（中办发〔2009〕27号），按照国土部及市政府的要求和部署，2009年10月北京市开展工程建设领域突出问题专项治理工作。10月30北京市国土局制发了《开展工程建设领域突出问题专项治理工作方案》。

北京市治理工程建设领域突出问题的主要任务目标是：以政府投资和使用国有资金项目特别是扩大内需项目为重点，利用2年左右的时间，对2008年以来涉及土地使用权、矿业权出让的规模以上投资的工程建设项目进行全面排查，解决存在的突出问题。进一步完善经营性土地使用权和矿业权招拍挂出让制度，加强国土资源工程建设项目管理，建立项目承包（委托）招标制度。通过开展专项治理，促进工程建设项目在土地使用权、矿业权出让环节更加规范有序，使中央和市委市政府扩大内需促进经济增长政策措施在国土资源系统得到贯彻落实。该项工作分为三个阶段：

动员部署阶段（2009年9月）。成立魏成林任组长，刘辉、李燕飞、周新华任副组长的市国土局治理工程建设领域突出问题工作领导小组（以下简称领导小组）。利用处、监察处、财务处、市场处、征地处、规划处、耕保处、矿开处、勘储处、地热处、地环处、储备中心、利用中心为领导小组成员单位。领导小组办公室设在利用处。明确了牵头领导和具体联系人员承担日常工作。结合各部门职责，将主要任务分解为13项具体工作，明确责任单位。公布了专项治理举报电话，并在局内外网开设专栏，受理群众举报和投诉。

排查问题（2009年10月至2010年3月）。重点对2008年以来政府投资项目和使用国有资金项目特别是扩大内需项目，查找以下突出问题：土地的使用是否符合土地利用总体规划；农地转用、征收、拆迁是否合法、合规，补偿是否及时、足额到位，是否存在损害群众利益的行为；经营性用地和工业用地是否实行了以招拍挂方式出让，土地出让金、有关税费是否在规定时限内足额交清，是否存在以政府抄告单、领导批示等形式减免土地出让金和有关税费情况；是否存在闲置土地、欠缴税费和土地出让金的问题；是否存在非法审批、非法供地、低价出让、非法占地、未批先用、擅自改变土地用途等问题；探矿权、采矿权、采砂权的设置是否合理，出让程序是否规范。

落实整改（2010 年 4 月至 2010 年 12 月）。针对排查中发现的问题，分析原因，制定本单位（部门）的整改方案，明确改正时限。对利用职权插手干预土地审批和出让等谋取私利、索贿受贿、非法低价出让、擅自改变土地用途、严重侵害群众利益等违法违规案件移交有关部门处理。结合开展廉政风险防范管理，对工程建设中土地使用权、矿业权出让环节开展廉政风险评估，建立预警、纠错责任追究等有效机制，增强制度的针对性和有效性。

巩固治理成果（2011 年 1 月至 2011 年 7 月）。总结专项治理中的经验，把工作成果以制度的形式巩固下来，建立健全长效机制。把专项治理工作与落实惩治和预防腐败体系建设等各项任务有机结合，形成专项治理综合效应，促进全系统党风廉政建设。

截止年底，对 2008 年以来涉及土地使用权出让、2006 年以来涉及矿业权出让的工程建设项目进行了初步摸底，制作了自查表格。下一步将在全面梳理项目的基础上，认真对照有关法规和政策，建立工作台帐，对土地使用是否符合土地利用总体规划等逐个清理。

【开展“小金库”专项治理工作】

根据市纪委、市监察局、市财政局、市审计局关于印发《在北京市党政机关和事业单位开展“小金库”专项治理工作的实施办法的通知》和 6 月 3 日全市“小金库”专项治理工作会议精神，经局党组专题会议研究，制发《北京市国土资源开展“小金库”专项治理工作的实施方案》，成立了以魏成林为组长，驻局纪检组长刘敬忠为副组长的局治理“小金库”工作领导小组（以下简称领导小组），开展“小金库”专项治理工作。

领导小组成员由财务处、驻局纪检组监察处、人事处、办公室、机关党委负责人组成。6 月 8 日召开全局系统“小金库”专项治理工作会议。开展专项治理工作的时间为 6 至 7 月底，分动员部署、自查自纠和整改落实、迎接检查三个阶段。为便于群众监督，鼓励群众举报，局设立了专门的举报信箱、邮箱和举报电话。

根据市治理“小金库”领导小组办公室确定的自查范围和内容，市局对机关、直属事业单位、18 个区县分局及所属 97 个事业单位的预算经费支出、行政性收费、银行账户管理等方面开展自查自纠，未发现以会议费、劳务费、培训费、咨询费等名义套取现金、虚列支出转出资金、以假发票等非法票据骗取资金、违规收费、罚款及摊派设立“小金库”的情况。针对拉动经济增长需开设银行账户的情况，出台银行账户和资金监管制度，严格账户申请批准和备案制度，清理全局已

开立的账户。局治理“小金库”工作领导小组对海淀、延庆分局等4个单位进行重点抽查。针对管理不完善的实际，制定了《非市级财政资金管理暂行办法》，进一步强调落实好经营收入和其他收入收支两条线管理，对区县财政和其他非市级财政性资金实行备案制，要求部门预算包含全部收入，资金使用必须严格执行预算制度。

根据市治理工作领导小组的要求，完善了内部控制制度，制定了《公务卡管理暂行办法》，推广公务卡消费。对非税收入即征即缴、推行自行委托帐目报账制，制定了《自行委托项目报账制管理办法（试行）》。要求未达到政府采购范围和标准、未进行公开招标的项目，经财务部门、业务部门核实，在领导批准后方可支付。以信息技术为平台，强化防腐力度。局信息中心开发了合同管理系统，把全局所签订的经济合同纳入系统管理，并及时将招标情况、中标单位情况、合同执行情况、资金支付情况在系统中更新，实现实时查询监督。

8月，市治理“小金库”工作领导小组对专项治理工作进行检查，对市国土局建立和完善防治“小金库”的长效机制予以肯定。

【启动行政监察现代化工程建设】

为进一步探索行政监察工作新机制、新模式，创新行政监察工作方式，北京市纪委监察局启动北京市行政监察现代化工程建设，从行政审批、行政执法、资金监控等重点环节入手，搭建覆盖市各委办局及区县的管理、服务咨询为一体的行政监察业务综合信息平台，力争2011年底前全市初步建成具有预警监控防范功能的行政监察工作系统。10月27日，北京市行政监察现代化工程动员部署大会召开，11月18日下发《北京市行政监察现代化工程的实施意见》，进一步明确北京市政监察现代化工程的建设内容、实施步骤和工作要求。市国土局制定《北京市国土局行政监察现代化工程实方案》，成立了由魏成林局长任组长，谢俊奇副局长、周新华组长任副组长，市局办公室、财务处、法制处、信息中心、受理中心和驻局监察处主要领导为成员的市局行政监察现代化工程工作组，组织领导局行政监察现代化工程各项工作的开展。

工作组下设协调组、专家组和技术组。协调组设在驻局监察处。主要负责局行政监察现代化工程实施的组织、协调和联系；技术组设在信息中心。主要负责局行政监察现代化工程实施中的网络对接等相关技术工作；专家组按需适时组成，从专家库中随机抽取聘用。主要负责局行政监察现代化工作实施过程中的技术审查和验收，以及解决相关技术疑难问题等。

按照北京市行政监察现代化工程遵循“一个体系、两个工程、三个统一”的总体要求（即统筹建设一个纪检监察全方位信息化工程体系，以行政监察现代化工程与“金纪”工程两个工程为载体，整合已有信息资源，建立统一规范的业务和技术标准，统一规范的数据采集模式和统一规范的软件应用支撑平台），市国土局推进国土资源行政监察现代化工程建设的内容主要包括：

（一）依托政务专网，搭建与市监察局资源共享信息化平台，实现现有行政监察信息资源的有效对接。

（二）建立健全国土资源业务管理行政监察信息系统，突出对土地征收、出让、招拍挂、开发整理和矿业权管理、登记发证等国土资源重点业务工作的监督管理，查找和明确廉政风险点，完善业务工作流程，规范和减少自由裁量权，加强对相关职能部门行政权力运行的监控，建设实时监控、实时报警、督办反馈、行政问责与惩治预防腐败相结合的业务系统。

（三）按照市监察局的业务流程标准、数据共享与交换标准以及信息管理标准，整合现有系统，保障信息传输稳定与准确可靠。

（四）建立符合市监察局要求的硬件系统和安全体系，保障电子监察平台各个环节的安全性和可靠性。

（五）建立专业高效的运行管理体系与科学合理的绩效考核体系，实现国土资源行政监察现代化工程稳定有效运行。

局行政监察现代化工程推进工作分四个阶段实施：动员部署阶段（2010 年 1 月底前）、整体推进阶段（2010 年 5 月前）、数据对接阶段（2010 年底前）、完善深化阶段（2011 年全年）。截止年底，动员部署阶段学习十七届四中全会和十七届中纪委四次全会精神，学习张厚昆同志在北京市行政监察现代化工程动员部署大会上的讲话和市监察局《关于开展北京市行政监察现代化工程的实施意见》，制定市国土局实施方案已完成。

【落实党政机关厉行节约各项规定】

结合贯彻落实上级有关指示精神和科学发展观学习教育活动，通过召开会议、设置宣传栏、张贴标语和节约提示标志等形式，宣传开展厉行节约的重要意义，同时建立健全了公务用车配备使用、建设和装修机关办公楼备案报告制度。对厉行节约所涉及的八项工作任务，严格按程序、标准审核审批。对会议费、出国费、车辆管理费加大管理力度。坚持开会、办会分离管理和市财政定点开会制度；坚持出国审批预算先行制度；严格执行车辆加油卡、维修卡管理制度，全面推行公务车“速通卡”管理。加强对上级要求压缩、降低、削减的经费情况逐项跟踪检查，确保了压缩指标总体不超支。

【认真做好信访和查办案件工作】

2009 年纪检组监察处收到举报投诉件 205 件次。其中群众来信来访 102 件次，网络监察信息 103 件次。涉地矿类举报投诉件转市局信访室后，驻局纪检组监察处直查或督办办结 41 件次。按照市纪委要求，建立了领导干部廉洁自律工作台帐，定期分析纪检监察信访举报情况，对倾向性、苗头性信访举报问题，及时向局党组报告并提出处理意见、建议。

【驻局纪检组监察处人员情况】

9 月底，市纪委任命周新华为驻国土局纪检组组长，原组长刘敬忠退休。为加强纪检监察工作力量，下半年增加 2 名派驻工作人员。2009 年底驻局纪检组监察处在编工作人员共 5 名。

离退休干部管理

老干部处、老干部活动站

【离退休干部管理概况】

截至2009年底，市国土资源局机关共有离退休干部职工356人。

其中：共产党员288人，机关离退休干部党总支1个，党支部7个。

其中：离休干部45人，党员42人，党支部2个；退休干部职工311人，共产党员246人，党支部5个。

老干部处（站）在职职工12人，其中老干部处6人，老干部活动站6人。

【离退休干部职工服务与管理】

局党组高度重视离退休干部服务管理工作，认真贯彻《北京市离退休干部工作领导责任制》，继续加强对老干部工作的领导力度，切实落实各项离退休干部服务管理工作制度。局党组决定由局党组成员、纪检组长周新华同志分管离退休干部工作，对局老干部工作领导小组成员和局领导联系老干部分工进行了调整。由于局党组重视，领导小组成员单位齐抓共管、形成合力，保证了《责任制》落到实处。当前，老同志们思想稳定、队伍稳定，对局离退休干部服务管理工作满意。

1. 落实好老干部的政治待遇

坚持定期向老同志通报工作。春节、国庆前夕，局党组书记、局长魏成林同志分别向老同志通报了北京市国土资源建设的情况。继续搞好党支部建设，围绕创建“五好支部”开展各项工作，积极发挥党支部作用。坚持定期组织党支部书记、委员进行培训，研讨总支、支部工作，开展以离退休干部党支部为主的活动。制订了《2009年离退休干部理论学习计划》，组织好老同志的理论学习。邀请中国社会科学院经济研究所王振中副所长就当前经济形势作了专题辅导报告。甲型H1N1流感出现前，组织老同志观看了3个理论讲座、时事报告录像，参加学习的老同志达1000多人次；甲型H1N1流感出现后，加大了印发简报、辅导材料和提供理论辅导光盘等措施的力度，共计印发《资料选编》25期8000余份，有效组织了老同志的自学。

2. 落实好老干部的生活待遇

一是坚持做好走访慰问工作。重大节日前夕，局领导、老干部工作领导小组成员深入老同志家中、疗养院、医院，看望慰问联系对象。元旦、春节、“五一”前，老干部处（站）对全体离休干部、离休干部遗属及部分退休干部入户走访慰问，达520多人次。“十一”前夕，局领导和老干部工作人员还分别对全局47名离休干部及建国前参加革命的老工人逐一上门进行了慰问，为老同志们送去了市委、市政府专门制作的“中华人民共和国成立六十周年纪念章”和慰问信，以及局党组为老同志们准备的慰问金和慰问品；二是继续做好医疗保健工作。通过制定方案、采取措施、编印宣传材料、为老同志发放预防甲型流感的中药等形式，积极做好离退休人员甲型H1N1流感的防控工作。组织250多位离退休干部职工参加了体检，及时为部分离休干部调整了护理费标准，为抗战时期参加革命的老同志提高了医疗待遇。全年共编印《保健与养生》12期，宣传健康科学养身知识，提高老同志自我保健能力；三是认真做好离休干部“四就近”服务工作。对我局43名离休干部所在社区开展“四就近”服务工作的情况进行了调查，对“四就近”服务工作现状进行了分析，提出了意见建议，写出了专题调研报告；四是认真做好老同志活动的安全防范、医疗保障工作。年内分别组织了离退休老同志“天津一日游”和参观奥林匹克森林公园等活动，每次活动前都要制定详尽的工作计划和《安全工作预案》，领导负总责、全体工作人员分工负责，确保老同志活动的绝对安全；五是结合老同志特点办了一些实事。年内为356位过生日的离退休干部寄送了生日贺卡，修改、制作了《离退休老同志通讯录》，为离退休老同志添置了购物小车和老干部专用包等物品。六是继续做好新退休人员的接收工作和去世人员的善后工作。2009年接收新退休干部8人，协助家属为3名去世离退休干部办理善后事宜。

【开展各类文体活动】

丰富老同志的精神文化生活。甲型流感出现前，共组织老同志书法、绘画、台球、歌咏等常设队活动20余次。为展现我局离退休干部精神文化的成果，编印、出版了《离退休干部诗歌书画集》。离退休干部党总支、老干部处为18位老同志祝金婚、贺寿，祝福老领导、老同志健康长寿，永远幸福。围绕“颂祖国促发展，倡和谐乐晚年”这一主题，开展适合老同志特点的活动。举办了“颂祖国、爱中华”离退休干部书画摄影作品展。共展出了56位老同志的268幅作品。选送5位老同志的作品参加了北京市直属机关书画摄影展，其中1人获二等奖；选送45位老同志的作品参加国土资源部离退休老同志书画摄影展、6位老同志的作品参加北京市老干部局与北京市老年书画协会举办的老同志书画摄影展，受到好评。

组织开展“我与我的祖国”主题征文活动。活动得到了老同志们的响应，共有76名离退休干部撰写了回忆文章、选取了珍贵照片，积极参加征文活动。老同志的征文质量较高，其中有6篇征文在《中国老年报》刊登、21篇征文在《首都房地产》杂志上发表。征文活动结束后，我们将离退休老同志的文章和老照片汇集成册，编印、出版了《“我与我的祖国”——纪念中华人民共和国成立六十周年离退休老同志征文集》。

【加强自身建设】

继续加强作风建设。组织工作人员学习了“弘扬奥运精神，加强领导干部作风建设年”和党风廉政建设的相关文件，开展了学习实践科学发展观活动整改落实“回头看”自查工作，深入开展了“讲党性、重品行、作表率”主题实践活动，签订了《“一岗双责”责任书》，开展了“小金库”专项治理自查自纠和厉行节约等工作，2009 年老干部活动站被局里评为“2009 年度核算管理先进单位”。

加强老干部工作人员的思想教育和业务培训。积极参加局机关党委安排、组织的教育活动，坚持组织工作人员政治理论学习，保证了全体人员在思想上、行动上与党中央保持一致。针对当前老干部工作人员较新的实际情况，坚持抓好专项的业务工作培训。三月和十一月，分别举办了“老干部政策业务培训班”，组织工作人员对一些老干部工作的纲领性文件进行了集中学习。全年结合平时的具体工作，通过每周例会等时机，定期对政策业务的学习情况进行交流和检查，使工作人员及时掌握新政策、更新观念，适应形势岗位工作新要求。

继续做好调研及信息宣传工作。通过《老干部工作信息》和《资料选编》较为全面地反映了老干部工作状况，并定期把理论学习资料、国土资源政策法规和局工作动态介绍给老同志。全年完成了《离退休干部党支部建设的调查与思考》和《离休干部社区“四就近”服务工作情况调研报告》两篇调研报告，均受到市老干部局的表彰，分别荣获一等奖和三等奖。

做好各项基础工作。制定了《处（站）重大事项管理制度》和《处（站）会议制度》，完善了财务方面的 4 项规章制度。继续在老干部信息管理、维护工作方面下功夫，完善了党务、财务、人事等数据库，完成了局级退休干部信息采集工作。认真做好国庆六十周年庆祝活动期间的安全稳定工作，为“平安国庆”、“平安北京”作出了自己的贡献。

专业管理

世界地球日分局设立宣讲台发放宣传材料

北京市国土资源执法监察大队

【机构设置和职责】

北京市国土资源执法监察大队（执法监察处）成立于2002年3月。下设办公室、土地执法监察室（三个）、矿产执法室、卫片执法检查室、督察室、动态巡查室，其中卫片执法检查室、督察室、动态巡查室为2009年新增部门，现有执法监察人员29人。

大队工作职责主要为负责本市国土资源方面的执法监督工作，按照管理权限查处有关违法案件，受理有关投诉和举报，指导区县国土资源行政主管部门的执法监督工作。具体为：一是国土资源违法案件的查处；二是国土资源违法违规行为的信访查办；三是土地卫片执法检查；四是国土资源动态巡查。

【土地案件查处工作】

2009年，全局执法监察系统把查处大案要案作为执法监察工作的重点，对未报即用、未批先用特别是违反土地利用总体规划、违反国家产业政策侵犯农民合法权益的案件进行了严肃查处。共立案查处各类土地违法违规案件615宗，涉及土地面积约1万亩（耕地2425亩），全年结案1240宗（含历年未结案件），涉及土地面积约2.2万亩（耕地6341亩）。拆除、没收建（构）筑物120余万平方米，收回土地1288亩（耕地327亩），收缴罚没款3836万元，建议党政纪处分181人，刑事移送4人。

其中，市局重点查处了丰台区王佐镇庄户村高尔夫球场非法占地案、通州区张家湾镇大辛庄村“乡情缘”项目非法占地案等案件。在2009年底开展的“查处未报即用土地违法”专项工作中，公开曝光了朝阳区北京林科恒业水处理技术有限公司非法占地案等3宗案件查处情况。

【专项行动工作】

1. 严打以设施农业为名违法建设专项工作

针对我市部分郊区县发生以设施农业、观光农业为名，擅自改变土地用途进行非法建设问题。国土资源部、市委市政府对此问题的处理高度重视。2009年6月1日，市政府召开会议研究严肃处理以设施农业为名进行非法建设和第九次卫片执法检查工作。6月12日，市政府组织在昌平区兴寿镇召开土地执法工作会议，陈刚副市长和国土资源部贠小苏副部长出席并作重要指示。会后，各区县行动迅速，坚决贯彻落实会议精神，借助查处违法用地的高压态势，积极推进清理整改工作。

截至2009年8月底，发现的38个项目中，除司法保全等3个特殊项目外，其余35个违法违规项目建筑全部拆除，拆除总面积27.66万平方米，拆除率100%。拆除整改建筑物2695栋，整改到位率84.9%，复垦率达到79.1%，有效防止事态扩大、蔓延。

2. 高尔夫球场专项清理活动

按照国土资源部要求和部署，全市共梳理出高尔夫球场项目123宗，占地9.6万亩（农用地2.4万亩）。有关情况已上报国土资源部和国家土地督察北京局。其中，重点对审计署、国土资源部通报的宝兴等13个高尔夫球场用地问题进行了研究和处理。

3. 打击非法开采矿产资源专项行动工作

根据北京市打击非法开采矿产资源工作联席会议办公室《关于开展打击非法开采矿产资源专项行动工作检查安排的通知》要求，我局会同市公安、安监等部门组成联合检查组，对房山、密云、昌平、怀柔、顺义、平谷、门头沟进行了打击非法开采矿产资源专项检查。针对检查出的怀柔、密云非法开采砂石、顺义、平谷非法铁矿选矿厂问题，分别向有关区县政府发函，督促区县政府采取果断措施予以取缔。

【卫片执法检查工作】

1. 国土资源部第九次卫片土地执法检查

2009年，我市按照国土资源部开展第九次卫片土地执法检查工作部署，对全市14个郊区县2007年10月至2008年10月期间的新增建设用地变化情况进行了执法检查。通过核查，全市共新增建设用地1099宗5万亩（耕地2.4万亩），其中违法用地652宗2.4万亩（耕地1万亩），占新增建设用地宗地数、面积数、耕地面积数的比例分别为：59.3%、48.5%和43.2%。截至2009年底，共立案查处384宗，处罚到位372宗，处罚到位率96.9%；采取自行清理、拆除、整治等方式处理268宗，已处理到位253宗，处理到位率94.4%，其余尚待处理的，有关区县也分别提出了具体的处理意见和时限安排。

2. 我市“遥感二号”卫片执法检查

在市政府统一部署下，我市积极利用“遥感二号”卫片对郊区县违法违规用地开展自查自纠，对监测时段为2008年第4季度至2009年第3季度发现的457宗8184亩（耕地1800亩）违法违规用地进行了拆除整改。截至2009年底，违法违规用地下降到284宗4292亩（耕地244亩），其中违法违规占用耕地比例由19.4%下降到2.9%。

【2009年动态巡查工作】

发挥市局、区县分局两级执法监察队伍和国土资源管理所在巡查中的作用，努力实现“关口前移，重心下移”。2009年，执法监察系统共巡查11440人次，累计4160天。制止土地违法行为312件，涉及土地面积7170亩（其中耕地3405亩）挽回经济损失8099万元。

【信访查办工作】

2009年，全局执法监察系统共受理信访件2093件，截止年底，已办结1793件，办结率为85.5%。市局受理信访件194件，全部办结。市局向相关区县政府发调处督办函66份。重点对国土资源部执法监察局挂帐督办的17起信访案件进行了督查督导。

【矿产执法检查工作】

(1) 全年立案查处矿产违法案件51宗，结案49宗，收缴罚没款84.3万元。

(2) 为进一步加大矿产资源违法案件行政处罚力度，规范矿产行政行为。经过对北京市范围内重点矿种、矿产品数量及价格的充分调研，完成了《非法开采矿产资源违法行为行政罚款处罚标准》(试行) 修改稿。

(3) 为落实08年底市局印发的《顺义、怀柔、密云交界地域矿产联合执法试点方案》要求，继续推进顺义、怀柔、密云三区县矿产联合执法工作。2009年，通过三区县矿产联合执法，一举打掉了顺义木林镇、密云河南寨镇和顺义牛栏山镇、怀柔杨宋镇两个盗采砂石团伙，抓获了所有涉案人员，并以非法采矿罪移送公安机关，追究刑事责任。

【共同责任机制建设】

按照市政府要求，我局配合市规划委起草《关于建设制止和查处违法用地和违法建设联动工作机制的意见》，进一步明确市各有关部门和区县政府的有关责任，该意见完成后将以市政府文件形式发布实施，对于有效遏制违法用地和违法建设问题，促进社会和谐稳定具有重要意义。

北京市国土资源局业务受理中心

【基本情况】

受理中心承担着由市国土局负责办理的16项（含34个子项）行政许可事项和16项（含16个子项）行政服务事项的受理、分办、催办、发件、收费、统计及业务咨询等工作，同时负责对区县分局行政服务大厅的业务指导。

根据全程办事代理制“窗口受理、限时办结、规范收费、统一发件”的要求，市国土局对外设立了行政服务大厅（由受理中心具体负责管理）。大厅设土地矿产、土地登记、中央和军队和央企、行政公文、发件、收费、服务台共七类、10个业务窗口，分别负责相关业务的受理、办理工作。

【业务事项受理情况】

2009年，市国土局受理各类业务事项共17446项。其中：土地管理类业务3587件，占受理事项总量的21%；矿产管理类业务283件，占受理事项总量的2%；土地权属类业务13576件，占受理事项总量的77%（详见图1）。

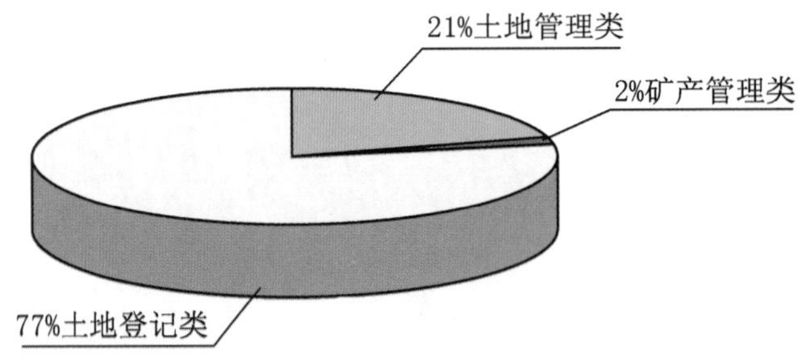

图1　2009年市局业务事项受理情况

2009年，区县国土分局受理各类业务事项共22412项。其中：土地管理类业务2988件，占受理事项总量的13%；矿产管理类业务160件，占受理事项总量的1%；土地权属类业务19264件，占受理事项总量的86%（详见图2）。

【业务事项办结情况】

2009年，市国土局办结各类事项18472项。其中：土地管理类事项办结3753项，占办结事项总量的16%；矿产管理类事项办结191项，占办结总量的

1%；土地权属管理类事项办结14428项，占办结事项总量的83%（详见图3）。

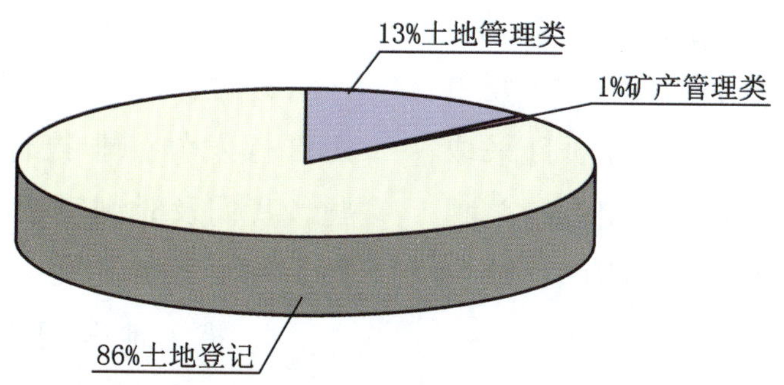

图2 2009年区县分局业务事项受理情况

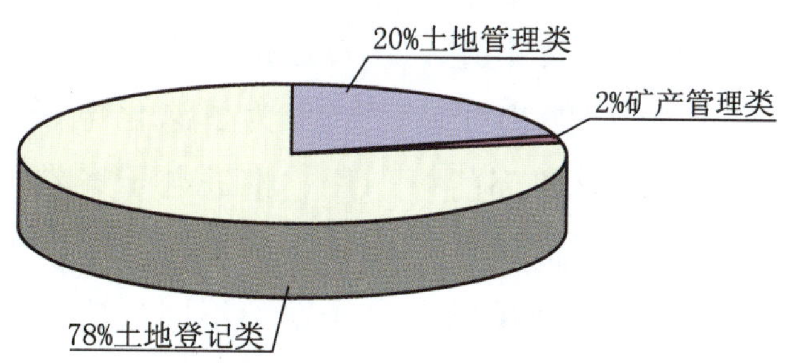

图3 2009年市局业务事项办结情况

2009年，区县国土分局办结各类事项19287项。其中：土地管理类事项办结2441项，占办结事项总量的13%；矿产管理类事项办结154项，占办结总量的1%；土地权属管理类事项办结16692项，占办结事项总量的86%（详见图4）。

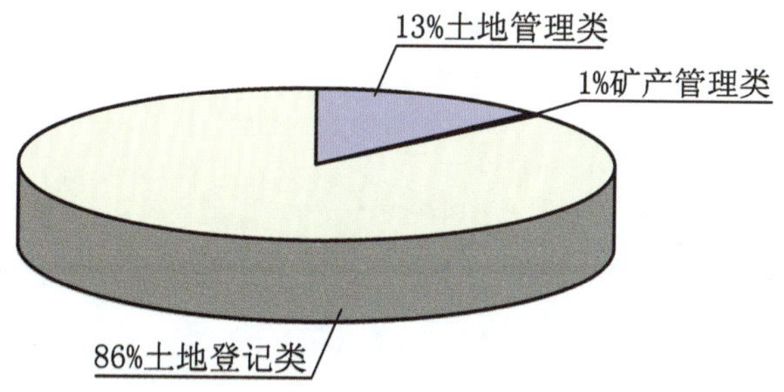

图4 2009年区县分局业务事项办结情况

【业务事项费用收缴情况】

2009年，市国土局收费窗口共收缴土地有偿使用收入483.33亿元，其中包括前期成本93.91亿元。

地矿类收费收入11459.88万元。其中：矿产资源补偿费5231.59万元，探矿权使用费1.18万元，采矿权使用费36.79万元，价款6189.73万元，采矿登记费0.36万元，勘查登记费0.23万元。

【其他工作】

1. 建立“重大项目用地审批绿色通道”

根据《北京市扩大内需重大建设项目绿色审批通道实施办法（试行）》的有

关规定和局领导的要求，按照“随到随办、重点标识、主动服务、加快办理”的原则，在行政服务大厅建立“重大项目用地审批绿色通道”，对重大项目采取专人受理、绿袋存放、加盖专用章、单独统计、每天上报、办结告知等措施，确保重大项目及时准确受理。

2. 规范行政服务许可事项“退件”要求

为保证退件工作的正常进行又不违反相关的法规制度，我们及时提出了“依申请退件”的要求。目前各业务部门的退件材料包括：报件方提出的书面退件申请、有部门领导签字的阶段性办结单以及申报材料。

3. 严格“补件、发件”手续

针对补件不通过受理窗口，业务经办人自行发件，非报件人员代替取件等问题，我们及时制定相关规定，严格履行发件手续，避免了发件隐患。

4. 将土地登记类服务事项全部纳入电子政务系统，统一全局受理业务平台

5. 建立电子案卷与纸质案卷同步流转通报制度

为了深化电子政务管理信息系统应用，推进电子案卷与纸质案卷同步流转，根据局领导指示，每月通报纸质案卷与电子案卷不同步情况。

北京市土地利用事务中心

【机构与职责】

北京市土地利用事务中心是北京市国土资源局直属事业单位，于2001年1月21日经市政府批准成立，编制60人，内设六科一室，即办公室、征地业务科、出让业务科、综合一科、综合二科、综合三科、财务科。2008年依据中心职能和任务需要新组建受理科和地价科。

主要职责为：受市局委托负责按规定催缴土地有偿使用费用；承办本市征地及国有土地使用权划拨、出让、转让、出租、抵押以及地价评审的技术性、事务性、服务性工作。

【历年工作情况回顾】

中心自成立以来，共签订出让合同7000余件，签订补充协议约30000余件，办理地价款核实函约15000余件，前、后期档案归档共约10000余卷；清理出欠费项目950多项，欠缴地价款金额230多亿元，已收回欠费项目860项，收取欠费200多亿元。为全市各部门提供各类统计数据600余次。

【2009年日常业务完成情况】

全年共受理许可类事项1018件，办结898（含08年件）件；服务类事项1508件，办结1459件。其中：

1. 土地出（转）让

受理出让合同471件，办理完成459件（含2008年受理件）；完成转让登记45宗；受理出让合同变更547件，办结439件（含2008年受理件）；办理地价款缴纳核实1372件等。

以上土地出让合同办理情况和土地出让合同变更情况都已定期向社会公示。

2. 地价评审

召开地价办公室会议42次，初审地价评估报告500余份，召开地价专家评审会4次，审定项目473个。

3. 欠费清缴

继续对市局办理出让项目的历史欠费进行清理、催缴。今年共催缴收取地价款56亿元。

4. 统计工作

完成局办、信息科技处、利用处出让、变更等9类17种报表，按时完成上传国土部“土地市场动态监测与监管系统”的填报工作，为市局及时提供各类用地情况报表。配合信息中心完善办公自动化系统，并完成办公业务的系统转化。

5. **行政公文**

处理各类公文2000余件，受理政府信息公开申请212件，信访件39件。

【扩大内需重大项目审批】

根据北京市政府《关于转发市发展改革委市监察局加强扩大内需重大项目绿色审批通道管理和监督检查有关文件的通知》以及市局《关于印发<北京市国土资源局关于加强对扩大内需促进经济增长政策措施落实情况进行监督检查的工作方案>的通知》（京国土行监［2009］3号）等文件精神，中心针对进入绿色通道的扩大内需重大项目的办理制订了一整套制度、措施。2009年已受理进入绿色通道的扩大内需重大项目申请232件（其中包括核实函），已办结221件，办结率95.3%，无一超时。

【国土资源部闲置土地清理专项工作】

按照《国土资源部关于进一步做好闲置土地处置工作的意见》（国土资发〔2008〕178号）要求，对我市2007年闲置土地清理处置中已经清理出并上报的333宗闲置土地、规划用地面积1587公顷完成处置工作。按照国土资源部文件确定的处置原则、标准和要求，在各区县政府的协助下，我局已拟定处置方案并分期、分类予以实施。处置结果已报送市政府、国土部。

【配合国家审计署的审计工作】

配合审计署长春特派办、沈阳特派办、京津冀特派办等的各项审计工作开展，做好档案调阅、数据统计、报表等工作。期间，共向审计署提供出让合同档案400余卷，完成数据报表10余次。

【档案、数据统计、信息化】

为配合完成档案数字化三期工程工作，我中心清理2004年以来至2008年底的出让及后期转让、补充协议等档案数字化工作，并完成到现办公系统的转换。我中心存有档案约11500卷，档案馆存约有档案3000卷，共计约有档案14500卷，正进行不同程度的整理、扫描、录入工作。

北京市土地整理储备中心

【机构与职责】

北京市土地整理储备中心于2001年4月28日成立，主要承担全市土地后备资源调查、土地储备开发和建立政府土地储备库等职责，为差额拨款事业单位，人员编制100人。内设“七部一室”，即财务管理部、储备管理部、开发管理部、市场交易部、项目开发一部、项目开发二部、项目开发三部、综合办公室。

【2009年工作情况】

1. 土地市场供应

2009年，市土地交易市场和10个远郊区县、北京经济技术开发区土地交易分市场共成交土地250宗，土地面积约1965.16万平方米，规划建筑面积约2391.19万平方米，成交价款966.28亿元，其中，共推出限价商品住房用地79宗，土地面积701公顷，可建限价商品房建筑规模约1126万平方米。

2. 土地一级开发

2009年，核发土地一级开发授权批复328个（含延期），土地总面积11983公顷。全市纳入1000亿元土地储备开发投资的项目383个，涉及土地面积约18000公顷，全市累计实现投资1165亿元。

3. 内设机构调整及增加人员编制

按照“适应形势、集中优势、理顺职能、合理设置、确保稳定”原则，对中心内设机构进行了调整。通过撤销原土地整理部、规划发展部，整合原土地储备部、开发管理部，设置5个储备开发工作部门，调整后，内设“七部一室”，即财务管理部、储备管理部、开发管理部、市场交易部、项目开发一部、项目开发二部、项目开发三部、综合办公室。同时，市编办批复增加中心人员编制50名。

4. 政府土地储备

2009年，新增收购储备项目4个，土地面积17.06公顷；新增市、区联合储备项目32个，土地总面积4914.31公顷。实现供应的收购储备项目2宗，土地面积63.87公顷。全年组织办理储备土地证宗地107宗，土地面积1316公顷，可实现抵押贷款额约919亿元。

5. 土地储备资金筹措管理

2009年筹措资金461亿元，首次采取公开招标、竞争性谈判方式确定贷款银行及额度，分别与国家开发银行等13家银行建立了资金合作关系，获得授信额度1289亿元。制定《北京市联合土地储备

开发项目资金监管指导意见》（京国土财函［2009］745号），与银行签订《市区联合储备开发项目资金监管协议》，形成了市（区）国土、财政、审计和监察部门及银行机构的联动监管保障机制。

6. 年度土地储备开发计划编制及实施

编制了《北京市2009年度土地储备开发计划》，计划全市土地储备开发年初结转8800公顷，年度新增4700公顷，年度基本完成开发3600公顷（其中年度供应1600公顷），年末结存9900公顷，安排土地储备开发投资1000亿元。

全年实际新增土地储备量9741公顷，完成土地储备开发面积4329公顷，实现土地储备开发投资1165亿元。

7. 相关政策及课题研究

完成了《北京市土地储备库管理办法》，形成了《储备土地库建库方案》、《出入库规范及程序》政策研究成果，起草了《关于优化土地一级开发项目审批程序的意见》、《关于继续按照绿色审批通道程序加快推进土地一级开发项目有关问题的请示》、《关于土地储备机构资金用于定向安置房建设有关问题的请示》、《关于优化“三定三限”定向安置房项目退出机制有关问题的请示》等政策性文件。同时，开展了《扩内需、保增长、进一步加大土地储备开发政府主导性研究》、《北京市国有土地收购补偿价格标准研究》、《轨道沿线土地储备开发项目潜力调查成果深化》、《重点新城、城乡结合部等区域储备开发情况分类调研》4个课题研究。

8. 内部管理

完善经办人责任制。通过层层签订责任书、分解项目责任等方式，逐步建立了分工明确，责任清晰，项目到人的责任管理体系。

完善人事管理制度。通过制定《北京市土地整理储备中心职工病事假暂行办法》、《北京市土地整理储备中心公开招聘工作人员实施细则》，修订《北京市土地整理储备中心加班管理暂行办法》，进一步提高了中心人事管理的规范化水平。

【历年土地公开市场出让交易情况】

截至2009年12月31日，全市共有802宗6654.17万平方米土地入市成交，成交价款为2508.65亿元，其中政府土地收益1130.76亿元。（详见表1）

表1　2001－2009年北京市国有建设用地使用权入市交易成交统计表

年度	成交宗数	交易类型			土地面积（万平方米）		规划建筑面积（万平方米）	成交价款（亿元）	
		招标	拍卖	挂牌	合计	其中建设用地		合计	其中政府收益
2001	1	1	0	0	13.97	13.97	14.14	3.17	0.59
2002	8	2	1	5	250.48	174.79	331.26	61.35	14.93
2003	48	3	1	44	201.7	158.7	277.87	49.14	19.05
2004	89	4	0	85	537.92	403.53	609.51	115.31	32.85

续表

年度	成交宗数	交易类型			土地面积（万平方米）		规划建筑面积（万平方米）	成交价款（亿元）	
		招标	拍卖	挂牌	合计	其中建设用地		合计	其中政府收益
2005	50	2	0	48	357.39	242.12	451.97	117.51	39.31
2006	87	29	1	57	856.2	594.96	935.05	257.67	92.11
2007	85	41	0	44	897.92	600.63	1233.01	438.1	204.34
2008	184	26	0	158	1573.43	1110.19	1810.43	500.12	170.82
2009	250	20	1	229	1965.16	1385.27	2391.19	966.28	556.76
合计	802	128	4	670	6654.17	4684.16	8054.43	2508.65	1130.76

【2009年国有建设用地使用权交易】

2009年，市土地交易市场和10个远郊区县、北京经济技术开发区土地交易分市场共成交土地250宗，土地面积约1965.16万平方米，规划建筑面积约2391.19万平方米，成交价款966.28亿元，其中，政府土地收益556.76亿元，为成交价款的58%。（详见表2、表3、表4）

表2　2009年北京市国有建设用地使用权入市交易成交统计表

交易地点	成交宗数	土地总面积（万平方米）		规划建筑面积（万平方米）	成交价款（亿元）
		合计	其中建设用地		
市土地交易市场	67	662.14	423.866	875.33	666.10
远郊区县土地交易市场	183	1303.02	961.41	1515.86	300.18
合计	250	1965.16	1385.27	2391.19	966.28

表3　按用途分类

	合计	住宅用地	商业用地	工业用地
面积（公顷）	1965	974	267	724
结构比例	100%	50%	13%	37%

表4　按区域分类

区域	面积（公顷）	比例
首都功能核心区	7.77	0.4%
城市功能拓展区	235.72	12%
城市发展新区	1268.8	64.6%
生态涵养发展区	452.87	23%
合计	1965.16	100%

北京市土地权属登记事务中心

【机构与职能】

2004年12月31日，北京市土地权属登记事务中心（北京市矿产资源储量评审中心）根据《关于调整原北京市国土资源和房屋管理局所属单位隶属关系有关问题的通知》（京编办函〔2004〕8号）设立，承担原北京市房屋土地权属登记事务中心的土地权属登记、档案管理和矿产资源储量评审职责。

依据登记中心职能和任务的调整，现组建“四部、两馆、一室”，即登记部、权属部、调查部、信息统计部、档案馆、地质资料馆和办公室。现承担北京市土地权属登记、地籍调查、局档案管理、北京市矿产储量评审等职能。

【土地权属登记】

1. 全力做好1000亿投资项目土地登记工作，为提前完成我局“保增长、扩内需”工作任务作出突出贡献

2009年，为应对金融危机，市委市政府向我局下达了1000亿土地储备开发投资任务。按照市政府及我局有关文件精神，储备用地土地登记要特事特办，为融资创造条件，市登记中心和各分局登记中心共同承担了全市的政府储备用地的土地登记工作。到2009年11月底，全市颁发储备用地土地使用权证共319个，土地总面积4901.70公顷，其中土地权利人为市储备中心的土地使用权证120个，土地面积1335.96公顷；土地权利人为储备分中心的土地使用权证199个，土地面积3565.74公顷。09年度全市储备用地抵押贷款金额1484.15亿元，提前45天圆满完成1000亿投资储备用地发证任务。

2. 顺利完成城镇成套住宅分摊国有土地使用权土地登记（以下简称小业主登记）和军产及保密产登记审核移交工作，率先实现市局职能调整工作部署

根据局长专题会精神，市登记中心进行职能调整，原由市登记中心具体办理业务的将移交分局办理。到2009年9月底顺利完成崇文、石景山、通州、顺义、大兴、昌平、东城、西城、宣武、丰台、海淀、朝阳等十二个分局的小业主登记业务移交工作。通过下放，提高了办事效率，缩短了办理时限，大大方便了权利人，受到社会各界的普遍好评和各大媒体的广泛关注。在成功进行小业主登记业务移交的基础上，2010年1月1日开始，军产、保密产土地登记审核工作也将移交各分局办理。

通过职能调整，一方面减少工作环节，提高办事效率，更好的为权利人服务，取得了良好的社会效益；另一方面进一步理顺市局、各分局土地登记部门的职责，使得各分局登记业务更加充实，为登记队伍的建设和全市土地登记事业的健康发展夯实了基础。

3. 日常登记

2009 年业务下放前，共计办理各类土地登记业务 11533 件，其中包括：小业主土地登记 11358 件，大业主土地登记 142 件，军产、保密产土地登记 33 件。平均每月办理各类土地登记业务数量高达 1282 件，在如此繁重的工作量下，做到了全年无延误办理，无超时办理，无一次性告知不到位且未发生一起受理业务投诉。

4. 北京市土地总登记工作

2009 年，市登记中心选派专人配合开展北京市土地总登记工作。

本年度通过积极组织召开各区（县）动员会、专题会、经验交流会和开展业务培训等方式，本着“先易后难，条块结合，循序渐进，逐步开展”的原则，进一步加大对城镇国有建设用地总登记工作的指导力度。为推动北京市土地总登记发证工作，明确并细化总登记工作程序和方法，组织拟定了《北京市土地总登记实施细则（试行）》，细化了总登记的工作流程，为在全市范围内开展土地总登记工作提供了保障。

经统计，全市城镇国有建设用地总登记发证数为 33143 宗，在工作范围内的总发证率达到 81.08%。各区（县）均建立了宗地台帐，掌握了每宗地的基本信息，完成了确权率 90%，发证率 70% 的工作目标，为完善我市土地产权制度，保护权利人合法权益，满足首都经济社会发展和国土资源管理的需要打下了坚实的基础。

【档案工作】

1. 开展档案数字化（三期）和日常档案数字化工作，为我局信息化建设奠定了坚实的基础

2009 年 4 月，在顺利完成档案数字化（二期）的基础上，登记中心组织开展了档案数字化（三期）工作，档案数字化工作在各单位全面铺开。通过档案数字化二期和三期工作，2008 年 12 月 31 日前形成的历史档案得到了历史上的首次次系统专业的整理、录入、扫描形成了完整的数字档案，全年共计完成档案整理 192467 卷，文字录入 177500 卷，扫描 9408646 页，档案数字化三期工作正在有序进行。在开展档案数字化（三期）的同时，全系统开展日常档案数字化工作，使日常档案与历史档案数字化成果实现系统对接，档案数字化成为日常工作。同时，我们还进行了数字档案馆的调研工作。

档案数字化工作使全系统档案的管理、查询、应用历史性的实现了信息化，为我局信息化建设、地籍信息系统的推广应用提供了必要条件，也为今后登记业务实现网上审批带图作业奠定了基础。

为了缓解市局档案库房的承载、档案接收等方面的压力，档案馆租用部队营房作为临时档案库房异地保管档案，全年共计完成小业主权属登记档案、评估档案、

工程档案、科研档案和会计档案等档案条码处理120551卷，卸载76297余卷。

2. **日常工作**

2009年接收及整理上架局机关处室文书档案2713卷，其中，永久档案432卷，长期档案1060卷，短期档案1221卷。共计接待机关和社会各界人员借阅档案133703卷/2109人次。催还档案1201卷，90%的档案已经归还。

【调查工作】

2009年，市登记中心选派人员配合开展北京市第二次全国土地调查相关工作。

1. **北京市第二次全国土地调查工作**

（1）指导区（县）开展城镇土地更新调查工作，先后制定下发了《关于全面开展城镇土地更新调查工作的通知》（京国土调查办发〔2009〕6号）、《关于开展城镇更新调查有关事项的通知》（京国土调查办发［2009］14号），并前往多区（县）进行指导和督促，保证了城镇土地更新调查工作稳步开展。

（2）组织对城镇土地更新调查成果数据汇总工作，经市局批准后，上报国土资源部。

（3）依照全国土地调查办对于地类认定的要求，在内业核查的基础上组织开展地方复核工作。为保证地方复核工作顺利开展，制定并下发了《关于开展二次调查（农村部分）地类核实工作的通知》（京国土调查办发［2009］13号），顺利完成了农村部分调查成果的地方复核工作。

（4）按照《关于在第二次全国土地调查中增加可调整地类的通知》（全国土调查办发〔2009〕9号）精神，为准确掌握全市耕地现状及变化情况，制定了《核查补充可调整地类实施方案》，指导完成14个区县（除城四区）进一步完善调查成果。

（5）根据《关于如期完成城镇更新调查及开展线状地物接边工作有关问题的通知》（京国土调查办发〔2009〕28号）要求，为确保二次调查成果的准确性和合理性，针对区（县）间线状地物接边等问题，于2009年8月组织完成了区（县）间线状地物接边等工作，进一步确保了调查数据的准确性和合理性。

（6）按照全国土地调查办的统一部署，根据《关于开展第二次全国土地调查标准时点统一更新工作的通知》（国土调查办发〔2009〕30号）要求，编写了《北京市第二次全国土地调查标准时点统一更新实施方案》，用以指导全市标准时点统一更新调查工作。

（7）根据全国第二次土地调查办公室下发的《第二次全国土地调查专项用地调查统计规定（试行）》，对相关技术要求进行统一培训和部署，确保工作按时保质完成。

2. **北京市第二次全国土地调查数据建库工作**

在国家级核查基础上，各区县土地调查办进行了地方复核，积极督促有关协作单位进行农村土地调查数据库的修改完善工作。根据《关于全面开展城镇土地更新调查工作的通知》（京国土调查办发［2009］6号）要求，于2009年5月开始进行全市十八区县分局和亦庄分局的城镇土地调查数据库建设工作，并于2009年11月份顺利完成建库工作。准备第二次全国土地调查县级控制界线有关成果，制作完成各区县《图幅理论面积与控制面积接合图表》。

【信息系统建设】

2009年，市登记中心选派人员配合完成了08年度土地变更调查MapGIS矢量数据库的检查工作和数据库上报、地籍管理信息系统建设等市局专项工作

1. 完成08年度土地变更调查MapGIS矢量数据库的检查工作和数据库上报工作

2. 地籍管理信息系统建设工作

2009年4月中旬开始在宣武分局进行地籍管理信息系统试点工作，对土地总登记和日常变更登记进行现场研发。2009年8月4日，市国土资源局召开北京市地籍管理信息系统宣武试点验收会，验收组认为该系统具有良好的实用性，达到了试点工作目标，一致同意通过验收。并建议进一步完善系统功能，逐步扩大试点范围，加大应用推广力度。通过宣武试点，实现了地籍管理的信息化，提高了办公效率，提升了工作质量，加强了监督管理，实现了信息共享。

2009年8月25日，召开北京市地籍管理信息系统扩大试点区县工作部署会，在宣武分局继续深化试点的基础上，选取崇文、丰台、通州、密云、延庆五个分局作为第一批扩大试点区县。2009年11月23日，市局召开北京市地籍管理信息系统第一批区县试点工作总结会，对崇文、宣武、丰台、通州、密云、延庆六个区县地籍管理信息系统试点工作进行了全面总结。试点工作取得了一定的成果，达到了预期的目的。

为了扩大地籍管理信息系统试运行范围，进一步推广系统应用，完善系统功能，在崇文、宣武、丰台、通州、密云、延庆六个分局试点基础上进行全面部署和试运行工作。2009年11月27日，市国土资源局组织召开了北京市地籍管理信息系统部署工作会。从12月1日开始在全市部署和试运行北京市地籍管理信息系统。

【地质资料管理与矿产储量评审】

1. 成果地质资料管理

全年共接收汇交地质资料105档，经检查，完成验收和归档工作。

全年共接待来馆内查阅、复制公益性资料160人次，借阅资料530档，6000余件次。与储量管理处、信息中心共同协作，在市局服务大厅和局内网上构建了北京市地质资料查询服务系统，为实现公益性资料内容网上共享奠定了基础。在2009年保增长保红线行动中，北京市地质资料馆高度重视，部署周密，行动迅速，措施有力，取得显著成效，受到国土资源部通报表扬。

全年共向全国地质资料馆转交成果地质资料9档。

2. 实物地质资料管理

实物地质资料管理是本年度新增加的工作，完成的主要工作有：

对2006年以来收集存放在坨里实物资料库的41口地热井岩屑资料和一个矿区的岩芯资料进行了集中清理，更换了破

损的资料箱，共清理岩屑资料约3万件、矿区的岩芯资料450余米。顺利地完成了实物地质资料的交接工作。

本年度开展了实物地质资料的野外检查验收和技术指导工作，共完成了16口地热井岩屑资料的野外现场验收与接收。

完成了原坨里移交的41口地热井和2009年初提交的3口地热井共计2.9万余件实物地质资料的整理建档工作，为实物地质资料管理开创了良好的开端。

3. 储量报告和矿山储量年报评审

全年共接收送审的储量报告46份，完成储量报告评审43份；进行矿山实地检查11次；召开储量评审会14次。审查储量登记书50份，递交评审备案材料34份。利用“北京市储量空间数据库”，对22个建设项目用地范围压覆矿产资源储量情况进行了核查确认工作。

全年共接收矿山储量年报16份，全部完成审查工作。

4. 提供技术支撑和为地勘单位提供技术服务工作

为市局起草了《关于加强地热井实物地质资料整理汇交工作的通知》和《北京市国土资源局“为扩大内需项目做好地质资料信息服务”工作方案》。按照国土资源部的修改意见进一步修改完善了《北京市实物地质资料管理细则》，已由市局下发到各地勘单位广泛征求意见。

先后对国土资源部下发的《天然矿泉水资源地质勘查评价规范》和《固体矿产资源储量分类》（征求意见稿）、《国土资源部关于加强地质资料汇交管理工作的通知》（征求意见稿）提出修改完善意见和建议。

组织了北京市地质资料电子文档和储量评审培训会一次；先后召开小型技术研讨会4次，培训技术人员近七十人次。

5. 完成数据库补充完善专项工作

对目录数据库等五个数据库的数据及时进行了更新和补充，并完成地质资料目录著录350档。

6. 积极参加地质改革发展大讨论

按市局要求，地质资料馆积极参加了地质改革发展大讨论论活动，组织了《如何提高地质资料社会化服务》专题讨论任务，提交了《登记中心地质找矿改革发展大讨论工作总结》等有关材料。

7. 完成国土资源部布署的地质资料管理专项检查自检工作

按照国土资源部办公厅要求，地质资料馆人员对八年来的地质资料管理情况及存在问题进行了系统总结，编写了《北京市国土资源局地质资料馆工作情况汇报》。

【其他工作】

1. 登记中心针对工作中存在的问题，广泛开展业务调研活动，完成“北京市土地登记代理制”调研课题，形成《北京市土地登记代理制调研报告》，对工作中存在的问题及形成的原因进行了分析总结，提出了具体的意见和建议。

2. 全年完成分局报批中央用地手续213件。

3. 向国土资源部法律事务中心09年全年央产发证备案资料213卷。

4. 受理政府信息公开依申请事项查

询共58件，均已按时办结，主动公开抵押类信息共计51条。

5. 按期回复土地登记类信访件共计31件。

6. 全面总结北京市土地登记建国以来的历程，在系统整理资料的基础上，完成《北京市土地登记六十载专题片》。

7. 汇总统计各类报表，按时、保质、保量地上报了各类统计报表和用于信息公开的土地登记数据。包括：土地抵押动态监测系统报表（月报）；土地抵押登记明细报表（月报）；北京市城镇国有土地登记发证统计表及续表（月报）；国有土地使用权交易情况表及续表（月报）；登记中心大业主发证公示表（月报）；土地使用权登记发证信息明细表（季报）；土地抵押数据上报汇总表（季报）；北京市地籍管理工作进度汇总统计表（年报）；国土资源综合统计年报汇总表（年报）；北京市城镇地籍数据汇总表（年报）。其中，北京市抵押登记数据汇总上报工作得到了国土资源部有关部门的认可和好评。

8. 全年承办《北京地籍资讯》内部刊物24期，全年发行3620本。

北京市国土资源局信息中心

【机构与职责】

北京市国土资源局信息中心（Information Center of Beijing Municipal Bureau of Land and Resources）成立于2005年3月，是北京市国土资源局所属全额拨款事业单位，承担北京市国土资源系统信息化建设工作，负责国土资源信息系统运行的技术支持和保障工作。

中心设“一室四部”：办公室、财务部、规划发展部、技术保障部、数据运行部，人员编制27名。

具体职责包括：

一、负责制定全局信息化建设总体规划和年度计划。

二、负责起草全局信息化相关制度、办法、规范和标准。

三、负责协助组织全局信息化项目的立项、实施、验收等工作。

四、负责全局电子政务系统的规划、建设、管理和维护工作。

五、负责北京市国土资源数据中心的规划、建设、管理和维护工作。

六、负责全局内外网站群系统的规划、建设、管理和维护工作。

七、负责全局网络和信息系统软硬件的规划、建设、管理和维护工作。

八、负责全局信息系统安全管理工作。

九、负责市局机房规划、建设、管理和维护工作；负责指导各分局机房建设、维护工作。

十、负责市局终端PC机及外设的维护、维修工作。

十一、局领导交办的其他工作。

工作情况

【基础环境建设】

1. 机房管理

一是完成了机房空调升级改造项目，在原有2组精密空调的基础上增加了8组变频空调，改造空调下水管路。二是完成了对机房负载的整改工作，将原部署于机房内的2组UPS迁移到大楼地下二层，消除了安全隐患。三是加强了机房的日常管理工作，将机房内人员出入和操作纳入规范管理。

2. 网络管理

通过组织实施市局网络建设（二期）项目，一是将原来使用的外网交换机全部更换为智能管控型交换机，提升了整体网络接入的性能和稳定性。二是在互联网出口部署 IPS 并应用安全防护策略，实现了对网络攻击事件的防护监控和非法敏感内容的过滤。三是使用流量控制器，实现基于应用层的流量分析控制，对重要业务应用进行 QOS 带宽保障，对与工作无关的游戏下载流量以及已知的违法网站进行严格屏蔽限制，提升网络带宽利用率，改善网络质量。

【技术支持与培训】

1. 硬件维修

定期对计算机终端的情况进行汇总、分类，对发现的问题及时解决，同时对终端计算机进行远程软件升级和系统升级，加强终端安全，提高防病毒攻击能力；定期对全局的终端用户及设备进行回访和维护，了解用户需求，悉心听取意见反馈，加强终端维修工作管理积累经验。

据统计，2009 年度，现场服务 1456 人/次，解决处理各项故障问题 1854 人次，其中操作疑问 77 人次、办公故障 424 人次、系统故障 422 人次、硬件故障 159 人次、网络故障 307 人次、病毒故障 67 人次。

2. 视频会议

加强了视频会议系统的管理工作，有效保障了视频会议系统的正常运行。2009 年共召开视频会议 33 次，其中国土部召开 5 次，我局召开 28 次。圆满完成各项会议保障任务。

3. 技术培训

为提高我局信息系统的应用水平，开展了小业主登记业务推广、数据交换管理系统和信息安全等方面的技术培训工作，总计 200 余人次。同时，参加市经信委、国土部等单位组织的培训约 25 人次。

为保障分局信息化工作的顺利开展，举办分局信息化应用系统管理员培训会，着重对内外网网站群、CA 认证系统、分局机房建设、运维服务整体情况进行了讲解和演示，同时对分局信息化技术人员就网络系统维护、信息安全、视频会议系统等方面进行培训交流，提高了信息化工作人员的技术水平。

【信息化运维工作】

进一步加强管理，规范各项工作流程，积极落实《北京市电子政务管理支撑规范》，将" 经验知识化、知识标准化、标准流程化、流程最优化"，逐步建立起符合我局信息化现状的运维管理体系，有力保障了各类应用系统的稳定运行。

实现了网络设备、主机、数据库、机房专用设备、机房环境等核心内容的实时监控。设立了运维服务热线电话，安排专人职守，向全局发放服务卡，承诺工作时间内 5 分钟响应，10 分钟到现场的服务标准，让全局职工能及时便捷获得帮助。

2009 年共处理约 3 万条运维请求，20 余台主机的性能得到实时监控，1000 余次的系统数据被有效备份，20 余万条的办事结果和相关公示信息准确的发布，每天近 100 万次的数据库审计信息备查，每天 60 次的网站可用性和安全性及时检查扫描，业务事项通过网上顺利办理，未出现大范围中断现象。

【信息化制度建设】

进一步完善信息化管理体制和机制，建立健全各项行政管理规章制度，规范办事流程，积极推进决策的科学化、民主化。相继下发了《北京市国土资源局电子数据安全存储规定》、《北京市国土资源局机关网络接入规则》（暂行）、《北京市国土资源局机房监控系统报警（故障）专项预案》、《北京市国土资源局视频会议系统技术保障管理规定（暂行）》、《视频会议操作流程》、《北京市国土资源局机房消防管理规定》等规范性文件。

【专题研究】

1. 信息化行动纲要

制定了《北京市国土资源局2009－2012年信息化行动纲要》（简称《行动纲要》），按照五统一（即统一组织领导、统一规划设计、统一开发平台、统一数据管理、统一网络环境）指导方针从整体统筹的角度分析了当前国土资源信息化发展形势并制定了未来2－3年的具体行动计划。《行动纲要》的实施为自上而下全面统筹国土资源信息化工作提供了纲领性文件，也为下一步编制“信息化十二五”规划和“金土工程二期”筹划奠定了基础。

《行动纲要》坚持“五统一”的指导原则，提出了按照“三个一”的发展思路，实施“六大提升计划”，重点开展“十一项”重点工程的建设思路。“三个一”即一个国土业务网络体系、一个国土资源数据中心、一个综合业务管理平台；“六大提升计划”即核心系统应用提升计划、信息资源整合提升计划、公共信息服务提升计划、评价监测能力提升计划、基础设施改造提升计划、分局信息化能力提升计划；“十一项”重点工程即国土资源业务内网、中心机房环境改造、指挥监测中心、国土资源数据中心、综合业务管理平台、国土资源重大投资项目、综合决策支撑平台、信息服务平台、视频会议、信息安全体系、运维服务体系等建设。

2. 荣获“电子政务工作优秀单位”

为表彰我局在2009年行动纲要编制、网站群建设、电子政务绩效考核和信息化管理创新等方面取得的突出成绩，北京市信息化工作领导小组在2009年信息北京十大应用成果评选颁奖仪式上，评选我局为" 电子政务工作优秀单位"，谢俊奇副局长代表我局领取奖牌。

信息化建设

【国土资源电子政务建设】

1. 加快推进业务审批带图作业

实现了预审、征地、出让、划拨和执法监察等业务的关联和“带图作业”。每块地块可以与土地利用现状、规划、地籍、历史影像等数据自动比对，生成详细分析报告。

2. 积极推进系统深度应用

一是为利用处研发统计功能，实现了利用处统计数据直接报送；二是为财务处开发合同管理系统；三是为执法大队建立土地执法监察信息表和空间图层，解决了土地执法空间信息更新的问题，并建立了地块与属性信息的动态关联；四是为征地处开发新增建设用地使用费管理信息系统；五是为利用中心实现缴费单数据的整合入库；六是为法制处完成协助执行系统的数据整合，进一步提高了法院协助执行信息的共享能力。

3. **完成小业主登记业务功能推广**

完成了市局土地登记业务（小业主）业务功能研发，实现了大、小业主业务流程一体化的关联办公功能，同时逐步开展分局小业主业务与系统的下放工作，进一步推进了我局电子政务系统全业务网上一体化办公。

4. **完成土地市场监测系统建设**

建设完成了集土地市场监测、预测、预报于一体的综合查询、统计、分析系统。土地市场监测预测预报系统的开发建设不仅为土地参与宏观调控提供重要依据，而且为完善土地市场运行机制提供了技术保障。

截止2009年12月，通过政务管理信息系统完成业务办理的案卷约为14274个业务案卷，其中行政许可类事项办理案卷3025件，行政服务类事项办理案卷11349件。同比2008年，许可类事项案卷数增加14.3%，行政服务类事项案卷增加355%。

【信息资源整合与共享】

1. **数据整合**

一是整合了我局2001－2008年土地利用现状数据、2003年全市1∶10万及分区县1∶1万土地开发整理数据、2004年全市1∶1万及县级1∶50万省级农用地分等数据和基准地价及土地等级空间数据、新版农用地分等定级数据、储备耕地及后备耕地数据等7套数据。二是将全部数据进行详细质量检查后整合纳入政务管理信息系统，保障了国土资源数据的数据质量和数据水平，为政务系统各项“带图作业”顺利开展提供了数据支撑。

2. **坐标转换**

一是完成了2006年土地利用现状数据坐标转换、2008年土地利用现状数据坐标及格式转换、新版农用地分等定级数据坐标及格式转换等6套数据转换工作。二是完成11个区县规划调整数据坐标转换工作。坐标转换服务为我局各类空间数据的叠加、统计分析、综合应用提供了专业保证。

3. **数据处理**

为保证数据的完整性和实用性，进一步推进数据资源信息化，大力推进受理大厅日常收件数字化和征地、预审、划拨、出让、登记等业务案卷补录、扫描、上图工作。2009年度，处理完成市局征地、预审、划拨、出让、登记业务的录入、扫描累计6501卷；日常案卷共计3664卷，公文6062卷，协执1025卷；处理完成分局日常案卷总计2638卷，历史案卷总计3932卷。

4. **数据共享**

一是从北京市经信委成功共享了421个委办局图层和20套北京市历年遥感影像数据，实现了全市农、工、商等各单位属性及空间信息的查询。二是为全局提供了土地利用现状等多套数据，为我局基础信息服务、公共信息服务及公益性开发提供了重要的数据支持。

【网站群建设】

1. 外网网站群

建成市局主站、分局子站、土地市场网站、英文网站、手机网站、数字信息厅为一体的网站群平台，进一步整合北京市地质资料管理与服务网站、北京市土地整理储备中心网站，实现了统一管理、统一发布的模式。其中新增划拨事前公示、划拨结果公示、北京市饮用天然矿泉水源水水质检验合格品牌查询服务、国土资源知识专栏、媒体动态、土地学会等栏目。

截至2009年11月，网上主动公开政府信息共2900条，其中市局主动公开政府信息276条，各分局主动公开政府信息2624条。

2. 政民互动

定期开展在线交流、网上调查和网上征询民意活动。其中，围绕政府重点工作和公众关注热点组织在线交流，讨论北京市土地供应及耕地保护内容，公众提问11条，全部予以答复；从网站建设和服务公众方面进行多次网上调查，共2084人次参加。

截至2009年12月，我局受理咨询投诉问题共计1408个，答复1391个，答复率98.8%。我局网站意见整改落实情况入选《公众评议政务网站意见整改落实情况优秀案例选编》。

【网络与信息安全】

1. 加强网络与信息系统安全管理

加强局网络与信息安全工作领导小组组织协调能力，制定定期巡检及反馈制度，明确责任分工。2009年我局荣获“北京市信息安全检查先进单位”。

2. 完成60周年庆信息安全保障任务

为全力保障首都北京60周年庆典期间我局网络与信息安全，召开局网络与信息安全工作领导小组专题会，组织我局网络与信息安全大检查。国庆期间实行7*24小时值班制，共完成值班69人次，连续值班35天，检查机房和网站350次，全局没有发生任何信息安全事件；各分局实行每月信息安全通报制，共上报信息安全报告152份，圆满完成了国庆期间我局的信息安全保障任务。

3. 完成异地容灾备份系统建设

2009年我局异地容灾备份系统通过专家验收会顺利验收。同时，作为北京市统一灾备中心建设试点项目的合作单位，我局配合市软件评测中心开展了异地容灾备份系统的演练工作，为北京市统一灾备中心积累了管理经验。为此，文化部信息中心专程到我局交流系统建设经验。

4. 完成数字证书安全认证系统建设

2009年我局数字证书安全认证项目通过专家验收会顺利验收，实现了全局职工在网络环境下的可信身份认证、安全单点登陆、统一用户管理、统一授权管理、统一认证管理等功能，提升了我局信息系统的安全防护能力，减少了维护成本，为我局网络无纸化办公奠定了基础。

5. 建立我局数据库审计和主机监控系统

为监控我局数据库访问行为、及时发现和记录违反数据库安全策略的事件，建立了数据库审计系统和主机监控系统，实现了对各类服务器运行状态实时监控和远程告警功能。

北京市国土资源勘测规划中心

【机构职责与人员构成】

北京市国土资源勘测规划中心于2006年5月9日获得北京市编办批复（京编办事〔2006〕27号），为北京市国土资源局下属正处级全额拨款事业单位，于2007年5月11日正式挂牌成立。中心编制15人，内设“一室二科”，即：综合办公室、土地规划管理科、土地信息管理科。

1. 主要职责

承担市国土资源局交办的土地利用总体规划、专项规划和矿产资源规划等有关规划编制（修编）的组织落实工作，负责有关规划成果和信息的汇总、整理、分析、应用等方面的事务性工作。

2. 具体工作

承担全市土地利用总体规划及各相关专项规划编制、修订的技术性工作；承担区（县）、乡（镇）级土地利用总体规划及各相关专项规划编制、修订的技术指导和技术审查工作；负责全市土地利用总体规划及各相关专项规划数据库的建设与更新，规划管理信息系统的建设与维护；负责规划相关技术资料的收集、存档、分析、应用工作；参与全市土地利用空间政策的研究，为领导决策提供依据。

3. 人员构成

由原昌平分院、市局、区县分局和公开招聘的应届毕业生四部分人员组成。中心人员平均年龄35岁；本科以上学历12人，达到了80%，其中博士2名，硕士3名。

【市、区、乡土地利用规划技术工作】

1. 市级土地利用总体规划修编工作

《北京市土地利用总体规划（2006－2020年）》于2009年9月正式上报国务院，并于9月28日获得国务院批复。

2. 区乡规划相关工作

（1）完成了《北京市区乡土地利用总体规划成果编制要求（试行版）》研究编制。年初，在国土部相关编制规程尚未出台的背景下，结合国土部51号文的相关指导意见，先行编写了市区县和乡镇级土地利用总体规划编制要点。经过理论研究、基层调研、实地试点等工作，完成了《北京市区乡土地利用总体规划成果编制要求（试行版）》，经市局批准后正式下发各区县实施，确保了区乡土地利用总体规划修编成果的顺利进行。

（2）同步出台了规划基数转换与成果审查办法、规划数据库建设指南、规划图件编制规范和区乡规划修编成果审查办法，进一步规范了区乡规划编制成果要求与审查程序。

【规划管理信息化建设】

1. 完成北京市土地利用规划管理信息系统的整体研发工作

以海淀、大兴、顺义作为试点，对分局及相关规划业务人员进行了系统部署和用户培训，目前系统正在试运行，实现了分局和市局之间的规划业务联网作业。

2. 市级规划数据库建设

在国务院正式批复的《北京市土地利用总体规划（2006 年 – 2020 年）》的基础上，完成了市级规划数据库的建设工作。

3. 区乡土地利用规划数据库建设

根据国土资源部有关技术规程，结合海淀区土地利用总体规划编制和区乡数据库建设试点工作，编制了《北京市区乡土地利用规划数据库建设指南》，为全市区乡土地利用规划数据库建设工作奠定了坚实基础。

4. 北京市土地专业审批档案空间化

2009 年全面完成了局系统土地专业审批档案数字化二期成果的空间化工作，并完成了北京市土地审批档案空间数据管理分析系统开发和不同层次产业用地集约利用研究等配套工作。

【基础性调查研究工作】

为进一步夯实工作基础、提升理论水平、辅助科学决策，我中心紧密结合市委市政府工作重点和局领导指示精神，先后开展了《北京城市化地区农村居民点一级开发》、《北京市土地生态服务功能评价》、《北京市浅山区土地利用战略研究》、《北京市不同层次产业用地集约利用专项调查》专题研究，其中：《中关村科技园区空间布局和土地资源利用研究》、《北京市不同层次产业用地集约利用专项调查》等专题已通过专家评审，得到了各级领导的广泛好评和一致肯定，对加强土地利用管理水平，保障经济社会发展有一定的参考价值和借鉴意义。

【其他工作】

1. 基本农田和储备耕地调查工作

根据《北京市第二次全国土地调查实施方案》和《北京市第二次全国土地调查工作细则》等文件要求，开展全市基本农田、储备耕地与后备耕地调查工作，查清基本农田、储备耕地和后备耕地的位置、范围、地类、面积等信息，为我市基本农田保护、土地管理、土地利用潜力分析、土地利用规划提供了详实的基础资料。

2. 中关村科技园区空间布局和土地资源利用研究

根据《中关村国家自主创新示范区发展规划纲要（2010 – 2020 年）》课题研究需求，我中心从中关村科技园区建设国家自主创新示范区的需要出发，分析中关村土地资源利用状况，研究中关村科技园区土地利用结构和空间布局，提出中关村土地资源集约利用、优化土地利用结构和布局的基本思路和对策，对中关村自主创新示范区用地空间调整和土地资源节约集约利用具有重要指导意义。

3. 积极参与农村土地整治前期研究工作

根据市局的工作安排，开展了对农村土地整治的研究，测算了农村土地整治拆迁村庄规模的预见性并提出相关建议。

4. 区县土地利用规划和基本农田数据库更新工作

为确保局系统土地规划和基本农田保护日常业务工作的顺利开展，根据截止2009年底各区县土地利用总体规划修改审批资料，完成了相关土地利用规划和基本农田数据库的时点更新工作。

5. 建设用地项目规划审查

根据市局统一工作部署，按时完成了10多批次共计1000多个全市1000亿元投资和“绿色通道”项目的规划审查工作。

机关后勤服务中心工作

【机构设置与职责】

北京市国土资源局机关后勤服务中心成立于2004年7月，是北京市国土资源局所属差额补贴事业单位。人员编制39人，处级职数一正二副，内设“三科一室一队”。

主要职责 负责协调、监督、检查物业中心的工作；负责局机关车辆管理、交通安全教育工作；负责局机关后勤保障工作；负责局办公楼所在地区部署的有关管理工作；负责职工医院、局招待所管理工作；负责局机关及直属事业单位的住房制度改革工作；负责局机关及办公楼内市局投资的固定资产、办公设备的管理工作；负责办公用品发放工作；负责局机关及办公楼内事业单位的报刊、图书订阅、文件销毁工作；负责局机关并承担直属单位的公费医疗、爱国卫生、计划生育、无偿献血、绿化工作。

【后勤保障工作】

1. 安全保卫工作

为保证单位内部安全，确保60周年国庆稳定，成立“平安国庆”工作领导小组，制定安全保卫工作措施，签订“维护首都安全稳定，实现平安国庆”责任书，落实安全稳定工作责任，形成安全稳定工作局面。同时，组织有关人员对区县分局、局属事业单位“平安国庆”安全检查；对市局办公楼配电室、锅炉房、电梯房、消防泵房、计算机房等重点部位进行安全检查15次，对老干部处、局招待所、集体宿舍等重点单位进行安全巡视，发现问题，责成有关部门和单位立即进行整改，及时消除安全隐患。对局办公楼消防器材进行定期检查、维修、保养，更换淘汰老旧消防器材，增加重点部位消防器材，确保全局消防安全，为平安国庆奠定了良好基础。在首都“平安国庆行动”活动中，荣获北京市“平安国庆行动”安保工作先进集体。

2. 车辆管理工作

现有公务车辆56辆，按照市政府要求，停驶车辆30%（16辆），全年维修费39.23万元。依据《北京市道路交通安全防范责任制管理办法》，成立了局系统交通安全委员会，制定了交通安全管理措施，签订了交通安全责任书，明确了任务，落实了责任。组织开展驾驶员安全教育活动，定期进行车辆安全检查，掌握车辆运行情况，确保机关公务用车和车辆运行安全。

3. 餐厅管理工作

定期召开伙食委员会，广泛征求职工意见，增加食品花色品种，研究菜肴制作工艺，确保职工就餐质量。为确保1000亿土地储备投资任务完成，为加班工作人员提供晚餐。

4. 设备管理及施工改造

为保证办公楼正常运转，主要抓好三项工作：一抓设备完好率，确保机关办公楼运行安全；二抓事故差错率，将事故降到最低点，把事故消灭在萌芽状态。2009年组织消防测试24次，完成机房扩容空调安装、UPS室改建和局信访室筹建地下车库维修等工程改造任务20项。

5. 政府采购工作

认真贯彻执行《北京市政府采购管理办法》，合理安排地点、严格控制经费，完成局外出大中型会议会务工作50次，3582人次，印制办公用品费用为28.24万元，采购办公用品12.4万元，发放办公用品820人次，

6. 卫生防疫工作

（1）积极开展爱国卫生工作。按照北京市爱卫会工作部署，积极开展城市清洁日、灭鼠灭蟑和环境整治活动。办公楼内摆放灭鼠药64处，全年开展淆杀活动15次，使爱国卫生工作取得了较好成效。

（2）积极组织职工健康体检。5月21日至27日，组织了机关、局属事业单位职工健康体检，总检人数550人。

（3）严密防控甲型H1N1流感。为有效防控甲型H1N1流感，确保单位内部无疫情发生，制定了《北京市国土资源局防控甲型H1N1流感工作方案》，并采取有效防控措施：一是对办公楼公共区域进行消毒，对人员集中的地方随时喷洒消毒液，防止甲型H1N1流感传播蔓延；二是发放宣传册和预防甲型H1N1流感药品；三是在办公楼出入口安装电子体温仪；四是利用局域网开展宣传活动，使广大职工了解甲型H1N1流感的传播途径，做好自我防护措施；五是组织流感疫苗接种，预防甲型H1N1流感。

（4）保证食品卫生安全。严把食品进货渠道，确保食品卫生安全，按照东城区卫生防疫部门要求，严格食品操作程序，认真清洗、消毒各种餐具。制定卫生考核标准，做到周周检查，月月评比，防止食品中毒现象。

7. 能源管理

按照《北京市国土资源局开展厉行节约工作方案》的文件精神，针对局机关的实际情况，制定了北京市国土资源局开展节能工作措施。定期对电脑设备、照明灯具进行检查，减少待机能耗；根据室外温度及时调整空调系统开关机时间；利用冰蓄冷系统为楼内输送冷气；更换办公楼节能灯554套。

8. 物业监督管理工作

定期召开与物业公司沟通协调会，对物业管理服务中出现的问题做到及时沟通、妥善解决。定期对办公楼设备管理和服务工作进行联合检查，加强对物业公司的督促检查力度，提高机关后勤服务工作质量。

【计划生育工作】

稳定低生育水平，确保全局无超计划生育。积极开展婚育新风进万家活动，开

展计划生育政策宣传活动，开展关注女性健康活动，为女职工进行了 TCT 防癌检查。在庆祝建国六十周年之际，组织机关、事业单位参加北京市人口计生委“迎甲子华诞 传国策新风”摄影展览，共有 60 余幅摄影作品参展，9 幅作品获得优秀奖。

【公费医疗工作】

严格执行《北京市公费医疗管理办法》，认真做好医疗费审核报销和服务工作。2009 年审核报销医药费 4572 人次。

【获奖情况】

荣获北京市内保先进单位；荣获北京市国庆安保先进单位；荣获北京市计划生育先进单位；荣获北京市爱国卫生先进单位；荣获东城区交通安全先进单位；荣获昌平区绿化先进单位。

科教文化

全国首批国土资源科普基地揭牌仪式

2009年度北京市国土资源科技工作情况简介

市局信息科技处

2009年是保发展、保民生、保稳定的关键之年，是奥运后信息化建设承前启后巩固发展之年，也是继续贯彻“科技兴地”战略、加强基础数据管理、信息化建设出成果、上水平的一年。北京市国土资源局系统各单位在科学发展观思想的指导下，按照市委市政府全力做好“建国六十周年”各项工作的部署和国土资源部继续推进金土工程建设的总体要求，紧密围绕局系统行政管理中心工作，积极推进国土资源政务管理信息系统建设和应用，努力提高科学技术对国土资源行政管理的贡献率，利用首都地区的智力与科技资源优势，研究解决北京市国土资源管理中的新情况、新问题，为提高国土资源行政管理效能和监管能力做出了积极的贡献。

【信息化建设管理】

1. 履行信息化项目招标管理职责，加快项目采购进程。完成档案数字化三期项目招标工作。

为充分发挥土地专业档案在国土资源行政管理工作中的作用，科技处会同相关部门于2008年底向市财政申报了“北京市国土资源局档案数字化三期”项目。经过局档案数字化领导小组会议研究，制订了项目招标文件，并通过了专家审核。该项目委托招标代理机构采用公开招标的方式确定了4家中标单位。截至到年底，“档案数字化三期”共完成档案整理170595卷，已完成合同工作总量的70%。

通过档案数字化三期项目，将完成与一、二期成果的衔接，使业务及档案管理系统数据能够涵盖全市所有业务信息，充分发挥土地专业档案在国土资源行政管理工作中的作用，提高办事效率和对外服务水平，方便公众查询，满足国土资源系统和社会各界群众对土地专业档案的使用需求。

2. 加强国土部土地市场动态监测与监管系统数据填报工作，建立土地市场运行快速反应机制。

按照《国土资源部关于部署运行土地市场动态监测与监管系统的通知》要求，我局制定了《北京市土地市场动态监测与监管系统数据填报工作方案》，经第8次局长办公会研究通过，下发到全局系统。工作方案对需要填报的13类业务信息进行了分工，责任到部门。鉴于此项

工作涉及多个部门和业务系统，全局成立了由谢俊奇副局长领导的土地市场动态监测与监管系统数据填报工作协调小组，局机关各相关业务处室和事业单位负责具体的工作落实，各区县分局明确了一名主管副局长组织协调分局的数据填报工作。市局已建立了工作例会制度，每季度末召开一次协调会。

在积极协调部门推进数据填报工作的同时，市局提出要求：“明确专人负责工作进度的检查监督，注意收集、解答、反应系统填报中的问题，并做好系统注册人员的审核管理工作”。鉴于北京市主要是通过互联网进行数据上传，市局要求录入人员按规定进行操作，提高安全意识，注意登录密码的管理，防止社会人员进入数据填报后台。目前已形成了按业务系统部署、启动、督促向监测与监管系统填报数据的工作格局。

3. 积极推进国土资源领域社会信用体系建设。

根据北京市2009年推进社会信用体系建设重点任务要求，市国土资源局牵头的任务是完善国土管理领域信用信息工作平台，加大对闲置土地、违法用地、土地出让和土地一级开发合同严重违约等企业信用信息的披露力度。

（1）制定国土资源管理领域信用体系建设和信息发布工作方案

根据2009年北京市推进社会信用体系重点任务要求，组织相关部门召开了“国土资源管理信用体系建设和信息发布工作会”。按照各部门意见，初步制定了我局《国土资源管理领域信用体系建设和信息发布工作方案》，明确了下一步的主要任务、各部门职责分工、工作要求和发布报审程序等相关内容，为下一步信用体系建设工作的有序开展提供了指导和依据。

（2）进行了北京市企业信用信息系统业务培训

针对北京市企业信用信息系统上所需的土地与矿产资源信息范围，在市局进行了工作分工，组织相关处室进行了系统培训，并为其分配了用户名和设置了相应权限。目前各部门均可上系统查询浏览企业信用信息，下一步将建立企业信用信息填报制度，定期通过政务内网向北京市企业信用信息平台提供与国土资源管理相关的企业信用信息，为局系统各部门和政府委办局提供查询服务。

（3）研究确定了土地交易和收购储备工作中企业不良信息发布内容和依据

根据相关法律法规和管理办法，初步确定了国有土地使用权招标、拍卖和挂牌以及土地一级开发和收购储备工作中的企业信用信息具体发布内容。依据企业不良信息的严重程度将其划分为警示信息和提示信息。根据《北京市行政机关规集和公布企业信用信息管理办法》，下一步计划将警示信息在我局外网和北京市企业信用信息系统同时发布，提示信息在北京市企业信用信息系统发布。

【科技工作管理】

2009年科技工作的重点是继续围绕《北京市国土资源中长期科技发展规划（2006年－2020年）》工作目标，同时结合我局本年度重点工作和体制、机制创新目标开展了相关工作。

1. **积极开展科研课题研究工作**

（1）继续完成《面向国土资源管理的网格化遥感监管与服务》课题的研究工作。

2008年，北京市科委给我局下达了开展面向国土资源管理的网格化遥感监管的理论体系研究任务，到2009年10月基本完成。正在进行申请成果验收。该项目的实施，取得了以下几方面的效果：

一是成果的创新性强，为我局土地管理工作提供新思路与新手段。课题在对业务需求进行深入分析的基础上，将网格化管理这一新理念与我局实际工作相结合，为土地管理单元从行政辖区向自然地理单元、社会经济发展区域的转变提供了新思路，课题研发的多个服务系统也为土地调查、批后监管、土地规划、地价监测等日常土地管理业务的机制创新提供了新手段。

二是业务成果的系统化管理，提高土地管理业务的效率。本次课题形成的各类业务成果，均依托服务平台实现了系统化管理，比如通过土地管理全要素生产系统快速生产和采集日常管理业务所需的基础数据，通过日常地政管理业务服务系统加工、存储、归类汇总各类业务服务成果，通过土地管理空间分析系统分析、展示辅助土地管理决策信息。成果系统化管理不仅保证了土地管理数据的现势性，还保证了数据在各个业务处室之间的流动性，从整体上提高了我局土地管理业务的效率。

三是系统运行稳定，有力辅助日常工作的开展。经过长时间的试运行，课题研发的各个系统运行稳定，界面和功能基本能够满足局领导和业务处室的要求。2009年各类土地专题信息均通过土地管理全要素生产系统进行生产。土地利用变更调查、征收土地批后监管、出让土地批后监管、土地利用规划实施和地价监测5个业务服务子系统已成为业务处室管理、查询、统计、展示日常业务数据的有效工具。土地管理空间分析系统为局领导提供了两个季度的耕地与基本农田、新增建设用地、城市地价、土地生态等分类决策信息，辅助领导把握全局。总体来说，网格化服务体系下的各个系统为市局日常工作的开展提供了有力的支持。

通过近两年研究和示范应用，课题依托网格化遥感监管与服务体系，完成了2009年土地利用变更调查、征收土地批后监管、出让土地批后监管工作和2009年土地利用规划实施评估、城市地价数字模型的构建，形成了相应的专题成果。

利用卫星遥感数据，我局按“未利用、平整、施工和竣工”四个阶段对历年征地项目以季度为周期进行遥感动态监测，并在此基础上建立和更新征收土地批后监管数据库，保证征地管理能够及时掌握全市征地项目的开发、储备和利用情况。通过该项工作的实施，建立了季度征地批后监管和机制，掌握了全市1992－2009年超过5000余宗征地项目的批后利用状态，明确了征而未供、供而未用土地的位置和数量，为局领导开展调研、业务处室统计上报数据和区县征地管理日常工作提供了基础依据。按照国土资源部加强对建设用地实施“批、供、用、补、查”动态监管的工作要求，我局利用卫星遥感数据，按“未建、在建、竣工”三个阶段对出让项目的开发建设情况进行滚动式监测，建立和定期更新出让土地批后监管数据库，强化了对出让土地的监督与管理。

截至2009年底，利用季度遥感动态监测的手段，已将1992－2009年逾万宗出让项目的合同履行情况纳入数据库，实时掌控了出让土地合同的履行情况，在查处未批先建、确定违规建设、清理闲置土地等几项重点工作中发挥了重要作用。通过示范应用，网格化遥感监管与服务体系与已有的遥感应用服务相衔接，整合与拓宽了遥感技术在我局的长效服务范围，提高了长效服务的质量。此项目成果已申报2009年市级行政管理创新项目。

（2）完成《北京市土地统计分析研究》

国土资源统计分析是国土资源管理工作的重要组成部分，是推动国土资源合理利用和可持续发展的基础工作，是制定宏观调控政策措施的重要参考依据。根据创我局开展创新工作机制的需要开展了《北京市土地管理统计分析研究》。

本项研究通过对2009年年内各季度北京市土地供应、土地使用权出让、转让，以及国有建设用地开发利用与首都经济社会发展、新增建设项目实施、固定资产投资、工业产业开发、房地产业发展等核心领域的发展关系分析，得出土地开发利用和管理中的问题，并与全国部分重点城市进行对比，形成季度及年度报告，供市政府、市国土资源局及其他相关单位使用。

项目于2009年4月正式启动，市国土资源局联合中国国土资源经济研究院等科研单位共同攻关，一年来共计召开专家研讨会四次，领导座谈会五次，项目组调研数以十次计算。经过初期摸索，克服诸多困难，截至2010年3月，共编纂形成《2009年北京市土地管理统计季度分析报告》（一至四季度）和《2009年北京市土地管理统计年度分析报告》等五份研究成果。

《报告》围绕经济形势与土地管理、土地市场总体情况、房地产与土地供应、土地资产经营与城市经济发展等内容，加强统计调查、统计监测、统计分析，及时准确地提供土地资源的利用现状和供应情况，把握市场走势和发展态势，探索土地管理与国民经济运行的相关性，为北京市国土资源管理部门提高管理水平、参与宏观调控提供有份量、有价值的意见和建议，也提出土地开发利用和管理中的问题。

《北京市土地管理统计分析报告》摘要

《北京市土地管理统计分析报告》以可持续发展、土地市场和市场调控的有关理论为基础，以大量的统计数据为基本依据，采用理论研究与实证分析等研究方法，较为深入的分析探讨了北京市土地管理工作中的实际情况。因是开创性研究，尚无前例可循，本报告历经数次专家研讨，内容编排暂定为四个部分：经济形势与土地管理、土地市场总体情况、房地产与土地供应、土地资产经营与城市经济发展。

现将报告主要内容及结论列举如下：

首先，总结了本季度北京市综合经济形势和土地管理工作的概况，包括地区生产总值、固定资产投资、房地产开发销售、城市消费水平、建设用地供应、土地储备开发、年度审批实施、违法违规用地、出台政策措施等。

其次，通过总结分析全市土地市场总体情况，并将北京市与其他三大直辖市的土地供应情况进行对比分析，进而提出土地供应政策建议。这部分内容主要包括土地供应方式与数量、土地出让价款分析、土地供应政策建议等。

再次，分析了房地产与土地供应情况，并通过分析比较房地产开工面积与土地供应量之间的变动关系、房地产销售价格与楼面地价变化，得出主要结论：北京市地价走势与宏观经济变化趋势基本一致；全市房地产开发用地年度供应规模随不同年度和调控政策的影响较为明显，而房地产新开发工程遵循时序变化和市场销售价格和数量的升降轨迹随行；楼面地价与商品房销售价格两者之间不一定存在明显的同趋势变化，商品房销售价格受到首都多层次的住宅需求、国家调控政策，以及市场炒作的影响较大。

这部分内容主要包括房地产市场情况、房地产新开工面积与土地供应量、房地产销售均价与土地价格等。

最后，通过土地供应与固定资产投资、土地供应与GDP增长、土地出让纯收益与财政收入的比较分析，根据本报告对北京市土地市场与市场调控机制的研究，得出主要结论：固定资产投资与土地供应具有高度一致性，而且土地供应大幅增缩对投资需求增速引致作用非常明显。北京市土地市场整体运行良好，土地出让纯收益较好支撑了全市财政收入，土地供应和财政支出的有效配合促进了全市经济的平稳较快发展。

2. 完成了北京市第一批国土资源科普基地推荐工作

根据国土资源部开展科普基地推荐命名工作的要求，我处在地环处、市地质研究所及有关区县分局的配合下，组织北京延庆硅化木国家地质公园、北京房山世界地质公园、北京平谷黄松峪矿山公园进行科普基地申报工作。最后经国土资源部评审确定延庆硅化木国家地质公园和北京房山世界地质公园为国土部首批科普基地。同时，为加强国土资源科普基地的建设，我处在延庆千家店镇组织召开了国土资源科普基地建设座谈会，请部主管司局领导与地方政府直接沟通，听取工作建议，指导国土资源科普基地建设工作。结合我市开展的“三进两促”工作，一起探讨了新农村建设中如何借助科普基地，加强国土资源科普知识的宣传，进而引领京郊农民生态就业增收、生态创业致富，实现经济发展与资源保护良性互动。

3. 组织开展了防止有毒有害垃圾污染耕地宣传子资料的编制工作

根据国土资源部《坚决制止用有毒垃圾填造耕地的行为》的通报以及局领导对执行该通报的有关指示，我局科技组织开展了防止有毒有害垃圾污染耕地宣

传子资料的编制工作。根据我市农村的特点，向农村居民宣传有毒有害垃圾对土壤、对家禽牲畜、对人体的影响和危害，提高自觉抵制和监督污染土地行为的积极性和科学修养。

4. 开展第40个“世界地球日”宣传工作

根据国土部关于开展世界地球日科普宣传活动的通知要求，北京市国资源土局机关、各区县国土资源分局、北京地质学会以及北京市地质勘查局及所属单位联合组织开展了第40个“世界地球日”宣传工作。4月22日当天，市局及18个区县国土分局共出动300多人参加地球日科普宣传和咨询活动。共发放地球日国土资源报（北京版）特刊2万余份，地球日宣传册12000份，制作宣传展板100多块，以丰富多彩的宣传形式营造热烈的活动氛围，切实提升了公众对“地球日”的认知程度。

2009年度北京市国土资源局系统调研课题一览目录

市局研究室

东城分局

1、东城区存量国有土地节约集约利用研究

2、东城区地下空间土地权属利用法律政策研究

3、东城区土地利用功能分区研究

4、构建政府主导的土地储备开发模式研究

5、历史风貌保护和雍和园区政府主导土地开发利用研究

6、学习实践科学发展观推进东城区国土资源节约集约利用

7、加强作风建设　依法履行职责

8、实事求是是落实科学发展观的前提

9、谈土地登记公信力

10、机关内部治安防范和维护稳定工作的调研与思考

11、坚持以科学发展观统领党风廉政建设为反腐倡廉建设提供强有力的政治保障

12、做好政府信息公开应注意的几个环节问题

13、土地登记发证工作中具体问题浅析

14、城市土地储备开发风险与防范

15、对地籍管理工作的思考

16、浅析如何提高东城区土地登记发证率

17、预防化解具有一定普遍性信访问题的探讨

18、浅谈政府部门如何大力推进节约集约利用土地

19、对国土资源工作贯彻落实科学发展观的思考

20、对城区国有划拨土地中存在的隐形交易问题的探讨

21、浅谈 GIS 在国土资源管理中的应用

22、改革开放三十年东城区土地利用管理现状与展望

23、坚持科学发展观 珍惜每一寸土地

24、东城区央产、军产、保密产总登记工作的问题与思考

25、现阶段土地登记遇到实际问题的思考与研究

26、城市土地储备资金运行探析

27、浅谈土地储备制度

28、东城区土地开发利用项目研究

报告

西城分局

1、关于什刹海地区平房四合院改造模式的探索

2、加强土地一级市场开发管理 努力实现扩内需保增长的目标

3、金融街西拓土地利用问题研究

4、以信息化带动土地管理现代化的探索与实践

崇文分局

崇文区地下空间开发利用规划研究

宣武分局

1、关于私房产权土地登记发证的探析

2、区域土地市场和地价水平调研

3、关于2010－2012年宣武区土地储备开发项目情况的调研

4、贯彻落实科学发展观——加强基层国土部门纪检监察工作的几点思考

5、加强基层党建文化建设的实践与思考

朝阳分局

1、朝阳区地热资源调查报告

2、地籍信息系统的建设和应用

3、朝阳区地籍数据库现状

4、关于档案数字化的调研报告

5、关于公务卡推行的调研报告

6、关于国土资源管理所建设的几点思考

7、关于土地闲置问题的思考

8、关于强化国土所规范建设提高国土所管理水平的几点思考

9、关于做好我区土地利用工作的几点建议

10、从国土资源行政处罚难想到的

11、关于土地执法调研报告

12、浅谈土地登记的要点

13、关于拆迁工作应建立在社会维稳基础上的调研报告

14、保护耕地 推进土地集约利用调研报告

15、如何遏制基层土地违法的几点思考

16、朝阳区扩大内需重大项目用地情况

17、浅析城市土地储备制度

18、关于土地一级开发市政建设工作的调研报告

19、对农村涉地信访问题的调研报告

20、土地储备在推进朝阳区城市化进程中的探索与研究

21、2008年度朝阳区土地供应计划编制与执行情况分析

丰台分局

1、城乡结合部地区土地节约集约利用对策研究－以北京市丰台区为例

2、丰台区经济适用房调查研究

3、丽泽金融商务区征地补偿安置模式的探讨

4、土地开发利用与城乡一体化发展——暨丰台区城乡一体化发展与土地开发利用

5、整理城乡结合部农村居民点，大力推进双保工作

石景山分局

1、北京市土地储备开发集约化策略研究

2、我区征地引发的问题分析及探究

3、建立区域土地节约集约利用机制研究

4、关于石景山区发展商务金融产业土地利用的研究

5、依法调处土地权属争议　维护合法土地权益
——对石景山区近五年来土地权属争议的调研报告

6、发挥多重职能　保障廉洁从政
——发挥基层国土资源纪检监察职能作用的思考

7、规范权力运行　打造“阳光净土”
——关于提高廉政风险防范管理水平的思路研究

8、落实科学发展加强地质工作

9、落实科学发展推进地质找矿改革发展大讨论

10、统筹规划利用土地资源　做好产业转型期用地保障

11、完善土地登记工作，建立石景山区地籍综合管理系统

12、执法监察为扩内需保增长保红线

13、关于统筹解决石景山区集体土地利用相关问题的报告

海淀分局

海淀北坞村城乡结合部改造试点用地研究

门头沟分局

1、关于山区生态旅游土地利用问题研究

2、关于鼓励支持关停矿山生态修复、腾退建设用地综合开发利用的工作意见

3、关停矿山腾退建设用地综合开发利用的途径和办法

4、关于门头沟区农村土地承包后的监管问题的调查和建议

5、关于正确处理和有效防范重大群体性上访事件

房山分局

1、房山区废弃砖厂土地利用调查研究报告

2、加强土地批后监管，不断提高土地利用水平

3、矿山关闭后对矿山环境保护与治理工作的探索

4、切实解决土地执法“三难”，建立土地管理共同责任制度

通州分局

1、完善通州新城土地利用总体规划，加快新城区建设

2、关于农村宅基地登记发证调研初稿

3、关于探索征地多元化补偿安置的实践与浅析

昌平分局

关于建立国土资源执法监察长效机制的调研

大兴分局

大兴区涉地农民信访的原因与对策

怀柔分局

1、关于我区当前涉地信访矛盾调处工作的调查与思考

2、关于坚决打击矿产资源盗采行为维护怀柔区矿产资源开发秩序的调研

平谷分局

1、关于城乡党组织共建的尝试——平谷分局加强城乡组织共建，支持新农村建设

2、浅谈平谷区地质灾害防治工作

3、浅谈国土资源行政服务工作

4、一宗土地执法案件的思考

亦庄分局

北京经济技术开发区工业土地节约集约利用评价

密云分局

加强县域矿产资源执法工作 进一步巩固生态县创建成果

延庆分局

1、《北京市经济发展较快区县与耕地后备资源丰富区县间指标统筹协调有偿转让机制研究》

2、延庆县2009年土地储备开发工作调研报告

3、土地开发与节约利用

4、关于基层国土资源管理所建设的调研报告

5、关于加强耕地保护的若干思考

6、保耕地红线就是保障科学发展

7、保障科学发展，保护耕地红线”

8、关于对农村集体建设用地管理的几点思考

市局机关和事业单位

研究室

关于土地收益在房价中所占比例的简要调研报告

信息科技处

搞好国土资源综合统计工作，为科学决策和信息共享服务

市场处

北京市各类开发区土地集约利用评价分析

耕地保护处

1、《北京市耕地保护经济补偿机制研究》

2、《北京市农村集体建设用地使用权流转研究》

3、《通州区农村集体建设用地流转专题调研报告》

4、《朝阳区崔各庄乡何各庄村和十八里店乡周庄村农村集体建设用地流转的调研报告》

5、《通州区宋庄镇小堡村农村集体建设用地流转的调研报告》

6、《关于北京市补充耕地指标区县间有偿转让机制研究的信息调研报告》

7、《北京市移土造地评价与对策研究》

8、《北京市补充耕地数量质量按等

级折算试行研究》

9、《北京市农用地产能核算工作完成情况调研报告》

地籍处

1、北京市城市地上地下土地权利调研工作报告

2、《北京市地籍管理（暂行）办法》调研

地热处

谈谈合理开发科学利用和有效保护地热资源的几个问题

勘储处

北京市土地污染环境地质勘查报告

财务处

关于非税收入规范化调研报告

机关党委

1、把党建工作与局中心工作紧密结合积极为实现“三保”目标服务

2、关于建立和完善机关党建工作责任制的思考

3、浅析如何增强团组织履职能力，促进团员青年成长成材

4浅析机关党组织在廉政风险防范工作中的地位和作用

5、关于党日活动开展情况的调研报告

6、加强作风建设　构建和谐机关

纪检组

1、对完善派驻机构年度考核工作的思考与建议

2、关于开展廉政风险防范管理工作的思考与建议

3、规范权力运行　打造“阳光净土”

老干部处

1、离退休干部党支部建设的调查与思考

2、离休干部社区“四就近”服务工作情况调研报告

执法大队

关于建立健全土地执法监管共同责任机制的意见

储备中心

1、平谷区土地储备开发工作情况

2、联合储备成本管理

3、北京市国有土地收购补偿价格标准研究

4、北京市2006－2009对中央单位军队等部门供地情况

5、北京市土地储备办法研究

6、全市1000亿元土地储备开发投资工作情况分析

信息中心

1、北京市国土资源局2009－2012年信息化行动纲要研究报告

2、关于分局信息化人才队伍建设问题研究

3、关于落实分局国土资源信息化发展工作的思考与建议

4、北京市国土资源局电子政务运维规划研究

利用中心

1、基于北京一号卫星遥感数据的土地批后监管模式研究与应用

2、关于我市欠费地价款催缴工作的调研报告

规划中心

1、北京市不同层次产业用地集约利用专项调查成果报告

2、《北京市农村居民点整合模式研究》课题调研成果

3、首都都市型现代农业用地规模和附属设施用地控制标准研究调研报告

4、北京市浅山区土地利用战略研究

5、北京市乡镇土地利用总体规划编制要点研究

6、中关村科技园区空间布局和土地资源利用研究

登记中心

北京市土地登记代理制调研报告

学术社团工作

——北京土地学会

【第二届理事会】

经北京市国土资源局党组、局长办公会和北京市社团办批准，北京土地学会于2008年9月26日召开第二次会员代表大会、组成第二届理事会。目前，团体会员单位共有123个，个人会员37位。第二届理事会有理事140人，其中常务理事42人。

第二届理事会领导组成：

名誉会长：魏成林　北京市国土资源局局长

顾　问：石玉林　中国科学院地理科学与资源研究所 研究员、中国工程院院士

王利明　中国人民大学法学院院长

潘明才　国土资源部地籍司司长

束克欣　原国土资源部土地利用司副司长（正司级）

郑凌志　中国土地勘测规划院院长、中国土地学会副理事长兼秘书长

郭焕成　中国科学院地理科学与资源研究所研究员

柴　强　中国房地产估价师与房地产经纪人学会 副会长兼秘书长

冯长春　北京大学城市与环境学院主任、教授

会　长：安家盛　北京市国土资源局原局长、中国土地学会副理事长

副会长（按姓氏笔画排列）：

毛大庆　北京万科企业有限公司总经理

王黎明　北京市土地整理储备中心书记、副主任

牛凤瑞　中国社会科学院城市发展与环境研究中心主任、研究员

史贤英（常务副会长）　北京市国土资源局原副巡视员

叶剑平　中国人民大学公共管理学院土地管理系主任、教授

刘洪玉　清华大学房地产研究所所长、教授

吴海洋　国土资源部土地整理中心主任

杨燕敏　北京土地学会第一届理事会副理事长、高级工程师

林　坚　北京大学城市与环境学院副教授

洪亚敏　首都经贸大学不动产研究所所长、教授

黄安南　北京金隅嘉业房地产开发有限公司总经理

程　烨　北京土地学会第一届理事会副理事长、教授级高工

秘书长：王黎明　北京市土地整理储备中心书记、副主任

副秘书长：高英军　北京市国土资源局办公室主任

江　桥　第一届理事会常务副秘书长

监事长：刘占恩　北京市国土资源局通州分局局长

监　　事：刘翠华　北京市国土资源局法规处副处长

尚建明　北京市经济技术开发区国土资源分局党组书记、副局长

【学会宗旨】

学会的宗旨是团结广大土地科技和管理工作者，遵守宪法、法律、法规和国家政策，遵守社会道德风尚，坚持马列主义、毛泽东思想、邓小平理论和“三个代表”重要思想，坚持党的基本路线和基本方针，坚持理论联系实际的基本原则，认真贯彻落实科学发展观和“十分珍惜和合理利用每寸土地，切实保护耕地”的基本国策，发扬学术民主，开展学术讨论，为促进土地科学技术的推广和普及，不断提高土地工作的科学水平和管理水平，以推动我市土地管理工作健康发展，并为加快我市社会主义现代化建设做出贡献。

【学会办事机构和专业委员会】

学会的日常办事机构有办公室、培训部和编辑部；经市国土资源局和市民政局批准，第二届理事会下设八个专业委员会，即：

1. 土地经济和土地市场专业委员会；
2. 土地科普和学科教育专业委员会；
3. 耕地保护与土地整理专业委员会；
4. 地籍管理和土地信息技术专业委员会；
5. 土地利用规划专业委员会；
6. 土地价格和土地估价专业委员会；
7. 土地法学专业委员会；
8. 土地储备开发专业委员会。

学会所属的事业单位为“北京土地学会培训中心”（经批准有正式办学资质）。

【学会的工作职能】

依据“北京土地学会章程”，学会有五项工作职能：

1. 围绕土地科技在其相关领域内开展本市与兄弟省市及国际间的学术交流，活跃学术思想，促进土地科学学科发展，推动土地科学技术的自主创新；

2. 面向社会弘扬科学精神，普及土地科学技术知识，传播科学思想和科学方法，推广先进的土地科学技术，积极开展科普教育活动，编辑、出版、发行土地科技书籍报刊，传播土地科学信息，以提高全民土地科学素质；

3. 开展继续教育，组织举办各种专业培训，学习有关政策法规，配合业务部门需求，推广先进理论和技术方法，帮助广大会员更新知识，不断提高科技水平；

4. 开展土地科技方面的论证和相应的咨询服务；接受委托，承担课题研究、项目评估、技术评价、成果鉴定和奖励评审，参与并承担技术标准制定、专业技术

职称资格评审和资质认证，举办科技展览等；

5. 组织会员对国家土地科学技术政策、法规制定和土地管理工作，提出建议，推进决策的科学化、民主化，并在学会的学术活动中促进土地科学技术成果的转化，促进产学研相结合，促进土地科技进步，表彰奖励在土地科技活动中取得优异成绩的先进会员单位和会员个人；

2009年北京土地学会工作

一、坚持紧密结合本市发展形势、任务和土地管理工作要求，有针对性的举办多类型的学术报告会、科技讲座和工作交流会。作到全年月月都有相应的学术活动。

2009年我会和市国土局、市城市规划学会、市城市科学研究会联合举办了多种类型学术报告会、论坛会共计11次。组织会员单位参加中国土地学会、北京市科协、市社科联举办的科技学术活动8次。本市国土局系统、大学、研究机构、房地产行业、律师行业人士先后约有1000人次参加了这些活动。

【主要的大型论坛会活动】

（一）9月份与北京城市科学研究会、北京水利学会联合举办了“庆祝新中国成立60周年，回顾北京城乡发展高层论坛”大型活动。这是一次多学科、多领域相融合的学术活动，论坛会上对北京城市规划、交通规划与实践、土地使用制度、水利建设等领域60年来的改革与发展，进行全面的论述与研讨，有120人加了论坛会，大家对组织这次多角度、大信息量的深入探讨本市城市发展的活动，反映极好。

（二）10月份，与市国土局联合举办的“首届北京青年土地学术交流会”活动。我会通过对40岁以下青年人的土地管理和行业工作者的论文征集活动，共收到密切联系我市国土地管理实践的51篇文章。对论文组织了专家对入选文章进行点评、评选，出版了《北京土地》特刊，并组织大会进行论文交流。参加本次活动的论文作者，大都能密切结合本单位、本部门的工作实践，调研提出问题、研究问题，能提出很多发人深省的问题和解决问题的积极建议。在大会交流中，安家盛会长对每位报告人的内容，都进行深刻的点评。这次活动，影响很大，论文的撰写不仅提出大量的政策建议，反映了实际存在问题，而且对今后工作起到一定的推动作用。学会已决定将这项活动定作为学会的品牌，每年举办一次。

（三）11月份在市科协、市社科联统一部署下，密切结合北京城市管理工作要求，举办了《坚持科学发展观，节约集约用地土地科学管理论坛会》。这次论坛邀请北京市国土资源局局长、副局长，北京大学、中国农业大学教授和市土地储备中心主任作大会主题报告。国土局系统和会员单位约200人参加。报告的内容既有如何保障本市经济社会协调发展、保护耕地红线、城乡统筹、节约集约利用土地；又有全面介绍北京市土地利用总体规划修编及土地专项领域的利用问题等内容。

【系统的培训活动】

为了提高国土局系统人员综合素质，学会配合市国土局人事处安排了系列学术报告活动。这项活动每月一次，主要邀请国土部和市政府有关部门的领导、北京大学、中国人民大学、中国社科院等单位的教授专家，密切结合形势和任务要求，分别进行专题讲座。内容有《中国房地产形势与土地利用》、《土地制度改革与土地管理法的修定》、《北京城市总体规划实施工作中的思考与探讨》、《耕地保护政策与实务》、《关于政府公共管理职能作用》等。为了扩大土地学术活动的影响，除我会系统内人员外，尽量组织其它外系统人员来参加会议、听讲座。

【专业委员会的学术活动】

为了充分发挥专业委员会的学术优势，2009 年我会各专业委员会相继开展了有关的学术活动。

（一）我会法学专业委员会，组织了 2 次国际学术报告会和 1 次国际学术交流会，邀请了 2 位美国的教授在参加了北京大学房地产法学交流活动之后，与我会进行学术交流。主要内容是《美国金融危机对美国房地产市场的影响》、《美国土地法律与 2009 年房地产市场》，通过该项活动，双方对各自关心的问题进行深入的探讨互动，效果很好。

（二）依据形势发展要求，12 月市场专业委员会组织了“金融政策与北京房地形势报告会”和“土地市场发展形势研讨会”，来自国土部门、中国社科院、银行、房地产投资中介公司、开发公司、大学等领域的专家学者共同深入分析土地市场发展中的问题和政策建议。

二、充分发挥学会间的横向联系大力开展对内对外的学术交流。

我会积极应中国土地学会、市科协、市社科联组织的学术活动，紧紧抓住机遇组织会员单位都积极参加。如 2009 年中国土地学会在长沙市举办的海峡两岸学术研讨，我会组织了 10 篇论文投稿，有 3 篇在分会场作了发言；以及中国土地学会邀请日本东京大学横张真教授题目为“日本城市边缘带的都市农业”的讲座。不仅市科协在本市每年举办多学科、多领域的科技交流月活动；以及市社科联“2009 年学术前沿论坛”等活动。我会均积极会员单位组织参加。

三、发挥学会办学优势，密切与各方合作，努力开拓行业领域的继续教育工作。

2009 年，我会十分重视行业领域的继续教育，有 600 多人参加

【主要的培训活动】

2009 年学会培训中心，先后举办了《全国土地招标拍卖挂牌主持人实务演练考核考前培训》、《北京市土地规划管理人员继续教育培训班》、《全国市县乡级土地利用总体规划修编技术培训班》、《土地整理复垦开发项目操作实务培训班》、《北京市土地开发整理业务培训班》、《城乡建设用地增减挂钩业务研讨班》、《局 2009 年干部素质培训系列讲座》等七期培训班，参加学习人员达 600 人。

【主要的考察活动】

学会和培训中心组织涉外考察学习几年来，培训中心依据业务学习需要和会员单位要求先后组织 8 个赴台湾和欧洲、韩国等地的学习考察，学习考察土地利用规划、土地生态环境、城市规划和土地行政管理情况，考察团的组织工作安排严格，考察后均提交考察情况报告，召开考察工作学术交流会，各方均反映考察收获较大。

四、通过学会会刊《北京土地》及网页努力作好信息交流，努力搭建学术和工作实践研讨活动平台，促进专家、学者、土地管理实践工作者、房地产企业界人士之间互动交流。

《北京土地》作为学会刊物，肩负着一个学术性团体在组织广大土地科技工作者积极参与我市土地科技活动，作好学会交流、充分发挥专家学者在土地学科建设和土地科学应用上的既定作用。

2009 年《北京土地》在费用基本自筹（专刊、特除外）基础上出版了 6 期和 1 期特刊。

此外，学会的网页在展示学会工作动态、学术活动、会议信息等方面。每周都通过互联网电子邮箱为会员发送房地产信息，学术交流信息、有关热点问题讨论、科普信息等。平均一个月发六、七次（中国土地学会可收到此信息），一次发约 400 个电子邮箱。收到信息的会员普遍反映较好。

五、受市局各有关单位委托，组织承担完成科研课题任务、基础性和学术性的专项工作，以不断提高学会的学术深度。

【完成的主要课题】

2009 年受市局地籍处委托，组织完成国土部下达市局的《北京城市地上地下土地权利调查》科研任务。

该课题主要内容有：（1）北京市城市地上地下土地权利总体状况调查；（2）城市地上地下土地权利单个项目调查，共有 9 大类型；（3）典型区域调查，如：交通枢纽、居住区、商业区；（4）调查数据汇总分析与有关政策建议。对所调查内容要提交 7 份专项报告和综合报告。

学会为完成此项任务，组成了由专家、学者、大学和企业部门共 30 多人参加的课题组，在市局的统一领导下，经过 10 个月的艰苦奋斗，圆满完成。该项目成果得到国土部、中国土地规划院和市国土局等有关部门及专家组的高度评价。

【承担年鉴编撰工作】

学会受市国土局研究室委托，在市局的统一部署、统一动员之下，由学会负责承办组织完成了《2009 年北京市国土资源年鉴》的编写编辑任务，在基础数据及其分析的层面上，全面系统地反映了本市的国土资源管理工作。《年鉴》是基础性、系统性、资料性实用性很强的一本专辑。

【组织编写的主要科普书籍】

2009 年学会组织有关人员完成《日常地籍调查质量管理与控制》一书的编写。目的是将科研成果进一步向行业推广，并转化为可操作、可应用的专业科普书籍。从而为提高本市日常地籍调查质量水平面和地籍行政管理部门的服务水平服务。

【与其他单位共同完成的编写工作】

1、参与北京市社科院《北京城市发展报告》—北京兰皮书年度编写的工作。

该书每年向市政府、市人大、市政协提交，其中土地管理领域的年度报告由学会组织提交。学会每年组织专家提高建议提案，由市科协向政府部门递交。

2、与北京房地产评估及土地估价协会联合编写《房地产开发服务指南》业务指导书，此书共分九大部份，任务量很大。初稿已完成，年内已正式出版。该书主要为全市房地产行业在进行投资，土地一级开发、房地产开发、房地产经纪人等服务。

六、继续作好土地规划机构推荐工作，为建立高素质的土地规划行业队伍服务。

依据中国土地学会［2006］25 号文件精神要求，我会继续对土地规划机构进行乙级名录的推荐。为作好这项工作，学会制定了《北京市乙级土地规划机构推荐名录工作规划》，并对本市土地规划机构情况，进行全面的调查摸底。并对申报甲级土地规划机构名录的机构的信息进行建库存档，对申报乙级土地规划机构名录的机构，一是要求按规划提交申报材料；二是逐一到机构所在地进行考察了解情况；三是专家组进行评审。经过评审后2009 年本市乙级土地规划机构共 42 家，符合条件要求。

目前，学会已建立了乙级土地规划机构推荐名录单位的信息网络系统。

今年我们举办了 2 期关于土地规划和土地开发整理有关政策继续教育培训班，对乙级规划机构组织工作研讨活动。

七、2009 年进一步加强学会机构组织的建设，增强了学会学术活动能力取得了较好的成效。

2009 年经市国土资源局、市民政局批准，学会下属 8 个专业委员会获得成立，这 8 个专业委员会是：1、土地经济和土地市场专业委员会；2、土地科普和学科教育专业委员会；3、耕地保护与土地整理专业委员会；4、地籍管理和土地信息技术专业委员会；5、土地利用规划专业委员会；6、土地价格和土地估价专业委员会；7、土地法学专业委员会；8、土地储备专业委员会。

为此，学会召开了专业委员会工作会议，会议通过了三项内容：一是明确了 8 个专业委员会的主任、副主任及秘书长的聘任；二是通过了《北京土地学会专业委员会管理办法》；三是明确了 8 个专业委员会学术内涵及 2009 年活动计划。

本届各专业委员会，主要以市国土局各业务处室负责人为主任，聘请科研单位、大学的教授、专家担任副主任，由各专业业务骨干为秘书长，最佳的人员组合，有利于专业委员会工作正常运转。

八、会员发展情况

目前，我会有团体会员单位 123 个，个人会员 37 人。其中：团体会员单位中，国土资源系统单位有 39 个，占总数的32%；房地产行业单位 71 个；其他各类单位 13 个。今年我们对会员单位的信息在动态管理的基础上，建立了新档案。对《北京土地学会会费收取标准和管理办法》进一步作了修改完善。

行业协会

——北京房地产估价师和土地估价师协会

【会员概况】

截止到2009年12月31日，北京房地产估价师和土地估价师协会共有会员单位147家，会员覆盖率达到97%以上。其中全国范围执业的土地估价机构52个，房地产一级机构33个；注册的土地估价师816名，专职房地产估价师1350名。高等级资质的估价机构数量和估价师数量均居全国省（市）级协会前列。

【2009年工作概况】

1. 协助开展地价动态监测

年内，协助市国土资源局，发动了54家会员单位共229名土地估价师参与2009年北京市地价动态监测工作，共完成了498宗标准宗地信息采集与日常维护，达到了“及时、真实、准确、完备和规范”上报监测结果的目的。为鼓励更多机构和估价师参与地价动态监测工作，本协会根据技术承担单位上报的2008年负责监测北京市市级标准宗地的估价师名单，依据北京市地价监测工作管理办法减免参与估价师的继续教育学时。

2. 组织全国土地估价师资格考试

9月12－13日，受市国土资源局委托，本协会在市171中学组织了北京考区全国土地估价师资格考试。今年共有934人报考3699科考试。9月12日上午，国土资源部总规划师、中国土地估价师协会常务副会长胡存智，土地利用司司长廖永林等领导，在市国土资源局副局长刘辉、土地利用处长李劲松陪下赴考试现场视察。全国考办委派王建及中国土地勘测规划院调查所高级工程师周灵霞来我考区作为总监考，指导我考区工作。

3. 加强协会自身服务能力的建设

年内，协会成立了信息中心及培训中心两个部门。信息中心负责对北京市房地产土地市场信息动态的监测数据进行统计，建立了基准价格案例库；培训中心负责更加专业系统的向社会各界提供估价相关知识的培训服务。

4. 加强业内沟通联系，扩大对外影响

年内，本协会举办了估价高峰论坛，邀请到中国土地估价师协会、中国房地产估价师与房地产经纪人学会、市国土资源局和市住房和城乡建设委的领导参加了论坛。通过此种方式构建了行业与政府之间、北京协会与中央协会之间、估价机构之间沟通和交流的平台。

【颁布《土地储备抵押评估指引》】

年初市委、市政府制定了加大投资、扩大内需、改善民生的经济政策，在国土部利用司、中国土地估价师协会的大力支持下，本协会研究出台了《土地储备抵押评估指引》，有力的支持了市土地储备工作，为土地估价机构从事土地储备抵押评估提供了技术支持。

【编写土地估价师考试辅导教材】

为配合土地估价师资格考试，提高从业人员专业水平，本协会组织专家编写了一套土地估价师考试辅导用书（三本），受到国土资源部和中国土地估价师协会的重视。三本辅导用书已全部列入2009年土地估价师资格考试全国考试办公室重点推荐书目。

【编印技术指导性书籍1套】

年内，本协会组织编写出版了《房地产税费》，该书系统梳理了房地产在开发、建设、持有、经营中所涉及到的房地产税费。为广大会员单位从事房地产和土地估价提供了系统、权威的税费依据。

【颁布《北京市城市住宅房屋拆迁市场评估技术方案》】

年内，为了配合市住房和城乡建设委推进本市城市房屋拆迁安置和补偿工作的进行，保证新的拆迁政策配套实施，本协会发布了《北京市城市住宅房屋拆迁市场评估技术方案》。该方案从课题研究到推广应用，一直在市住房和城乡建设委的直接领导下，与整个政府拆迁政策的调研和调整同步推行。

【出台《房地产抵押评估报告示范文本》】

年内，我协会在市住房和城乡建设委、人行营管部，北京银监局的领导下，发布了《房地产抵押评估报告示范文本》试行文本，为下一步充分发挥估价行业的技术优势，扩大与金融机构合作的话语权奠定了良好的基础。

【规范司法评估行为】

为了提高房地产和土地司法评估报告的质量，方便各方对司法鉴定估价信息的查询，实现估价信息的共享，提高信息利用效率，提升对估价结果公正客观的开发监管，协会信息中心建立了司法案例库。规定由高院入围的房地产和土地估价机构，在报告送达法院后2个工作日内向本协会填报估价报告的相关数据。

【完善了房地产估价报告的评审标准】

针对中国房地产估价师与房地产经纪人学会提出新的房地产评估报告评审标准，协会组织专家进行了认真学习，并结合北京实际和北京协会的评审标准，进行修改和完善，现已发布开始实行。

【承办四直辖市联谊会】

10月11日，由本协会组织的第五届京津沪渝四直辖市估价协会联谊会在京举行。座谈会从我国2009年新的经济和社会形势下估价行业面临新的机遇和挑战的角度出发，围绕“推动房地产、土地估价行业发展的协会作为”的议题展开了讨论。来自上海、天津和重庆估价师协会的共计 26 位负责人参加了座谈会。国土资源部总规划师胡存智、住建部房地产市场监管司房屋市场处处长杨佳燕、市住建委主管副主任冀岩、市国土局副巡视员史贤英、中国房地产估价师与经纪人学会副会长兼秘书长柴强，中国土地估价师协会副会长兼秘书长杨于北等领导到会祝贺并发言。

各分局工作

密云分局参加县机关工委第11届运动会

北京市国土资源局东城分局

【土地资源概况】

东城区宗地总面积现为2534.2公顷，其中：商服用地208.3公顷，占总量的8.2%；工矿仓储用地56.0公顷，占总量的2.2%；公共管理与公共服务用地725.0公顷，占总量的28.6%；住宅用地887.7公顷，占总量的35.2%；交通运输用地511.7公顷，占总量的20.2%；水域及水利设施用地43.9公顷，占总量的1.7%；特殊用地79.1公顷，占总量的3.1%；其他用地22.5公顷，占总量的0.8%。（详见表1）

表1 东城区2008年土地用途分类统计表

项目 \ 分类	商服用地	工矿仓储用地	公用管理与公共服务用地	住宅用地	交通运输用地	水域及水利设施用地	特殊用地	其他用地	合计
面积（公顷）	208.3	56.0	725.0	887.7	511.7	43.9	79.1	22.5	2534.2
百分比（%）	8.2	2.2	28.6	35.2	20.2	1.7	3.1	0.8	100

辖区宗地总面积过去沿用的是2538公顷。2001年，根据北京市勘界工作会议精神及《北京市行政区域界线勘定实施方案及工作细则》、《北京市区、县行政区域界线勘定办法》、《北京市区、县行政区域界线测绘技术规定》，东城区政府和西城、崇文、朝阳区政府联合勘定了行政区域界线，并签订了《行政区域界线协议书》，报经市政府批准，重新规范了区界。2006年，按照规范后的区界对各区县辖区面积重新进行了测绘，测绘结果是2534.2公顷。

【机构设置】

北京市国土资源局东城分局（以下简称“市国土局东城分局”）成立于2005年6月30日。分局机关设办公室、财务科、纪检监察科、综合科、地籍科和国土资源利用科6个职能科室，其中综合科加挂执法监察科牌子。编制30人，现有27人，其中工勤人员5人；下设北京市土地整理储备中心东城区分中心、北京市东城区土地权属登记事务中心、北京市东城区土地利用事务中心3个事业单位，编制共18人，现有18人。

【土地供应计划】

完成了《东城区2009年度土地供应计划》的编制、上报及执行工作。东城区2009年度土地供应计划安排用地项目6宗，总用地面积8.8706公顷。计划中3个项目实现供地，总用地面积4.6648公顷，计划外2个项目实现供地，总用地面积0.8767公顷。2009年实现供地项目5个，总用地面积5.5415公顷，分别占全年供应项目数的62%和全年供应土地总面积的57%。

【建设项目用地预审】

办理12个建设用地预审项目，总用地面积3.0569公顷；办理2个建设项目临时用地审批项目，总用地面积4.5447公顷。

【土地供应】

办理2个国有土地使用权划拨项目，总用地面积0.3066公顷。

【开辟绿色审批通道】

按照国土部“保增长、保红线”的要求和市国土资源局关于开辟绿色审批通道确保重大项目落地的部署，分局成立重大项目用地审批“绿色通道”领导小组。完成2个绿通项目的建设用地预审和1个绿通项目的国有土地使用权划拨；完成2个市级跨区县绿通项目（地铁6、8号线）的建设项目临时用地审批。东城区20个绿通项目中，涉及市国土局东城分局审批工作的项目全部完成。

【土地储备开发】

完成了《东城区2009年度土地储备开发计划》的编制、上报及执行工作。东城区2009年土地储备开发计划安排项目用地4宗，总用地面积7.10公顷。其中已实现供地项目1宗，用地总面积1.09公顷。完成可供应土地面积7.01公顷，占土地储备开发计划用地总面积的98.73%。

2009年加强了以土地储备分中心为主体的土地一级开发工作，由市土地储备中心与东城区土地储备分中心作为联合主体，实施东交民巷29、31号院联合储备开发项目，已签约拆迁224户，占应拆迁户数的82%，投资金额达4.34亿元。

做好“城中村”整治后建设用地的收储的工作，为工体西门、青龙胡同、北二环“城中村”项目办理了《国有土地使用权证》；与东城区市政市容管理委员会办理了青龙胡同、王家园胡同“城中村”储备土地入库交接手续。

【16亿元土地储备开发投资任务】

按照中央、北京市关于“保增长、保民生、保稳定”的总体部署和《北京市国土资源局落实1000亿元土地储备开发投资工作责任书》的要求，东城区需要完成土地储备开发项目投资16亿元(后根据实际情况调整为14亿元)。分局成立了“落实16亿元土地储备开发投资工作促进办公室”，采取有力措施，推动土地储备开发投资，促进东城区经济发展。截止2009年11月23日，东城区总计完成土地储备开发投资16.04亿元，提前39天完成了任务。东城土地储备分中心在“北京市土地储备系统多储快供”工作表彰大会上获得“业务考核奖”和“多储快供优秀组织奖”，1人获得“多储快供先进个人”。

【地籍管理及土地登记】

2009年是第二次全国土地调查工作的决战之年，市国土局东城分局按照上级部署和领导要求，加强培训和宣传，深入机关企业、街道社区召开座谈会，主动争取配合，积极协调解决问题，采取超常规措施，超常规组织，保障力量，承包任务，倒排工期，确保按期完成任务。截至2009年8月，完成东城区辖区内10个街道、25.34平方公里、16529宗地的内、外业核实和自检工作。积极推进第二次全国土地调查数据导入数据库工作，已完成东城区全部宗地的文件扫描和数据录入工作，并提交开思测绘软件公司进行审核，开思公司已将数据全部交给瑞德公司导入数据库，经检查合格，并已给市国土局东城分局进行了安装。同时，与北京华夏合众土地科学有限公司合作建设土地基础数据库及地籍管理信息系统，数据已基本搭建完毕，主要功能基本实现。

市国土局东城分局坚决贯彻市国土局下达的土地总登记工作任务，解放思想，创新方式，克服人员少、工作量大、历史遗留问题多、情况复杂等重重困难，采取有力措施，成立“北京市国土资源局东城分局土地总登记促进办公室”，举全局之力，全力推进发证工作。截至2009年12月31日，全区总登记已发证宗地数量为3805宗，占应发宗地数5284宗（按上级规定已扣除相关宗地）的72.01%，超过了市国土局下达的70%的目标任务。其中，开展土地总登记工作期间（2008年1月1日至2009年12月31日）发证宗地数为2631宗。土地确权率达到98.03%，超过了市国土局下达的90%的目标任务。

2009年8月1日，市国土局东城分局与市土地权属登记事务中心顺利完成了“城镇成套住宅分摊国有土地（小业主）使用权登记业务”交接工作，正式由市国土局东城分局受理，并于2009年8月3日开通政务管理信息系统。为使该工作顺利移交、开展，市国土局东城分局及时向区政府请示汇报工作内容、权限、审批环节等，积极与市登记中心、信息中心就工作流程、人员分配、操作权限、证书编号、系统操作等协调沟通，并指派专人到市局学习具体业务办理流程、系统维护等。截至2009年12月31日，颁发“小业主”《国有土地使用权证》254件，颁发《土地他项权利证书》45件，抵押注销登记35件。

日常土地登记工作中，办理国有土地使用权变更登记并颁发《国有土地使用权证》127件，出具《地籍调查成果确认单》76件，颁发《土地他项权利证书》119件，办理土地权利注销登记81件，办理四片危改区回迁底商出让手续6件，办结数套商品房补办出让手续2件。

【国土资源执法】

开展土地执法检查，按照国土资源部通知对辖区内高尔夫球场、练习场开展调查摸底，查清了辖区内3家高尔夫俱乐部

的使用状态、占地面积、审批手续等基本情况，并及时上报市国土局。根据群众举报，对东城区市政道路建设中心承建的“北小街市政道路改造工程”、“北小街55号违法建房”的情况进行调查，形成调查报告，完成对当事人的信访答复。市国土资源局东城分局被评为市局“执法监察工作优秀单位”、“东城区落实行政执法良好单位”。

【地热资源管理】

对辖区内7家地热井和使用单位开展2008年度地热资源年检。1家地热井开采单位因地热井水表前有旁通管问题未通过2008年度年检，1家因施工占压地热井口未能进行现场检查，其余5家地热开采单位通过年检。

【调查研究】

开展《东城区存量国有土地节约集约利用研究》，形成调研报告。

完成东城区总体发展战略规划编制工作中涉及国土方面的有关调研工作，编印《东城区总体发展战略规划（2011—2030年）编制（国土部分）调研成果汇编》，调研成果包括《东城区地下空间土地权属利用法律政策研究》、《东城区土地节约集约利用研究》、《东城区土地利用功能分区研究》、《构建政府主导土地开发利用研究》、《历史风貌保护和雍和园区政府主导土地开发利用研究》、《东城区土地开发项目研究》等6项。

2009年共开展调研并撰写调研报告27篇。在东城区开展的调研工作评选中，被评为“东城区调查研究工作先进单位”，《东城区土地开发潜力评价》调研报告被评为东城区优秀调研成果一等奖；组织青年土地学术征文活动，编印《北京市国土资源局东城分局青年土地学术论文集（2009年）》；在北京土地学会开展的“2009年北京青年土地学术论文”征文活动中，有3篇调研论文获得一等奖、3篇调研论文获得二等奖、5篇调研论文获得三等奖、获得唯一的集体奖——最佳组织奖；《联系实际，进一步增强主题实践活动的实效性》文章获得市国土资源系统处级以上干部反腐倡廉征文一等奖。

【信访工作】

积极开展矛盾纠纷排查活动，努力将矛盾纠纷化解在基层、消除在萌芽状态。共接待群众来信、来访、来电39件，均按照《信访条例》规定依法进行答复。没有引发影响稳定的重大事件。2人被评为市国土系统信访工作先进个人。认真办理人大的议案、建议和政协提案。办理东城区委、区政府交办的人大建议、政协提案5件，办结率100%，人大代表、政协委员满意率为100%。

【宣传工作】

开展“4·22”第40个世界地球日、“6·25”第19个全国土地宣传日、“12·4”第9个全国法制宣传日等主题宣传咨询活动；组织了驻区中央单位、区属有关单位、街道社区的土地法规宣传培训。

组织理论中心组学习、局长办公会会前学法40次，内容68项。市国土局东城分局被东城区委直属机关工委评为“东城区直机关‘学习型机关创建工作先进单位”。

组织干部职工赴井冈山开展爱国主义主题教育活动，编印《弘扬井冈山精神 发挥党员先锋作用——2009年东城国土分局赴井冈山开展爱国主义教育活动党员学习体会汇编》。

【法制建设】

制定《2009年推进依法行政落实行政执法责任制工作计划》、《2009年法制宣传教育工作计划》、《2009年度领导干部学法计划》。通过组织法律法规知识答卷、制作宣传专刊、领导干部会前学法、科务会定期学习等形式开展法律法规宣传学习活动，营造全局学法、用法、守法、严格依法行政的良好环境。规范行政许可案卷制作，开展自查自评。按照上级部署开展了有关土地执法检查工作。

【党风廉政建设责任制】

制定《2009年党风廉政建设工作要点》、《关于开展廉政风险防范管理工作的实施方案》、《关于廉政风险防范管理的实施细则》、《2009年党风廉政建设和反腐败任务分工》、《2009年党风廉政建设和反腐败牵头单位〈分工方案〉任务分解书》，召开工作会，逐级签订2009年岗位目标暨党风廉政建设责任书。开展党风廉政教育活动21次。积极推进廉政风险防范管理工作。

【政府信息公开】

贯彻落实《政府信息公开条例》，做好政府信息公开工作。2009年共受理依申请公开31件、协助市国土局办结依申请公开19件，均在规定期限内依法予以答复。

【平安国庆行动】

制定《东城国土分局新中国成立60周年庆祝活动期间安保工作方案》，召开动员会。2人参加区国庆指挥部群众游行疏散指挥引导工作、2人参加了社区综治特派员工作、25人参加庆典活动的标兵工作。出色完成新中国成立60周年庆典活动各项任务，分局被评为“首都国庆60周年群众游行支持贡献单位”、“国庆安保特别贡献奖”，2人被评为“首都国庆60周年群众游行优秀工作者”。

北京市国土资源局西城分局

【土地资源概况】

西城区宗地面积现为31.33平方公里，其中：商服用地2.75平方公里，占全区总面积的8.8%；工矿仓储用地0.38平方公里，占全区总面积的1.2%；住宅用地9.65平方公里，占全区总面积的30.8%；公共管理与公共服务用地10.19平方公里，占全区总面积的32.52%；特殊用地0.90平方公里，占全区总面积的2.9%；交通运输用地7.33平方公里，占全区总面积的23.38%；水域及水利设施用地0.13平方公里占全区总面积的0.4%。（详见表1）

表1　西城区2009年土地用途分类统计表　　面积单位：平方公里

项目＼分类	商服用地	工矿仓储用地	住宅用地	公用管理与公共服务用地	特殊用地	交通运输用地	水域及水利设施用地	合计
面积	2.75	0.38	9.65	10.19	0.90	7.33	0.13	31.33
百分比	8.8%	1.2%	30.8%	32.52%	2.9%	23.38%	0.4%	100.0%

【机构设置】

北京市国土资源局西城分局（以下简称“市国土局西城分局”），成立于2005年8月15日。2009年分局机关设办公室、综合科（加挂执法监察科）、地籍科、国土资源利用科、财务科、纪检监察科6个职能科室，公务员编制35人，现有32人；工勤人员5人，现有5人。下设事业单位2个，其中参照公务员管理事业单位1个，为北京市西城区土地权属登记中心（挂北京市西城区土地利用事务中心），编制7人，现有7人；全额拨款事业单位1个，为北京市土地整理储备中心西城分中心，编制5人，现有5人。全局编制共52人，现有48人。

【土地供应计划】

2009年，我区土地供应计划共19个项目，总用地约14.70公顷。其中基础设施用地8宗，用地面积3.39公顷；科教文卫体和行政办公用地5宗，用地面积5.56公顷；商服用地6宗，用地面积5.75公顷。全区实现供地14个项目，占地16.48公顷，完成计划的112.11%。其中：基础设施3个，占地1.25公顷；住宅1个，占地0.64公顷；科教文卫办公8个，占地8.67公顷；特殊用地2个，占地5.92公顷。

【建设项目用地预审】

全年办结建设项目用地预审14件，总用地约14.97公顷。其中基础设施用地2宗，用地面积0.36公顷；科教文卫体和行政办公用地7宗，用地面积7.49公顷；商服用地4宗，用地面积6.71公顷；住宅用地1宗，用地面积0.41公顷。

【绿色通道项目用地审批工作】

按照市政府和市国土局要求，加快重点工程、重大项目用地审批，开辟绿色通道，按照“原有审批时限减半”的原则，做到“特事特办，急事急办”；完善和优化审批流程，主动服务，提早介入，专人负责。全区纳入市扩大内需重大项目31个，按照市国土局统计口径，已办结和不需要办理的用地预审26个，占总数的83.87%，以实现供地项目和不需要办理供地项目29个，占总数的93.5%。

【1000亿土地储备投资工作】

年内国土资源的中心工作之一是贯彻落实中央“扩内需、保增长、促发展”的方针，努力完成全市1000亿土地储备投资计划。为完成保增长这一艰巨任务，市国土局西城分局先后召开了动员会、项目协调会、调度会、项目统计分析会、个别特殊项目调研会等一系列会议，帮助项目开发企业分析形势、树立信心、扩大投资，并解决一些实际问题，从而提高了项目开发企业投资的积极性，促使项目开发企业尽快落实投资计划。另一方面，抽调人员充实储备中心队伍，做到每个项目都有专人负责，随时掌握项目进展情况。为进一步督促项目开发企业落实投资计划，市国土局西城分局由局领导带队、相关同志参加的项目督促检查小组对全区的所有项目进行逐一的现场调研，掌握详尽的第一手材料。并就项目的手续申报情况、资金落实情况、项目进展情况、存在的问题进行了现场分析和解答，取得了良好的效果。全年累计完成土地储备投资14.85亿元，完成计划的91.7%。

【土地储备开发】

年内，分局办理了以储备分中心为开发主体的西长安街新华门段拓宽项目的前期手续，按区政府要求参与动迁指挥部工作，完成了道路红线内的全部拆迁共2.4公顷，实现投资7.92亿元，为60年大庆做出了直接贡献。完成了德胜F1项目的入市交易工作；完成了西直门小区南区土地一级开发项目实施方案审核；签署了新兴盛、西直门小区南区土地一级开发项目监管协议和资金监管协议；完成了原马连良故居部分拆除并向西南迁建工程；完成新华门路南中央警卫局围墙保护南移各项申报审批手续；受市中心的委托，办理了西城区“城中村”改造后的国有土地使用权证书。

【第二次全国土地调查工作】

全面完成西城区第二次全国土地调查工作（以下简称二次调查）。共完成调查面积31.33平方公里，宗地12627宗。西城区宗地面积现为31.33平方公里，其

中：商服用地2.75平方公里，占全区总面积的8.8%；工矿仓储用地0.38平方公里，占全区总面积的1.2%；住宅用地9.65平方公里，占全区总面积的30.8%；公共管理与公共服务用地10.19平方公里，占全区总面积的32.52%；特殊用地0.90平方公里，占全区总面积的2.9%；交通运输用地7.33平方公里，占全区总面积的23.38%；水域及水利设施用地0.13平方公里占全区总面积的0.4%。

此次我区二次调查工作有以下几大特点：一是领导高度重视，制度落实到位，精心组织部署。成立了以主管副区长为组长，分局局长为副组长的西城区第二次土地调查领导小组，区各委办局领导为小组成员，形成了全区统一协调的工作机制；建立了西城区第二次土地调查领导小组办公室，下设若干工作组，并对各组职责进行了明确分工；制定了《西城区第二次土地调查工作实施方案》，明确了西城区第二次土地调查的工作目标、总体任务、技术路线与方法、进度安排、组织机构及工作原则等内容；建立了例会制度、监督检查制度。二是区政府大力支持，全局上下形成合力，层层落实责任。区领导多次来我分局视察工作，对调查工作提出指导性意见，并在各方面予以支持。我分局按照区政府的指示精神，把二次调查作为重点工作来抓，抽调其他科室人员充实二次调查队伍，举全局之力搞好二次调查。三是密切结合我区实际，采用不同方式进行多角度、全方位宣传。在办公场所及分局行政服务大厅张贴二次调查宣传画、发放宣传资料，安排专人负责解释，同时将宣传工作与党团活动结合起来，组织党员代表、青年团员到西单文化广场等公共场所向公众发放二次调查宣传资料，讲解有关土地调查的知识，并积极采取“走出去”的工作方式，深入到单位中加强宣传。四是依托综合业务系统与房屋档案，完善统计制度，提高工作效率。并自行设计制作了我区《二次调查明细表》，将每宗地的基本信息和调查结果通过A3报表的形式反映出来。

【地籍管理工作】

在第二次全国土地调查工作的基础上，积极探索土地登记发证新模式，充分利用已建成的地籍管理信息系统和第二次土地调查的最新成果，采取“条块结合”的模式为西城区驻区企事业单位服务，全年完成总登记发证229个，办理国有土地使用权登记发证309宗地，出具地籍调查成果确认单56个。办理土地使用权抵押登记86宗，面积为52.69万平米，贷款金额共计2159187.76万元。

全面启动了西城区土地证换发工作，采取“致用地单位的一封信”等多种宣传方式，说明换证意义及优惠政策。

【电子政务与信息化建设】

根据实际情况明确政府信息公开的责任部门，制定相应的工作制度及办法，实现政府信息公开工作的规范化、科学化和标准化。全年主动公开政府信息200余条，受理依申请公开事项2件，接待各类咨询2000多件。完成了综合业务系统功能优化扩展工作。将原登记发证及抵押类共13项业务统一整合为登记及抵押（注销）两大项业务流程。优化后的系统业务流程既满足了国土部登记流程新要求，又降低了申报人填写申请表难度，同时为日后电子申报打下了基础。完成了综合业务系统历史案卷更新核心库工作和功能扩展工作。总计更新2007年10月后档案552卷；搭建了小业主登记发证、土地登记卡梳理、法院协执模块、涉外产入库及空间化挂接、办公自动化系统、多种结果查询的业务模块。

【国土资源执法监察】

采用多种方式在“4.22”世界地球日、“6.25”土地日和“12.4”全国法制日等时间段，积极开展法制宣传咨询活动，共发放宣传册1730余份，环保购物袋1000余个，接待群众咨询60余人次。并在《国土资源报》上刊登《为了更新更准确——北京西城国土分局“二调”工作掠影》、《条块结合推进二次土地调查北京西城区土地权属测绘实现全覆盖》2篇文章宣传相关政策；组织机关干部参与了“百家网站法律知识竞赛”，掀起了全局普法活动的高潮。宣传教育培训活动创新了形式，更具市国土局西城分局特色，进一步提高了全体干部职工执政为民和依法行政工作重要性的认识，为全面落实依法行政工作打下了坚实的思想、组织和工作的根基。

【调查研究】

制定了《关于加强信息报道工作的意见》就报送内容、报送要求、报送方式、报送数量提出了明确具体要求。为实现以信息化带动管理现代化，促进工作效能和工作质量的提高，撰写了《以信息化带动土地管理现代化的探索与实践》一文；完成了《关于什刹海地区平房四合院改造模式的探索》、《金融街西拓土地利用问题研究》、《加强土地一级开发市场管理 努力实现扩内需 保增长的目标》等八篇调研报告。其中《关于什刹海地区平房四合院改造模式的探索》被市委办公厅采用，刊登在《北京信息》514期。《加强土地一级市场开发管理 努力实现扩内需保增长的目标》被《西城信息》刊登在《一把手论坛》上。《地籍测绘市场化问题初探》被评为市国土局优秀调研信息。

北京市国土资源局崇文分局

【土地资源概况】

根据2009年度第二次土地调查成果，全区土地总面积为1653.6公顷。（土地用途分类详见表1）

表1　崇文区2009年土地用途分类统计表

项目＼分类	商服用地	工矿仓储用地	公用管理与公共服务用地	住宅用地	交通运输用地	特殊用地	合计
面积（公顷）	95.4	31.5	605.6	545.5	360.0	15.6	1653.6
百分比（%）	5.8	1.9	36.6	33.0	21.8	0.9	100

【机构设置】

北京市国土资源局崇文分局（简称“市国土局崇文分局”），成立于2005年8月11日。分局机关设办公室（加挂财务科牌子）、纪检监察科、执法监察科（加挂综合科牌子）、地籍科、国土资源利用科5个科室，编制22人、机关工勤3人；下设北京市崇文区土地权属登记事务中心、北京市崇文区土地利用事务中心、北京市土地整理储备中心崇文区分中心3个事业单位，编制24人，现有24人。2007年5月19日，经市人事局批准，区土地权属登记事务中心参照公务员管理。

【土地供应】

年内，列入崇文区年度土地供应计划指标安排使用方案的项目有20个，涉及用地需求单位10个，土地计划供应总面积为56公顷。截止年底，全区计划内实现供地4.63公顷，占分解到崇文区计划指标的8.27%。从已供应土地用途结构上看，9个地块进行上市交易，商服用地实现供应4.63公顷，超额完成4公顷的年度经营性用地供应计划。

【建设项目用地预审】

年内，受理建设项目用地预审项目12个，办结率100%，涉及土地面积16.72公顷。其中，规划为一级开发用地6.53公顷，基础设施用地10.09公顷，教科文卫体和行政办公用地0.08公顷，工业用地0.02公顷。

【土地储备开发】

1. 截止2009年12月11日，崇文区所有土地储备一级开发项目共计完成开发投资20.88亿元，超额完成北京市国土资源局下达的20亿年度投资任务。

2. 5月22日，文章胡同东口土地一级开发项目正式启动搬迁。6月20日，定安里土地一级开发项目正式启动搬迁。7月24日，彭庄土地一级开发项目正式启动搬迁。12月11日，金鱼池二期西土地一级开发项目正式启动搬迁。截至12月31日，四个项目分别完成搬迁总户数的91.86%、86.31%、41.31%和23.61%。截止年底，安化寺二期、金鱼池西和幸福北里南区土地一级开发项目正在办理前期手续。

年内，对东花市三期北侧遗留地块拆迁工作进行现场监管，涉及土地面积3.57公顷，其中建设用地1.36公顷，代征地2.21公顷，居民275户。截至年底，共搬迁居民230户。

3. 6月，牵头组建了有崇文区审计局、崇文区发改委、崇文区财政局、崇文区监察局参加的崇文区土地储备开发项目资金监管小组，制定了《崇文区土地储备开发项目资金监管办法》，形成了崇文区土地储备开发项目资金监管流程、授权审批制度、内部控制制度及竣工决算办法等一整套管理程序。

【地籍管理和土地登记】

1. 第二次土地调查。11月底，完成第二次土地调查工作。此次调查覆盖全区7个街道，共87个街坊、4423宗地；形成了分幅地籍图和土地利用现状图各384幅，各街道土地利用现状挂图7个，区土地利用现状挂图1幅，图幅理论面积与控制面积接合图表1幅，区不同比例尺街坊结合图表1幅，宗地图4423幅。

2. 土地登记。共办理完结土地登记727件。其中划拨登记44件，出让登记90件，政府储备用地登记5件，城镇成套住宅分摊土地使用权登记276件；抵押登记312件，其中公产登记85件，城镇成套住宅分摊土地使用权登记227件。

3. 8月，展开档案数字化三期工作。截止10月底，完成全部860卷档案的数字化，其中土地登记专业档案805卷，土地执法监察档案39卷，土地利用档案16卷。

【国土资源执法】

8月25日，12336国土资源违法举报电话和传真设备正式对外开通。截止12月31日，经由12336国土资源违法举报电话调查并办结的违法举报线索1件。

【电子政务和信息化建设】

8月，崇文区国土资源管理信息系统开发基本完成；11月27日，正式通过专家组验收。该系统集成国土崇文分局所有业务数据，通过整合包括规划在内等各类信息，实现国土资源信息的综合查询、检索、统计和分析功能。

【全程办事代理制】

4月，北京市国土资源局将“北京市城镇成套住宅分摊土地使用权登记”业务下放至国土崇文分局办理。年内，行政

许可类事项共办结12件，比上年增长20%；土地出让金收缴1582件，比上年增长130%，金额为1122万余元；土地证办理336件，比上年增长223%，其中城镇成套住宅分摊土地使用权登记办证227件；抵押办理268件，比上年增长332%。实现年度办结率和群众满意率双项100%。

【地热资源管理】

2009年3月，分五个阶段完成对辖区内10个地热开发单位的年度检查。经检查，全部符合要求。

【调查研究】

5月，正式开展地下空间调研工作。调研结合区域特点，综合工程地质条件、地下开发情况、交通管网布局等因素对地下可开发地块进行评价；在借鉴国内外城市地下空间开发利用相关理论、方法与实践经验的基础上，对本区地下空间资源总量、开发强度、开发条件等进行综合评价；建立起地下空间开发利用科学评价体系，提出本区未来地下空间开发利用的总体方案，并选取近期开发可行性较高的重点地块、重点区域进行地下空间开发方案策划。截止年底，《崇文区地下空间开发利用研究》已经完成并通过专家组验收。

【法制建设】

4月22日、6月25日、12月4日，以“认识地球 保障发展－了解我们的家园深部”、“保障科学发展、保护耕地红线”为主题，开展“世界地球日”、“全国土地日”、“全国法制宣传日”宣传活动。共发放报纸特刊、知识手册、彩色折页等资料8000多份，悬挂宣传横幅7条、摆设宣传展板26块、发放宣传光盘600张，组织作品展、知识答卷、互动问答、观看普法情景剧、征文、知识竞赛、专版专题、研讨会等活动，并将法制宣传工作推进到崇外、花市街道的各个社区。

北京市国土资源局宣武分局

【土地资源概况】

宣武区位于北京市中心西南部，东起前门大街、天桥南大街、永定门内大街，与崇文区毗邻；西至广安门外马连道北路、马连道路、马连道北里、湾子街、太平里，与丰台区接壤；南从永定门以西，沿护城河至鸭子桥路及马连道仓库专用铁路线为界，与丰台区隔河相望；北至前门西大街、宣武门东西大街、天宁寺路及莲花池东路，与西城区、海淀区交界。区辖大栅栏、天桥、椿树、陶然亭、广安门内、牛街、白纸坊、广安门外8个街道。行政区域面积现为18.99平方公里。（土地用途分类详见表1）

表1　宣武区土地用途分类统计表

项目＼分类	商服用地	工矿仓储用地	公用管理与公共服务用地	住宅用地	交通运输用地	特殊用地	合计
面积（公顷）	208.99	48.33	486.18	713.38	434.97	8.12	1899.97
百分比（%）	11.0	2.5	25.6	37.5	22.9	0.4	100

【机构设置】

北京市国土资源局宣武分局（简称“市国土局宣武分局”）成立于2005年9月1日。分局机关设办公室、综合科、纪检监察科、地籍科、国土资源利用科、执法监察科、财务科7个职能科室，编制31人，其中工勤人员2人；下辖北京市土地整理储备中心宣武区分中心、北京市宣武区土地权属登记事务中心（挂北京市宣武区土地利用事务中心牌子）2个事业单位，编制18人。

【土地供应计划】

宣武区2009年度土地供应计划安排建议方案共申报建设项目27个，总用地面积34.73公顷。其中经营性用地3个，3.51公顷。年内，实现供地项目4个，7.08公顷，约占计划总量的20.4%。其中经营性项目1个，0.66公顷，约占经营性用地总量的18.8%。

【建设项目用地预审】

共有8个项目通过建设项目用地预审，用地总面积约20.34公顷。其中基础

设施项目 2 个，0.21 公顷；科教文卫体和行政办公项目 4 个，7.55 公顷；商服项目 2 个，12.58 公顷。

【土地供应】

供地项目 4 个，用地面积 7.08 公顷。其中商服用地类项目 1 个，0.66 公顷；基础设施用地类项目 3 个，6.42 公顷。

【土地市场交易】

骡马市大街南侧商业项目是北京市第一宗由区（县）政府主动提出收回，并由区（县）国土分局和储备分中心负责收回后处置，重新入市交易的宗地。5 月 7 日，该项目在北京市土地市场完成交易，北京城建投资发展股份有限公司中标拿地，中标价格 13460 万元。

【土地储备开发】

3 月 20 日，启动广安联合储备开发项目一期地块的土地一级开发工作。该项目以区政府主导，市土地储备中心、区土地储备分中心联合储备开发，采用“分中心 + 国有企业”模式运作。6 月 25 日，取得拆迁许可证。年内，共拆迁住宅 521 户、单位 11 个，拆迁面积 27294 平方米，完成投资 70189 万元。

【地籍管理及土地登记】

8 月 17 日，启动小业主登记发证工作。截至 12 月 25 日，共受理登记 289 件。其中，初始登记 10 件，变更登记 178 件，抵押登记 54 件，注销登记 43 件，遗失补正 2 件，更正登记 2 件。

10 月，顺利完成宣武区第二次全国土地调查工作。调查面积 18.99 平方公里，调查宗地 9744 宗，全区土地调查工作全部完成。完成辖区 288 宗土地的总登记工作，总登记累计发证占可发证宗地的 80.04%。

开展国有土地使用权登记工作。完成国有土地使用权登记及抵押登记共 718 件，215.11 公顷。其中国有土地使用权初始登记 288 件，116.44 公顷；变更登记 289 件，48.34 公顷；他项权利登记 141 件，抵押土地面积 50.33 公顷。

开展拆迁区私房土地登记工作。共受理拆迁区私房产权人土地登记申请 445 户，公告 354 户，发放登记结果 285 户。

完成土地更新调查工作。共完成宣武区 8 个街道 315 个街坊 9744 宗地的更新调查工作，调查面积 18.99 平方公里，调查率 100%。完成上述宗地信息补录、地号升位及已发证宗地土地登记卡补建工作，建卡率 100%。

启动档案数字化（三期）工作。完成全部计划工作量 857 卷档案扫描、录入及全部 4925 卷档案的条码化工作，通过市国土局档案数字化抽检工作组验收。

【电子政务和信息化建设】

开展宣武区地籍管理信息系统建设工作。宣武区被市国土局确定为北京市地籍管理信息系统试点区县。根据市国土局统一部署，先后完成系统框架结构搭建、档案数字化模块建设、“一图两表”成套小业主楼盘表建设等土地登记业务模块的开发建设工作。共使用地籍系统办理土地登记 764 件。宣武区地籍系统试点工作通过专家验收，并在全市国土系统予以推广，填补北京市无统一地籍系统的空白。

完善电子政务办公系统建设工作。该系统作为分局信息化重点建设项目，于2008年年底建成并试运行。3月18日至20日，召开全局电子政务办公平台系统（一期）推广应用培训会，标志该系统正式投入运行并取得阶段性成果。6月18日，一期项目建设完成，二期项目建设全面启动。12月21日，二期项目正式部署并上线试运行。目前，系统运行整体情况良好，公文、信息、会议、考勤、印章、资产管理等各项日常工作实现网上办理，基本达到无纸化办公目标，显著提升行政办公效率。

【政务公开】

公开政府信息322条。其中：行政确认类信息221条，工作动态类信息92条，行政许可类信息7条，机构职能类信息2条。

受理依申请政府信息公开67件，全部办结，未引起行政诉讼、复议案件发生。

北京市国土资源局朝阳分局

【土地资源概况】

朝阳区位于北京市主城区的东部和东北部，是北京市中心城区的重要组成部分。行政区划南北长28公里，东西宽17公里，约占全市土地总面积的2.8%，是北京市面积最大的近郊区，下辖23个街道办事处、20个地区办事处。

朝阳区位于北京冲洪积平原中部，地形平坦开阔。平均海拔高度为34米，最高海拔46米，位于城北德清路附近大屯至洼里关西一带；最低海拔20米，位于东部楼梓庄沙窝村西坝河下游，高低相差26米。整体地势呈西北高东南低，地面坡度为千分之一。地貌有洪积、冲积扇平原、扇缘洼地和河流冲积平原三种类型，地带性土壤为褐土与潮土。

根据2009年度土地变更调查统计数据，朝阳区土地面积现为466.78平方公里（含首都机场面积12平方公里）。其中：建设用地383.39平方公里、占总量82.1%，农业用地80.57平方公里、占总量17.3%，未利用地2.82平方公里、占总量0.6%。（详见表1）

表1　朝阳区2009年度土地利用情况统计表

地类		2009年初面积（公顷）	比例（百分比）	2009年末面积（公顷）	比例（百分比）	净增减值（公顷）
农用地	小计	13725.1	30.2%	8056.6	17.7%	-5668.5
	耕地	4725.9	10.4%	3082.5	6.77%	-1643.4
	园地	931.3	2.0%	797.05	1.8%	-134.25
	林地	5253.6	11.5%	4163.45	9.1%	-1090.15
	草地	0.0	0.0%	13.6	0.03%	13.6
	其它农用地	2814.4	6.2%	0	0	-2814.4
建设用地	小计	30893.1	67.9%	37139.14	81.7%	6246.04
	居民点及工矿用地	27559.3	60.6%	32750.9	72.0%	5191.6
	交通运输用地	3221.4	7.0%	2037.92	4.5%	-1183.48
	水利设施用地	112.3	0.2%	2350.32	5.2%	2238.02

续表

地类		2009 年初面积（公顷）	比例（百分比）	2009 年末面积（公顷）	比例（百分比）	净增减值（公顷）
未利用地	小计	889.4	2.0%	282.38	0.6%	-607.02
	未利用土地	222.9	0.5%	0	0	-222.9
	其它土地	666.5	1.5%	282.38	0.6%	-384.12
合 计		45507.61	100.0%	45478.12	100.0%	

注：1. 本表不含首都机场街道的行政辖区建设用地面积。

2. 因数据库转换过程中存在误差，致使 2009 年年初与年末数据不一致。

【机构设置】

北京市国土资源局朝阳分局（简称“市国土局朝阳分局”）成立于 2005 年 5 月 8 日。作为北京市国土资源局派出机构，负责组织实施本行政区域内土地、矿产资源行政管理工作，内设办公室、财务科、综合科、地籍科、土地利用科、耕保征地科（矿产资源科）、纪检监察科（执法监察科）等 7 个职能科室，下设北京市土地整理储备中心朝阳分中心、北京市朝阳区土地利用事务中心、北京市朝阳区土地权属登记事务中心、北京市朝阳区国土资源执法监察队、北京市国土资源局朝阳分局第一国土资源管理所、北京市国土资源局朝阳分局第二国土资源管理所、北京市国土资源局朝阳分局第三国土资源管理所等 7 个事业单位。目前，共有行政编制人员 32 名，其中公务员 30 名，工勤人员 2 名；事业编制人员 74 名。

【土地供应】

根据 2009 年度土地供应计划指标安排方案的编制及执行情况，全年，朝阳区以出让和划拨方式供应国有土地共 69 宗，面积 439.03 公顷。其中，出让国有土地 26 宗，总用地面积 98.36 公顷；划拨国有土地 17 宗，总面积 60.33 公顷；以征代划用地 26 宗，总面积 280.34 公顷。

【建设项目用地预审】

年内，共完成建设项目用地预审 161 件，总面积 2432.97 公顷。其中，国有土地 63 件，面积为 213.14 公顷；集体土地 98 件，面积为 2219.83 公顷。

【征用及农转用项目用地管理】

共完成中组部全国组织干部学院、崔各庄乡大望京村 C 区、金盏金融服务园区、豆各庄乡土地储备项目用地、北京染料厂政府储备土地项目等 32 个项目的征地申报工作，总用地面积 699.8 公顷。

【土地储备开发】

坚持“全面调控”推动发展，全力推进朝阳区政府土地储备工作。分局党组主要抓好以下四方面工作：

一是明确重点、科学安排。实施土地储备是朝阳区继绿化隔离地区建设之后，实现农村地区发展的又一次大机遇，也是

区委、区政府彻底解决城乡结合部问题、加快推进城乡一体化进程的战略选择。为紧抓这次历史机遇，分局党组高度重视、精心组织、解放思想、科学谋划，始终做到“四个结合”（即将土地储备与城市化相结合、将土地供应与宏观调控相结合、将区域规划与功能区定位相结合、将培育业态支撑与安置被征地农民相结合），现已取得了初步成效。2009 年，先后启动了多个土地储备项目，总土地储备开发规模约 30 平方公里，共 10 个重点储备开发区、88 个一级开发项目，涉及全区 11 个街乡、约 70 个村。

二是政府主导、稳步推进。以大望京村列入全市城乡一体化试点为契机，继续坚持以政府为主导的“大一级”开发模式，全年共取得以分局储备中心为主体的一级开发项目的授权批复共计 88 个，以政府为主导的开发模式不断引向深入。

大望京环境整治土地一级开发项目为加快推进城乡一体化进程做出了有益探索。经过认真研究和周密部署，各相关部门密切配合，仅用 15 天时间就完成融资 45 亿元，为拆迁工作的顺利实施提供了有力保证。年内，该区域实现了场地平整，完成了土地移交工作，正在进行土地入市准备工作及大市政建设工作。

“148 公顷”项目大市政和公共配套建设逐步加快。项目市政建设一期工程基本完成，二期工程正在实施，40% 的市政道路已实现车辆通行；公共配套建设取得了项目核准。

金盏金融服务园区、东坝边缘集团一级开发工作进展良好。金盏金融服务园区项目征地、拆迁工作稳步推进；东坝边缘集团已取得单店西组团的项目核准，边缘集团南区及北东航空商务区的入户调查工作已全部完成。

三间房 D 区、豆各庄、孙河、将台等土地一级开发项目顺利展开。三间房乡 D 区土地储备项目 1—4 号地范围内集体企业拆迁已基本完成；豆各庄乡土地储备项目 1、2、5、6 号地已与当地政府签订了征地补偿安置协议，项目范围内拆迁工作进展顺利；孙河乡土地储备项目已基本完成康营村等五个村的住宅及集体企业拆迁工作；将台乡亮马 J、K 住宅小区项目已取得征地批复并完成征地结案，项目集体企业拆迁腾退工作已全部完成。

和平村土地一级开发工程全力推进。按照区委、区政府的工作要求，2009 年，我局采取了加大政策宣传力度、开通安置房看房班车、签订责任状、帮扶特困家庭搬迁和必要的依法强迁等大量积极有效的措施，努力做到“把道理说明、把政策讲清、让措施深入人心”，千方百计地加快推进拆迁进程。该项目非住宅拆迁已全部完成；住宅拆迁已完成 3873 户，占总户数的 74%。

三是积极融资，有序投入。按照市局对全市 1000 亿元土地储备开发项目投资工作安排，我区土地储备工作投资指标为 219 亿元。在此基础上，根据区委、区政府进一步加大土地储备开发力度的工作部署，朝阳区计划于 2009 年投入资金 500 亿元进行土地储备开发。根据市、区两级政府的指示精神，我局与 17 家银行签订了协议，授信额度 938.83 亿元，到帐资金578.4亿元；累计完成土地储备开发项目投资540亿元，完成任务指标的246%，在全市范围内率先完成了1000亿元土地储备开发投资任务。

四是把握节奏，平稳供应。2009年度，朝阳区已供应经营性土地19宗，总占地面积132.64公顷，总建筑规模260.67万平方米，总成交额252.24亿元，其中土地增值收益144.79亿元。

【土地利用总体规划修编工作】

坚持“统筹规划”引领发展，积极做好朝阳区土地利用总体规划修编工作，对已初步形成的《朝阳区土地利用总体规划（2006—2020年）方案》不断调整完善。立足朝阳区土地利用现状，结合国民经济发展计划，统筹兼顾地区优势、产业现状和发展水平，不断创新工作模式，深入进行调研，广泛听取各地区的发展思路和难点问题，积极征询相关单位意见，逐步完善规划方案，最大限度的在土地规划层面上保障社会经济的可持续发展，得到了区政府的认可。

【地籍管理和土地登记】

全年，共完成国有土地使用权登记2248宗，面积3691.51公顷。其中，办理国有土地使用权初始登记435宗，面积3074.52公顷；国有土地使用权变更登记1813宗，面积616.99公顷。办理国有土地使用权抵押1154宗，面积3140.71公顷，涉及抵押价款约5085.43亿，贷款金额2149.59亿。

根据市国土局的统一要求，自2009年9月，朝阳区城镇成套住宅分摊使用权证登记工作由分局负责。自9月中旬以来，累计办理相关业务4088件；在高峰时段，达到了日均办理量100件，居全市之首。

【朝阳区第二次全国土地调查工作】

按照“以图管地”的原则，完成了城镇土地更新调查，初步建立起朝阳区城区地籍数据库；开展土地总登记，对已登记发证的宗地档案进行清理，对未登记发证的宗地依法办理土地登记。

【国土资源执法】

2009年，我局持续加大执法力度，逐步完善土地执法监管长效机制，主要完成以下几项工作：

一是继续加大违法用地查处力度。持续加大日常执法巡查力度，全年累计开展土地动态巡查350余次，涉及全区20个乡、2个农场及相关街道办事处，及时制止了大量土地违法行为，大大减少了新增违法用地现象。共下发《责令改正国土资源违法行为通知书》85份；《国土资源行政处罚决定书》81份，处罚土地面积1028.9亩（其中耕地113.9亩），收缴罚款1217.1万元，案件办结124件；申请法院强制执行10件；以非行政处罚方式责令自行拆除违法建筑面积约17.3万平方米，恢复土地面积648亩。其中，国土部第九次卫片土地执法检查中涉及的违法用地全部查处完毕，处理到位率达100%，得到了市国土局和国家土地督察局北京局的肯定。遥感二号卫星卫片执法检查中涉及的违法用地，已全部上报区政府，纳入综合整治范围。严肃处理政府土

地储备区内各类新增违法用地，切实维护农民的合法权益。2009年以来，随着全区土地储备开发工作的深入和城乡一体化进程的加快，农村地区各类新增违法用地不断滋生。针对这一情况，我局联合各相关部门，对政府储备区内、外的各类新增违法用地行为，进行了严肃处理，并将全部41宗应作拆除处理的违法用地上报区委、区政府，纳入集中综合治理，其中督促自行拆除28宗。

二是加强部门联动。全区共同监管的执法格局基本形成。2009年，我局拟定了《朝阳区关于建立土地执法监管长效机制、进一步加强违法违规用地查处工作的意见》及执法监管工作流程，并经区长办公会审议通过。上述文件的印发、朝阳区土地监管联席会议制度、部门分工查处机制、土地问责制度等一系列制度全面确立，标志着以区政府为土地监管责任主体，各部门共同监管的共同责任机制全面建立。综合治理模式成效显著。按照处理第九卫片违法用地的工作思路，国土、规划部门对土地违法进行认定，区农委牵头督促各地区办事处政府进行自行整改；对整改不力、不按期按要求整改的，由区组织、监察、人事等部门配合督促落实，我局将各类新增违法用地也纳入区政府综合治理范围。这一措施，在处理今年新增违法用地中，收到了显著效果，拆除工作落实迅速，后续工作处置妥当，恢复工作及时到位，切实做到了对土地违法行为“防范在先、发现及时、制止有效、查处到位”。土地问责机制初步建立。以《违反土地管理规定行为处分办法》的实施为契机，区委、区政府成立了“违法用地综合整治领导小组”，并将违法用地的预防和处理纳入区政府“数字化城市管理系统”平台，进一步落实了土地执法监察动态巡查责任制。同时，《坚守耕地红线、依法依规用地责任书》的签订，进一步明确了基层政府的属地管理责任。在此基础上，我局加大了对违法违规用地行为多发乡镇政府的督导力度。全年共向区监察局移交了15个典型案件，请区监察局提前介入调查，对违法用地重点乡村的主要领导实施约谈诫勉，在权限范围内实施责任追究。

三是加大宣传力度。为进一步规范全区土地执法监察工作，我局编写了《朝阳区国土资源执法监察工作法律、法规及案例分析汇编》，并利用6·25全国土地日的机会，深入街乡，特别是违法用地行为的重点乡村，进行国土资源政策宣讲、国土资源形势教育，进一步提高了基层土地管理人员依法用地、依法管地意识。开展了朝阳区青年国土资源保护行动。作为试点单位，积极与团区委共同组织实施，依托行政村团支部建立国土资源保护信息服务站，作为国土资源宣传和保护工作的前沿阵地；选派农村团干部担任国土资源保护信息员，招募在校中学生团员，协助开展国土资源保护宣传活动，为土地执法工作创造良好的社会氛围。

【绿色通道审批工作】

2009年，为贯彻落实市、区两级扩大内需保增长的工作部署，加快推进重大项目用地审批工作，充分发挥土地资源在保障首都经济发展中的作用，我局成立了

“加快推进重大项目用地审批领导小组”（简称“落地办”），全面负责区域内列入市、区政府绿色通道项目的涉地审批工作，确保组织领导到位。对纳入市、区绿色审批通道的重大项目，按照“主动服务、提前介入、重点标识、并联审批”的方针，建立健全了重大项目用地审批责任制、定期沟通机制、项目台帐制度、公示公告制度等内容。各部门在“落地办”的统一领导下，采取有效措施，分工明确、责任到人，切实提高了审批效率。年内，纳入市级绿色审批通道的项目中，涉及朝阳的项目共156个，约占全市的15%；纳入区级绿色审批通道的项目共39个。目前，对已具备办理用地审批条件的项目，我局已全部依法按期完成；对其它尚不具备办理用地审批条件的项目，相关部门提前介入，积极与用地单位联系，既主动服务，又不缺位、不越位，为下一步审批工作的顺利开展打下了坚实的基础。

根据行政许可审批权限，2009年全年我局行政业务事项共受理6278件，共办理4858件。

【矿产资源状况】

朝阳区地处平原区，地矿资源主要是地热和矿泉水。全年，共完成地质灾害危险性评估报告备案22件，地质勘查资质受理预审15件，完成13家探矿权项目年检和3家矿泉水开发利用年度检查，实地检查了25个在用地热井的开发利用情况，制止非法采砂11起。

【调查研究】

2009年，我局开展的调研工作主要有：一是为科学合理地安排土地储备开发项目的投资以及土地供应和资金回收计划，有效控制土地储备资金的风险，我们对区域内土地储备的总量、结构、布局与时序进行了深入研究；二是为积极配合党的十七届三中全会提出的关于农村集体建设用地流转的相关问题，我局针对朝阳区农村集体建设用地流转的现状，选取了朝阳区崔各庄乡何各庄村、十八里店乡周庄村作为考查对象，讨论形成了我区的农村集体建设用地流转调研报告。2009年，围绕中心工作，共完成了《朝阳区地热资源调查报告》、《地籍信息系统的建设和应用》、《朝阳区地籍数据库现状》、《关于档案数字化的调研报告》、《关于公务卡推行的调研报告》、《关于国土资源管理所建设的几点思考》、《关于土地闲置问题的思考》、《关于强化国土所规范建设提高国土所管理水平的几点思考》、《关于做好我区土地利用工作的几点建议》、《从国土资源行政处罚难想到的》、《关于土地执法调研报告》、《浅谈土地登记的要点》、《关于拆迁工作应建立在社会维稳基础上的调研报告》、《保护耕地 推进土地集约利用调研报告》、《如何遏制基层土地违法的几点思考》、《朝阳区扩大内需重大项目用地情况》、《浅析城市土地储备制度》、《关于土地一级开发市政建设工作的调研报告》、《对农村涉地信访问题的调研报告》、《土地储备在推进朝阳区城市化进程中的探索与研究》、《2008年度朝阳区土地供应计划编制与执行情况分析》等21余份调研报告。

北京市国土资源局海淀分局

【土地资源概况】

海淀区位于京城西北，地处上风上水，兼有山地平原，地形西高东低。西部山区统称西山，属太行山余脉。以百望山为界，山南称山前，山北称山后。根据海淀区2009年度土地变更调查数据，全区土地面积为430.73平方公里，各地类规模和本年度各地类变化情况。（详见表1）

表1　2009年度海淀区各类土地表

地类		面积（公顷）
农用地	合计	17885.6
	耕地	2230
	园地	2810.5
	林地	10652
	牧草地	0.0
	其他农用地	2193.1
建设用地	合计	24540.4
	居民点及独立工矿用地	23687.1
	交通运输用地	773.8
	水利设施用地	79.5
未利用地	合计	650.9
	未利用土地	63.7
	其他土地	587.2
合计		646152.7

据此次变更调查，海淀区2009年末各地类变化情况。（详见表2）

表2　2009年度海淀区各类土地面积增减表

地类	年内减少面积（公顷）	年内增加面积（公顷）
耕地	8.2	0
园地	28.5	0.6
林地	22.5	1.7

续表

地类	年内减少面积（公顷）	年内增加面积（公顷）
草地	0.0	0.0
城镇村及工矿用地	0.9	55.3
交通运输用地	3.0	5.9
水域及水利设施用地	2.1	0.0
其他土地	0.2	2.0
合计	65.5	65.5

【机构设置】

北京市国土资源局海淀分局于（简称“市国土局海淀分局”）成立于2005年5月31日，为北京市国土资源局的派出机构，在北京市国土资源局领导下，按照管理权限，负责组织实施本行政区域内土地、矿产资源行政管理工作。局机关设办公室、纪检监察科、综合科（执法监察科）、财务科、资源规划科、地籍科、土地利用科（耕保征地科）7个职能科室；下设海淀区土地权属登记事务中心，海淀区土地利用事务中心，海淀区国土资源执法监察队，北京市土地整理储备中心海淀分中心，北京市国土资源局海淀区分局第一国土资源管理所，北京市国土资源局海淀区分局第二国土资源管理所，北京市国土资源局海淀区分局第三国土资源管理所7个事业单位。

【土地供应计划和实施】

2009年度建议申请供地91个项目，用地505.5011公顷。其中，优先保障基础设施用地的需求项目34个，用地181.8471公顷（含2008年未完成供地的有8个项目，74.4596公顷已完成征地初审）。新增环境整治12个项目，26.5公顷，同时优先安排4个廉租房经济适用房项目用地38.246公顷，1个两限房项目用地2.04公顷，园区用地安排供地36个项目，用地193.697公顷。

年内，海淀区共有66个建设项目办理了土地供应手续，供地面积250.0539公顷。，其中：不在供地计划内的51个项目、供地195.9329公顷；供地计划内的项目完成15个、供地54.121公顷，占2009年土地供应计划的10.7%。

【土地储备计划】

编制完成2009年度土地储备开发计划，其中，新增项目11个，土地面积165.81公顷，建筑面积191.29万平方米，投资估算71.67亿元。结转23个，土地面积384.72公顷，建筑面积267.06万平方米，投资估算69.96亿元。

【建设项目用地预审】

2009年海淀区通过建设项目用地预审154件，用地总量约736公顷。其中，占用农用地322公顷、耕地105公顷。审批扩大内需项目25件，占审批数量的30%。

2009年通过建设用地预审项目中，储备项目16件，用地面积约371公顷；基础设施项目18件，用地面积约66公顷；工业项目8件，用地面积约38公顷；科教文卫项目63件，用地面积约185公顷；办公项目13件，用地面积约13公顷；住宅项目17件，用地面积约39公顷；商服项目10件，用地面积约17公顷；特殊用地项目9件，用地面积约9公顷。（详见表3）

表3　2009年预审项目情况表

项目分类	数量（件）	面积（公顷）
储备项目	16	371
基础设施项目	18	66
工业项目	8	38
科教文卫项目	63	185
办公项目	13	13
住宅项目	17	39
商服项目	10	17
特殊用地项目	9	9

【征地工作】

全区征（占）地项目24个，征地总面积294.2935公顷。其中，办理农用地转用170.979公顷，涉及农转非人员1564人（含劳动力905人）。

【国有土地使用权划拨、出让】

受理划拨用地审批手续3件，翠湖城市湿地公园A、B、C区，用地面积148.4935公顷；办理签订土地出让合同6件。办理出让合同变更，完成补充协议9件。办理地价核实手续4件。

【土地市场交易】

年内共完成国有土地入市交易9宗，供地面积共计30.92公顷，成交金额共计159213.39万元。具体是：

——北京市海淀区中关村永丰高新技术产业基地I-20、I-26地块工业用地，土地面积6.37公顷，规划建筑面积8.28万平方米，成交金额9752.09万元；

——海淀区中关村办公商业项目，土地面积4.31公顷，规划建筑面积8.26万平方米，成交金额59500万元；

——海淀区五棵松路32号多功能项目用地，土地面积2.98公顷，规划建筑面积6.22万平方米，成交金额26780万元；

——“公共租赁住房”用地，海淀区西二旗居住项目，土地面积4.03公顷，规划建筑面积5.0963万平方米，成交金额12550万元；

——海淀区中关村环保科技示范园E区F16地块工业用地，土地面积3.80公顷，规划建筑面积4.5498万平方米，成交金额12148万元；

——海淀区中关村环保科技示范园H区K02地块工业用地土地面积5.02公顷，

规划建筑面积6.0197万平方米，成交金额16073万元；

——海淀区清河小营东居住项目土地面积2.11公顷，规划建筑面积4.2864万平方米，成交金额15592万元；

——北京市海淀区中关村永丰产业基地Ⅱ-1-B-1项目土地面积0.54公顷，规划建筑面积0.6991万平方米，成交金额1518.12万元；

——北京市海淀区中关村永丰产业基地Ⅱ-5-A项目土地面积1.78公顷，规划建筑面积2.3176万平方米，成交金额5300.18万元。

【土地储备开发】

海淀区土地一级开发项目共计15个，土地面积1443.82公顷。其中，辖区范围内一级开发授权企业项目15个，土地面积883.83公顷（含未授权的中关村创新园G、H、R地块土地面积44.26公顷）；“458”项目共涉及5个项目，土地面积44.35公顷；招标项目2个，土地面积80.40公顷；储备机构分中心为主体的项目12个（温泉小城镇拆分为8个地块），土地面积435.24公顷。

【落实1000亿投资项目工作】

海淀区区在原有24个纳入1000亿土地储备开发投资项目基础上，新增了10个开发项目、8个产业项目，涉及42个项目，总占地面积1216公顷，规划建筑面积362万平方米，总投资估算242亿元，年计划投资126亿元。我区2009年投资任务为39亿元，09年已完成投资10.95亿元，占投资任务的28%。

【土地利用总体规划修编】

按照市政府下发的规划修编指标，组织完成了海淀区第二次全国土地调查数据初步成果的规划分析处理、基本农田空间布局、建设用地空间布局工作，撰写了规划修编文本初稿，明确了区规划修编的指导思想、规划目标、各项用地空间布局。同时加快为北坞村搬迁安置项目、翠湖再生水厂、香山南路、407工程、北京军区技术局军官公寓、创新园F地块、凤凰岭二期、全军结核病研究所、轨道交通昌平线等9个重点项目进行规划调整工作。

【海淀区第二次全国土地调查工作】

制定完成《海淀区城镇土地更新调查工作方案》、《北京市海淀区农村土地确权登记颁证试点工作方案》和《北京市海淀区农村土地确权登记颁证试点工作实施方案》，采取“条块结合、重点突破、有效引导、上下互动、全面完成”的工作方法，协调组织有关委办局和企业、街道（乡镇）展开了三次土地总登记和城镇土地更新调查，已完成373个街坊、9492宗地的外业调查工作，土地总登记共发证1777宗，总发证率27.23%，更新了全区地籍图面积160.2平方公里及相关图件。

【土地登记】

年内海淀区共办理登记业务821件，土地总面积461.64公顷，土地登记数量是2008年同期的394.71%，登记面积为2008年同期的113.06%。

【土地抵押】

办理土地抵押登记共计493件，土地面积294.07公顷，抵押房地产评估总金额达707.894541亿元，贷款总额达321.549442亿元，平均单件贷款额约为6522.3万元。

【国土资源执法】

2009年按照国土部、监察部以及市政府的安排部署，在全区范围内开展了国土部第九次卫片及北京市遥感二号、资源二号卫片执法检查等工作。全年累计开展国土资源执法监察动态巡查143天，出动巡查人员468人次，其中一级巡查区域巡查87天，出动巡查人员276人次，二级巡查区域巡查38天，出动巡查人员131人次，三级巡查区域巡查18天，出动巡查人员61人次。

全年海淀区共立案查处土地违法案件31件。其中，第九次卫片28件、动态巡查3件、违法用地总占地面积12.43公顷（涉及耕地1.31公顷）。全年共下发责令限期改正通知书6件、行政处罚告知书33件、行政处罚听证告知书29件、行政处罚决定书33件。已经结案263件（处理上年未结案件238件、九次卫片结案25件），拆除构建物18630平方米、没收构建物41010平方米，罚没款3.85万元。

【土地调查】

年内对海淀区1999—2007年征而未用土地展开清查工作，重点对全区取得市政府用地批复的299个项目进行了梳理；对辖区内未完善用地手续的“未批先用”项目进行全面清理，共查纠2个工业项目；对全区8个乡镇、82个行政村征地区片价和国有土地使用权出让情况进行了调查治理；对2007、2008年度批而未用土地进行了专项摸底，对批而未供项目、中心城未申报实施方案项目进行统计登记，并对海淀区32个征而未供项目、62个中心城项目未申报征地问题提出处理意见，规范了土地管理秩序，促进了海淀区社会经济建设发展。

【土地权属争议调处】

按照《北京市海淀区土地权属争议调查处理办法》，2009年共调处唐家岭村与回龙观镇西半壁店村京包铁路用地范围内的土地权属争议、苏家坨镇草厂村与西埠头土地权属争议、西北旺镇韩家川村付淑红提出的与邻居司燕、岳金生宅基地权属争议等共9个案件，有效的化解了矛盾，保护了土地权利人的合法权益。

【矿产资源概况】

海淀辖区内共有矿泉水开发企业6家，收缴2008年度矿产资源补偿费10.32万元，经检查，采矿权人均按要求上报了年检材料，在实地核查中未发现违规行为，参检单位均年检通过。

【地热资源管理】

海淀区共有德润房地产开发集团有限公司、北京大学等5家地热采矿企业，经检查，地热采矿权人均按要求上报了年检材料，在实地核查中未发现违规行为，参检单位均通过年检。

【汛期地质灾害防治】

编制完成《北京市国土资源局海淀分局汛期突发性地质灾害应急工作预案》，加强对各乡镇、部门地质灾害防治汛前准备的监督和检查，对汛期地质灾害群测群防点基本情况进行了全面更新，保证了汛期的通讯畅通。有针对性的发放明白卡及宣传手册共计70余份，设立警示牌2处，建立雨量监测站1处。

【地质灾害工程治理】

全面启动海淀区重要地质灾害隐患治理工程施工工作。车耳营村、阳台山自然风景区、大圆圣慧文化艺术咨询有限责任公司、大觉寺、大工村、寨口村等地质灾害隐患点的工程施工工作已经全面竣工。共对辖区内4个项目用地进行了地质灾害危险性评估登记备案。

【法制宣传】

4月22日上午，在第40个“世界地球日”到来之际，海淀分局在局服务大厅组织举办了“认识地球　保障发展——了解我们的家园深部”宣传活动。活动紧紧围绕今年的宣传主题，组织相关科室负责人进行现场咨询，发放宣传材料300余份，张贴宣传画4张、展板6块。

6月25日上午，海淀分局在甘家口大厦门前举行了“第十九个’6.25’全国土地日”大型宣传活动，穆鹏副区长、市局机关党委领导、海淀区七个乡镇的主管领导率队参加。此次活动紧紧围绕“保障科学发展，保护耕地红线”的主题，结合“双保行动”，大力宣传国家土地调控政策，宣传坚守18亿亩耕地红线和维护土地管理法治的重要意义，结合基本农田保护20周年纪念活动，大力宣传落实耕地保护责任制。活动现场气氛热烈，共组织发放宣传折页500余张，宣传册500余份。

【工程领域重大问题专项治理工作】

建立健全组织领导机构，研究制定《北京市国土资源局海淀分局工程建设领域突出问题专项治理工作实施方案》，对2008年1月1日至2009年10月31日规模以上的立项在建和竣工项目进行了认真梳理，组织了五次排查工作，深层次查找区域内工程建设存在的突出问题。

【政府信息公开】

年内主动公开政府信息448条，其中法规文件类信息74条，业务动态类信息374条。收到政府信息公开申请14件，已全部答复。“同意公开”的8件，“信息不存在”的5件。共接受公民、法人及其他组织政府信息公开方面的咨询30人次，年内本局政府信息公开专栏访问量为1384次。

【信访工作】

年内共收到信访件共42件，受理36件，接待群众上访16批28人次，办结率100%。

【党风廉政建设】

健全责任制工作体系，抓好任务的分解、检查和追究的三个环节，推动党风廉政责任制取得更大实效。抓好民主集中

制、民主生活会、述职述廉等制度的落实。深化党风党纪教育和以“过好八道关”为主要内容的反腐倡廉教育，推行廉政风险防范管理工作。以周良洛案件警示片为教材，进一步加强反腐倡廉警示教育，筑牢拒腐防变的思想防线，营造风清气正的良好氛围。

【“三进、两促”活动】

按照市局机关党委和区直机关工委的工作要求，围绕分局工作职能，动员部署机关党员干部广泛开展“进农村、进社区、进企业，促和谐、促发展”活动，着力增强机关各级领导干部推进科学发展、促进社会和谐的能力，真正把科学发展观体现到分局各级党组织和各级领导干部的行动中去，做到了以身作则促进科学发展、真抓实干落实科学发展。

北京市国土资源局丰台分局

【土地资源概况】

丰台区位于北京市的西南部，属城乡过渡地带，呈东西方向狭长展布，东西长35.4公里，南北宽14.9公里。按照2008年度丰台区土地变更调查数据，全区土地总面积现为305.52平方公里，较年初减少0.28平方公里，该部分土地位于北京西客站建设大厦周边，已划给宣武区管辖。区域土地中建设用地213.12平方公里，占总量69.76%，农业用地83.27平方公里，占总量27.25%，未利用地9.13平方公里，占总量2.99%。（详见表1）

表1　丰台区2009年度土地利用现状分类统计表

地类		年初面积（公顷）	年初所占比例（%）	年末面积（公顷）	年末所占比例（%）	年度变化量（公顷）
农用地	耕地	3160.87	10.30%	2516.22	8.24%	-644.65
	园地	936.45	3.10%	810.50	2.65%	-125.95
	林地	3064.30	10%	4416.27	14.45%	1351.97
	牧草地	0	0	8.95	0.03%	8.95
	其它农用地	712.87	2.30%	574.58	1.88%	-138.29
	小计	7874.49	25.70%	8326.52	27.25%	452.03
建设用地	居民点及工矿	17322.29	56.60%	18721.55	61.28%	1399.26
	交通用地	2693.91	8.80%	2318.99	7.59%	-374.92
	水利设施用地	309.85	1.00%	271.68	0.89%	-38.17
	小计	20326.05	66.50%	21312.22	69.76%	986.17
未利用土地	未利用地	1478.91	4.80%	909.04	2.98%	-569.87
	其他土地	900.63	3%	4.85	0.02%	-895.78
	小计	2379.54	7.80%	913.89	2.99%	-1465.65
合计		30580.09	100%	30552.63	100%	-27.46

【机构设置】

北京市国土资源局丰台分局成立于2005年6月。分局机关设有8个职能科室，编制28人，工勤人员3人。下设北京市丰台区土地利用事务中心、北京市丰台区土地权属登记事务中心、北京市整理储备中心丰台分中心、北京市丰台区国土资源执法监察队4个事业单位，编制50人，现有49人。

【土地供应计划】

编制完成了《北京市丰台区2009年度土地供应计划》，针对本年度土地供应计划执行情况，加大监管力度，采取召开工作计划编制动员会、座谈会、现场检查等方式广泛了解建设项目进展情况。受地价审核及规划分割、规划调整、项目周边市政不到位，达不到入市交易的条件、金融危机等因素影响，全年实际供应土地87.5322公顷，其中计划内项目17.2735公顷，占年度计划供应量（256.85公顷）的6.73%。（详见表2）

表2　丰台区2009年度土地供应计划完成情况

指标项	宗数	面积（公顷）	实际完成情况%
土地供应计划	3	17.27	6.73%

【土地市场治理整顿】

根据市、区专项治理领导小组和本小组专项治理工作要求，分局成立了“分局工程建设领域突出问题专项治理工作领导小组”，建立了分局主要领导挂帅，主管领导负责，具体工作主管科室牵头，相关部门配合的机制，使此项工作迅速展开。

针对本地区梳理出的437个建设项目情况，进行了细致地研究和工作部署，召开了专项治理自查会，明确各部门的工作任务。首先理清项目，有的放矢。对437个项目是否涉及用地进行了筛选，初步筛选出新建项目用地及开发建设项目用地、原单位新建或绿化工程项目和管线工程临时用地项目共计338个，其他103个项目不涉及用地。并分几批及时发给各科室、各部门迅速进行梳理、填报；其次是逐一核实，严防疏漏。对78个未开工项目逐一进行了筛查，对其中发现的园区核科院等项目可能存在闲置的问题又专门与相关单位联系进行了核实，确保不出现疏漏；三是协调配合，解决问题。针对各科室、各部门填报工作中出现的问题，及时与区专项治理领导小组办公室、市局有关处室进行联系，协调解决填报当中发现或出现的问题，夯实每一个环节和每一个部门的工作，使自查阶段的各项工作顺利展开；四是团结协作，完成任务。经初步统计：丰台区338个涉地项目中，符合土地利用总体规划的项目有174个，11个项目不符合土地利用总体规划，其中3个项目调整规划方案已通过专家会论证，其他项目未申报；已办理征、占地手续的有113个项目，应办未办理征、占地手续的有54个项目，另有1个未批。临时用地15个，7个项目无须办理手续，其余8个项目均未申报手续；37个土地一级开发项目，分局均按照政府一级开发相关文件实施招拍挂方式出让或正在进行土地一级开发，目前未发现违规问题。其中纳入本次自查范围的市区联合储备项目3个（中体奥林匹克花园、地铁九号线郭公庄车辆段、葆台边角地）和分中心为主体1个项目（辛庄村一级开发），对其项目审批、节能、环评等环节严格检查，也未发现任何违规行为。

【建设项目用地预审】

为落实市、区绿色审批通道工作的要求，分局积极响应，成立丰台分局重大项目推进领导小组，主动研究审批程序，优化工作流程，提出四个“提前”的工作机制：“提前沟通、提前介入、提前勘察、提前办理”，力争减半时限办结。截至年底，建设用地预审等各项工作进展顺利。丰台区纳入市、区政府绿色审批通道项目共计137个，其中纳入市绿色审批通道项目99个，已完成预审59个，加上不需办理预审的25个，2项合计为84个，约占90％；纳入到区重点工程的项目是38个，已完成预审21个，不需办理预审有10个，2项合计为31个，约占81.6％。

2009年度共完成建设项目用地预审52件，用地规模593.2392公顷（详见表3）；办理土地利用总体规划和地类的审查意见29件，有效的保证了用地手续后期工作的顺利开展。

表3　丰台区2009年度建设用地预审情况

指标		项目个数	用地面积总量（公顷）
合计		52	593.2392
建设用地预审	基础设施	16	58.5714
	产业用地	1	10.811
	科教文卫和行政办公	5	27.4178
	经济适用住房	10（含农民回迁楼）	152.1048
	住宅商品房	17	276.6352
	商服用地	3	67.699

【征用及农用地转用项目用地管理】

严格执行北京市政府颁发的《北京市建设征地补偿安置办法》（148号令），按照规定的程序办理征地工作。共办理了丰台区长辛店新区（生活区）二期土地一级开发、丰台区丽泽金融商务区B6－B7地块土地一级开发、丰台区王佐镇佃起村土地一级开发、京沪高速铁路（北京段）等住宅及市政配套工程的征地前、后期协助、项目审核和报批工作。全年共完成征地12宗265.3007公顷，其中耕地79.0814公顷。（详见表4）

表4　丰台区2008年度办理征地情况

指标项	面积（公顷）		与去年相比（％）
	2009年完成	2008年完成	
全年办理征地	265.3007	111.29	上升138％

【土地储备开发】

2009年受国际金融危机的影响，中央提出实行积极的财政政策和适度宽松的货币政策以促进经济平衡较快增长的决策，为落实中央精神，北京市政府提出要加大土地储备力度、扩大土地储备投资，并提出全市2009年度土地储备投资总额1000亿的目标。根据年度工作重点，土地储备工作在认真分析我区项目实际情况和存在主要矛盾的基础上，探索适应我区实际情况的工作方法和运作模式，全年工作紧紧围绕着加大土地储备投资和加快土地市场供应全方位开展工作。

为保证年度投资及供地任务的落实，分局及时向区政府进行了汇报，并提出落实投资任务的思路、方式、存在问题及相关建议，提高区领导对此项工作的重视程度，积极争取其理解与支持。为充分调动各乡镇政府的积极性，建议区政府进行任务分解，责任下移，将各项任务分解到项目所在乡镇政府，并以签订责任书的形式督促落实。同时，分局与各项目实施单位签订了土地储备开发投资责任书，建立信息周报制度，及时掌握各项目的进展和投资落实情况，并按季度向项目实施单位下发投资任务单，明确各单位季度投资任务。按照有关要求，全面执行数据统计和信息报送制度，设专人对各项目进展及投资情况进行核实、统计，按照要求进行数据即时更新，通过信息平台及时、准确进行信息的汇总和上报。对拟入市项目实行专人负责制，抽派专人负责协调拟供应项目有关问题，全面掌握地块情况，进行动态巡查，对达到入市条件的项目协助市中心进行现场验收，进行地块现场测绘，完成结案报告的初审，协助一级开发实施单位申请入市交易工作。适应形势需要，完善管理制度，对政府投资的使用管理制定了严格的审批程序，制订了《丰台区土地储备开发项目资金监管暂行办法》、《开发项目货币资金审批办法》、《货币资金管理规定》、《土地储备资金银行账户管理办法》、《土地储备资金财务管理办法》以及《合同审批管理办法》等各项财务管理规章制度，对储备资金的管理使用进行了严格的约束与规范，为政府资金的安全高效使用提供了保证。

2009年我区共完成土地储备开发投资62.51亿元，在土地市场上公开交易土地8宗，土地面积约134公顷，规划建筑面积约123万平方米，成交价款约123.43亿元，其中溢价款约78.38亿元。

【土地整理与占补平衡】

2009年度丰台国土分局积极审核征地补偿、耕地占补平衡和基本农田调整方案，促进国家、市属重点工程征地项目的推进工作，完成了京沪高速铁路、丰台区丽泽金融商务区B6－B7地块土地一级开发、丰台区长辛店新区（生活区）二期土地一级开发、丰台区王佐镇佃起村土地一级开发项目征地前期协调、项目审核及报批工作。全年共完成征地12宗，涉及土地面积265.3007公顷，其中占用耕地79.0814公顷，全部实现占补平衡。

【土地利用总体规划修编】

根据北京市下达的基本农田、耕地保有量和建设用地等指标，结合城市总体规划、河西地区规划等资料，以集体土地现状调查成果为基础数据，在广泛征求意见及调研的基础上，积极组织实施丰台区新一轮土地利用总体规划修编。经过努力，新一轮土地利用规划中已将河东地区基本农田全部核减，区域土地利用规划更趋合理。同时为促进河西地区土地资源的整合利用，实现当地经济的快速发展提前做好土地储备，确定王佐和长辛店两镇为乡镇级规划修编的试点单位。

【土地登记】

全年核发国有土地证928件，涉及土地面积503.28公顷；核发他项权利证323件，抵押价款2669664.45万元，抵押贷款1429863.23万元；注销他项权利证222件。

【丰台区第二次全国土地调查工作】

丰台区第二次全国土地调查工作第二阶段城镇部分的“更新调查”与“总登记”工作于今年4月份正式启动。为更好的落实此项工作，分局多次召开专题会议，研究、部署我区城镇地籍调查及登记工作，并抽调专门人员组成外业调查小组。年内完成全区17个街道办事处、镇的154个街坊、6057个宗地的更新调查和地籍调查工作，并完成数据库的提交。

【国土资源执法】

2009年共查处违法违规用地112宗，涉及土地面积4439.4亩（其中耕地564.4亩）。其中以立案方式处罚82宗，涉及土地面积2768.6亩（其中耕地214.2亩），下达行政处罚45宗；以非立案方式处理13宗，涉及土地面积1440.6亩（其中耕地292.4亩），已补办手续2宗，整改3宗；属国家、市重点工程暂缓处理17宗，用地面积230.2亩（其中耕地57.8亩），已补办手续6宗。

112宗违法违规用地中，第九次卫片监测到的违法用地23宗，涉及土地面积3023.2亩（其中耕地289.3亩）。遥感二号卫片（2008年10月至2009年9月）监测到的违法用地56宗，涉及土地面积906.5亩（其中耕地254.3亩）。动态巡查发现违法用地3宗，用地面积9.8亩。信访举报违法用地30宗，涉及土地面积499.9亩（其中耕地20.8亩）。

年内，开展矿产巡查13次，出动车辆13次，出动人员27人次，对发现的偷挖盗采行为进行有效的制止。

【电子政务及信息化建设】

2009年分局先后完成了右外办公区的网络连接工作；对机房硬件设备进行升级改造，加大了分局的网络冗余度；加紧对内部办公系统逻辑功能的填充与完善，进一步提高了办公效率。与此同时，分局还出台了内部网络应急预案、外网使用规定和电子设备使用制度，规范了信息化章程，保障了信息化工作稳步开展。

【矿产资源概况】

截止2009年底，丰台区的矿产地共21处。主要矿产包括地热、矿泉水、冶金用白云岩、制灰用灰岩、水泥配料用页岩。主要矿产探明的储量：冶金用白云岩220万吨，制灰用灰岩2.87亿吨，水泥配料用页岩2703万吨。没有新增矿产地

和新查明重要矿产资源储量。开发利用的矿种有矿泉水资源及地热资源2种。已开发利用矿产地21处，其中矿泉水2处，地热19处。

【矿产资源开发及秩序整治】

为贯彻落实北京市人民政府《关于印发北京市北京市打击非法开采矿产资源专项行动工作方案的通知》（京政办发〔2009〕3号）精神，保障新中国成立60周年庆典活动，做好打击非法开采矿产资源工作，最大限度地遏制非法开采，确保社会和谐稳定。区打击非法开采协调小组各成员单位结合丰台区实际，积极开展打击非法开采专项工作，加强监管，严厉打击涉矿违法活动，加强巡查、检查，对偷挖盗采易发区进行严密监控，防止非法开采现象出现反弹，认真履行了各自职责，取得了明显成效。今年以来，国土分局组织有关部门和部分乡镇政府开展巡查、检查8次，出动检查人员200多人次。查扣挖掘机械6台次，查扣车辆12台次，滞留调查涉案人员19人次。开展废弃矿山生态恢复工作，指导有关乡镇政府开展废弃矿山治理工作，积极争取中央财政资金开展废弃矿山地质环境治理，国土分局利用中央财政补助资金350万元在王佐镇政府的支持下完成一处废弃矿山治理，对当地的地质环境治理和打击非法开采工作起到了良好的社会效果。

【矿产资源开发管理】

2009年国土分局进一步加强矿产资源监督管理，年内对辖区内从事矿泉水和地热开采企业进行了年检，按时完成上级机关布置的年检登记组织工作，总体评价丰台区矿产资源勘查开发利用基本上规范有序。

【地质勘查储量管理】

丰台辖区从事地热资源勘探项目的企业1家，年内探矿权人勘探施工进展等情况进行了现场查验和材料审验。年内辖区没有公益性的地质勘察投入。

【地热资源管理】

加大地矿资源管理力度，年内对丰台区地热开采情况进行了调查和年检，本区共有地热井29眼，其中有19眼正在使用，7眼待用，2眼停用，1眼报废。已使用的19眼地热井，有地热采矿许可证的18眼，无证的1眼。

【汛期地质灾害防治】

2009年国土分局按照区应急委颁布的《丰台区突发地质灾害应急预案》，积极开展地质灾害防治工作，制定了汛期预防突发地质灾害应急预案和建立应急抢险、避险等预防措施，建立汛期预防地质灾害值班、预防地质灾害险情报告制度及预防地质灾害群测群防体系。组织全区有关业务部门主管领导和业务骨干开展预防地质灾害方面业务知识专项培训，提高了全区各有关部门地质灾害防治意识，增强了防范能力。

【地质灾害防治与矿山环境治理】

2009年国土分局精心组织开展王佐镇西庄店废弃矿山环境治理，完成项目设计、项目招投标，并针对项目治理区地质环境特征，因地制宜采取治理方案，认真履行项目监管责任，严格按照项目进度和监理月报及时足额支付工程施工费用，项目于9月30日竣工，10月通过市局地质环境治理项目验收组的竣工验收。完成中央财政补助投资350万元。该项目治理效果获得上级和区乡政府及有关部门的好评。

【信访工作】

信访工作事关百姓的切身利益，也是“平安北京”的首要工作。分局始终把化解矛盾作为最终目标，不断探索新的工作方法，创造性的提出“五个抓”的工作机制，即：“抓认识、抓方法、抓宣传、抓重点、抓监督”，更有效的落实好信访工作。全年分局共接待群众来访99批222人，接收信访件95件，12336转办45件。分局认真办理，主动回复，结案率达到100%，做到了事事有回音，件件有着落。全年无重大越级访。

【政务公开与制度建设】

2009年分局通过网络公布、公开电话、设立信箱等多种方式和形式建立起一套符合分局特点的“政府信息公开”办理流程，主动接受社会各个方面的监督。年内分局主动公开各类政府信息320条，受理依申请公开政府信息查询74件，内容涉及征地拆迁、国有土地使用、土地权属等多个方面，全部在规定的时限内做出了答复。分局行政服务大厅在硬件设置不断完善的基础上，行政许可事项和行政服务事项已全部纳入全程代办，其中建设用地预审已按市国土局要求实现了网上受理和网上审批。

2009年，分局在巩固落实原有制度建设的基础上，在内部管理上努力创新，继续完善了内部办公网，开辟了“学习实践科学发展观”、“向先进学习”、“工会之家”等专栏。干部职工通过不同的专栏了解相关的新闻信息，同时在参与讨论的过程中增进了交流沟通，有效提高了人员素质，促进了部门工作，使各项规章制度得到更好的落实。

【法制建设】

分局2009年加大国土资源法律法规宣传力度，强化基层单位法制建设。一是进行法律法规知识培训。组织全区6个乡镇，69个行政村的领导干部进行了集中培训和学习，要求全区乡镇、村级干部提高依法合理利用土地的意识，切实履行主体职责，降低违法占用耕地的比例，坚决不能突破“15号令”问责红线切实保护耕地。从思想上和行动上建立了执法工作长效机制，遏制继而消除违法占地行为，维护正常土地市场秩序。二是积极开展主题日宣传活动。围绕“认识地球保障发展—了解我们的家园深部”地球日宣传主题和“依法依规用地，保障科学发展”土地日宣传主题，在丰台区乡镇和村设立宣传点，在“4.22”世界地球日和“6.25”全国土地日期间，开展了形式多样、内容丰富的宣传活动。通过国土资源管理宣传报道工作，使国土资源法律法规逐步深入人心。

【新农村建设】

一是落实土地利用总体规划修编工

作，结合河东、河西两区域的实际情况进行土地利用指标分解，为新农村建设用地管理奠定基础。二是组织国土资源法律法规和矿产资源开发管理等知识的培训班，加强土地及矿产资源知识培训，提高乡镇村干部科学、合理利用土地及资源意识，为新农村建设用地管理打下理论基础。三是分局继续开展对王佐镇西庄店村新农村建设的对口支援，采取到对口单位走访、实地调查了解情况等方式，了解村民生活情况，为困难村民"送温暖"，沟通信息，出谋划策，开拓村领导发展思路。四是根据国务院和国土资源部关于开展矿山地质环境治理工作的文件精神，分局及时展开新农村矿山地质环境治理项目的组织工作。经过近三年的努力，先后完成了丰台区极乐峰石灰石矿矿山地质环境治理、千灵山页岩矿矿山地质环境治理和西庄店石灰石矿矿山地质环境治理，三个项目市局绩效考评均为优秀。通过矿山地质环境治理，消除了采石场对周边环境的不良影响，恢复了生态环境。通过对潜在的不稳定边坡和泥石流物源的综合治理，减轻或消除了潜在的不稳定边坡和泥石流等地质灾害隐患，改善了周边居民的居住环境，达到了预期治理效果。

【调查研究】

分局紧紧围绕促进农村经济社会发展等社会热点和难点问题，分别由主管领导牵头，带领各科室部门进行了深入细致的调查研究，形成了《丰台区产业用地调查》、《丽泽金融商务区征地补偿安置模式的探讨》、《关于丰台区丽泽金融商务区金融机构用地政策的相关建议》、《本地区纳入绿色审批通道项目的调研报告》和《以思想政治工作促进提高人员素质推动全局工作的开展》等多篇调研报告，并组织全局青年干部参加土地学术交流，针对丰台区土地节约集约利用、耕地保护、城乡一体化建设和经济适用房建设等问题形成6篇高质量的学术论文，结合丰台区的实际探索解决方法，为更好的完成"双保"的相关工作奠定了理论基础。利用分局内网构建交流平台，开展了"我为保增长做什么"、"我为首都献一策"等专题大讨论活动，每位干部职工积极参与，形成了上下齐心、全力保增长的良好氛围。

【平安国庆】

为深入落实市、区"国庆平安行动"各项措施，有效确保国庆60周年喜庆祥和、安全有序的良好氛围，丰台国土分局积极动员，认真部署，明确职责分工，加强内部管理，筑牢思想防线：三次召开全体工作人员动员会议，传达市、区政府相关文件的精神，并对分局国庆平安工作做出具体部署。国庆放假前夕，分局领导带队到每个部门进行安全检查，督促落实内部安保工作，确保安全无隐患。组织进行反邪教警示教育，牢固思想防线。认真梳理排查分局各类信访事项，大力化解信访矛盾，维护一方稳定。派驻国庆平安特派员，协助社区做好安保工作。分局特派员在派驻社区平安国庆各项工作的落实中发挥着积极作用，得到社区、领导和同志们的一致好评。

北京市国土资源局石景山分局

【国土资源概况】

石景山区在北京市城区西部，因永定河畔的石景山而得名。石景山区行政辖区土地总面积为84.38平方公里，其中山地占总面积的35.7%，平原占总面积的64.3%。石景山区中部为山顶浑圆、坡度平缓的丘陵地带，东部和东南部是由于永定河的反复改道而形成的扇状冲积平原，其间散布着马鞍山系的老山、八宝山与田村山。石景山区东距市中心的天安门16公里，西临永定河与门头沟相邻，北倚海淀区的克勤峪、香山、卢师山，东抵八角东路、玉泉路与海淀区相连，南至吴家村、张仪村一线与丰台搭界。

在市局统一布属下，完成二次调查成果统一时点更新工作，石景山区各类用地面积如下表：

石景山区2009年度土地利用情况统计表　　面积单位：公顷

地类 行政区划	合计	耕地(01)	园地(02)	林地(03)	草地(04)	城镇村及工矿用地(20)	交通运输用地(10)	水域及水利设施用地(11)	其他土地(12)
全区合计	8438.21	83.02	96.04	2441.96	10.22	5249.42	216.3	316.05	25.2
八宝山街道	314.8	0	0	16.16	0	278.57	8.74	11.33	0
老山街道	385.41	0	0	22.5	0	362.91	0	0	0
八角街道	548.15	0	0	2.17	0	540.63	5.35	0	0
古城街道	1443.95	7.43	5.26	86.29	0.23	1217.23	53.95	72.27	1.29
苹果园街道	1436.92	20.58	28.71	396.48	1.89	946.21	12.24	17.67	13.14
金顶街街道	402.36	0	0	124.52	0	268.25	6.37	3.02	0.2
广宁街道	610.71	8.07	0	149.02	0	279.98	51.67	121.39	0.58
五里坨街道	2480.64	29.92	39.57	1609.99	7.74	740.5	22.69	24.07	6.16
鲁谷街道	815.27	17.02	22.5	34.83	0.36	615.14	55.29	66.3	3.83

【机构设置】

北京市国土资源局石景山分局为北京市国土资源局的派出机构，在市国土资源局领导下，按照管理权限，负责组织实施本行政区域内土地、矿产资源的行政管理工作。年内，土地权属登记中心（加挂土地利用中心）新录用一名应届毕业生，土地储备分中心仍采取劳务派遣方式聘用工作人员12名，1名同志调出。年末分局人员共68名，其中机关工作人员22名、参照公务员管理事业单位人员10名、纳入工资规范管理事业单位人员10名、事业单位人员26名。

【土地供应计划编制】

年底，完成《石景山区2010年土地供应计划安排建议方案》及《石景山区2010年度土地供应计划项目表》编制工作，2010年度石景山区土地供应计划25个项目，计划用地总量114.56公顷。

贯彻落实《国务院关于促进节约集约用地的通知》（国发［2008］3号），规范石景山区节约集约用地行为，形成规范性文件，以区政府《关于印发促进节约集约用地意见的通知》（石政发［2009］46号）下发全区执行，该文件是在北京市及下辖各区率先出台的促进土地节约集约利用的规范性文件。

【土地利用】

1. 年内，共完成34个项目的建设项目用地预审工作，涉及用地面积约612公顷。同时，完成1个项目的用地预审初审工作。

2. 对全区1999年－2007年集体土地征收项目批后利用情况进行调查。1999年－2007年全区集体土地征收项目共85项，此次调查项目9项，经外业现场勘察和内业调查相关材料，提出项目用地初步处置方案，填报《区县1999年－2007年征地项目开发建设情况一览表》，形成清查报告。

3. 根据国土资源部《关于部署动行土地市场动态监测与监管系统的通知》（国土资发［2008］284号）文件要求，及时将土地供应信息在中国土地市场网上进行公开发布，对2007、2008年的土地供应信息补录入系统，共录入划拨供地信息8项，出让供地信息1项。

4. 根据北京市调整出让国有土地使用权基准地价的相关规定，进行基准地价变更调查的前期工作。配合北京市基准地价变更调查办公室搜集相关材料，组织召开区规划、发改、农委等17个相关单位会议，就所需资料进行沟通协调，搜集汇总后转交技术单位。

5. 数套商品房土地出让完成39批次、111套，出让面积共计9177.8平方米，收取出让金2133242元。

【绿色审批通道项目落地】

为贯彻落实党中央、国务院关于扩大内需，促进经济增长重大决策，完成市政府绿色审批通道项目情况梳理、上报工作，推进项目供地。建立并定期更新项目台帐和落地工作文件库，编写《推进重点工程项目落地工作简报》，全区纳入2009年市政府绿色审批通道的项目共38个，不需办理供地项目6个，已落地项目6个，涉及用地预审审批的项目33个，已完成用地预审项目28个；涉及征地审批项目24个，已完成征地项目8个。

【征地管理】

年内，上报集体土地征收计划项目19个，土地面积共331.066公顷，其中农用地面积102.82公顷。完成京西商务中心、北八渠特钢段北侧周边“边角地”环境整治、五里坨组团（01－07号地块）、西山木材厂、玉泉新城五里坨道路工程12个项目的征地初审上报工作，征收征用集体土地面积共计220.9754公顷。为衙门口搬迁厂房配套设施项目、五里坨110千伏变电站项目、苹果园交通枢纽商务区土地一级开发项目、八宝山第二社区卫生服务中心项目、水屯“城中村”环境整治项目、京西商务中心土地一级开发项目、南宫住宅小区项目取得了市政府的用地批复并办理了征地结案，申请结案的土地面积共计70.2015公顷。完成了批而未用土地专项核查工作，共筛查2007年未申报征地项目34个，其中需要续办土地利用计划的13个，放弃此项目的3个，纳入土地储备组团进行土地一级开发的9个，正在办理中的项目5个；代办项目1个。2008年共筛查未申报征地项目13个，其中需要续办土地利用计划的2个，放弃此项目的4个，项目取消的3个，纳入土地储备组团进行土地一级开发的4个。2007年征而未供项目共计5个，其中实施拆迁阶段的2个，办理划拨手续的3个。2008年征而未供项目共计4个，其中进行土地一级开发的2个；正在办理划拨手续的2个。

【城镇更新调查】

根据《国务院关于开展第二次全国土地调查的通知》、《第二次全国土地调查总体方案》精神和《北京市第二次土地调查工作方案》、《北京市土地总登记工作方案》的要求，为全面查清石景山区城镇范围内的土地利用状况，掌握真实的土地基础数据，建立和完善土地调查、土地统计和土地登记制度，实现土地资源信息的社会化服务，满足石景山区经济社会发展和国土资源管理的需要，对石景山区城镇范围内土地利用现状和权属发生变化的宗地和地块进行变更调查，通过调查，查清变化地块的地类、位置、范围、面积、分布等利用状况和权属状况，查清城镇内部建设用地使用权状况，确定城镇内部变化土地的界址、范围、界线、数量、用途等。目前，根据总登记的进展情况，已全部完成全区范围内城镇更新调查工作。

【土地一级开发投资】

年内，石景山区土地储备项目实现投资68.01亿元，提前完成年度投资任务，占我区年度130亿固定资产投资任务的52%。

【土地市场交易】

2009年，石景山区计划入市交易项目共8个，总用地面积40.15公顷，规划建筑面积69.69万平方米。年内，完成石景山区金顶街居住项目、衙门口东路北侧居住及配套项目、银河商务区F地块、实兴大街教育科研罚没资产处置项目、远洋山水东区［南区］、京燕酒店商务区、古城西路113号、119号用地共计7个项目上市交易，项目总用地面积22.24公顷，建设用地面积15.89公顷，规划建筑面积55.28万平方米。

【编制年度储备开发计划】

编制完成《2010－2012年土地储备开发计划和2010年度土地储备开发计划》。2010年纳入土地储备计划的项目共有32个，总用地面积787.74公顷，规划建筑面积777.07万平米，2010年计划入市项目为京西商务中心、国际雕塑园地下文化娱乐中心、银河商务区E地块等6个项目，总用地面积50.4公顷，规划建筑面积87.94万平米。2010－2012年我区三年计划新增项目3个，总用地面积24.4公顷。

【土地登记管理】

1. 年内，结合城镇成套住宅分摊国有土地使用权登记（以下简称小业主土地登记）业务的下放，以楼盘表信息为核心顺利搭建了小业主土地登记业务流程，七月中旬实现了小业主土地登记业务的及时办理、立等可取。随着军产、保密产业务的下放，实现了军产、保密产业务属地登记，保证了地籍管理数据库信息的完整性；通过总登记及换证工作，及时更新地籍管理信息系统，健全完善了现代地籍管理数据库。

2. 城镇国有建设用地使用权总登记。全年完成总登记180宗（面积13.17平方公里），超额完成了市局年初下达的全区国有土地发证率70%、确权率90%的指标。6月底，共受理石景山区九个街道地籍调查申请965件（相当于分局前两年登记平均工作量的五倍），其中：国有土地使用权总登记业务申请557件，换证登记业务申请173件，集体土地所有权登记业务申请235件。全年共受理地籍调查业务1130件，受理土地登记业务440件，已发证334件。

3. 城镇成套住宅分摊土地使用权登记。共办理业务373件，其中：转移登记155件、遗失补证2件、抵押登记65件、抵押注销登记151件。

4. 年内，共办结政务信息公开查询100件，是2008年的五倍。

【窗口建设和档案管理】

年内，分局开通服务重点企业“绿色通道”以及“绿色审批通道”，严格实行“一口收件，专人负责”的业务受理模式，发挥办公系统的优势，优化内部办公流程、简化审批手续，实现串联改并联，压缩办理时限，及时完成“绿通”项目、区重点企业项目的预审、勘测定界、征地及储备项目登记等工作，保证项目的顺利运作。

全年受理各类业务2075件，是2008年466件的4.45倍。其中：地籍调查1130件、土地登记440件、抵押登记269件、征地19件、预审33件、数套商品房出让33件、信息公开128件、勘测定界业务23件。

全年共计完成各类土地登记业务807件，是2008年发证量175件的4.61倍。

其中：登记和换证485件；抵押登记100件，抵押注销登记177件；出具地籍调查确认单45件。全年为政府储备用地发证25宗，抵押登记业务16件。

全年组卷、归档827卷，其中：预审33卷、登记347卷、抵押76卷、小业主登记148卷、小业主抵押210卷、地籍调查确认单13卷，是2008年的3.64倍。同时，认真做好土地登记卡的打印、原档手工注记等工作，为后续办理变更登记、抵押业务创造条件。

【矿产资源管理和地质灾害防治】

年内，完成矿产资源开发利用年检工作，区域内矿产企业全部通过年检，开展开采矿泉水企业生产原水水质检测工作，办理采矿权延续工作及政府网的公示，更新矿产企业开发利用数据库，按规定征收矿产资源补偿费与采矿权使用费，对固体矿山是否超层越界开采进行专项检查工作，更新矿产资源储量数据库。

【地质环境管理】

年内，按照“安全第一，常备不懈，以防为主”的方针，制定《2009年地质灾害防治工作方案》。汛前及时召开地质灾害预防与培训工作会，更新防灾应急通讯录，建立地质灾害防灾数据库，与存在地质灾害隐患的街道办事处签订地质灾害防治《责任书》，落实地质灾害隐患点住户换发新版地灾预防《明白卡》，在地质灾害隐患点增设地质灾害《警示牌》，加强了汛期应急值守与地灾隐患点的巡查力度。

【国土资源执法监察】

年内，开展动态巡查219次，对集体土地、名胜古迹周边、主要道路进行重点巡查，做到巡查无死角，巡查覆盖率达到100%。

1. 发现查处和去年结转违法案件共7件。其中立案方式处理4件，共没收新建建筑物143321.29平方米，拆除新建建筑物1817.11平方米，罚款154万余元，非立案方式处理2件，未处理到位1件。

2. 第九次卫片涉及石景山区“新增建设用地”图斑共16宗，监测面积共464.5亩。截至8月底，石景山区第九次卫片发现违法违规用地纠改查处工作已经全部处理到位。查处违法图斑4宗，其中1宗属于国家重点工程，已函告有关部门补办用地手续，另外3宗全部立案并已结案。

3. 遥感二号08年第三季度卫片涉及石景山图斑4个、面积165.4亩，第四季度卫片图斑1个、面积0.8亩；遥感二号2009年第一次卫片图斑2个、面积12.04亩，遥感二号2009年4－6月卫片第图斑2个、面积15亩。

4. 续聘和聘任的国土资源管理监督员、信息员14名，建立了“国土资源管理信息员积分考核制度”，开展“耕地保护”和“执法监察案件查处”工作的培训。

5. 制止了两起盗采砂石案件，对14处沙石加工点张贴了政府通告。已有8家停止了生产。牵头组织了石景山区砂石治理成员单位联合执法，强制拆除了一处违法加工砂石厂的设备、设施，配合公安部门对2起盗采砂石行为进行了认定，提供了矿产开采方面的法律法规和盗采现场面积、体积、质量的准确数据。

【政风行风建设】

1. 加强政风行风建设。一是严格行政行为，开展专项治理。完善防治不正之风的长效机制，建立健全民主评议、政风行风热线、专项治理相结合的行风建设监督体系。认真做好信访举报和行政投诉工作，妥善处理群众反映的问题，充分发挥信访举报的案源主渠道作用，健全和完善投诉受理机制。二是加强制度建设，推行政务公开。加强门户网站的建设，完善网上申报和审批。积极推进政府信息公开、全程办事代理制、档案数字化、批后监管，减少自由裁量权，避免不廉洁行为的发生。严格执行首问负责制、限时办结制、一次性告知制、责任追究制、“A B角”工作制、工作无缺位制，加快窗口一次性受理率、一次性办结率达到100%，审批时限平均缩短25%。三是推进依法行政，解决突出问题。建立经营性用地跟踪监管、全程管理长效机制，规范用地审批监管内容及职能部门责任。邀请社会监督员、用地单位代表召开座谈会，积极听取社会各方面的意见和建议。

2. 结合年度工作重点，加大土地一级开发资金监管力度，实行廉政风险防范管理工作窗口前移，请区监察局、审计局、财政局、银行等有关部门对《石景山区土地储备资金管理暂行办法》落实情况进行全过程、全方位、全覆盖的监督。

3. 紧紧围绕区域经济发展实际和国土资源管理特点和工作职责，积极发挥优势，认真开展“三进、两促”（进农村、进社区、进企业，促和谐、促发展）活动，为保障区域经济较快平稳发展和社会稳定做出贡献，以优异成绩迎接建国60周年。

4. 围绕中心任务，扎实开展“国土作风建设年”活动，在加强作风中开展工作，在开展工作中加强作风，使党员干部进一步坚定发展信心，勇于应对挑战，始终保持迎难而上、奋发有为的精神状态。进一步强化大局意识、责任意识，大兴求真务实之风，着力推进科学发展；进一步改进领导方式，转变工作作风，坚决反对形式主义和官僚主义；进一步加强党性锻炼，提高党性修养，始终保持共产党人的政治本色。

5. 按照“精心准备、全面自查、重点整改、务求实效”的工作思路，对分局本级及所属3个事业单位进行自查，各账户均按照规定用途使用，各项资金的收付均纳入单位账簿统一核算，无账外账和设立“小金库”问题。

【党风廉政建设】

1. 开展廉政警示教育活动。一是请区检察院副检察长讲了党风廉政教育课，有效预防渎职犯罪。二是开展正面典型示范教育。在分局党员干部中开展了学习时代先锋宋鱼水同志的先进事迹活动。三是开展反面典型警示教育。组织党员干部观看以周良洛、郭生贵案件为主要内容制作的警示教育片。四是组织科级以上干部参观北京市监狱（团河监狱）警示教育基地，通过罪犯现身说法、参观展览、观看纪录片等形式对一些反面典型进行教育剖析，深入开展警示教育活动。

2. 在中国共产党成立88周年之际，分局党组在党员队伍中开展“共产党员献爱心”活动。广大党员干部和职工纷纷慷慨解囊，踊跃捐助，共捐款2000元，体现了国土分局“爱民之情，亲民之义，为民之举”，弘扬了团结互助、扶贫济困的中华民族传统美德，所捐款项均送交石景山区慈善协会。

3. 坚持以邓小平理论、“三个代表”重要思想为指导，深入贯彻落实科学发展观，全面推进分局惩治和预防腐败体系建设工作，严格执行民主集中制，充分发扬党内民主，推动党组集体决策科学化、规范化、制度化，努力提高决策能力和领导水平。

4. 以“加强领导干部党性修养，树立和弘扬优良作风”为主题，以加强领导干部党性党风党纪教育为主要内容，4月中旬至6月底，在党员干部中开展党风廉政建设宣传教育月活动，引导广大党员干部特别是领导干部加强党性锻炼，弘扬党的优良作风，以坚强的党性和优良的作风保证科学发展观的贯彻落实。

5. 建立预防在先的党风廉政风险防范管理机制，结合分局信息化管理成果，以制度建设为核心，形成一个重防控、广覆盖、全方位的防范体系，建立一套“教育在先、约束在先、监督在先”的预防机制，探索一条科学高效、量化考核、预防为主的党风廉政建设新路。以建设“阳光政务”为宗旨，以信息化管理为手段，建立健全制度，规范行政管理体制，形成权责明确、层级防控、监管并举的政务监督管理新体系，深入推进分局廉政风险防范管理工作。分局廉政风险防范管理方面的经验分别被市国土局和区纪委推广。

6. 局领导以“弘扬奥运精神，加强作风建设，打造一支讲党性、重品行、干事业的干部队伍”为题，结合学习实践科学发展观活动，为全局党员干部讲了一次党课，对本单位党员干部进行了党课教育。

北京市国土资源局门头沟分局

【土地资源概况】

门头沟区位于北京市西部，北与昌平区为邻，东临海淀区和石景山区，南接房山区和丰台区，西部及西北部与河北省的涞水县、涿鹿县以及怀来县接壤。东西最长距离约62公里，南北最宽为34公里，平面大致呈扇形分布，区政府所在地龙泉镇距北京市中心约25公里。西部山地是北京西山的主体部分，山形挺拔高峻，险峰叠嶂，峭壁林立。海拔1500米以上的山峰有160余座。东部山地处于北京西山边缘，山势逐渐降低，山体变小。3条主要岭脊均呈东北向平行排列。由于山地切割严重，各岭脊之间形成大小沟谷300余条。平缓的山地与陡峭的山坡交替出现，地形呈锯齿状、阶梯性上升，具有中纬度大陆东岸季风气候特点。土壤类型主要有山地淋溶褐土、山地棕壤和碳酸盐褐土。全区土地总面积的98.5%为山地，人均土地资源9.01亩。根据2009年度土地变更调查数据，全区土地总面积现为1448.94平方公里，其中建设用地92.19平方公里，占总量的6.36%，农业用地1079.14平方公里，占总量的74.48%，未利用地277.61平方公里，占总量的19.16%。(详见表1)

表1　门头沟区2009年度土地利用现状统计表

地类		面积（公顷）	
合计		144893.59	占比例%
农用地	小计	107914.17	74.5
	耕地	824.51	
	园地	5578.70	
	林地	100577.38	
	牧草地	0.00	
	其他农用地	933.58	
建设用地	小计	9218.90	6.4
	居民点及工矿	7669.13	
	交通运输用地	1001.86	
	水利设施用地	547.91	
未利用地	小计	27760.52	19.1
	未利用土地	23863.07	
	其他土地	3897.45	

【机构设置】

北京市国土资源局门头沟分局（以下简称分局）下设9个职能科（室），即：办公室、财务科、综合科、地籍科、土地利用科、耕保征地科、地质矿产科、执法监察科、纪检监察科。下设8个事业单位：北京市门头沟区土地权属登记事务中心、北京市门头沟区土地利用事务中心、北京市门头沟区国土资源执法监察队、北京市土地整理储备中心门头沟区分中心、分局第一国土资源管理所、分局第二国土资源管理所、分局第三国土资源管理所、分局第四国土资源管理所，现有干部职工57人。

【土地供应计划】

完成了区《2009年土地利用计划》的编制，计划供地392.35公顷。完成供地5.25公顷。

【建设项目用地预审】

完成建设项目用地预审32件。其中市重大项目12件，区重大项目1件。

【征地及农用地转用项目用地管理】

完成征地2项，征地38.55公顷。

【土地市场交易】

完成挂牌入市交易土地1宗，土地面积4.37公顷，成交额80200万元。

【土地储备开发】

完成了区《2009年土地储备工作计划》的编制；完成土地一级开发投资128800万元；完成挂牌入市交易前期工作1宗；完成了东辛秤等村综合改造及斋堂1号地等土地一级开发项目征地前期工作。

【土地整理与占补平衡】

完成项目验收4个；完成项目建设工程招投标2个；完成7个项目可行性研究报告并通过专家评审。

共使用耕地指标1050.61亩，收取耕地开垦费1710.06万元。

【土地利用总体规划修编】

完成了前期调研、前期成果审查、规划初步方案（数据、文本、图件）工作。

【地籍管理】

登记发放国有土地使用权证76宗，总面积126.405公顷；受理土地抵押登记29宗，总面积122.24公顷，贷款金额108300万元；办理土地抵押注销登记41宗，总面积95.96公顷。

【二次土地调查及土地总登记】

完成了区第二次土地调查（农村部分）的调查任务及城镇地籍更新调查。

发放土地证1171宗，发证率79%。

【土地执法监察】

开展了第九次卫片、资源二号卫片及以农业设施为名进行房地产开发等土地违法违规案件查处工作。共巡查52次，检查变化图斑197块，查处违法用地案件28宗，拆除大棚房1宗，立案调查4宗。

【矿产资源概况】

已探明各类矿产资源30余种。目前开采的矿种有：石灰石、煤炭、页岩、叶蜡石、花岗岩、铁及矿泉水等。截至2009年年底，门头沟区共保有固体矿山企业13家，矿泉水企业4家。

【矿产资源开发及秩序整治】

通过制定《矿山企业关闭与调整方案》，由事后管理前移至事前管理、规划管理。先后召开区矿产资源管理工作大会3次，对整顿和规范矿产资源开发秩序工作进行部署与安排；采取图纸对照、交换图纸资料、不定期下井抽查核实等3项措施，加强矿产资源开采监管。对固体矿山企业是否存在超层越界开采行为进行实地抽查32次，开展安全生产联合执法检查11次，对已关闭矿山企业检查验收8次，定期巡查矿山企业18次；关闭非煤固体矿山企业3家。

【地质勘查储量管理】

完成了矿山企业占用矿产资源储量动态监测工作；完成了清水镇6个煤矿的地质储量和远景储量估算报告。

【汛期地质灾害防治】

成立以常务副区长任组长的区地质灾害防治工作领导小组，实行统一指挥，分级分部门负责；各镇、街道办事处、各相关部门按照“四包七落实”的工作要求，组织编制了本辖区、本单位的突发性地质灾害应急预案和重要地质灾害点的应急预案，内容包括：应急机构分工、灾害点位置、受威胁的具体住户、人数；监测、预警、治安、医疗、安置责任人、预警信号、转移路线、安置地点等；对地质灾害防灾避险明白卡进行了核查，发放“明白卡”1300余份，对人员变动情况及时进行更新、登记建档、换发新卡，确保各类信息的准确完整，确保所有受到地质灾害威胁的人民群众充分认识灾害体的危险程度，提高防灾自救意识，了解应急措施；完善区、镇、村三级监测网络，明确责任人、撤离路线及安置地点等；汛期中各单位认真落实“24小时值班制度和灾害速报制度”，有专人昼夜值班，如发生紧急情况，迅速上报区政府和区地质灾害防治工作领导小组办公室，并积极组织应急处理。汛期内共协调组织排除隐患点15处，启动预警响应4次，开展应急调查2次。年内未发生人员受灾及财产损失现象。

【地质灾害防治与矿山环境治理】

经评估排查，确定区地质灾害隐患点57处，并进行了重新核查及危害等级划分；完成了区《突发地质灾害应急预案》及分局《汛期地质灾害防治工作方案》的修订，对地质灾害隐患所威胁人口、户数、房屋进行重新核实，对原有群测群防网络进行了更新，建立了地质灾害隐患点数据库；完善了地质灾害“三级监测网”和防灾“明白卡”；成立分局突发性地质灾害应急调查队；落实基层防灾预案、各级责任制及群测群防机制，加强对各镇防灾度汛准备及落实情况的检查；组织开展了镇、村级干部及分局全体人员地灾防治法规及知识培训。完成“鲁家山石灰石矿（北区）地质环境恢复治理”及“龙泉镇门头口村废弃煤矿地质环境恢复治理”项目2个。共计完成投资440万元，治理面积4.66万平方米。

【矿产资源执法】

共巡查186次，发现非法盗采现象128处，下发《制止国土资源违法行为通知书》10份，发出《动态巡查结果通知函》6份，作出矿产资源破坏程度价值鉴定2份；参与区联合执法8次，炸毁及封堵煤熏口160个，清理煤场4个，没收非法盗采煤炭28吨，收缴及销毁盗采工具454件。

【电子政务和信息化建设】

完善机房管理及安全应急处理制度；完成了杀毒软件和办公软件更新升级；修改和调整网上窗口栏目，完善信息内容，上网信息严格审核；办结各类业务共计94件。

【调查研究】

完成了市局交办的《关于门头沟区农村土地承包后的监管问题的调查和建议》、《关于正确处理和有效防范重大群体性上访事件》的信息调研报告及《关于山区生态旅游土地利用问题研究》重点调研课题；完成了区政府交办的《摸清门头沟区矿山腾退用地的底数》的调查、《关于鼓励支持关停矿山生态修复、腾退建设用地综合开发利用的工作意见》、《关停矿山腾退建设用地综合开发利用的途径和办法》及《关于门头沟区扩大内需项目落实情况的调研报告》；完成了区人大政协交办的“提高征地最低保护价”和“建设村民住宅楼”建议提案各1件。

【法制建设】

利用“4.22”世界地球日、“6.25”全国土地日及“12.4”法制宣传日上街开展宣传活动，向社会发放宣传材料及纪念品共计12000余份，参与群众上万人；安装打击私挖盗采警示牌13块；举办全区镇、村级领导参加的国土资源管理培训班2次；以《京西时报》为载体，设立专刊宣传法规政策1次；与区广电中心合作，编排制作了由分局干部职工饰演的法治情景短剧“土地员老李”，在区电视台“周末说法”栏目播出；深入被征地村开展法规政策宣传解答22次。

【推进廉政风险防范管理】

制定了分局《开展廉政风险防范管理工作实施方案》及《廉政风险防范管理实施细则（试行）》；组织了廉政风险防范管理培训；开展了风险点的查找，制定了廉政风险防控管理流程图，建立了相关责任制及人员职责，落实了防控措施。

北京市国土资源局房山分局

【土地资源概况】

房山区是首都北京的西南门户。东北与丰台区相邻，东与大兴区以一水相隔，南和西面与河北省涿州市、涞水县相连，北与门头沟区以百花山为界。房山地形复杂多变，处于华北平原与太行山交界地带，西部和北部是山地、丘陵，约占全区总面积三分之二。主要山脉有：大房山、大安山、三角山、百花山、大游龙山和新盘岭山（又名西占山），均系太行山脉分支。最高山峰是百花山的白草畔，海拔2161米，东部和南部为沃野平原，最低处是东南部立教洼，海拔为26米。

根据2009年度土地变更调查数据，全区（县）土地总面积为1989.5平方公里，其中建设用地344.5平方公里，占总量17.3%，农业用地1161.1平方公里，占总量58.4%，未利用地483.9平方公里，占总量24.3%（详见表1）

表1　2009年房山区土地利用现状

地类			面积（公顷）
合计			198954.4
农用地	小计		116113.4
	耕地		27975.9
	园地		10382.2
	林地		73120.4
	牧草地		22.6
	其他农用地		4612.3
建设用地	小计		34446.5
	居民点及独立工矿	小计	31551.5
		城镇用地	1525.9
		农村居民点	11494.2
		独立工矿	15859.3
		特殊用地	2672.1
	交通运输用地		2202.0
	水利设施用地		693.0

续表

地类		面积（公顷）
未利用地	小计	48394.5
	未利用土地	43194.1
	其他土地	5200.4

【机构设置】

北京市国土资源局房山分局于2005年4月12日挂牌成立，分局机关设办公室、综合科、地籍科、耕保征地科、土地利用科、地质矿产科、财务科、执法监察科8个行政科室。编制39人，其中工勤5人。2006年5月9日根据京编办事［2006］26号文件精神成立6个事业单位，分别为：北京市房山区土地权属登记事务中心；北京市房山区土地利用事务中心；北京市土地整理储备中心房山区分中心；北京市房山区国土资源执法监察队；北京市国土资源局房山分局第一国土资源管理所；北京市国土资源局房山分局第二国土资源管理所，编制71人。2007年7月23日（京国土人［2007］505号）增设纪检监察科后调整为9个行政科室。2009年9月25日，根据京编委［2009］28号文件精神成立北京市国土资源局房山分局第三国土资源管理所、北京市国土资源局房山分局第四国土资源管理所、北京市国土资源局房山分局第五国土资源管理所、北京市国土资源局房山分局第六国土资源管理所，编制32人。

【2009年分局工作概述】

2009年，房山国土分局深入贯彻落实科学发展观，以“保增长、保红线”行动为主线，积极主动服务，严格规范管理，开拓创新，攻坚克难，完成上级赋予的各项工作任务。投资104.67亿元，完成土地一级开发600公顷，完成拆迁117万平方米，土地储备开发工作在市国土系统综合排名第一；完成供地300公顷（其中划拨110公顷，出让190公顷），通过土地市场公开交易，实现政府土地收益65.94亿元；开展了第九次卫片执法检查，查处违法用地86宗，对13宗设施农业超标准建设的管理用房全部拆改完毕；完成补充耕地720公顷，收缴耕地开垦费6818.62万元；完成6个土地开发整理项目的验收工作，新增耕地176.5公顷。完成了第二次全国土地调查（农村部分）地类核实工作；开展了第二次全国土地调查数据库标准时点统一更新工作；开展了矿山企业年检注册工作，对112家煤矿、非煤矿山、地热和矿泉水企业进行了年检，注销了32家矿山企业的采矿权许可证，收缴各项矿产资源有偿使用费用共计1100余万元。2009年先后被房山区委、区政府推荐为“首都文明单位标兵”，被市国土局推荐为北京市“双保行动成效显著单位”等荣誉称号。

【土地供应计划】

2009年房山国土分局将91个重大项目纳入绿色审批通道，加快土地审批供

应。完成土地预审114件，办理征地及农转用手续74件，批准用地面积1555公顷。完成供地300公顷（其中划拨110公顷，出让190公顷），通过土地市场公开交易，实现政府土地收益65.94亿元。

【土地整理与占补平衡】

严格落实耕地占补平衡。实行建设用地先补后占，完成补充耕地720公顷，收缴耕地开垦费6818.62万元。加快推进土地开发整理复垦，完成了6个土地开发整理项目的验收工作，新增耕地176.5公顷；申报了4个市级投资土地开发整理项目和9个区级投资土地开发整理项目，预计新增耕地677公顷。

2008年房山国土分局在四个关闭煤矿乡镇确定了五个土地开发整理项目。2009年7月，经过专家会审史家营两个基本农田整理项目通过技术验收，其中：史家营乡北部片区金鸡台等村基本农田整理项目涉及金鸡台村、青土涧村、西岳台村三个村，建设规模1906.53亩，新增耕地826.52亩，预算投资994.17万元；史家营乡南部片区秋林铺等村基本农田整理项目涉及秋林铺村、莲花庵村、柳林水村、曹家房村、史家营村五个行政村，建设规模2621.32亩，新增耕地145.95亩，预算投资1273.65万元。验收合格后，两个项目可新增耕地972.47亩。

3个2007年土地开发整理项目通过验收，分别是：房山区琉璃河镇基本农田整理项目、房山区佛子庄乡土地开发项目、房山区霞云岭乡土地开发项目，三个项目涉及土地总规模5586.34亩，新增耕地819.07亩，建设总投资2034.46万元。

【土地储备开发】

在加快推进土地储备工作中，房山区举全区之力，圆满完成了千亿元投资任务。具体措施：一是成立了一个指挥系统。成立了以区委书记刘伟任政委、区长祁红任总指挥的“房山区落实1000亿元土地储备开发投资工作指挥部”，主要职责是全面掌握投资落实，做好指挥和协调工作，及时解决项目运作过程中遇到的问题。指挥部下设审计督察组、安全保障组、考核监督组、征地拆迁办公室，形成全区上下联动的工作机制，推动各建设用地及早落地；二是召开了一次动员大会。召开全区各相关单位、乡镇主要领导人的动员大会，进一步提高认识，认清形势，采取措施，制定工作计划，全面部署，确保项目运作进展顺利；三是明确了一个责任。区委、区政府与项目乡镇党政一把手签订《落实1000亿元土地储备开发投资工作责任书》，做到明确任务落实责任，督促项目开发和投资工作的落实。同时，要求各乡镇建立组织机构，组织专门的力量，对项目进行倒排工期，并做好信息反馈工作；四是完善了一个机制。建立协调保障机制，解决项目运作中遇到的各类问题。坚持每周三由区发改委、建委、规划分局、国土分局、市政管委、文委、林业局等组成的例会制度，研究解决项目运作中的出现的问题，确保项目顺利实施；五是落实了一个制度。坚持项目审计制度，由区纪检监察、财政、审计等部门组成督察审计领导小组，及时对项目进行督查跟踪，严禁在项目实施中徇私舞弊、违法乱纪，确保储备开发资金的安全、有序、有效、高效利用。2009 年，全区共完成投资 104.67 亿元，完成土地一级开发 600 公顷，完成拆迁 117 万平方米，土地储备开发工作在市国土系统综合排名第一，有力地拉动了区域经济增长，推动了房山区的城市化进程。

【土地规划修编工作】

土地规划修边工作形成初步成果。结合房山新城规划和相关专项规划，对土地利用总体规划编制基础资料进行了搜集整理，对基础数据进行了叠加分析，为确定用地空间布局、分解规划指标奠定了基础；积极配合市国土局完成了规划编制技术要点的编制和修改工作。截止到 2009 年底，区级土地利用总体规划方案已取得初步成果。

【土地登记发证工作】

完成土地总登记工作。此项工作从 2009 年 4 月份到 12 月底完成，土地总登记的面积为 1994.83 平方公里。涉及 28 个乡镇、街道，473 个村，584 个街坊。目前 3 个街坊试点登记工作，其中国有土地 22 宗，集体土地所有权宗地 3 宗，集体土地建设用地使用权 4 宗，已发证 11 宗。

房山区第二次土地调查（农村部分）地类核实工作顺利完成。经外业核实、内业统计，本次房山区 571 个疑问图斑（面积 25947.5 亩）中，调绘正确的 300 个，其中在有征地手续的使用权宗地内的建设用地的 75 个，面积 6204.3 亩；挑绘错误的 271 个，面积 11420.2 亩，占疑问图斑总个数的 47.46%，占房山区总图斑数（84958）的 0.32%，调绘错误面积占疑问图斑总面积的 44.01%，占房山区总面积的 0.38%。

【国土资源执法】

13 宗非规设施农业建设完成拆除。采取的措施：一是组建联合检查队伍，形成土地、规划、城管、建委、监察、公安和司法等部门相互配合、上下联动的局面，逐步解决土地违法案件查处中存在的信息沟通不畅、协作配合不规范和强制执行结案率低等问题。二是创新国土资源监察工作机制，加快了信息反馈时限。进一步完善了区政府、乡镇、村三级监察信息网络，全区 80 多名土地执法监察员，24 小时不间断值班，对辖区范围内的违法违规建设行为第一时间上报国土部门。同时要求各乡镇政府对辖区内的土地利用情况（合法和非法建设）每月上报国土部门。三是加大土地巡查力度，变被动检查为主动巡查。按照“预防为主、查访结合、以查促防”的方针，扩大执法巡查覆盖范围，实施长期土地动态巡查制度，定期对重点部位进行检查，力争把违法违规用地行为消灭在萌芽状态。同时，针对当前信访工作的特点，把其作为土地巡查的一个渠道，通过有效打击违法，来有效控制我区信访量的增加。四是加大培训宣传力度。重点加大了对乡镇主要领导、农村支部书记、村委会主任的土地法规政策的培训力度。采取分局在区长办公会前的讲法和区委党校组织的干部培训会上宣讲等形式向全区乡镇干部进行土地管理政策法规授课，讲课内容主要包括当前新农村建设的相关政策以及我区发生的一

些土地违法案例。同时，通过电台、报纸、培训等形式开展宣传活动，提升全区广大干部群众依法用地的意识。五是严格执行“地方政府问责制”。建立党政一把手责任追究制度，明确保护土地的责任，每季度、每半年定期将各乡镇土地利用情况进行全区通报。严格实行土地保护责任书，将土地管理列入政绩考核的范围。六是关口前移，疏堵结合。新建或改建设施农业要按照市、区农业部门验收标准进行建设，农业部门要及时给与政策指导，规范设施农业建设行为。到2009年年底，13宗非规设施农业建设除一宗法院保全暂缓拆除外其余12宗违法建设全部拆改完成，共拆除面积44065平方米。

完成第九次卫片执法工作。主要措施：一是加大执法力度。执法队伍分成上四个工作组，分赴违法占地建设乡镇进行现场督导，督促违法乡镇以乡镇为主体对违法建设进行拆除，确保违法占地项目尽快拆改到位；二是加快对违法占地乡镇的查处进度。甄别处理违法占地后续工作，对已经处罚的项目，尽快补办手续，对占用基本农田的项目坚决予以拆除。三是落实土地执法监管责任追究。与监察部门协调沟通，做好违法案件的移送工作，到目前已向司法部门移送一名。四是加大巡查力度。严格落实年初签订的国土资源管理责任书，发挥土地巡查员的巡查作用，发现违法占地行为“做到三个及时”即及时制止、及时上报、及时处理。7月16日，区长祁红带队到韩村河镇、周口店镇、长阳镇等乡镇就全区第九次卫片执法工作落实情况进行督导检查，督促被列入拆除项目中未进行拆除或者拆除落实不到位的项目进行整改。第九次卫片执法检查涉及我区违法建设23宗，土地面积181.9亩，涉及23乡镇、街道办事处、良乡工业区、长阳农场、永定河管理处242块图斑。到2009年底，涉及到的全部违法用地已经全部整改到位。

【落实科学发展观工作】

落实科学发展观创新“七个机制”加大土地管理。一是建立耕地保护机制。建立耕地保护责任考核的动态监察制度，层层签订耕地保护责任书，每半年对乡镇进行责任书考核，坚守我区基本农田41.8万亩不降低；二是建立开源节流机制，确保耕地占补平衡。积极制定土地开发复垦专项计划，全面调查土地后备资源，完成全区废弃砖厂的调查工作,，确保全区的土地占补平衡；三是完善市场调配机制，大力推进土地储备制度。进一步优化土地市场体系建设，全面推进土地一级开发的力度，建立公开、公平、公正的市场环境，保障市区重点工程的落实，促进区域性产业结构布局调整和土地资源的节约高效利用；四是依法行政建立保障发展机制，促进全区经济又好又快发展。严格履行职责，全面做好土地供应计划，重点做好轨道交通、京石客专等市区重大项目的供地保障工作，同时做好保障性用房、民生工程、城市基础设施等方面的用地保障；坚持依法行政，严格执行国家政策，严禁向不符合产业政策的项目供地；五是建立执法长效机制，维护土地市场秩序。实行执法队伍包片制，执法人员包干制，坚持全区75名乡镇执法队伍每天24

小时巡查制。结合卫片执法检查工作，继续严厉打击和查处土地违法违规行为，确保了2009年土地违法量和信访量大幅下降；六是建立和完善监管机制，确保全区重大项目落实。严格项目建设用地批后监管，对项目预审、审查报批、土地征收、土地供应以及项目竣工全程跟踪，对不按照项目规定建设的单位采取“早发现、早制止、早处理”的工作方法；七是创新宣传教育机制，营造保护土地的氛围。除了充分利用广播、电视、报刊等媒体进行土地法律法规宣传外，主要采取“四个一”的工作方式进行宣传教育，即在机关内部设立一个“保护资源、保障发展”橱窗展览，邀请国土资源部、市国土局领导到我区组织一次大规模法律法规培训，通过4.22地球日和6.25地球日举办一次声势浩大的土地法律法规上街宣传活动，举办了一期全区乡镇干部、村建科长土地巡查培训班。

【矿产资源概况】

房山区位于首都西南，有三分之二为山区和半山区，南部和东部为冲击平原，优越的地质环境，造就了丰富的矿产资源。目前已发现矿产资源种类20余种，尤其是以煤炭、建材为主的非金属矿产分布，储量大、品种多，质量好，是房山区有特色的优势矿产。到2009年底，共有矿山企业93家，其中煤矿18家，非煤矿山61家，矿泉水2家，地热12家。

【矿产资源开发及秩序整治】

全市投资最大的地质环境治理工程项目通过验收。为北京市房山区史家营榆东坡废弃煤矿矿山地质环境治理项目，该项目共投资900万元（国家投资），涉及治理面积40公顷，共回填塌陷坑25503立方米，消坡133915立方米，新增耕地300亩。该治理工程于2009年5月6日正式开工，2009年10月29日完工。项目施工全部委托给史家营乡政府进行全面实施，在实施工程中市国土局不定期进行巡视检查，房山国土分局统筹乡、村协调及项目管理工作。工程施工为三个阶段进行。第一阶段：2009年5月10日至2009年6月30日第二阶段：2009年7月1日至2009年8月25日第三阶段：2009年8月26日至2009年10月29日。2009年12月18日，北京市国土资源局副局长李燕飞到房山区对该项目进行竣工验收，并顺利通过验收。项目的实施大大降低或消除了治理区由于矿山开采造成的地质环境问题。削坡护坎、矸石整理、排水沟修筑等措施将最大程度的降低泥石流等次生地质灾害发生的可能性，损毁的土地和植被资源得到恢复，治理区及周边空气、水土、景观等环境得到较大改善，治理区盗采得到根本遏制，治理成效显著，综合效益明显。

加大矿产资源执法力度。全年共调查各类涉矿举报案件108件，下发《责令限期整改通知书》28份，查处超层越界开采、盗采案件25起，炸封非法矿点423处，收缴各项矿产资源有偿使用费用共计1100余万元。

【汛期地质灾害防治】

多项措施加大地质灾害防治工作。一是责任到位。加强对重点地区隐患点的排查工作，落实防灾责任制。要求各乡镇要全面重视地质灾害防治工作，做到主要领导负总责，层层落实责任制，做到一级抓一级，层层抓落实。二是检查到位。重点对学校、旅游区、公路铁路沿线进行全面排查，做到对新增地质灾害防灾措施到位，对重点部位设立警示牌，警示牌要树立在醒目位置。三是措施到位。制定并落实2009年地质灾害防治预案。建立健全地质灾害应急管理体制、机制，加强地质灾害队伍建设，建立应急响应保障体系，确保应急反应及时、高效。主动开展各项工作，做好防灾保安全工作，了解强降雨预报情况，及时下达到各乡镇预警。成立应急抢救队伍，发放应急抢救物资，并配备了专门的车辆；四是信息反馈到位。加强值守，确保信息畅通。严格实行汛期24小时值班制度，实行领导带班和专人值班，要求汛期值班人员手机24小时开机，发现情况及时上报。及时准确发布信息，遇到险情通过各种通讯工具第一时间通知当地群众，做到及时防范，及时处理。五是宣传到位。制定宣传计划，深入到村、自然片，以现场咨询的、专题讲座、广播媒体、发放宣传画等方式进行宣传，广泛宣传地质灾害的基本知识和防灾工作的基本常识和防范逃生手段，提高群众防灾减灾的意识。2009年汛期，房山国土分局先后走访12个乡镇1123个险户，填补险户明白卡560张，发放地质灾害防治宣传画1590张；完成了河北、十渡、大安山等乡镇的公路险石崩塌检查工作；配合区农委完成了蒲洼、张坊、霞云岭等乡镇采空区和泥石流易发区340多个险户的搬迁工作；聘请市应急调查大队对大安山乡大安山村40余户群众的住房进行了地质险情排查，全年没有发生地质灾害事故。

【地质公园建设】

北京房山世界地质公园首批被国土资源部命名国土资源科普基地。此次命名全国共有53个单位，经省级国土资源部部门推荐、专家评议、社会公示后，由国土资源部核准的，共分科技场馆类、资源保护类、科研实验类三大类。房山区世界地质公园被命名在资源保护类当中。

北京市国土资源局通州分局

【土地资源概况】

通州区位于北京市东南部，京杭大运河北端，全区地处永定河、潮白河洪冲积平原，地势平坦，境内分布十三条河流。根据2008年度土地变更调查数据，全区土地总面积为906.28平方公里，其中建设用地309.02平方公里，占总量34.10%，农业用地561.87平方公里，占总量62.00%，未利用地35.39平方公里，占总量3.90%。（详见表1）

表1　通州区2007年利用现状统计表

<table>
<tr><th colspan="3">地类</th><th>面积（公顷）</th><th>百分比</th></tr>
<tr><td colspan="3">合计</td><td>90627.9</td><td>100%</td></tr>
<tr><td rowspan="6">农用地</td><td colspan="2">小计</td><td>56187.3</td><td rowspan="6">62.00%</td></tr>
<tr><td colspan="2">耕地</td><td>35034.8</td></tr>
<tr><td colspan="2">园地</td><td>5017.1</td></tr>
<tr><td colspan="2">林地</td><td>7553.2</td></tr>
<tr><td colspan="2">牧草地</td><td>0.0</td></tr>
<tr><td colspan="2">其他农用地</td><td>8582.2</td></tr>
<tr><td rowspan="8">建设用地</td><td colspan="2">小计</td><td>30901.9</td><td rowspan="8">34.10%</td></tr>
<tr><td rowspan="5">居民点及独立工矿</td><td>小计</td><td>26688.8</td></tr>
<tr><td>城镇用地</td><td>2699.5</td></tr>
<tr><td>农村居民点</td><td>11159.8</td></tr>
<tr><td>独立工矿</td><td>11264.6</td></tr>
<tr><td>特殊用地</td><td>1564.9</td></tr>
<tr><td colspan="2">交通运输用地</td><td>3559.4</td></tr>
<tr><td colspan="2">水利设施用地</td><td>653.8</td></tr>
<tr><td rowspan="3">未利用地</td><td colspan="2">小计</td><td>3538.7</td><td rowspan="3">3.90%</td></tr>
<tr><td colspan="2">未利用土地</td><td>538.3</td></tr>
<tr><td colspan="2">其他土地</td><td>3000.4</td></tr>
</table>

【机构设置】

北京市国土资源局通州分局（简称“市国土局通州分局”）成立于2005年7月。分局机关设办公室、纪检监察科、综合科、地籍科、耕保征地科、土地利用科（地质矿产科）、财务科、执法监察科8个职能科室，编制36人，其中工勤人员5人；下设土地利用中心、整理储备中心、权属登记中心、执法监察大队、国土资源管理所5个事业单位，编制58人。

【建设项目用地预审】

共办理建设项目用地预审157件，总用地面积2779.5公顷，分别比去年增加了101%和226%。其中，农用地约1851.97公顷，耕地约1517.92公顷。

以上项目中市、区两级绿色审批通道项目98个，总用地面积2490.23公顷，分别占预审总量的62.42%、89.59%。其中涉及144亿投资项目82个，面积2344.07公顷。

【征地及农用地转用项目用地管理】

共受理、上报市局征占地项目45个，总用地面积约782.81公顷，分别比去年增加了18.42%和减少了23.27%。其中农用地543.48公顷，涉及耕地359.78公顷。

其中，市、区两级政府绿色审批通道项目29个，用地总面积567.1公顷，分别占征占地总量的64.44%，72.44%。其中涉及144亿项目18件，面积507.64公顷。

【土地登记工作】

共办理土地登记（土地抵押登记、土地登记发证）1365件，相当于前三年土地登记的总和。其中，共办理土地抵押登记764件（大业主土地抵押登记247件，小业主土地抵押登记137件，土地抵押注销登记380件）抵押土地面积1547万平方米，贷款金额321.77亿元，同比分别增长119%和185.64%，土地抵押件数位于全市第二名。办理土地登记发证601宗，面积897.8万平方米，同比分别增长3.66倍和1.9倍。其中办理出让国有土地使用权登记发证73宗，面积292.07万平方米，土地变更登记25宗，面积73.66万平方米；划拨国有土地使用权登记发证362宗，面积220.13万平方米；政府储备用地18宗，面积274.07万平方米；办理集体建设用地使用证9宗，面积37.38万平方米；办理小业主登记发证114宗，面积0.49万平方米。

【土地供应】

土地供应总量为166.2公顷（实际签订合同数），其中：经营性用地12宗，建设用地面积91.8公顷；工业仓储用地16宗，建设用地面积56.2公顷；划拨用地9宗，建设用地面积18.2公顷。

【土地市场交易】

共完成24宗用地入市交易工作，总用地175.44公顷，其中建设用地121.51公顷，成交总价款约83.36亿元，其中政府土地收益45.41亿元。其中经营性项目11宗，用地面积122.57公顷；产业项目

13 宗，用地面积 52.87 公顷。

【土地储备开发】

制定《通州区土地储备开发项目资金监督管理办法（试行）》，明确了资金监管小组的职责，资金拨付的审批流程及资金的监督检查。

对纳入 144 亿的项目进行逐个梳理，找出投资关键点，采取专人负责、定期调度会、重大项目协调机制、绘制项目推进路线图等措施，积极推进项目进度。完成土地储备开发投资 91.76 亿元，其中市区联储项目投资 53.78 亿元，分中心投资 16.33 亿元，企业投资 19.64 亿元。产业项目投资 2.00 亿元。

2009 年获得一级开发授权批复的项目共计 13 个，总用地面积约 2346.11 公顷，计划投资总规模约 120 亿。完成商务园 B1、B2 等 5 个项目的一级开发验收工作，总用地面积约 101.17 公顷，其中建设用地面积约 96.65 公顷。北苑商务区、3 号地及两站一街一级开发项目也在有序稳步推进。

【土地整理与占补平衡】

2009 年已完成西集镇河八村基本农田整理和宋庄镇尹各庄村土地整理复垦 2 个项目的竣工验收工作，建设总规模 10693.65 亩，总投资 2321.51 万元，新增耕地 384.62 亩；目前在施项目 9 个，建设总规模 105351.50 亩，批复预算总资金 19923.39 万元，预计新增耕地 3111.72 亩。

【土地利用总体规划修编】

通州区先于其他区县启动了乡镇规划指标的分解落实工作。在二调数据的基础上，对全区土地利用现状、新城规划、镇域规划、重大基础设施工程布局、基本农田划定潜力等问题进行了深入分析。到通州新城、亦庄新城规划范围以外的 9 个乡镇进行了有针对性的调研，就乡镇未来发展需求、基本农田划定、镇域规划实施中的迁村并点、都市农业配套设施建设等问题进行了深入的研究。在与乡镇充分沟通调研的基础上，形成了通州区土地利用总体规划指标分解方案，并完成了规划基数转换工作，9 月 9 日，该方案通过了区长办公会审议。会后，通州国土分局按照依法编制，统筹兼顾，上下结合，相互协调，公众参与，注重实施的原则，结合新城建设规模、各乡镇的镇情、资源、产业特色等编制完成了区县级和九个乡镇级共 10 套文本、说明及图件，图件做到合理安排本区域土地利用规模、结构、布局和时序，审慎划定了“三界四区”，严格落实六大约束性指标和九个预期性指标，并初步建立了 1∶500 和 1∶2000 的规划 GIS 数据库。经过五次的沟通和修改，规划图件、文本形成了最终成果，并于 2010 年 1 月底上报市国土局。

【第二次全国土地调查工作】

完成第二次全国土地调查统一时点更新调查工作，对 2007 年 10 月以来全区 1072 块变化图斑进行权属、地类、建设单位等相关信息的调查核实，对其中的 782 块新增建设用地进行测绘。按照国土部“一张图”工程的要求，对 2009 年新增的 208 块疑问图斑进行外业调查、拍照工作，共建立照片文件夹 208 个。完成了

城镇土地调查数据汇总、开发园区、房地产等专项用地统计调查汇总。获得工业、基础设施、金融商业服务、开发园区、房地产等专项用地面积和分布等情况。形成专项报告4份。

【城镇土地更新调查和土地总登记工作】

完成了6个街道、9个乡镇，5395宗国有建设用地、面积91.683平方公里（13.75万亩）的外业调查测绘、调查数据成果的入库工作；对未确权登记的644宗国有土地进行测绘和权属调查，其中完成指界签字工作475宗，确权登记发证471宗（其中建成区和建制镇范围438宗），发证率比上年提高10%。城镇更新调查范围内国有土地使用权登记发证率达到71.58%，超额完成了土地总登记考核的目标。同时，按照市二调办的要求，完成了市级开发区土地利用现状的调查工作，对通州经济开发区、永乐店经济开发区的688宗地，面积1175.33公顷土地的建设、供地、未供地等13种情况进行调查，为扩区建设提供了详实的数据。

【农村土地登记颁证试点调查工作】

通州区于家乡作为全市三个试点乡镇之一，2009年10月，对于家务乡的集调档案、发证档案、相关台帐、统计表进行了梳理，将乡域内已发国有土地使用证和集体土地使用证进行落图，核清了发证情况；对于家务乡域范围内的国有土地、集体土地和集体建设用地进行调查，共调查704宗地，其中调查集体建设用270宗，集体土地所有权155宗，国有土地使用权279宗（已发证95宗）。实现了试点乡的土地调查率达到100%的目标。现正进行调查成果的整理、确权登记，预计2010年3月底前完成确权登记颁证工作。

【档案管理】

2009年6月开展业务档案数字化三期工作，现已完成2007年3月至2008年底共987卷业务档案的文字录入和扫描工作，将在近期验收。同时，完成了2009年共1228卷日常档案数字化工作，其中登记中心地籍档案1014件。另外，完成了二期1万余卷已进行数字化业务档案的条码化工作。

【国土资源执法】

全年通过动态巡查共发现制止违法用地行为159起，涉及土地面积3267亩，其中耕地面积24宗，276亩。

以国土资源部2008年度卫片清查和15号令为契机，在全区开展违法用地专项整治行动。5月开始，在全区开展违法用地专项整治行动，对2008年以来发生的违法用地进行彻底清理。通州国土分局共下发处罚决定书25份，将6起涉嫌犯罪的案件向公安分局进行了移送。各乡镇政府拆除违法用地项目54宗，部分拆除11宗。共拆除地上建筑16.13万平方米，腾退土地556.59亩（其中耕地318.3亩）。9月底顺利通过国家土地督查北京局对国土部2008年度卫片执法检查的验收。

北京市国土资源局顺义分局

【土地资源概况】

顺义区土地总面积约为1020平方公里，约占全市土地总面积的6.22%。全区由平原、台地、丘陵和山地等四种地貌构成，平原面积约占全区总面积的90.1%。根据2009年土地利用变更调查结果，全区土地利用现状概况见表1。

表1　顺义区土地利用现状分类统计表

序号	土地类别	面积（公顷）
1	耕地	34750.26
2	园地	5310.03
3	林地	15674.44
4	草地	1723.26
5	商服用地	1914.96
6	工矿仓储用地	7556.38
7	住宅用地	11847.32
8	公共管理与公共服务用地	3420.98
9	特殊用地	433.05
10	交通运输用地	7850.55
11	水域及水利设施用地	7862.82
12	其它用地	3590.47
总　计		101934.52

【机构设置】

北京市国土资源局顺义分局成立于2005年6月22日。按照市分局《关于北京市国土资源分局顺义分分局主要职责内设机构和人员编制的批复》（京国土人［2005］623号）精神，我分局设4个职能科室（加挂4块牌子），办公室、地籍科、土地利用科、执法监察科分别加挂财务科、综合科、耕保征地科、地质矿产科的牌子，2007年7月按照市局批复成立纪检监察科。截止到2009年年底，分局设机关行政编制12名，机关事业编制11名，机关工勤事业编制6名。分局下设北京市土地整理储备中心顺义分中心、顺义区土地利用事务中心、顺义区土地权属登记中心、顺义区土地执法监察大队共4个事业单位，编制55人。另外，为解决土地储备工作人员编制不足的问题，2009年3月，经顺义区编办批准，成立顺义区土地储备所，人员编制和工资关系挂靠在区财政局，人员由我分局调剂使用。

【土地供应计划】（编制与实施）

1. 土地供应计划编制情况

2009年我区计划供地50宗，总用地面积为466.65公顷。按照用途区分：基础设施用地13宗，用地面积29.1公顷，约占6.23%；工业及仓储用地20宗，217.7公顷，约占46.65%；科教文卫及行政办公用地4宗，用地39.57公顷，约占总量8.48%；廉租住房及经济适用房2宗，5.13公顷，约占总量的1.1%；两限房用地2宗，用地62.84公顷约占总量9.94%；其他商品房用地2宗，用地67.44公顷，约占14.45%；商服用地7宗，用地61.33公顷，约占13.14%。

2. 土地供应计划实施情况

截止到12月底，全区共完成顺义区府前街商业金融用地项目等13宗经营性项目用地使用权的挂牌出让，出让土地总面积为192.35公顷，成交总金额为77.2208亿元。另外，还完成工业用地挂牌出让26宗，出让土地总面积152.15公顷，土地成交总价款8.96亿元。综合以上数据，今年共实现供地39宗，供地面积344.5公顷，完成年度供地计划的73.8%。

【建设项目用地预审】

全年共完成建设项目用地预审91件，3157.59公顷。

【征地及农用地转用项目用地管理】

共办理征地结案31宗，征地面积645.35公顷，确保了京平高速、机场南线、机场快轨、国际鲜花港、七届花博会主场馆、左堤路、右堤路等市、区重点项目和各镇招商引资项目用地需求。

【地籍管理和土地调查】

全年共完成国有土地发证185件，面积879.49公顷；办理集体土地发证22件，用地面积55.83公顷。在二次调查基本完成的基础上，今年重点进行了城镇部分更新调查工作。完成了我区180平方公里、1844宗国有土地、2792宗集体土地的更新调查调查工作和首都机场13.81平方公里的变更调查。

【土地储备工作】

2009年，北京市1000亿元投资共涉及我区经营性项目41个，开发总面积2014.78公顷，预计总投资258.92亿元。其中，纳入我分局与市局签定的《落实1000亿元土地储备投资工作责任书》的项目共计27个，计划投资134亿元，完成土地储备开发730公顷，实现供地180公顷。其中，在134亿元的土地储备开发投资项目中，M15号延线站点周边的13个土地储备开发项目被纳入市、区联合储备项目。截止12月底，完成了花梨坎、东庄、火神营、前进和望泉寺、梅沟营、太平村等7个村庄的民宅拆迁工作，全区土地储备投资已达142.27亿元，超额完成了今年土地储备投资134亿元的工作任务，投资速度排在全市第二位。

【土地整理项目申报】

2009年申报基本农田整理项目5万亩，实施后可新增耕地8000亩。

【土地利用总体规划修编】

按照市局关于土地利用总体规划修编工作的要求，今年完成了规划底图及规划数据的调整工作，并完成了指标的空间布分局。

【国土资源执法】

1. 土地执法考核工作

在2009年3月初召开的全区土地管理工作会上，张延昆书记出席会议并就今后全区土地管理工作提出了明确要求。在会上还对2008年土地管理工作先进镇进行了表彰，对考核评估落后的镇进行了批评，使各镇、村干部触动很大。5月下旬，在区政府主要领导的协调下，“土地管理工作”正式纳入区政府对各镇政府的年终综合考核范围，占60分。09年底，我分局与区农委、监察分局、规划分分局组成考核组，对各镇2009年土地管理工作进行了专项考核，排出了各镇的名次，并形成考核报告报区委、区政府。

2. 执法监察队伍建设工作

在我分局的协调下，各镇均设立了专职土地监察队伍，各村设立了1—2名的土地信息员，区政府对各镇土地监察队员还给予每人每年10000元的补贴，。

3. 利用科技管地工作

我分局与区联通公司合作，建立了土地巡查监管信息平台。目前，信息平台已基本搭建完毕，现在正在试运行。

4. 卫片查处工作

组织专门队伍，对国土部第9次卫片和二号小卫星四个季度的疑似违法用地进行了调查，共立案查处土地违法案件78宗。

【电子政务和信息化建设】

2009年，按照市局要求，完成了对1991年－2008年所有专业档案进行了数字化整理。共计录入各类档案154817卷、1079152页。

【矿产资源概况】

我区矿产资源主要有煤炭、建筑用沙、砖瓦用黏土、水泥用灰岩、建筑石料用灰岩、地热、矿泉水、陶瓷土、陶粒用黏土。北京市实行禁采砂石、黏土政策后，目前开采的矿产资源有水泥用灰岩、建筑石料用灰岩、地热、矿泉水。水泥用灰岩、建筑石料用灰岩主要分布在张镇、大孙各庄、杨镇、木林、龙湾屯、北石槽、牛山等镇；地热资源主要分布在天竺、后沙峪、李遂、南彩、高丽营等镇。我区地下蓄藏着2亿多吨煤炭资源，主要分布在北小营、大孙各庄等镇。

【矿产资源开发及秩序整治】

加大对区政府保留6家矿山企业监管力度，严厉打击超层越界开采。严格要求保留企业规范安全、环保和矿产资源开采各种手续。对固体矿产资源开采实行严而又严的政策，提高准入门槛，上规模、上档次，在符合环境保护标准及安全生产的前提下，有效保护、合理利用矿产资源。

2009 年我区矿山企业未发生安全事故。

【地热资源管理】

配合市局完成 12 家企业的地热资源勘察许可证年检工作。

【各项基础业务建设】

评估所完成土地、房屋评估 11 件，评估金额达 9.8 亿元。

在区政府“政风行风热线”网上回复群众咨询 42 件，机关各科室接待来电、来访咨询 2000 余人次。

截止到 12 月底，分局“全程办”共受理件数 2703 件，按时办结 2669 件。全部按时办结。办结率达到 100%，没有投诉事件发生，群众满意率达到 100%。

【信访工作】

2009 年，全分局共接待群众上访 478 批次、1800 余人次，接群众信访 111 件，受理 91 件、已办结 85 件，接市长信箱及市信访办转件 17 件，已办结 17 件。

【依法行政工作】

在工作中不断规范行政执法行为，坚持了行政执法活动公开和行政执法过错责任追究制度，不断接受群众监督，增加透明度。2009 年，分局应诉的 11 起行政诉讼案件均以我分局胜诉结案，6 件行政复议被维持，没有出现差错。

北京市国土资源局大兴分局

【土地资源】

大兴区现辖有14个建制镇、5个街道办事处。根据上年度土地变更调查数据，全区土地总面积为1036平方公里，其中建设用地311.94平方公里，占总量30.10%，农用地667.75平方公里，占总量64.43%，未利用土地56.63平方公里，占总量5.46%。（详见表1）

表1　大兴区2009年土地利用现状分类表

<table>
<tr><th colspan="3">地类</th><th>面积（公顷）</th></tr>
<tr><td colspan="3">合计</td><td>103631.58</td></tr>
<tr><td rowspan="6">农用地</td><td colspan="2">小计</td><td>66775.01</td></tr>
<tr><td colspan="2">耕地</td><td>38117.39</td></tr>
<tr><td colspan="2">园地</td><td>13763.01</td></tr>
<tr><td colspan="2">林地</td><td>6995.06</td></tr>
<tr><td colspan="2">牧草地</td><td>0</td></tr>
<tr><td colspan="2">其他农用地</td><td>7899.55</td></tr>
<tr><td rowspan="8">建设用地</td><td colspan="2">小计</td><td>31193.70</td></tr>
<tr><td rowspan="5">城镇及工矿用地</td><td>小计</td><td>26780.21</td></tr>
<tr><td>城镇用地</td><td>3791.55</td></tr>
<tr><td>农村居民点</td><td>9957.58</td></tr>
<tr><td>独立工矿</td><td>11447.92</td></tr>
<tr><td>特殊用地</td><td>1583.16</td></tr>
<tr><td colspan="2">交通运输用地</td><td>3357.96</td></tr>
<tr><td colspan="2">水利设施用地</td><td>1055.53</td></tr>
<tr><td rowspan="3">未利用地</td><td colspan="2">小计</td><td>5662.87</td></tr>
<tr><td colspan="2">未利用土地</td><td>2322.72</td></tr>
<tr><td colspan="2">其他土地</td><td>3340.15</td></tr>
</table>

【机构设置】

北京市国土资源局大兴分局（简称“大兴分局”）成立于2005年8月17日。分局机关现设有办公室、土地利用科、地籍科、耕保征地科、执法监察科、纪检监察科6个职能科室，编制26人，实有26人，其中工勤人员4人，满编；下设北京市土地整理储备中心大兴区分中心、土地利用事务中心、土地权属登记事务中心、国土资源执法监察队和国土资源管理所（3个）等7个事业单位，编制79人，实有75人。

【土地供应】

年内，根据北京市土地供应计划，大兴分局结合大兴区实际情况，编制完成《大兴区2009年土地供应计划安排建议方案》和《大兴区2009年度土地利用计划建议方案》。2009年，大兴区安排国有建设用地供应计划指标项目54个，面积566.62公顷。安排集体建设用地供应计划指标项目9个，面积43.32公顷。6月10日，大兴区率先完成2009年经营性用地供应下达指标170公顷，实际完成171.46公顷。截至年底，完成产业用地供应土地面积53.34公顷，完成出让项目13个。

【建设项目用地预审】

年内，在建设项目用地预审工作中，共审批建设项目用地预审89件，用地面积约1374.02公顷。其中，土地一级开发项目42件，面积1065.73公顷。基础设施项目31件，面积233.40公顷。公共设施用地3件，面积6.66公顷。特殊用地项目2件，面积17.81公顷。公益事业项目2件，面积2.4738公顷。科教文卫项目3件，面积10.28公顷。工业仓储用地项目2件，面积1.12公顷。合作建房项目1件，面积2.7733公顷。回迁房项目3件，面积33.78公顷。

【土地利用情况】

年内，大兴区得到市政府已批准项目61个，批准面积1375.62公顷（20634亩）。其中，农用地879.73公顷（13196亩），农用地中耕地640.47公顷（9607亩）。在上报市国土局待批项目中，有4个项目须报国务院批准征地，面积170.8095公顷（2562亩）。其中，农用地109.3583公顷（1640亩），农用地中耕地50.4715公顷（757亩）。

【土地利用规划工作】

年内，大兴分局按照市国土局印发的《关于加快推进区乡土地利用总体规划修编工作的函》的具体要求，召开专题会议，调查用地需求，针对区规划修编提出具体工作要求。组织课题组到14个镇、3个国有农场实地调研，对于基本农田指标落实情况向各镇征求意见。完成土地利用规划基数转换工作，将第二次土地调查数据转换成规划基数数据。完成全区基本农田空间初步布局方案。完成各项建设用地需求与规划指标分析。进一步修改区级规划方案，编纂规划文本及文本说明，完善规划数据库建设，做好规划成果初审的上报准备工作。做好重点项目规划局部调整工作，共办理规划局部调整业务20件。已完成14件。其中，市政府绿色通道项目6件。

【地籍管理及土地登记】

年内，共完成土地使用权登记手续279宗，土地总面积为644.78公顷。其中，国有划拨土地51宗，土地面积为156.93公顷。国有出让土地共计205宗，土地面积为243.83公顷。在京中央国家机关用地土地使用权6宗，土地面积为43.33公顷。储备用地17宗，土地面积为200.69公顷。集体建设用地10宗，土地面积为12公顷。土地抵押登记191宗，土地抵押面积（含在建工程）827.85公顷，贷款金额1850498.18万元。抵押注销登记187宗。协助法院查封、解封56件，法院回函11件。办理国有土地使用权地籍调查成果确认单及告知单共33件。

【大兴区第二次全国土地调查】

3月下旬，开展大兴区第二次全国土地调查（城镇部分）调查工作。区国土分局以区政府名义发布《关于开展国有土地使用权土地总登记的通告》，制定《大兴区第二次土地调查工作方案》和《大兴区第二次土地调查实施方案》，更新调查底图，按区域划分为6个调查工作组，全面推进外业调查。经过调查，共整理、设立国有宗地档案3404份，宗地面积约134.38平方公里。已提交293街坊外业调查（DWG）数据，其中253街坊已通过前期检查并进行数据转换（SHP）。

【土地专项调查】

年内，大兴分局开展区内其他土地专项调查工作。一、完成市级开发区专项调查工作，全面查清北京大兴经济开发区、中关村科技园区大兴生物医药产业基地、北京采育经济开发区三个市级开发区的内部土地利用状况、掌握真实的土地利用基础数据。分析评价土地集约利用程度、测算土地集约利用潜力，推动开发区土地利用管理。二、完成基本农田专项调查，组织相关调查人员和乡镇工作人员，分四批在全区开展调查工作。最终确定大兴区基本农田上图总面积为632673.1亩，涉及全区14镇、473个行政村、56726个基本农田图斑。三、组织实施季度实际新增建设用地核查工作，前三个季度共涉及335个图斑，其中属于新增建设用地的图斑共计238个，占耕地2619.92亩。四、完成农村土地确权登记的试点前期准备工作，已完成外业调查、档案资料的收集整理、工作底图的绘制、相关表格的制作等项工作；五、完成大兴区地质灾害调查与区划项目工作任务。

【土地市场交易】

年内，开展工业用地供应。全年挂牌上市土地9宗，已完成交易9宗，总面积约38.6公顷，其中建设用地面积约29.65公顷，实现政府收益3356.98万元。加大经营性土地上市交易数量。截至年底，已完成上市交易20宗经营性用地，总用地面积约269公顷，实现区政府收益143.4亿元。

【土地整理、储备开发】

年内，大兴分局在土地整理工作中，完成庞各庄、榆垡镇土地整理项目（后备资源）施工，准备市级验收。监督指

导庞各庄、榆垡、魏善庄三个镇基本农田整理项目实施工作。推进青云店、安定镇基本农田整理项目顺利实施。完成占补平衡项目35个、补充耕地4955.7亩。为拉动内需，加大土地储备开发力度，贯彻落实市委市政府关于全市土地储备开发投入1000亿元资金的决策部署，截至年底，大兴区完成143.37亿元投资。

【国土资源执法】

年内，大兴分局严格国土资源执法，对第九次卫片监测成果和“遥感二号”卫片（2008年第4季度、2009年第1、2季度）核查，对查出违法用地情况作出处罚。共查处179宗。截至年底，下达《责令改正国土资源违法行为通知书》147份，《国土资源行政处罚告知书》132份，《国土资源行政处罚听证告知书》63份，《国土资源行政处罚决定书》63份，收缴罚款1025.2万元，没收违法建筑面积49.9万平方米，拆除违法建筑面积近22.7万平方米。已移送区人民法院申请强制拆除3宗，已移送区监察局39宗。移交区公安分局5宗。开展专项检查，对大兴区行政区域内以农调（包括设施农业、农业大棚、规模化畜禽养殖、农业生态园、观光园等）为名搞非农业建设项目进行检查清理。建立土地执法监管共同责任机制。区监察局联合下发了《关于严格保护耕地严肃查处土地违法违纪案件有关意见的通知》。

【开展主题宣传活动】

年内，大兴分局围绕“保障科学发展 保护耕地红线”的宣传主题组织开展“6.25”土地日宣传和依法行政、行政复议、法制日宣传等宣传工作。

【信访工作】

年内，大兴分局在信访工作中，实行分局领导带班接访制度。全年共收到群众来信来访涉及土地问题信访件268件，受理266件，其中来信来电189件，来访79件。办结244件。反映违法占地违法建设的170件，宅基地54件，非法挖沙取土25件，征占地问题8件，权属及其他问题9件。

【全程办事代理】

年内，共受理各项业务832件，其中，权属登记类642件。征占地类业务190件。征地结案69件，共发放土地证131个，宅基地批复28件。

【制度建设】

年内，制定《分局廉政风险防范管理工作实施方案》和《分局廉政风险防范管理工作实施细则》等项制度。

北京市国土资源局昌平分局

【土地资源概况】

昌平区2009年度土地利用现状变更调查成果显示：农用地面积91110.74公顷，建设用地面积41043.34公顷，其他土地面积2100.82公顷，分别占全区土地面积的67.87%、30.57%和1.56%。（详见表1）

表1　昌平区2009年土地利用现状统计表

地类		2009年年初数据		2009年年末数据		本年度净增减量
		面积（公顷）	比例（%）	面积（公顷）	比例（%）	
农用地	小计	92309.79	68.75	91110.74	67.87	-1199.05
	耕地	13572.83	10.10	12956.86	9.65	-615.97
	园地	13282.46	9.89	13127.54	9.78	-154.92
	林地	63963.33	47.64	65657.84	47.42	-305.49
	草地	1491.17	1.11	1368.5	1.02	-122.67
建设用地	小计	39888.26	29.71	41043.34	30.57	1155.08
	居民点及工矿用地	30586.27	22.78	31725.43	23.63	1139.16
	交通运输用地	4794.61	3.57	4897.40	3.65	102.79
	水利设施用地	4507.38	3.36	4420.51	3.29	-86.87
未利用地	小计	2056.85	1.53	2100.82	1.56	43.97
	其它土地	2056.85	1.53	2100.82	1.56	43.97
合计		134254.9	100	134254.9	100	0

2009年，全区农用地净减少1199.05公顷，其他土地净增加43.97公顷，建设用地净增加1155.08公顷。农用地中的耕地、园地、林地、草地有所减少；建设用地中的居民点及工矿用地、水利设施用地有所增加。

【机构设置】

北京市国土资源局昌平分局机关设办公室、纪检监察科、财务科、综合科（地质矿产科）、地籍科、耕保征地科、土地利用科、执法监察科，共8个行政科室，机关编制30人，机关工勤编制3人；下设北京市昌平区土地权属登记事务中心、北京市昌平区土地利用中心、北京市土地整理储备中心昌平区分中心、北京市昌平区国土资源执法监察队、北京市国土资源局昌平分局第一国土资源管理所、北京市国土资源局昌平分局第二国土资源管理所、北京市国土资源局昌平分局第三国土资源管理所、北京市国土资源局昌平分局第四国土资源管理所、北京市国土资源局昌平分局第五国土资源管理所，共9个事业单位，事业单位人员编制共计95人。

【土地供应计划及实际供地情况】

通过对昌平区土地需求和项目进展的深入分析，编制上报了《昌平区2009年度土地供应计划安排建议方案》，计划年内供应土地294公顷。其中，基础设施用地5公顷、工业仓储用地31公顷、其他产业用地116公顷、科教文卫和行政办公用地24公顷、廉租住房及经济适用房用地1公顷、农民回迁安置住房用地9公顷、其他商品房用地94公顷、商服用地14公顷。实际全年供应土地337公顷，完成计划供地114.6%，其中，出让土地面积117公顷；划拨土地面积220公顷。

【建设项目用地预审】

年内，完成了昌平区昌平新城东区（三、四、五期）用地土地一级开发、沙河镇巩华城一级开发、沙河镇南一村土地一级开发等98个项目的用地预审工作。为中央国家驻京单位、部队等北京市国土资源局预审的建设用地项目出具土地利用规划和地类审查意见28件。

【土地市场交易】

年内，完成了“昌平区东小口镇商业金融项目用地”、“昌平区回龙观商业金融项目用地”等10个经营性用地项目的入市交易工作，占地总面积95.08公顷，成交价款共计247555.34万元。完成“北京国际信息产业基地D3－1”和“北京国际信息产业基地D3－2”2个工业用地项目的入市交易工作，占地总面积1.83公顷，成交价款共计1794.65万元。

【土地储备开发】

年内，共实现土地储备开发投资100.09亿，完成土地储备开发面积560公顷；共融资449232万元。

【土地整理与占补平衡】

1. 工程已完工、待验收的基本农田整理项目

阳坊镇基本农田整理项目、长陵镇黑山寨村改善农业生产条件项目、长陵镇上口村改善农业生产条件项目、南口镇李庄村改善农业生产条件项目、流村镇溜石港村改善农业生产条件项目已完工，待验收。

2. 工程正在实施阶段的基本农田整理和土地开发项目

流村镇马刨泉等5个村基本农田整理项目为市级投资项目，预算投资1549万元，建设规模342.95公顷，规划设计新增耕地面积23.89公顷。流村镇马刨泉村土地开发项目为市级投资项目，预算投资742.85万元，建设规模24.81公顷，新增耕地23.78公顷。

3. **申请立项的项目**

昌平区兴寿镇、十三陵镇、南口镇三个镇小开荒项目，为自筹资金项目，预算金额1786.28万元。项目区涉及七个片区，八个行政村，建设总规模93.16公顷，新增耕地88.50公顷。流村镇、小汤山两个镇小开荒项目，属于区自筹资金项目，项目预算金额共1400.31万元。涉及五个片区，五个行政村，建设总规模73.59公顷，新增耕地共计72.62公顷。

土地开发整理项目的实施，为昌平区耕地占补平衡工作大好了坚实的基础。

【土地利用总体规划修编】

年内，完成了昌平区土地规划修编基数转换工作。在北京市二次调查成果经国土部验收后，我局对规划修编基础数据进行了统一更新，并结合昌平区土地利用总体规划编制工作实际需要，完成了规划基数转换工作。并于12月，全面展开了昌平区、乡两级土地利用总体规划编制工作。

【地籍管理】

年内，共受理完成日常地籍调查宗地231宗，面积794.10公顷，并依据测绘成果完善更新数据库。全年共办理土地权属纠纷案件92件，其中国有土地使用权纠纷案件1件，集体土地所有权纠纷案件25件，宅基地使用权纠纷案件66件。

【土地登记】

年内，完成国有土地使用权日常登记发证757宗，面积860.72公顷。其中划拨国有土地使用权登记11宗，面积11.06公顷；出让国有土地使用权登记70宗，面积131.91公顷；国有土地使用权变更登记67宗，面积411.90公顷；完成国有土地使用权补证登记4宗，面积9.79公顷；完成国有土地使用权注销登记6宗，面积98.00公顷；完成国有土地使用权抵押登记212宗，完成国有土地使用权抵押注销登记150宗；完成小业主登记发证229宗，面积25.66公顷；完成政府储备土地登记发证8宗，面积172.40公顷。

【城镇土地更新调查】

4月，正式启动了昌平区城镇土地更新调查工作。截止到4月底，完成了以昌平区科技园区12个街坊、78宗地、面积1.5平方公里的权属外业更新调查试点工作，并于8月底圆满完成了全区17个镇（街道）的3307宗城镇国有土地使用权的外业调查工作，面积共计108.12平方公里。

【城镇土地总登记登记工作】

年内，完成了全区城镇国有土地登记发证1800宗，其中初始登记发证277宗，变更换证29宗、历史发证1494宗，土地总登记发证率达85%，超额完成了70%的考核指标。

【档案数字化工作】

档案数字化（三期）工作已全面完成并通过监理公司的验收，其中我局业务档案1216卷，市国土局下发的小业主档案81卷。2009年我局产生的1191卷业务档案数字化工作已基本完成。

【国土资源执法】

1. 打击非法盗采砂石违法行为

年内，昌平区治理非法开采砂石办公室共出动执法 8304 人次，暂扣挖掘机 2 台、铲车 3 台、运输车辆 29 辆、农用车 4 辆。立案调查处理违法案件 42 件，罚款共计 84.30 万元。

2. 第九次卫片执法工作

利用国土资源部卫星监测成果开展第九次卫片执法检查，对我区 294 块变化图斑进行了核查，并对 72 个违法用地项目进行了重点依法查处。

【矿产资源概况】

昌平区共发现矿产 29 种，其中金属矿产 10 种，非金属矿产 19 种。共发现金属、非金属矿床和矿点 94 处，其中经过详查或勘探，向国家提交了储量报告的矿床 26 处，未做地质工作但经调查肯定的矿点 68 处。截止到 2009 年底，我区开发利用的固体矿产资源 5 家、年产矿石量 200 多万吨。其中，水泥用灰岩 1 家、制灰用灰岩 2 家，建筑用白云岩 1 家、建筑用花岗岩 1 家；开发利用矿泉水企业 3 家，年产矿泉水 1000 多吨；开发利用地热资源的单位 54 余家，现有热水井 118 余眼，持有采矿许可证的 31 家，年消耗热水 300 多万吨。

【矿产资源管理工作思路调整】

按照市政府的要求和昌平区城市功能定位，矿产资源的管理思路从“重开发、重效益、轻环保”转变为“重环保、重效益”，具体表现如下：巩固整顿和规范矿产资源开发秩序工作取得的成果，逐步减少固体矿山数量；严厉打击矿产资源违法行为；积极开展矿山环境治理，修复矿山生态环境；严格矿业权管理，促进矿产资源开发向环保、高效、低耗发展。

【矿产资源开发及秩序整治】

严格执行《北京市矿产资源规划》，减少固体矿山数量，加强矿泉水生产企业管理，提高地热资源的利用水平及鼓励地热空白地区的地热资源勘察和开发。在完成整顿和规范矿产资源开发秩序阶段任务的基础上，全面开展了固体矿山的储量核实和储量动态监测工作，将土地矿产资源专群看护机制与专项打击相结合，巩固整顿和规范矿产资源开发秩序取得的成果。年内受理了 2 家固体矿山采矿许可证注销申请，矿泉水企业全部实施了装表计量。

【矿产资源开发管理】

一是对矿山企业是否存在超层越界开采等行为进行自检部署和抽查。配合区安监局开展了非煤矿山安全整治，并就发现的问题督促企业按期整改；二是加大监督力度，开展打击私挖盗采砂石的专项行动，制止违法采矿行为，办结 4 件信访案件；三是严格采矿权管理，实施矿山环境恢复保证金制度，缴存保证金 200 多万元；受理了 2 家固体矿山的注销申请；按规定配合市局完成了 6 家矿山的采矿权出让，征收出让价款约 400 万元；完成了北水凤山矿和银山下庄矿的资源整合；累计关闭固体矿山 28 家，占现有矿山 85%；四是完成了全部矿山企业的储量动态监测工作；五是完成了5家固体矿山、5家矿泉水企业、31家地热单位的采矿权年检，建立了矿山企业开发利用台帐，完成了矿山企业占用、消耗资源量的登记、统计工作，全面足额完成了资源补偿费和采矿权使用费的征收，征收补偿费49.19万元。

【地质勘查储量管理】

完成了10家探矿权年检，开展了矿山企业的储量动态监测工作并组织了检测报告的评审；完成了矿山企业占用、消耗资源量的登记、统计工作。完成25件建设项目压覆重要矿产核查初审。

【地热资源管理】

配合市局完成了31家地热利用单位日常监督检查和采矿许可证的年检初审，年检结果全部合格。征收采矿权使用费2.0万元。

协助市局完成了《昌平区地热利用现状调查》（总投资126万元），主要任务是对我区地热资源开发的用户展开调查，详细查明全区地热井的开发利用情况。通过实施地热动态监测工作，探讨地热开采、回灌与水位变化的关系，通过对目前地热开发现状进行综合评定，制定适合我区的地热开发方案。

【汛期地质灾害防治】

完成了涉及地质灾害隐患的6个镇、26个村、10个旅游景区、7个矿山的野外实地调查；编写地质灾害调查记录，制定并发布《昌平区2009年度地质灾害防治方案》；填写并发放突发性地质灾害隐患点明白卡386份；组建了专业人员参加的应急调查组；与相关镇签订了汛期地质灾害防治责任书，健全了群测群防网络；在汛期不定期检查各镇“四包七落实”的落实情况。年内，发生小型崩塌一次，无人员伤亡和财产损失。

【矿山环境治理】

以配合创建生态示范区为主线，组织实施了文殊峪矿山环境治理，该项目使用中央资金350万元，地方配套308万元，治理面积66855m^2，已通过市局验收。完成了兴寿项目的申报，落实市财政资金328.3万元。

【宣传工作】

围绕“认识地球　保障发展——了解我们的家园深部”的主题，开展了“4.22世界地球日”宣传活动。悬挂宣传横幅，向过往路人分发宣传科普材料400余份，张贴宣传画4张、展板1块，送发宣传纪念品30份，并为前来咨询的人员进行问题的进行现场解答。

以第十九个全国土地日为契机，以“保障科学发展，保护耕地红线”为宣传主题，将印有宣传口号的600顶太阳帽向各镇发放，在人员集中处张贴国土资源知识宣传画80余张；将土地日宣传口号统一制作成了42条横幅，于“土地日”当日在每个镇进行悬挂、宣传；出动70人到各镇政府所在地，设置宣传点向过往群众发放宣传材料，共计发放材料3000余份，并当场向群众进行政策咨询；在《昌平周刊》上专版刊登了关于土地调查、登记发证及土地利用、保护等方面的

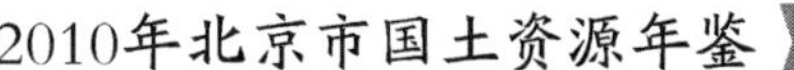

科普宣传知识。

【政府信息公开】

年内，主动公开政府信息106条，全文电子化率达100%。其中计划类信息4条；部门动态类信息102条。受理依申请公开案例7件，受理依申请公开的政府信息7件均已办结。在已答复的7件申请中，“同意公开”的4件，占总数的57.1%；“不予公开”的0件，占总数的0%；“信息不存在”的3件，占总数的42.9%。

【信访工作】

年内，开展了社会矛盾排查化解工作，确定了包案领导和责任科室，制订了矛盾排查化解措施。全年受理群众来信来访310件，已办结289件，办结率93.2%。

北京市国土资源局平谷分局

【土地资源概况】

平谷区位于北京市东北部，地处燕山南麓与华北平原北端的相交地带，东西长40.61公里，南北宽38.82公里，区政府所在地距北京市区约70公里，是首都北京的卫星城，地理坐标位于东经116度55分—117度24分，北纬40度02分—40度22分之间。全区现辖1 4个镇、2个乡、2个街道办事处，全区共设275个行政村、23个社区，人口40万。

根据2009年度土地变更调查数据，全区土地总面积为948.2659平方公里，其中耕地120.0642平方公里，占总量的12.66%；园地243.1229平方公里，占总量的25.64%；林地349.6948平方公里，占总量的36.88%；草地59.3733平方公里，占总量的6.26%；城镇村及工矿用地95.9932平方公里，占总量的10.12%；交通运输用地24.3415平方公里，占总量的2.57%；水域及水利设施用地40.6916平方公里，占总量的4.29%；其他土地14.9844平方公里，占总量的1.58%（详见表1）。

表1 平谷区2009年度土地变更调查数据表

地　类	土地面积（单位：平方公里）	所占比重（%）
耕地	120.0642	12.66
园地	243.1229	25.64
林地	349.6948	36.88
草地	59.3733	6.26
城镇村及工矿用地	95.9932	10.12
交通运输用地	24.3415	2.57
水域及水利设施用地	40.6916	4.29
其他土地	14.9844	1.58
土地总面积：948.2659平方公里		100

【机构设置】

北京市国土资源局平谷分局为北京市国土资源局的派出机构，在市国土资源局领导下，按照管理权限，负责组织实施本行政区域内土地、地质矿产资源行政管理工作。分局机关设办公室、纪检监察科、财务科、综合科、耕保征地科、土地利用科、地籍科、地质矿产科、执法监察科等9个行政科室；下设国土资源执法监察队、土地权属登记事务中心、土地利用事务中心、土地整理储备中心和国土资源管理所5个事业单位。09年9月，分局经市编办批准，增设国土所3个，将原国土资源管理所改编为国土所，使之共有4个所，分别是北京市国土资源局平谷分局第一、二、三、四国土所，办公地点分别设在兴谷街道、大华山镇、金海湖镇和马坊镇，每个所人员编制8人。年末，分局人员共有106名，其中机关工作人员33名，参照公务员管理事业单位人员14名，纳入工资规范管理事业单位人员14名、事业单位人员31名、劳务派遣14名。

【建设项目用地预审及批后监管】

完成建设用地预审43宗，比去年增长26.5%，已经上报征地项目12个，面积为378.5公顷。其中，市政府已经批复5个项目，面积为171.6公顷；待批的有7个项目，面积206.9公顷。已经办理征地结案手续13个（含上年结转项目），2009年完成耕地补充方案13宗，共补充耕地90.64公顷。

对我区2007、2008年度17个征地项目进行了动态监管，仍有9个项目尚未完成供地，正在督促有关单位办理相关手续。对2006年底以前“未批先用”产业用地进行了梳理，179个项目符合规划及产业政策，涉及土地面积351.56公顷。其中，已有2个项目完成供地，办理征地但未办理供地的15个，162个项目尚未办理用地手续。

【土地利用总体规划修编】

平谷区土地利用总体规划修编前期工作已完成，在外业调研前期工作结束后，5月份，分局与21世纪公司按照市局规划编制技术要点完成规划基数转换工作并将规划基数转换成果上报市局。分局按照市国土局的统一布署，完成了区县级土地利用总体规划修编的文本编制工作并分解乡镇级土地利用总体规划的建设用地指标。2009年底分局向市局规划中心提交了平谷区土地利用总体规划（2006－2020年）的初步成果。

【征地及用地管理】

2009年共办理征地件14个，总征地面积387.1359公顷，其中征用耕地90.6360公顷，分别是：滨河集中供热工程、夏各庄新城一、六、七、八号地土地一级开发项目、马坊镇中心区北区A、B、C地块土地一级开发项目、北京大学附属中学平谷中学建设项目、马坊物流基地（01、02）地块一级开发项目、马坊物流基地（03、04－2）地块一级开发项目、岳各庄城中村改造项目（一期）、峪口产业基地一号地一级开发项目、马坊公安消防站建设项目。全年共完成三个批次涉及16个乡镇58个村的109户村民宅基地审批工作。

【土地开发整理】

土地开发整理7个项目分布在金海湖、大华山、镇罗营、夏各庄、东高村五个乡镇，总规模1110.79公顷，项目竣工后可新增耕地223.75公顷，4个竣工待验收项目，3个在施项目。按照市局统一部署，结合最新二调成果，对全区后备可开发资源进行了调查，有12个乡镇约4000亩计划列入2010年土地开发计划，正进行外业测绘。09年新增基本农田整理项目1个，涉及5个村，已立项上报市局待批。

【土地储备及市场交易】

制定了《加快推进平谷区土地储备开发工作若干意见》、《平谷区土地储备专项资金监督管理办法》、《平谷分局土地储备资金监管制度》，全年土地储备实现投资18.85亿，已入市交易13宗，总交易面积82.49公顷，比2008年增长24.67%。实现政府收益18.8亿元，是2008年（0.14亿元）的134.28倍，实现了平谷区土地交易、土地收益的历史性突破。白各庄新村建设率先探索以分中心为主体，企业带资实施的一级开发模式，前期工作进展顺利。

【土地供应】

2009年供应土地159.17公顷，完成土地供应计划的95%，比2008年增长138.14%，保障了“保增长、扩内需”建设项目的用地。积极稳妥的做好征地前期工作，保障被征地农民的利益，对全区275个行政村的人员安置费用进行了逐一测算，形成我区区片价意见。完成了我区基准地价更新调查工作。

办理土地转让手续16宗，面积为86.98公顷，出让金27135.69万元；土地转让手续2宗，面积8.4497公顷，转让金额2835.96万元。办理名称变更业务17宗。

【地籍管理、土地登记】

全年完成宅基地放线124户，县城调查权属争议案件7件。日常土地登记发证298宗，登记面积911.24公顷。其中土地使用权登记发证77宗，面积379.52公顷；国有土地使用权抵押登记103宗，面积360.81公顷；国有土地使用权抵押权注销登记114宗，面积167.60公顷；国有土地使用权注销登记4宗，面积3.31公顷。

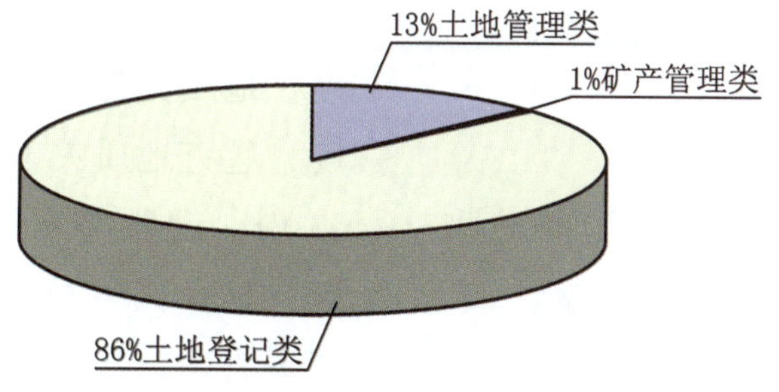

【集体土地调查】

第二次土地调查以及土地变更调查在完善制度的基础上，全面核查宗地权属状况，农村集体土地与城镇土地调查内、外业调查，农村集体土地已通过验收。启动镇罗营镇集体土地所有权、使用权登记试点工作。启动档案数字化工作，以整理档案600卷，录入30卷。国土部在对我区第二次土地调查结果核查过程中，错误

率仅为0.05%，远远低于3%的标准。

【国土资源执法及信访工作】

接待人民群众来信、来访170件次，经过甄别41件转入相关部门办理，6件信访折子问题已全部解决，在六·四、国庆等敏感期未出现影响稳定的信访。

对于国土部第九次卫片监测时段（2007年10月—2008年9月）内46宗违法违规占地，按照拆除违法建筑到位、依法没收违法土地上的建筑物及设施到位、罚款到位、处理责任人到位的要求，进行了严肃查处，国土部督察局北京局在对平谷区检查验收中，对查处工作给予了肯定，对我局的办案质量及执行力给予了肯定，我区的第九次卫片执法检查工作顺利通过验收。分局对资源二号卫星在2008年第四季度、2009年第二、三季度监测时段内发现的违法占地，积极进行纠改，对以搞设施农业为名和其他形式的违法建设进行了从严查处。共接待人民群众来信、来访170件次，经过甄别41件转入相关部门办理，6件信访折子问题已全部解决，没有发生的缠访、集体访和重复访事件。

【矿产资源概况】

平谷区矿产资源丰富，已知的矿物有：金、铜、铅、锌、钨、钼、锰、铁、钾、石英岩、大理石、花岗岩、水泥灰岩、重晶石、麦饭石、白垩等20多种。黄金矿线由东到西长约60公里，曾是北京市黄金主要产地，现已禁采。

【矿产资源管理】

2009年来，分局采取宣传教育、巡查防控、集中整治、重点打击等措施，对盗采矿产资源行为进行严厉打击，查封柴油发电机1台，没收近3.5吨金矿石，抓获盗采人员51人，对14名证据确凿者进行了处罚，收缴罚款25万。

【地热资源管理】

分局邀请北京市地质勘察技术院来我区就地热工作进行重点调查，涉及大华山、南独乐河、山东庄镇、马坊、刘店等乡镇。初步探明大华山镇后北宫村有地热可开发性；刘家店村完成了地表取样。

【汛期地质灾害防治】

及时将防汛部门的降雨警报通知到有关乡镇，保持24小时电话联络畅通，及时通报情况，反馈信息。雨季到来之前，组织召开各乡镇主管领导、土地管理员参加的地灾防治工作会，制定了《平谷区突发性地质灾害应急预案》。

【地质灾害防治与矿山环境治理】

地质灾害防治继续落实多年来行之有效的防范措施，健全一级抓一级层层抓落实的工作机制，严格落实汛期值班制度、地质灾害报告制度、险情巡查检查制度，签订地质灾害工作明白卡和责任书各63份，设置警示牌100块，向全区地质灾害易发区发放宣传材料1300余份，地质灾害防治工作做到了早调查、早预防，全年无地质灾害和伤亡事故的发生。

【调研工作】

结合自选调研课题，完成了4课题的调研任务，分别是：《加强城乡组织共建，支持新农村建设》、《关于城乡党组织共建尝试》、《地质灾害防治》和《全程服务》。

【政策宣传】

以“保障科学发展、保护耕地红线”为主题，积极开展“4.22 世界地球日”、“6.25 土地日”宣传活动。科级以上干部就和百姓关注的国土资源知识进行面对面解答，利用宣传媒体对宣传活动及内容进行全程宣传报导。傅景玉局长在区委、区政府会上多次为全区主要、主管领导以及区直单位和乡镇一把手全面讲解土地管理规定，局班子成员在不同的会议、培训上进行国土资源知识讲座共 8 期。通过学习有关文件、广泛进行宣传，极大的提高了全区各级领导干部、百姓热爱家乡和保护耕地资源的意识。

【政务公开与制度建设】

积极推进政务公开，优化发展软环境。在市局制定的原则和框架内并联推进政务公开工作，在沟通协调的基础上最大程度的做到内、外并联运作。北京普析通用仪器有限公司为解决资金问题，需办理土地和房产抵押手续，我局服务大厅工作人员主动与相关部门对接，局内各部门同时办理，仅用 4 个工作日办完了全部手续，企业十分满意。大厅截止 2009 年 12 月 31 日，共受理行政许可、服务事项 563 件，其中行政许可事项 182 件，办结 180 件；行政服务事项 381 件，办结 365 件；咨询 1000 余人次。

北京市国土资源局怀柔分局

【土地资源概况】

怀柔区地跨山地和平原，其中平原面积约占全区土地总面积的15%，山地面积占全区土地总面积的85%。根据2008年度土地变更调查数据，全区土地总面积2122.6平方公里，其中建设用地133.4平方公里，占总量的6.3%，农用地1568.0平方公里，占总量的73.9%，未利用地421.2平方公里，占总量的19.8%。（详见表1）

表1　怀柔区2009年土地利用现状统计表

<table>
<tr><th colspan="3">地类</th><th>面积（公顷）</th><th>占总量比例</th></tr>
<tr><td colspan="3">合计</td><td>212262.2</td><td>100%</td></tr>
<tr><td rowspan="6">农用地</td><td colspan="2">小计</td><td>156802.2</td><td rowspan="6">73.9%</td></tr>
<tr><td colspan="2">耕地</td><td>9750.9</td></tr>
<tr><td colspan="2">园地</td><td>15335.1</td></tr>
<tr><td colspan="2">林地</td><td>129164.0</td></tr>
<tr><td colspan="2">牧草地</td><td>5.3</td></tr>
<tr><td colspan="2">其他农用地</td><td>2546.9</td></tr>
<tr><td rowspan="8">建设用地</td><td colspan="2">小计</td><td>13337.0</td><td rowspan="8">6. 3%</td></tr>
<tr><td rowspan="5">居民点及独立工矿用地</td><td>小计</td><td>10485.9</td></tr>
<tr><td>城镇用地</td><td>1388.5</td></tr>
<tr><td>农村居民点</td><td>3870.9</td></tr>
<tr><td>独立工矿</td><td>4047.9</td></tr>
<tr><td>特殊用地</td><td>1178.6</td></tr>
<tr><td colspan="2">交通运输用地</td><td>1256.8</td></tr>
<tr><td colspan="2">水利设施用地</td><td>1594.3</td></tr>
<tr><td rowspan="3">未利用地</td><td colspan="2">小计</td><td>42122.9</td><td rowspan="3">19.8%</td></tr>
<tr><td colspan="2">未地用土地</td><td>38702.2</td></tr>
<tr><td colspan="2">其他土地</td><td>3420.7</td></tr>
</table>

【机构设置】

北京市国土资源局怀柔分局成立于2005年7月（简称“市国土局怀柔分局”）分局机关设办公室、综合科、地籍科、耕保征地科、土地利用科、地质矿产科、财务科、执法监察科、纪检监察科九个行政科室，编制41人，其中工勤人员4人；下设北京市土地整理储备中心怀柔区分中心、北京市怀柔区土地权属登记事务中心（北京市怀柔区土地利用事务中心）及北京市怀柔区国土资源执法监察队四个事业单位，在岗职工42人。

【土地供应计划】

完成了2009年度土地供应计划的编制工作，经过两次调整，供地项目为38宗，供地总量335.08公顷。实现供地项目19宗，供地面积169.3861公顷，占供地计划的50.5%。

【建设项目用地预审】

办理各类建设用地预审56件543.24公顷，其中农用地229.04公顷，建设用地305.05公顷，未利用地9.15公顷。

【征地及农用地转用用地管理】

筹备召开怀柔区“加强农村集体土地管理工作会议”，为确保我区耕地和基本农田保有量的实现，与区经管站通力合作，召开了怀柔区“加强农村集体土地管理工作会议”，下发了《开展清理规范农村集体经济合同工作的实施意见》，与各镇（乡）主要领导鉴定了《土地管理目标责任书》，进一步修改完善了《土地管理目标责任制考核办法》；合理调整基本农田保护布局，确保基本农田保护面积和质量不降低；完善基本农田保护相关措施，建立和完善区、镇、村三级基本农田保护档案，严格管理，从严控制新增建设用地占用耕地，严把用地预审关。

完成了九渡河、怀北等8个乡镇宅基地审批的外业踏勘工作，约80户；上报宅基地审批件4件，批准新建住宅30户，占地面积：7.49亩。完成征地报批9件。1千亿土地储备投资开发项目，现已完成3个项目的征地工作。

【土地市场交易】

共完成入市交易项目8个，土地总面积150.35公顷。其中，经营性用地6宗，土地总面积84.05公顷，建设用地面积57.65公顷；工业用地2宗，土地总面积66.30公顷，建设用地面积64.90公顷。

【土地一级开发】

梳理确定15个土地一级开发项目，总开发面积347.69公顷，预计总投资53亿元，目前投资落地5.7亿元。

【土地整理与占补平衡】

完成2005年五个区财政投资土地开发整理项目竣工验收工作。建设总规模1658亩，增加耕地面积1596亩，预算总投资1000万元。

完成2006年九个市财政投资土地开发整理项目技术验收工作。项目建设总规模8629亩，增加耕地面积1741亩，预算总投资2903万元。计划2009年12月之前完成六个项目竣工验收。

完成2007年怀北镇土地整理项目工程建设任务。项目建设规模2570亩，增加耕地面积211亩，预算总投资1570万元。计划2009年12月之前完成竣工验收。

完成喇叭沟门乡、长哨营乡、宝山镇、琉璃庙镇四个市财政投资土地开发整理项目立项申报工作。项目建设总规模约4200亩，增加耕地面积约1500亩，预算总投资约7000万元。

【土地利用总体规划修编】

根据北京市国土资源局关于印发《北京市土地利用总体规划（2006—2020年）》区县指标的函，以全国二次调查的初步成果为基础数据完成了区级土地利用总体规划修编各项指标分解工作；根据《北京市区县土地利用总体规划成果编制要求（试行）》的要求，完成了土地利用总体规划修编规划基数转换工作。

【集体土地地籍调查及登记试点工作】

第二次全国土地调查已基本完成，正按全国土地调查办的要求将二次调查成果统一更新到2009年12月31日标准时点。完成了全区14个乡镇的4000余本发证档案和8700余本集调档案的清理工作，查清了我区土地的“家底”。完成了“未批先用”和“征而未用”项目用土的清理工作。

【地籍管理和土地登记】

办结国有土地使用权登记203件，面积311.41公顷。其中国有土地初始登记发证68件，面积176.85公顷；转让变更登记发证57件，面积37.2公顷；其他登记发证78件，面积97.36公顷。

审查办结抵押登记发证194件，面积344.1公顷，贷款金额250964.8万元。

办理国有土地使用权注销登记13件，面积15.27公顷。

【国土资源执法】

建立了动态巡查责任制，动态巡查台账，将全区分为3片，开展动态巡查工作。执法关口前移，力争做到“及时发现、及时制止、及时查处”。全年共计巡查4830人次，215个工作日，行程72450公里。通过巡查共发现新增违法用地52宗，其中21宗已立案调查，以区加强土地管理工作领导小组办公室的名义转给林业局查处18宗，转给城管大队5宗，转给水务局8宗。

修改完善了土地管理目标责任制考核办法。

对卫星监测的2008年10月至2009年6月新增建设用地变化情况按季度进行执法检查，共涉及变化图斑83个，涉及83宗地。

第九次卫片执法检查，我区共涉及卫星遥感变化图斑214个，涉及185宗地。共发现违法居住类建设项目（小产权房）42个，按区政府［2007］12号文件职责分工，由我分局查处的项目28个，已下发行政处罚决定书9个，其余案件正在查处之中。

通过卫片执法检查、动态巡查、群众举报等各种渠道发现的违法违规用地共立案调查83宗，属2008年以前年度发生、本年发现的违法用地45宗，已下发处罚决定书39宗，已盖章待下发处罚决定书21宗，以自行拆除等非立案方式处理1宗，查处工作正在进行中的22宗。按逐步消化既往原则，对历史遗留积案，积极消化处理，继续履行处罚程序，下发处罚决定书9宗，已盖章待下发处罚决定书23宗，其余案件查处工作正在进行中。按时限向法院申请执行11宗。

在全年打击盗采工作中，我分局会同区水务局、公安分局、工商分局等部门联合执法，不断开展执法行动严厉打击各类突出盗采行为，并组织区联合执法队始终保持高压打击的工作态势，以杜绝大规模盗采现象为目标，常年坚持24小时不间断的巡查检查机制，进一步遏制了全区大范围的盗采活动，确保了我区打击盗采工作形势保持稳定。全年共查扣盗采机械车辆165台（辆），行政处罚罚款80万元，拆毁、没收非法砂石加工设备75套，公安机关刑事拘留盗采分子8人，行政拘留6人。

【电子政务和信息化建设】

完成了与综合服务大厅的vpn联网项目，并通过验收，经过多次调试和升级，网络已能稳定运行。完成了地籍管理系统的网络安装及试运行工作，制定了系统二期建设方案并签订技术服务合同。加强档案数字化系统维护工作，保证了系统总体运行稳定。积极做好日常运维工作，做到及时响应各科级单位和大厅的计算机及网络日常维护需求，并按时做好运营维护登记，全年共计维护341次。完成了分局机房规范化管理工作，做到制度上墙，完善了规章制度手册，并对机房进行全面维护，并安装和更新了监控探头、消防设施、温度湿度计和应急照明等安全设备。

国庆期间，印发《关于做好国庆期间网络与信息安全工作的通知》，进一步完善了《网络与信息安全应急预案》，制定《国庆期间网络安全防范值班方案》等确保国庆期间分局网络与信息系统安全稳定运行。较好地完成了国庆期间8天，每天24小时的网络与信息系统安全保障工作。

完成了地籍信息管理系统建设工作，并正式上线运行。完成09年日常案卷录入政务系统工作，共67卷，其中有52卷预审实现带图作业需求，同时完成历史案卷录入1477卷。积极开展档案数字化三期、日常档案数字化和条码化前期工作，共完成2008年档案1308卷和二期档案9779件的条码化前期工作。四是实时对怀柔分局外网网站进行更新，全年共计发布信息321条，主动公开政府信息223条。

【矿产资源概况】

怀柔区矿产资源较为丰富，有固体矿产资源、矿泉水、地热资源等类型。其中已发现的固体矿产有八四大类、八亚类，三十多个矿种。历代已开采的矿种有金、银、铜、铁、钼、萤石、粘土、石灰石、花岗岩等十余种。目前全区有矿山企业11个，开采矿种有铁、石灰石、水泥灰岩、矿泉水等。

【矿产资源管理工作思路调整】

改革开放以来，怀柔区的矿业开发发展迅速，到2001年全区有各类矿山企业

一百多个。近几年来，根据北京市政府关于逐步减少固体矿山企业的总体要求，怀柔区不断加大对矿山企业的管理和规范力度，从2004年6月起不再批设新的采矿权；对现有矿山企业采矿权的延续申请认真把关，原则上不再予以延续，做到逐步关闭。并且通过实行政策性关闭、部门联合执法、取缔非法采矿点、加大检查及处罚力度等多项措施，对全区的矿产资源开发秩序进行了全面清理整顿。改变了过去矿山企业“多而小，小而乱，遍地开花，无序开采”的状况。到2009年初全区有非煤矿山企业仅7个，其中铁矿3家、矿泉水3家、水泥灰岩矿1家。在生产过程中，这些企业基本上做到了依法、规范、安全、合理开发利用矿产资源。

【汛期地质灾害防治】

突发性地质灾害主要分布在山区10个镇（乡）区域内，受灾害威胁人数三千余人。需要加强防治、搬迁、监测和工程治理的危险村庄共有几十处。按照《地质灾害防治条例》和市局有关文件的规定要求，结合全区防汛工作的特点和以往汛期地质灾害防治工作的基本做法，完成了《二〇〇九年度怀柔区地质灾害防治方案》和《怀柔区突发地质灾害应急预案》的编制和补充完善工作。及时下发了《关于切实做好2009年汛期地质灾害防治工作的通知》，完善了群测群防网络的建设，发放填报明白卡及宣传手册2000份，设置地质灾害警示牌92块。6月初还召开了有关镇乡人员参加的讯期地质灾害防治专项工作会议，加强了与气象部门的沟通协调，及时发布重点区域防灾预警通知，最大限度地保证了人民群众的生命财产安全。

【矿山环境治理】

为治理我区矿山环境及地质灾害问题，恢复矿区生态，自2006年起我们积极组织申报矿山环境治理项目，并争取到了共600万元的专项资金，用于琉璃庙镇得田沟金矿、崎峰茶金矿山等两个项目的地质环境治理。这两个项目均已完成并通过了专家组的验收。通过治理促进了泥石流隐患的消除，降低了水土流失和土壤污染，保护了生态环境及公民的财产安全，具有良好经济和社会效益。

【宣传工作】

加强对干部职工进行法制宣传培训。利用每周五学习时间组织干部职工学习《干部法律知识读本》等必学教材；结合创建学习型机关建设，学习培训了《行政诉讼法》、《行政复议法》、《行政许可法》、《矿产资源法》、《土地管理法》、《信访条例》等；举办集中培训，进行了土地利用总体规划、突发事件应对法等培训15次336人。还邀请区法院行政庭领导讲解行政案件依据的法律法规、调查取证、处罚程序等系列问题。不断加强对执法人员进行考核，分局持证上岗人员33人。

围绕宣传日开展宣传活动。与司法局、规划分局、林业局等10个单位共同到重点工程涉及的9个镇乡开展相关法律、法规、政策巡回宣传活动，共发放宣传材料2000余份。6月5日环保日，与区环保局有关人员到渤海镇进行土地法宣传活动，发放宣传材料600余份，宣传展板8块。6月25日土地日，邀请区法院、司法局分别于到长哨营、杨宋进行土地法宣传活动。共发放宣传材料5500份，张贴横幅16条，展示8块展板两次。

加强在怀柔区“两台一报一网”上开展宣传活动。在怀柔报专版宣传土地总登记工作的目的、意义；利用电视媒体，播放“积极申请土地登记，保护产权人合法权益”的宣传口号等，使宣传活动走进千家万户。

【信访工作】

共接到群众信访148件，391人，其中来访122件、391人，来信28件，联名信件12件；集体访13件、194人，个体来访109件、197人，咨询101件、195人。按规定程序请求解决85件，目前办结71件，正在调查14件。信访数量比去年件下降了百分之三十七。办理人大代表建议、政协委员提案7件。

【调查研究】

完成《做好土地信访矛盾调处工作的调查与思考》和《关于我区城中村改造问题的研究与思考》两篇调研报告

【政务公开和制度建设】

22项行政许可事项全部进入怀柔区行政服务大厅，实行全程办事代理制度。

制定完善了《怀柔国土分局工作制度汇编》、《怀柔国土分局党组工作制度汇编》和《北京市国土资源局怀柔分局行政服务窗口工作制度》。共计制定了56项规章制度。

北京市国土资源局密云分局

【土地资源概况】

密云县属北京市的远郊县，位于北京市东北部。北、东与河北省滦平县、承德县、兴隆县接壤；西、南、东南与本市的怀柔区、顺义区、平谷区毗邻。密云县山多地少，全县山地（丘陵、低山、中山）、平原、水域分别占土地总面积83.3%、8.3%、8.4%，故有“八山、一水、一分田”之说。根据2009年密云县土地变更调查成果数据显示，该县土地总面积为2225.87平方公里，占全市总面积13.54%，为全市土地面积最大的县。其中建设用地391.09平方公里，占总量的17.57%，农业用地1815.36平方公里，占总量 81.56%，未利用地 19.42平方公里，占总量 0.87%。（详见下表）

密云县2009年利用现状统计表

<table>
<tr><th colspan="3">地类</th><th>面积（公顷）</th><th>占总量比例</th></tr>
<tr><td colspan="3">合计</td><td>222587.4</td><td>100%</td></tr>
<tr><td rowspan="6">农用地</td><td colspan="2">小计</td><td>181536.3</td><td rowspan="6">81.56%</td></tr>
<tr><td colspan="2">耕地</td><td>16540</td></tr>
<tr><td colspan="2">园地</td><td>30704.8</td></tr>
<tr><td colspan="2">林地</td><td>130518.9</td></tr>
<tr><td colspan="2">牧草地</td><td>2130.8</td></tr>
<tr><td colspan="2">其他农用地</td><td>1641.8</td></tr>
<tr><td rowspan="8">建设用地</td><td colspan="2">小计</td><td>39108.8</td><td rowspan="8">17.57%</td></tr>
<tr><td rowspan="5">居民点及独立工矿</td><td>小计</td><td>13632.1</td></tr>
<tr><td>城镇用地</td><td>5031.6</td></tr>
<tr><td>农村居民点</td><td>7600.1</td></tr>
<tr><td>独立工矿</td><td>941.6</td></tr>
<tr><td>特殊用地</td><td>58.8</td></tr>
<tr><td colspan="2">交通运输用地</td><td>3083.6</td></tr>
<tr><td colspan="2">水利设施用地</td><td>22393.1</td></tr>
<tr><td rowspan="3">未利用地</td><td colspan="2">小计</td><td>1942.3</td><td rowspan="3">0.87%</td></tr>
<tr><td colspan="2">未利用土地</td><td>1942.3</td></tr>
<tr><td colspan="2">其他土地</td><td>0</td></tr>
</table>

【机构设置】

北京市国土资源局密云分局（简称“市国土局密云分局”）成立于2005年5月21日。分局机关设办公室、土地利用科、耕保征地科、地籍科、财务科、执法监察科、纪检监察科等7个职能科室，其中，办公室、执法监察科、地籍科分别加挂政工科、地质矿产科、综合科牌子，编制27人；下属：土地储备分中心、权属登记事务中心、土地利用事务中心、执法监察队、国土一所、国土二所、国土三所、国土四所、国土五所、国土六所等10个事业单位，编制103人。

【土地供应】

年内各类建设供应土地共19宗，面积179.15公顷。其中经营性用地挂牌出让5宗、26.09公顷，合同地价款54866.86万元；工业用地挂牌出让12宗、151.48公顷，合同地价款65075.59万元；划拨用地2宗、1.58公顷。转让项目用地2宗、0.65公顷，为原经密云县人民政府批准办理国有土地使用权出让的7宗、17.88公顷的国有土地使用权人，依法办理了出让合同变更手续。

【建设项目用地预审】

全年受理并通过的预审项目101个，建设用地规模706.22公顷。其中基础设施51个，用地面积394.19公顷；科教文卫体和行政办公10个，用地面积5.03公顷；商服15个，用地面积40.71公顷；住宅12个，用地面积77.95公顷；工业13个，用地面积188.34公顷。

【征地及农用地转用项目用地管理】

全年上报征占地8宗，总用地面积41.42公顷，其中土地征收3宗、面积约17.46公顷；上报农用地转为建设用地5宗、23.96公顷，全部实现了耕地占补平衡。

【土地市场交易】

完成17个地块的入市交易工作，总用地面积177.57公顷，成交总价款约119942.45万元。其中政府土地收益13968.06万元，为成交总价的11.65%。

【全市1000亿土地储备开发项目投资工作】

密云县列入本年度1000亿土地储备投资开发计划的项目共有10个，土地总面积104.77公顷，投资责任书任务11亿元。已完成本年度投资计划任务。为保证1000亿土地储备开发投资任务的完成，分局向联席会申报新增土地储备开发项目6个，分别为首都师范大学密云附属中学西侧地块、大唐庄村西滨河派出所北侧地块、东智东村西侧地块、溪翁庄村潮云住宅小区、司马台后川温泉山庄酒店项目和新城子镇曹家路村地块等一级开发项目。上述6个项目拟投资总额42430.31万元，本年度已投资13206.71万元。另外，司马台长城后川温泉山庄酒店土地一级开发项目工程已完工，正在申请二级规划意见书。

【土地整理与占补平衡】

在施的3个土地开发整理项目，项目总规模3762.56公顷，可新增耕地面积2928.87公顷。截至12月31日，已全部通过市国土资源局验收。

【土地利用总体规划修编】

密云县土地利用总体规划修编工作全面进入规划方案成果编制阶段。截至12月31日，完成了《密云县土地利用总体规划（2006—2020）》方案初稿。在新一轮规划中统筹安排各类用地。新增建设用地要重点保障基础设施、民生工程、产业发展、城镇建设、工业园区等项目用地，对国家、本市扩大内需的各类项目，必须纳入新一轮土地利用总体规划。对确需占用耕地的，在规划修编时预先做出调整安排。新一轮土地利用总体规划批准实施前，国家、北京市扩大内需投资项目，涉及占用基本农田的，按照先补后占原则，在补划数量、质量相当的基本农田后，提出规划修改方案，随同用地报件一并报国务院或市政府批准。

【地籍管理及土地登记】

办理土地登记发证89件，面积约198公顷；办理土地及在建工程抵押191宗，共计1003公顷，房地抵押贷款资金累计约36.1亿元。另外，办理注销抵押登记100件，涉及资金11亿元；办理地调成果确认单36件。处理土地权属纠纷类信访、行政诉讼、复议8件。为保障土地权利人合法权益，维护社会稳定做出积极贡献。

【国土资源执法】

全年共出动960余人次开展动态巡查，巡查面积41万亩；查处土地违法案件54件，已办结46件；接待群众来信来访48件。

切实加强土地执法监管。按照市国土资源局《关于妥善处理我市“未批先用”产业（工业）项目有关工作的函》（京国土用函［2009］392号）和清查农业设施文件要求，妥善处理“未批先用”产业（工业）项目和清查农业设施有关工作。

按时完成国土部第九次卫片反映图斑变化实地核查工作。经查，密云县共涉及194个变化图斑、84宗地、监测面积7903.7亩。其中，确定违法违规用地14宗、监测面积539.3亩、占总监测面积的7%。14宗违法违规用地已立案查处11宗，并全部结案，另外3宗用地正在完善相关用地手续，做到发现问题立即制止、及时处理，有效降低了涉地信访案件。

通过与公安、城管、水务局、交通局、涉矿乡镇政府等部门组织联合执法行动，对非法开采运输矿产资源行为实施了有效打击。全年查扣非法开采运输矿产资源车共计96辆、大型机械10台，没收非法存放及运输的铁矿石4000余吨，拆除非法砂石料加工厂14家。

【各项基础工作】

第二次全国土地（城镇部分）更新调查稳步推进。一是4月9日抽调16名业务骨干组成调查队伍并进行培训；二是进行档案合并，5月4日至14日完成鼓楼街道第35街坊试点调查工作，调查范围涉及0.22平方公里、1个街坊、29个宗地；三是5月下旬，将二调人员分成8个调查组，按责任区全县城推开。本次土地更新调查县城80个街坊，截止到8月26日，已完成80个街坊内业核对及17个建制镇的外业权属调查，10月底完成121个街坊数据入库工作。四是取得成果：①完成城镇、建制镇土地面积44.36平方公里，鼓楼、果园两个街道，17个建制镇、121个街坊的地籍权属更新调查工作；②完成更新调查宗地2897宗，填写地籍调查表2897份。

按时完成2009年度第1至3季度土地利用动态遥感监测调查工作。经核查，第1季度新增建设用地46个图斑，第2季度新增建设用地86个图斑，第3季度新增建设用地63个图斑。根据《北京市开发区专项调查实施细则》的要求，分局按时完成开发区土地专项调查工作，经调查，开发区全区面积3526940.59m^2，其中已供地3000804.27m^2；未供地526136.32m^2。

积极推进分局信息化建设，进一步提高信息化的工作效率。一是加强分局网络的维护和检修，保护网络的畅通和正常使用；二是加强网站的维护与管理；三是加强用户终端的使用管理，最大限度地防止计算机病毒的破坏；四是制定并下发分局《计算机软件管理与使用制度》，主管局长与各部门签订了责任制，明确了各单位各部门的责任人是本部门计算机软件的使用与管理负责主体；五是做好信息公开工作；六是做好视频会议系统的使用管理；七是配合市国土资源局局信息中心做了网上办公系统的安装、调试及运维工作。

【矿产资源概况】

密云县矿产资源丰富，金属矿物有铁、金、银、钨、铬、铅、锌等，其中，铁矿已探明储量9.67亿吨，占北京市铁矿储量98%以上，主要分布在水库周边地区，包括太师屯、不老屯、高岭、巨各庄、冯家峪、石城、穆家峪等7个镇。非金属矿主要以砂石、石灰石为主，其中砂石储量为最大，主要分布在我县潮白河流域和西田各庄镇、十里堡镇等地。

【矿产资源开发管理】

整顿规范取得实效。一是按时完成县域内7家矿山企业2009年度矿产资源开发利用年检工作，并相应地完善了矿产企业的矿产资源统计基础表。二是完成了对县属5家矿山企业是否存在超层越界开采行为的执法检查工作，在自检和抽检工作中，没有发现矿山企业越界开采行为。三是加强矿产资源补偿费的收缴。已完成2009年前三季度收缴矿产资源补偿费260.36万元，采矿权使用费0.7万元。

【汛期地质灾害防治】

重点做好汛期地质灾害防治工作。密云县北部山区是地质灾害的易发区，本局采取多项措施积极防范：一是成立

了汛期地质灾害应急指挥部和应急调查队，逐级建立并落实防灾责任制，严格执行地质灾害险情巡查、灾害应急调查、灾情速报、汛期值班等制度，及时、有效地预防和处理地质灾害；二是认真开展宣传教育，加强防灾培训。发放防灾工作卡25份、防灾明白卡470份，埋设地质灾害警示标牌（金属质地）59块，发放防灾宣传资料、光盘，提高了群众的防灾避险知识；三是完善群测群防体系。对地质灾害易发地区的冯家峪、石城、北庄、新城子等乡镇的32个险村477户险户进行复查，逐一排查并落实监测责任人，建立健全防灾速报网络，并对现有6个有崩塌隐患的旅游度假村下达整改通知书，责令限期整改；四是加强巡查。对全县地质灾害易发区的稳定和不稳定隐患进行巡查，掌握隐患发展情况，提前采取措施，避免灾害发生；五是强化制度。实行汛期24小时值班制度和灾情速报制度，确保灾情得到及时处置。通过上述措施的实施，今年夏季汛期，密云县的地质灾害防治工作经受住了多次强降雨的考验。

【矿山环境治理】

2009年密云县在施的矿山生态环境综合治理项目是高岭镇放马峪村矿山环境恢复项目和河南寨顺天通砂石场环境恢复项目，两个项目实施后可有效恢复林、耕地700余亩。截至12月31日，上述两个矿山环境恢复治理项目均已通过市国土资源局验收。

【普法宣传工作】

开展“4·22”世界地球日、“6·25”土地宣传日、“12·4”法治宣传日的宣传活动，采取新闻媒体播放国土普法专题知识、悬挂宣传横幅、制作宣传展板、向普法重点乡镇发放宣传资料、设立街头宣传点咨询答疑等形式开展普法宣传活动；全面完成重点镇、村干部国土资源法律知识宣传教育培训活动。主要工作有五方面：①“6·25”前夕，在本县主要乡镇太师屯、河南寨、密云镇举办迎接“土地日”普法宣传周活动，向广大群众共发放宣传手册、挂图等3000多份；在重点乡镇举办了镇、村级干部国土普法培训班。②明确组织领导。成立了第十九个全国“土地日”宣传活动领导小组，明确专人负责。③明确人员分工。明确了材料准备组、宣传活动组、教育培训组、联络协调组的工作责任，确保宣传活动扎实开展。④开展土地日咨询活动。在密云镇、太师屯、河南寨镇繁华地段设立多个土地宣传咨询台，开展土地法律、法规政策宣传活动，发放宣传材料7000余份。⑤利用县电视台、广播电台等多种媒体宣传土地法和国家的相关用地知识、政策，提高广大群众自觉依法依规用地意识。全年，宣传活动共计发放国土普法《宣传手册》7000余份；发放宣传资料1.8万余份；现场展示国土普法展版5块；现场接待群众咨询3200余人次，取得了很好的宣传效果。

【全程办事代理】

2009年，分局全程代理服务窗口共

受理行政许可事项和行政服务事项947件，办结率100%；承办报请业务公文22件，办结率100%；受理法院协执54件；接待业务咨询1370人次；装订移交各类档案508件；收到服务对象送达的表扬信一封、锦旗一面，收到留言表扬卡23件。

【调查研究】

完成了密云县人民政府调研课题《浅析集体林权流转制度改革的研究》、《强化密云县矿产执法工作，进一步巩固生态县创建成果》。

北京市国土资源局延庆分局

【土地资源概况】

延庆地处北京市西北部，距北京市区74公里，平均海拔500米以上，三面环山一面临水，生态环境优良，是首都西北重要的生态屏障和首都北京的生态涵养区。根据2009年变更调查结束后数据，全县土地总面积现为1993.75平方公里，其中建设用地144.57平方公里，占总量7.25%，农业用地1688.23平方公里，占总量84.68%，未利用地160.95平方公里，占总量8.07%。（详见下表）

延庆县2009年土地利用现状统计表

地类		面积（公顷）	比例
合计		199375.51	100%
农用地	小计	168822.54	84.68%
	耕地	29774.34	-
	园地	9579.3	-
	林地	126879.04	-
	牧草地	12.923	-
	其他农用地	2576.94	-
建设用地	小计	14457.9	7.25%
	居民点及独立工矿	10843.15	-
	交通运输用地	1779.1	-
	水利设施用地	1835.65	-
未利用地	小计	16095.07	8.07%
	未利用土地	11907.96	-
	其他土地	4187.11	-

【机构设置】

北京市国土资源局延庆分局（简称“市国土局延庆分局”）成立于2005年5月25日。分局机关设办公室、纪检监察科、综合科、地籍科、土地利用科5个职能科室，（其中办公室、综合科、地籍科、土地利用科分别加挂财务科、执法监察科、地质矿产科、耕保征地科牌子。）在编人数24人，其中工勤人员3人；下设三个中心（北京市土地整理储备中心延庆县分中心、北京市延庆县土地权属登记事务中心、北京市延庆县土地利用事务中心）、北京市延庆县国土资源执法监察队1个、国土资源管理所5个（第一、第二、第三、第四、第五国土资源管理所）共9个事业单位，在编人数85人。

【土地供应计划】

通过认真分析征求意见、考虑经济发展形势和现状，确定2009年的土地供应计划项目36宗，面积470.5974公顷；储备计划中新增项目8个，面积200.54公顷，在施项目7个，面积208.61公顷。2009年完成建设用地供地8宗，面积76.8182公顷，其中以划拨方式6宗，出让方式2宗，出让交易总金额15767.98万元。

【建设项目用地预审】

完成建设用地预审24件，土地总面积88.8317公顷，其中建设用地面积为56.1974公顷，未利用地面积为0.064公顷，农用地面积为32.5703公顷（耕地21.6179公顷）。

【征地及农用地转用项目用地管理】

共办理集体土地征收以及农转用前期项目征地62.7035公顷，其中需占用农用地28.8096公顷（含耕地18.543公顷）。

【土地市场交易】

延庆土地市场全年共完成了2宗国有土地使用权交易，土地面积为20.9公顷，规划建筑面积7.91万平方米，成交价15767.98万元，分别是：延庆县八达岭镇政府南侧住宅及配套罚没资产处置项目用地、延庆县八达岭镇石佛寺村延庆音乐文化营地项目。

【土地整理与占补平衡】

完成验收项目6个，总建设规模5820.5亩，总投资5260.63万元，新增耕地3475.52亩，新增园地530.2亩。完成项目立项可行性研究评审共16个，总建设规模1.08万亩，计划新增耕地面积为5739亩，计划总投资1.18亿元。

共为21个建设项目提供占补平衡，占补面积3033亩，占补资金5188万元。

【土地利用总体规划修编】

强化土地利用总体规划整体控制作用，严格保护耕地和基本农田，体现延庆的生态涵养功能。优先保障延庆新城和重点建设项目的用地需求，充分利用存量建设用地复垦或再利用的潜力。规划编制过程中，紧密与各乡镇沟通交流充分听取了乡镇领导的建议。延庆县土地利用总体规划的初步成果完成后，我分局及时向县领导汇报，多次征求了县领导的意见。同时，我分局向发改、规委等13个委办局征求了延庆县及乡镇土地利用总体规划（2006—2020年）意见，并修改完善。县级规划和乡镇级规划初步成果于12月30日向市局规划中心上报。

【地籍管理和土地登记工作】

共受理完成国有土地使用权登记56宗，土地面积185.14公顷（其中设定登

记23宗，土地面积151.62公顷，变更登记33宗，土地面积33.52公顷）；国有土地使用权抵押登记44宗，抵押面积93.24公顷，贷款金额4.73亿元；抵押注销登记52宗，抵押面积84.92公顷，贷款金额6.33亿元。

【第二次全国土地调查】

年内，按照市二调办统一安排，完成了城镇更新调查成果入库、二次调查农村部分疑问图斑核查、开发区专项调查、二次调查标准时点统一更新调查、全部建制镇宗地外业核查等工作。9月份土地总登记发证工作正式启动，此次应发证宗地为931宗，历史已发证656宗，此次总登记发证47宗，综合统计已完成应发宗地数的75.51%。

【矿产资源管理】

对延庆县三个地热单位、两个矿泉水企业进行了年检；申报矿山环境治理项目八个；石青硐矿山环境治理项目和千家店硅化木国家地质公园地质遗迹保护项目均顺利通过市局验收；千家店硅化木国家地质公园申报的“国土资源科普基地”获得国土部批准，于8月8日举行了揭牌仪式。

【地质灾害防治】

延庆县地质灾害防治区涉及11个乡镇，55个村庄，4个风景区和4条公路，涉及村民户数541户。灾害种类主要是泥石流和崩塌。从4月初开始对全县的地质灾害隐患点进行了全面的检查，核实更新了地质灾害群测群防通讯录，核对了地质灾害明白卡台帐；为地质灾害险村制作了“四包七落实”展板和明白卡，发放了《关于做好2009年地质灾害防治工作的通知》，签定了《地质灾害防治责任书》，联合相关部门开展了防汛避险应急演练活动。全年共接到地质灾害报告4起，均为塌方，塌方量约638立方米，没有因地质灾害造成人员伤亡和财产损失。

【国土资源执法监察】

通过召开延庆县“严格土地管理严肃查处违法用地工作会”、卫片监测、动态巡查、信访、举报等方式，加大国土资源违法违规用地查处力度。通过卫片检测发现违法用地13宗，立案方式处理9宗，非立案方式处理4宗；动态巡查587次，制止非法盗采砂石行为34件；接到群众信访件7件，举报电话76个，发现违法用地32宗，面积2180.5亩（其中耕地1089.5亩），全部到现场进行制止并依法组织查处。

【信访工作】

共收到群众来信39件，比去年同期下降40.2%。处理完毕并答复来信30件，剩余9件仍在调查中；接到群众举报电话79个，全部第一时间到场进行了制止和调节。同时全面启用“12336”国土资源违法案件举报电话，进一步完善国土资源违法行为发现机制，加强了群众监督的力度。年内，接待来访群众160批次，189余人次，比去年同期分别下降15%、18%。来访件全部及时进行化解，未引发集体性上访和越级访等恶性事件。

【国土资源执法宣传工作】

通过及时向县委县政府主要领导、分管领导进行汇报，及时向上级部门反馈政策建议；根据实际工作的需要，适时开展“地球日”、“土地日”、双保行动、土地利用总体规划等专题宣传；“国土乒协杯”乒乓球比赛（让宣传走进学校，走进社区，通过40余支代表队的角逐，将国土宣传贯穿其中，达到宣传国土资源发籍政策的目的）、“国土杯”迎春联征集活动（该活动共收到全国各地30个省市自治区直辖市的作品五千余幅，辐射范围广范，参赛作品内容新颖，格调高雅，达到了宣传本县生态文明建设、国土资源建设的预期目的。）等平台，将中央关于资源保护的基本国策，国土资源管理法律法规宣传到各个层面，不断增强各级领导干部和广大人民群众的忧患意识和法制意识。

【调研工作】

调研工作主要围绕当前社会热点和工作难点展开调查研究，共完成《北京市经济发展较快区县与耕地后备资源丰富区县间指标统筹协调有偿转让机制研究》、《关于对农村集体建设用地管理的几点思考》、《延庆县2009年土地储备开发工作调研报告》、《土地开发与节约利用》、《关于基层国土资源管理所建设的调研报告》、《关于加强耕地保护的若干思考》、《保耕地红线就是保障科学发展》《保障科学发展，保护耕地红线》8篇调研报告。

北京市国土资源局北京经济技术开发区分局（开发区房屋和土地管理局）

【土地资源概况】

北京经济技术开发区（以下简称“开发区”）于1992年开始建设，1994年8月25日被国务院批准为国家级经济技术开发区，批准面积1500公顷。北京开发区经过10年的发展，土地利用集约化程度明显高于全国平均水平，经济发展形势良好，2002年8月国务院批准北京开发区向京津塘高速路东和凉水河以西扩区，2006年1月23日，经钉桩测量，最后国土部公告，北京经济技术开发区面积为3990公顷（详见下表）。

北京经济技术开区2006年土地用途分类统计表

分类项目	商服用地	工矿仓储用地	公用管理与公共服务用地	住宅用地	交通运输用地	水域及水利设施用地	特殊用地	林地草地	其他用地	合计
面积（公顷）	258.1	2058.5	140.7	453.3	921.8	0	0	153.2	4.4	3990
百分比（%）	6.5	51.6	3.5	11.4	23.1	0	0	3.8	0.1	100

此表数据小数点后保留1位；

【机构设置】

北京经济技术开发区国土资源管理机构是开发区房屋和土地管理局，下设北京市土地储备中心经济技术开发区分中心。

依据北京市人大颁布的《北京经济技术开发区条例》及《北京市人民政府关于实施〈北京经济技术开发区条例〉办法》，开发区房屋和土地管理局在北京市国土资源局的监督指导下，按照北京经济技术开发区的总体规划，对开发区内的房屋和土地依法实行统一管理，负责开发区内的土地征用、国有土地使用权出让、国有土地使用权和房屋所有权登记发证、房屋拆迁及房地产市场管理等方面的工作。

开发区房屋和土地管理局编制7人。事业单位工作人员4人。开发区局机关及其事业单位人员和经费全部纳入开发区管理委员会系统，由开发区管委会统一管理。

【土地供应】

出让土地51宗，出让面积229.65公顷，出让地价款合同金额233820.14万元。其中商服用地10宗，34.95公顷；工业用地36宗，169.32公顷；居住用地（普通商品房）3宗，22.25公顷；市政设施用地2宗，3.13公顷。其中挂牌出让35宗，157.83公顷；招标出让9宗，34.8公顷；协议出让7宗，37.02公顷。

【土地市场】

按照国家和本市的有关规定，结合开发区工业项目入区的审批程序，本着加快项目入区手续办理的原则，确定出开发区工业项目挂牌出让的流程，并在开发区土地交易分市场组织实施工业项目用地挂牌出让工作。截止2009年开发区土地交易分市场共挂牌出让工业用地27宗，拟出让面积153.82公顷，已成交19宗，成交面积127.98公顷，成交价款61151.26万元。

【地籍工作】

办理土地初始登记64宗，发证面积350.10公顷；办理土地转让登记16件，转让面积24.60公顷；办理土地抵押登记169件，抵押土地面积669.74公顷，抵押价款520.45亿元（包括房屋与土地），贷款金额157.53亿元。

【调研工作】

1. 对开发区规划范围内原亦庄镇工业小区的土地利用情况进行调研，对存在的问题及成因进行了分析，并借鉴其他省市及北京市其他开发区土地管理政策及经验，研究制定进一步促进该区域土地集约利用的措施，为开发区腾笼换鸟、产业调整和升级提供空间资源。

2. 对杭州、闵行等开发区土地集约利用情况进行调研，了解进一步提高土地集约利用程度及闲置土地处理的经验和措施，提出开发区推行工业用地租赁制、加强土地批后监管、加强产业用地转让管理以及完善开发区土地收购储备工作的建议。

【专项工作】

1. 完成开发区土地集约利用评价工作

国土资源部为加强开发区用地管理、促进开发区节约集约用地并为开发区扩区升级提供科学依据，开展了开发区土地集约利用评价工作。根据国土资源部的要求和市国土局部署，我局利用第二次土地调查的工作机制，对开发区土地利用现状进行了调查，在评价合作单位、数据调查单位以及管委会各部门的支持配合下，完成该工作。

2. 第二次土地调查工作

为查清开发区土地利用现状，掌握土地基础数据，根据市国土局和市二调办统一工作部署，结合开发区土地管理现状，全面完成开发区第二次全国土地调查工作。此次调查工作是在市二调办的技术指导和经费支持下，选定原承担开发区城镇地籍调查和地籍测绘工作，掌握开发区地籍现状的北京苍穹数码测绘有限公司作为作业单位开展的。调查分三组，共调查核心区、路东区和南部新区 3 个街道，235 个街坊，2293 宗国有建设用地，调查面积共计 39.95 平方公里，基本摸清开发区范围内国有土地现状。

3. 档案数字化工作

根据市局统一工作安排开展了局内档案数字化工作，工作由市局确定的作业队伍北京东华合创数码科技股份有限公司开展。此项工作将原我局的所有纸质档案按市局确定的工作规范重新排序、扫描后形成数字化档案，在重新装订成册，形成数字化档案馆，工作完成后利用数字化档案馆可迅捷的完成档案的查找和调阅，提高了档案管理工作效率，并最大程度保护纸质原始档案。目前此项工作已基本结束，共扫描档案 2114 卷，25620 件共计 220786 页，形成电子档案 33.8G 的容量。

附　录

门头沟永定河畔土地整理

北京市国土资源局2009年大事记

一月大事

2009年1月1日–2009年1月31日

1月1日下午，郭金龙市长与中央企业及金融机构召开房地产稳定发展座谈会，魏成林局长参加。

1月4日上午，牛有成常委召开会议，听取“221”信息平台建设工作汇报，谢俊奇副局长参加。

1月4日下午，刘淇书记召开北京市服务中央企业和金融机构座谈会，魏成林局长参加。

1月5日上午，吉林常务副市长主持召开北京市发展和改革工作会议，曾赞荣副局长参加。

1月5日下午，郭金龙市长、吉林常务副市长出席北京国有资本经营管理中心揭牌仪式，魏成林局长陪同。

1月5日下午，刘淇书记、郭金龙市长到海淀区北坞村召开座谈会，研究海淀区统筹城乡发展，推进城乡一体化工作，魏成林局长参加。

1月6日上午，刘淇书记主持召开市委深入学习实践科学发展观活动领导小组第四次会议，魏成林局长参加。

1月7日下午，陈刚副市长召开会议，研究区县房地产工作有关问题，魏成林局长参加。

1月8日下午，刘淇书记召开座谈会，研究推进城乡一体化工作，魏成林局长参加。

1月8日下午，郭金龙市长召开会议，研究云居寺南塔原址重建工程方案等问题，刘辉副局长参加。

1月9日下午，刘淇书记、郭金龙市长召开城乡村一体化调研座谈会，魏成林局长、刘辉副局长参加。

1月9日下午，吉林常务副市长主持召开第一季度全市公共安全形势分析会，李燕飞副局长参加。

1月14日下午，郭金龙市长会见市十三届人民代表大会第二次会议丰台代表团，就“制定向南城政策倾斜意见，继续加大对丰台区支持力度”问题进行座谈，魏成林局长出席。

1月14日下午，陈刚副市长会见市十三届人民代表大会第二次会议海淀代表团，就海淀区温泉镇农民要求政府发住房证明问题进行座谈，刘辉副局长出席。

1月15日－16日，魏成林局长参加全国国土资源厅局长会议。

1月16日下午，陈刚副市长与金融企业负责人召开座谈会，曾赞荣副局长参加。

1月19日下午，苟仲文副市长主持召开市安全生产委员会工作会议，贯彻全国安全生产电视电话会议精神，研究部署全市安全生产工作，李燕飞副局长参加。

1月20日上午，郭金龙市长召开市政府常务会议，研究本市贯彻落实全国安全生产电视电话会议精神有关工作，魏成林局长参加。

1月20日下午，陈刚副市长召开会议，研究中央编办东四南大街楼房重建问题，刘辉副局长参加。

1月21日上午，蔡赴朝副市长召开全市外宣工作会议，郭创兴副巡视员参加。

1月21日上午，刘淇书记、郭金龙市长召开北京市轨道交通建设工作会议，魏成林局长参加。

1月23日下午，刘淇书记、郭金龙市长召开北京市服务中央单位工作座谈会，魏成林局长参加。

1月23日下午，牛有成常委召开市新农村建设领导小组会议，刘辉副局长参加。

二月大事

2009年2月1日－2月28日

2月1日下午，赵凤桐副市长召开会议，研究昌平区吉利大学征地问题，刘辉副局长参加。

2月2日上午，刘淇书记召开城乡一体化专题调研座谈会，魏成林局长参加。

2月3日下午，郭金龙市长召开市政府常务会议，研究2008年服务中央单位和驻京部队工作情况和2009年工作建议，魏成林局长参加。

2月3日下午，郭金龙市长召开会议，研究中国网球公开赛有关问题，魏成林局长参加。

2月4日上午，陈刚副市长召开会议，研究国庆60周年长安街沿线拓宽涉及拆迁有关问题，魏成林局长参加。

2月4日下午，刘淇书记召开市委常委会，传达中央农村工作会议精神，研究我市贯彻意见；听取关于我市09年固定资产调控思路及市政府投资和重点工程计划安排的汇报，魏成林局长参加。

2月5日上午，吉林常务副市长、陈刚副市长召开会议，研究北京新机场选址有关工作，谢俊奇副局长参加。

2月7日上午，吉林常务副市长召开会议，研究优化发展环境工作，魏成林局长参加。

2月8日上午，牛有成常委、夏占义副市长召开北京市筹备第七届中国花卉博览会指挥部第五次会议，曾赞荣副局长参加。

2月9日上午，吉林常务副市长召开开展2009至2012年在京重大投资项目调查统计工作领导小组第一次会议暨动员会，史贤英副巡视员参加。

2月9日上午，牛有成常委、程红副市长召开北京市统战部长会议，学习贯彻全国统战部长会议精神，总结2008年全市统战工作，部署2009年全市统战工作，郭创兴副巡视员参加。

2月10日上午，黄卫副市长召开北京市环境保护委员会工作会议，李燕飞副局长参加。

2月10日下午，吉林常务副市长召开会议，研究国庆环境整治指挥部筹备等有关工作，魏成林局长参加。

2月10日下午，杜德印主任召开“推进北运河水系综合治理，实现污水防治资源化”议案办理暨议案领衔代表座谈会，郭创兴副巡视员参加。

2月11日上午，赵凤桐常委召开会议，研究北京服装学院和中国音乐学院有关工作，史贤英副巡视员参加。

2月11日下午，局领导班子参加全国县（市）、乡（镇）、村级干部国土资源法律知识宣传教育培训活动总结通报电视电话会议。

2月11日下午，程红副市长召开会议，听取北京天竺综合保税区筹委会近期工作进展情况汇报，研究一期封关验收相关工作，曾赞荣副局长参加。

2月11日下午，苟仲文副市长召开会议，研究2009年全市推进社会信用体系建设重点任务问题，曾赞荣副局长参加。

2月12日上午，刘淇书记、郭金龙市长召开北京市农村工作会议，魏成林局长参加。

2月12日下午，郭金龙市长召开市政府常务会议，研究2009年市政府会议重要议题计划等问题，魏成林局长参加。

2月13日下午，刘淇书记、郭金龙市长召开维护稳定暨信访工作会议，魏成林局长参加。

2月16日上午，刘淇书记就“扩内需、保增长、促发展”问题到西城区进行主题调研，魏成林局长陪同。

2月16日上午，丁向阳副市长召开会议，研究高速公路出口旅游咨询站建设工作问题，刘辉副局长参加。

2月18日下午，陈刚副市长与铁道部陆东福副部长召开会议，研究北京地区铁路规划建设有关工作，刘辉副局长参加。

2月19日上午，陈刚副市长召开会议，研究崇文区风貌保护区建设有关问题，魏成林局长参加。

2月19日上午，吉林常务副市长、苟仲文副市长出席北京汽车产业研发基地及国家汽车质量监督检验中心奠基仪式，魏成林局长陪同。

2月19日上午，吉林常务副市长、苟仲文副市长召开会议，研究大唐电信集团产业园项目进展情况，刘辉副局长参加。

2月19日下午，苟仲文副市长召开会议，听取市邮政管理局关于本市邮政局所、信报箱、报刊亭建设有关问题进展情况及工作建议的汇报，魏成林局长参加。

2月20日上午，吉林常务副市长召开市政府扩大内需重大项目绿色审批通道推进小组会议，魏成林局长、曾赞荣副局长参加。

2月20日上午，牛有成常委、夏占义副市长召开北京市水务工作会议，李燕飞副局长参加。

2月20日上午，王安顺副书记主持召开市委市政府学习实践活动群众满意度测评会，郭创兴副巡视员参加。

2月20日下午，刘淇书记、郭金龙市长召开会议，听取海淀区汇报北坞村试点工作，魏成林局长参加。

2月23日下午，郭金龙市长召开市政府专题会议，研究用限价房定向解决公务员住房等问题，魏成林局长参加。

2月24日下午，郭金龙市长主持召开北京市市区县政府机构改革动员大会及市政府部门“三定”工作会议，魏成林局长参加。

2月25日上午，陈刚副市长到怀柔区、密云县调研，魏成林局长陪同。

2月25日下午，刘淇书记、郭金龙市长与铁道部领导座谈，魏成林局长参加。

2月26日上午，郭金龙市长召开2008年度首都绿化美化总结暨动员大会，魏成林局长参加。

2月26日上午，陈刚副市长召开会议，听取本市第二次全国土地调查工作情况汇报，魏成林局长、谢俊奇副局长参加。

2月26日下午，王安顺副书记召开首都综治委、市流管委2009年第一次全体（扩大）会议，郭创兴副巡视员参加。

2月27日上午，吉林常务副市长召开2009年首都能源与经济运行调节工作会议，曾赞荣副局长参加。

2月27日下午，陈刚副市长召开轨道交通建设指挥部专题协调会，研究轨道交通新线拆迁等问题，魏成林局长参加。

2月27日下午，陈刚副市长与国务院副秘书长兼国管局局长焦焕成召开会议，研究进一步推动利用朝阳区东四环大郊亭地块建设中央国家机关政策性住房工作，魏成林局长参加。

2月28日上午，刘淇书记召开北京市金融工作会议，魏成林局长参加。

三月大事

2009年3月1日－3月31日

3月3日上午，吉林常务副市长主持召开北京市国庆环境整治指挥部会议，研究道路工程组、重点工作组工作进展情况等问题，魏成林局长参加。

3月3日下午，郭金龙市长召开市政府常务会议，研究本市新农村“三起来”工程建设规划（2009—2012年）等问题，刘辉副局长参加。

3月4日上午，陈刚副市长召开会议，听取市政府扩大内需重大项目推进小组各成员单位落实市政府" 加快、简化、下放、取消、协调" 要求的具体措施汇报，魏成林局长、史贤英副巡视员参加。

3月5日上午，陈刚副市长召开会议，研究海淀区大西山风景旅游区西埠头土地一级开发等问题，魏成林局长参加。

3月5日上午，丁向阳副市长前往平谷区调研社区建设工作相关情况，曾赞荣副局长陪同。

3月6日上午，赵凤桐副市长召开会议，研究支持中国人民大学、北京师范大学发展有关工作，曾赞荣副局长参加。

3月6日下午，陈刚副市长召开轨道交通建设指挥部专题会，研究地铁15号线一期香江北路车辆段上盖开发等问题，魏成林局长参加。

3月10日上午，吉林常务副市长到西城区金融街调研金融街扩展有关工作，魏成林局长陪同。

3月10日上午，陈刚副市长召开会议，研究儿童血液肿瘤中心建设涉及居民拆迁有关问题，刘辉副局长参加。

3月10日下午，吉林常务副市长、程红副市长召开北京天竺综合保税区领导小组第二次会议，魏成林局长、曾赞荣副局长参加。

3月11日上午，陈刚副市长召开会议，研究2009年市区土地储备1000亿新增联合储备项目、本市闲置土地处置情况等问题，魏成林局长、刘辉副局长、曾赞荣副局长参加。

3月12日上午，吉林常务副市长、陈刚副市长、黄卫副市长主持召开市政府扩大内需重点项目绿色审批通道小组组长专题会，研究各单位落实" 加快、简化、下放、取消、协调" 要求采取的工作措施，魏成林局长参加。

3月12日上午，陈刚副市长召开会议，研究西长安街7号院拆迁问题，魏成林局长参加。

3月12日上午，牛有成常委、夏占义副市长主持“绿港花博号”航机首飞仪式，曾赞荣副局长参加。

3月12日上午，丁向阳副市长主持召开北京市双拥工作会议，刘敬忠纪检组长参加。

3月12日下午，陈刚副市长召开西长安街道路拓宽拆迁动员会，魏成林局长参加。

3月13日上午，陈刚副市长召开会议，研究地铁6号线建设有关问题，魏成林局长参加。

3月16日下午，赵凤桐副市长、苟仲文副市长召开会议，研究中关村国家自主创新示范区动员大会筹备情况及贯彻国务院关于支持中关村建设国家自主创新示范区批复落实意见，刘辉副局长参加。

3月17日上午，陈刚副市长召开会议，听取关于近期土地入市情况汇报，魏成林局长、曾赞荣副局长参加。

3月17日上午，苟仲文副市长召开市安全生产委员会专题会议，通报今年以来全市安全生产重点工作进展情况、安全生产控制考核指标分解落实情况和安全生产综合考核办法（试行）起草制订情况，李燕飞副局长参加。

3月17日上午，刘淇书记、郭金龙市长召开对台工作领导小组（扩大）会议，郭创兴副巡视员参加。

3月17日下午，郭金龙市长召开市政府常务会议，研究帮扶工业企业应对国际金融危机若干措施等问题，曾赞荣副局长参加。

3月19日上午，吉林常务副市长召开北京市国庆环境整治指挥部会议，研究道路工程组、重点工程组、后勤保障组关于工作方案、倒排期安排和资金预算等有关问题，魏成林局长参加。

3月19日上午，郭金龙市长召开建设中关村国家自主创新示范区领导小组第一次会议，曾赞荣副局长参加。

3月19日上午，王安顺副书记、丁向阳副市长召开2009年全市民政工作会议，郭创兴副巡视员参加。

3月19日下午，吉林常务副市长召开会议，东城、西城、崇文、宣武区政府分别汇报本区投资总体情况、加快审批机制、重大项目落地进展情况和需要市政府协调解决的问题，魏成林局长参加。

3月20日上午，吉林常务副市长召开推动城市发展新区重大项目落地工作会，魏成林局长参加。

3月21日上午，郭金龙市长召开首钢调研座谈会，魏成林局长参加。

3月22日下午，赵凤桐副市长、苟仲文副市长召开会议，研究中关村国家自主创新示范区建设相关工作，魏成林局长参加。

3月23日下午，吉林常务副市长召开推进城市功能区重大项目落地工作会议，听取朝阳、海淀、丰台、石景山区关于本区投资总体情况、加快审批机制、重大项目落地进展情况和需要市政府协调解决的问题的汇报，魏成林局长参加。

3月24日上午，吉林常务副市长召开推动城市发展新区重大项目落地工作会议，房山、通州、顺义、昌平、大兴区政府和北京经济技术开发区汇报本区投资总体情况、加快审批机制、重大项目落地进展情况和需要市政府协调解决的问题，魏成林局长参加。

3月25日上午，郭金龙市长召开市政府专题会，研究南丰路（百沙路——怀昌路）等道路工程和南水北调配套工程立项问题，刘辉副局长参加。

3月25日上午，陈刚副市长召开会议，研究部署推进全市重大工程涉及拆迁工作，曾赞荣副局长参加。

3月25日下午，陈刚副市长召开会议，研究长安街项目建设、清华大学在学清路楔形绿地D地块和海淀区八家村地区建设教职工住宅等问题，魏成林局长参加。

3月26日上午，郭金龙市长召开市政府专题会，研究本市2009年度土地储备开发计划、土地供应计划等问题，魏成林局长、曾赞荣副局长参加。

3月26日下午，郭金龙市长召开"扩内需，保增长"专题座谈会，听取市政协调研组和企业代表提出应对金融危机的意见和建议，魏成林局长参加。

3月26日下午，吉林常务副市长召开北京市制止公款出国（境）旅游专项工作会议，刘敬忠纪检组长参加。

3月27日下午，陈刚副市长召开会议，研究地铁7号线、房山线工作进展和存在的主要问题、地铁15号线顺义段征地拆迁政策问题，魏成林局长参加。

3月28日下午，吉林常务副市长召开市政府扩大内需重点项目绿色审批通道推进小组组长专题会，魏成林局长参加。

3月30日上午，吉林常务副市长出席北京市金融工作局成立揭牌仪式，曾赞荣副局长陪同。

3月30日下午，刘淇书记召开在京重大投资项目调查工作专题会，魏成林局长参加。

3月31日上午，刘淇书记召开"扩内需、保增长、促进首都经济发展"主题调研座谈会，魏成林局长参加。

3月31日下午，郭金龙市长召开市政府常务会议，研究报审《北京市土地利用总体规划（2006—2020年）》有关问题，魏成林局长参加。

四月大事

2009年4月1日-4月30日

4月2日下午，陈刚副市长召开会议，研究近期拟入市供应地块及入市设想，魏成

林局长、曾赞荣副局长参加。

4 月 2 日下午，吉林常务副市长召开 2009 年第二季度全市公共安全形势分析会，郭创兴副巡视员参加。

4 月 3 日上午，郭金龙市长、吉林常务副市长、赵凤桐副市长就中关村科技园区建设国家自主创新示范区有关工作召开座谈会，魏成林局长参加。

4 月 3 日上午，牛有成常委、夏占义副市长召开会议，听取部分区县贯彻落实北京市农村工作会议情况的汇报，刘辉副局长参加。

4 月 3 日下午，陈刚副市长召开轨道交通建设指挥部专题协调会，听取地铁大兴线、亦庄线、10 号线二期工作进展和存在的主要问题，魏成林局长参加。

4 月 3 日下午，陈刚副市长召开会议，研究华侨博物馆建设有关事宜，魏成林局长参加。

4 月 7 日下午，郭金龙市长召开市政府常务会议，研究报审北京市 2009 年推进重点改革任务意见等问题，魏成林局长参加。

4 月 9 日上午，夏占义副市长召开北京市共同致富行动计划工作大会，部署全市低收入农户增收工作，刘辉副局长参加。

4 月 9 日上午，夏占义副市长召开会议，研究 2009 年都市型现代农业基础建设实施方案等问题，刘辉副局长参加。

4 月 9 日下午，苟仲文副市长召开会议，研究帮扶企业办理土地证相关工作，谢俊奇副局长参加。

4 月 14 日上午，赵凤桐副市长召开“关于加快三海子郊野公园规划建设的议案”重点督办座谈会，谢俊奇副局长参加。

4 月 14 日下午，郭金龙市长召开市政府常务会议，听取市发展改革委关于本市第一季度经济社会发展形势分析的汇报，魏成林局长参加。

4 月 15 日下午，刘淇书记、郭金龙市长参观北京丽泽金融商务区规划设计成果展，魏成林局长陪同。

4 月 16 日下午，牛有成常委、夏占义副市长到海淀区四季青镇北坞村、朝阳区崔各庄乡大望京村调研，魏成林局长陪同。

4 月 16 日下午，赵凤桐、黄卫副市长召开会议，研究支持北京邮电大学发展有关工作，刘辉副局长参加。

4 月 16 日下午，苟仲文副市长召开会议，听取市台办近期帮扶台资企业有关情况的汇报，史贤英副巡视员参加。

4 月 17 日下午，陈刚副市长召开会议，研究地铁 15 号线、14 号线、郊区线（大兴线、昌平线、房山线、亦庄线）拆迁工作进展和存在的主要问题，魏成林局长参加。

4 月 18 日上午，刘淇书记召开建设北京信息高速路、发展北京信息产业专题调研座谈会，魏成林局长参加。

4月18日下午，吉林常务副市长召开第二季度投资工作部署会，魏成林局长参加。

4月20日下午，郭金龙市长召开市政府专题会，研究调整2007—2010年农村优抚对象危旧房翻建维修四年计划等问题，魏成林局长参加。

4月20日下午，赵凤桐副市长召开会议，部署中关村国家自主创新示范区领导小组第二次会议相关准备工作，史贤英副巡视员参加。

4月21日上午，陈刚副市长召开全市1000亿元土地储备投资项目动员会，魏成林局长、曾赞荣副局长参加。

4月21日上午，夏占义副市长召开国家园林城市复查工作汇报会，谢俊奇副局长参加。

4月21日下午，郭金龙市长召开市政府常务会，研究促进投资落地工作进展情况等问题，魏成林局长参加。

4月22日上午，夏占义副市长调研郊野公园环建设和小城镇建设情况，刘辉副局长陪同。

4月23日上午，郭金龙市长召开中关村国家自主创新示范区领导小组第二次会议，刘辉副局长参加。

4月23日下午，陈刚副市长召开会议，研究绿地系统规划有关问题，魏成林局长参加。

4月24日下午，陈刚副市长召开会议，听取平谷区马房镇拆村并点工作进展情况汇报，刘辉副局长参加。

4月26日下午，赵凤桐副市长召开会议，就中关村科技园区产业功能拓展、产业要素聚集等相关问题进行研究部署，刘辉副局长参加。

4月28日上午，吉林常务副市长、黄卫副市长出席蒲黄榆路暨阜石路二期工程开工仪式，刘辉副局长参加。

4月28日上午，刘淇书记、郭金龙市长出席北京市人民政府与新华通讯社战略合作协议签约仪式，刘辉副局长参加。

4月28日上午，吉林常务副市长、夏占义副市长出席“北京中心城污水处理厂升级改造工程建设”启动仪式，郭创兴副巡视员参加。

4月28日下午，苟仲文副市长召开北京市推进安全生产"三项行动"暨新中国成立60周年庆祝活动安全生产保障动员部署大会，李燕飞副局长参加。

4月29日上午，郭金龙市长召开市政府常务会议，研究报审北京市调整和振兴电子信息产业实施方案等问题，魏成林局长参加。

4月29日下午，苟仲文副市长召开会议，研究帮扶企业解决194项土地历史遗留问题等有关工作，刘辉副局长参加。

4月30日上午，陈刚副市长召开会议，听取朝阳区关于土地储备项目进展情况、重点地区规划和五环路沿线村庄整治方案等工作的汇报，魏成林局长参加。

五月大事

2009年5月1日-5月31日

5月4日下午，刘淇书记主持召开市委深入学习实践科学发展观活动领导小组第六次会议，魏成林局长参加。

5月6日上午，牛有成常委、夏占义副市长召开北京市小城镇建设现场观摩会，魏成林局长参加。

5月7日上午，陈刚副市长到顺义区调研，魏成林局长陪同。

5月8日上午，刘淇书记召开国庆60周年北京市筹委会第二次会议，传达中央关于国庆筹备工作有关精神，听取市筹委会各项机构筹备工作进展情况汇报，部署下一阶段工作，魏成林局长参加。

5月11日上午，陈刚副市长召开会议，研究政策性租赁住房和保障性安居工程工作会有关工作，魏成林局长参加。

5月11日下午，陈刚副市长召开会议，研究北京商务中心区东扩有关问题，魏成林局长参加。

5月14日上午，陈刚副市长到海淀区政府调研，魏成林局长陪同。

5月14日下午，陈刚副市长召开会议，研究丰台区轨道交通建设及丽泽金融商务区规划有关问题，魏成林局长参加。

5月18日下午，陈刚副市长召开会议，研究人民大学建设有关问题，魏成林局长参加。

5月19日下午，郭金龙市长召开市政府专题会，研究加快推进政策性租赁住房工作有关问题，魏成林局长参加。

5月20日上午，陈刚副市长召开会议，研究进一步加强本市耕地占补平衡及“1000亿”土地工作进展、2009年入市交易土地供应情况等问题，魏成林局长参加。

5月20日上午，刘淇书记、郭金龙市长召开“坚持自主创新，振兴北京新能源产业”专题调研座谈会，曾赞荣副局长参加。

5月21日上午，刘淇书记会见国家知识产权局领导，魏成林局长陪同。

5月21日上午，王安顺副书记、陈刚副市长召开会议，研究政法机关落实"保增长、保民生、保稳定"要求，支持配合政府房屋拆迁工作有关问题，魏成林局长参加。

5月21日下午，刘淇书记、郭金龙市长召开全市维护稳定工作会议，传达中央维稳工作领导小组会议精神，部署近期全市维稳工作，魏成林局长参加。

5月21日下午，陈刚副市长召开轨道交通建设指挥部专题协调会，研究轨道交通4条城区线建设及昌平线高教园站站位方案等问题，刘辉副局长参加。

5月21日下午，陈刚副市长召开会议，研究地铁5号线崇文段震动扰民问题，刘辉副局长参加。

5月22日上午，郭金龙市长召开北京市保障性安居工程工作会议，魏成林局长、曾赞荣副局长参加。

5月22日下午，郭金龙市长召开2009年北京市防汛抗旱指挥部第一次会议，李燕飞副局长参加。

5月25日下午，吉林常务副市长主持召开市政府扩大内需重大项目绿色审批通道小组组长专题会，魏成林局长、曾赞荣副局长参加。

5月25日下午，苟仲文副市长出席第十八次市长接待台商日暨“北京市帮扶台资企业应对国际金融危机政策大集”活动，刘辉副局长陪同。

5月26日下午，郭金龙市长召开市政府常务会议，研究加强首都消防工作等问题，魏成林局长参加。

5月27日上午，刘淇书记就“推进首都现代化建设，振兴都市工业”进行调研，魏成林局长陪同。

5月27日下午，陈刚副市长召开会议，研究本市850万平方米保障房建设、重点工程和开发项目建设等有关问题，曾赞荣副局长参加。

六月大事

2009年6月1日－6月30日

6月1日下午，郭金龙市长召开市政府专题会，研究处理宝兴、黄港国际等十三个高尔夫球场用地问题和国土部第九次卫片查违有关情况等，魏成林局长参加。

6月1日下午，苟仲文副市长召开会议，贯彻落实全国安全生产电视电话会议精神，李燕飞副局长参加。

6月3日上午，陈刚副市长召开会议，研究1000亿元土地储备开发项目涉及规划调整问题，魏成林局长、曾赞荣副局长参加。

6月3日上午，吉林常务副市长召开北京市治理"小金库"工作会议，刘敬忠纪检组长参加。

6月5日上午，蔡赴朝副市长召开中国动漫游戏城项目推进协调小组第一次工作会议，张维副局长参加。

6月5日上午，陈刚副市长带领相关部门联合检查保障性住房建设情况，曾赞荣副局长陪同。

6月5日下午，郭金龙市长召开市政府专题会，研究中央企业集中建设人才创新创业基地工作进展情况有关问题，魏成林局长参加。

6月9日上午，陈刚副市长召开会议，研究清华大学八家教师住宅项目问题等，曾赞荣副局长参加。

6月9日下午，郭金龙市长召开市政府常务会议，研究本市促进消费拉动内需情况有关问题，刘辉副局长参加。

6月11日上午，陈刚副市长召开会议，研究京沪高速、京津城际铁路、动车段走行线等项目拆迁有关问题，张维副局长参加。

6月11日下午，陈刚副市长召开全市棚户区改造现场工作会，刘辉副局长参加。

6月11日下午，蔡赴朝副市长召开市文化创意产业领导小组办公室会议，研究审议《北京市关于支持影视动画产业发展的实施办法（试行）》、《北京市关于支持网络游戏产业发展的实施办法（试行）》及《北京市文化创意产业创业投资引导基金管理暂行办法》，曾赞荣副局长参加。

6月12日上午，刘淇书记召开国庆60周年北京市筹委会第三次会议，听取关于群众游行、联欢晚会筹备工作进展情况和天安门广场及周边地区临时设施建设有关工作的汇报，魏成林局长参加。

6月12日上午，苟仲文副市长召开本市帮扶企业应对国际金融危机第7次市级调度会议，重点听取区县检查组对各区县帮扶工作检查情况，刘辉副局长参加。

6月12日上午，张维副局长参加国土部全面培训县（市）、乡（镇）国土资源管理干部工作视频会。

6月12日下午，陈刚副市长在昌平区兴寿镇查看违法建设拆除现场并主持召开北京市土地执法工作会议，魏成林局长、张维副局长参加。

6月12日下午，刘淇书记、郭金龙市长出席首都新能源产业技术联盟揭牌仪式，刘辉副局长参加。

6月15日上午，夏占义副市长主持召开北京市农业基础建设综合开发暨设施农业工作会，刘辉副局长参加。

6月16日下午，郭金龙市长召开市政府常务会议，研究当前本市防控甲型H1N1流感工作有关问题，魏成林局长参加。

6月16日下午，赵凤桐常委召开会议，研究沙河高教园区有关问题，刘辉副局长参加。

6月17日上午，刘淇书记召开“推进首都现代化建设，振兴都市工业”专题调研座谈会，魏成林局长参加。

6月18日上午，陈刚副市长召开会议，研究新增土地储备开发项目和入市交易项目有关问题，魏成林局长、曾赞荣副局长参加。

6月18日上午，苟仲文副市长召开全市矿山防汛工作专题会，李燕飞副局长参加。

6月18日下午，王安顺副书记召开北京市全面推进依法执行工作会议，张维副局长参加。

6月19日上午，陈刚副市长召开全市拆迁现场工作会，魏成林局长、曾赞荣副局长参加。

6月20日上午，郭金龙市长召开会议，研究上半年经济社会发展经济情况，魏成林局长参加。

6月23日上午，陈刚副市长召开会议，研究永定河流域规划，张维副局长参加。

6月25日上午，郭金龙市长召开北京市全面推进垃圾处理工作大会，魏成林局长参加。

6月25日上午，郭金龙市长召开全市迎国庆防控甲型H1N1流感工作部署大会，魏成林局长参加。

6月25日上午，王安顺副书记召开市处理信访突出问题和群体性事件联席会议扩大会议，张维副局长参加。

6月26日上午，陈刚副市长召开全市2009年上半年房地产市场形势分析座谈会，魏成林局长、曾赞荣副局长参加。

6月29日上午，陈刚副市长召开轨道交通建设指挥部专题协调会，曾赞荣副局长参加。

6月29日下午，郭金龙市长召开市政府常务会议，研究北运河流域水系综合治理议案办理情况等问题，魏成林局长参加。

6月30日上午，刘淇书记、郭金龙市长、李士祥秘书长、陈刚副市长等市领导出席西三旗“旗胜家园”政策性住房竣工暨发钥匙仪式，魏成林局长陪同。

七月大事

2009年7月1日-7月31日

7月1日上午，魏成林局长出席北京市纪念中国共产党成立88周年座谈会。

7月1日下午，陈刚副市长召开会议，研究南磨房乡绿化隔离地区剩余农民自住房转为商品房有关问题，史贤英副巡视员参加。

7月2日上午，刘淇书记、郭金龙市长调研城乡一体化建设试点情况，魏成林局长陪同。

7月2日上午，陈刚副市长召开会议，研究通州区运河周边项目开发问题，曾赞荣副局长参加。

7月2日下午，苟仲文副市长召开本市帮扶应对国际金融危机第8次市级调度会议，刘辉副局长参加。

7月3日下午，陈刚副市长召开会议，研究轨道交通五路、平西府、郭公庄、焦化厂车辆段规划建设有关问题，魏成林局长参加。

7月4日上午，郭金龙市长召开全市安全生产工作电视电话会议，魏成林局长参加。

7月7日上午，郭金龙市长召开市政府专题会，研究开展农村集体土地所有权和集

体建设用地使用权登记发证工作有关问题，魏成林局长参加。

7月7日上午，王安顺副书记到房山区专题调研，解决军队和当地村民用地争议问题，谢俊奇副局长参加。

7月7日下午，陈刚副市长召开会议，研究永定河流域规划问题，张维副局长参加。

7月8日上午，郭金龙市长、吉林常务副市长、陈刚副市长到电力公司检查2009年电力迎峰度夏工作，刘辉副局长陪同。

7月9日上午，陈刚副市长召开会议，研究土地供应问题，曾赞荣副局长参加。

7月10日上午，郭金龙市长到延庆县调研，魏成林局长陪同。

7月10日上午，陈刚副市长召开轨道交通建设指挥部专题协调会，研究地铁（郭公庄、五路居、平西府、焦化厂）车辆段建设及开发问题，曾赞荣副局长参加。

7月10日下午，陈刚副市长召开会议，研究审计署关于政府投资保障性住房《审计调查报告（征求意见稿）》有关审计问题及回复意见，曾赞荣副局长参加。

7月20日上午，国土部徐绍史部长与刘淇书记、郭金龙市长等市领导就北京市土地利用情况进行座谈，魏成林局长、刘辉副局长、张维副局长参加。

7月20日下午，市委常委、组织部长吕锡文同志、陈刚副市长召开会议，研究中组部央企人才创新基地（未来科技城）建设有关问题，魏成林局长参加。

7月20日下午，苟仲文副市长召开北京信息化基础提升计划协调小组第三次会议（扩大会议），张维副局长参加。

7月21日上午，刘淇书记、郭金龙市长召开北京市2009年上半年经济形势分析会，魏成林局长参加。

7月23日－24日，魏成林局长参加国土部党组务虚（扩大）会议。

7月23日上午，吉林常务副市长主持“拉萨——迈向国际的旅游城市”推介会开幕式暨拉萨市城市规划推介活动，李燕飞副局长参加。

7月23日上午，科技部万钢部长主持召开中关村科技园区建设国家自主创新示范区部际协调小组第一次会议，张维副局长参加。

7月23日下午，郭金龙市长召开市政府专题会，研究本市中小学校舍安全工程实施情况有关问题，李燕飞副局长参加。

7月24日下午，牛有成常委、夏占义副市长召开北京市社会主义新农村建设领导小组扩大会议，刘辉副局长参加。

7月27日下午，刘淇书记召开国庆60周年北京市筹委会第四次会议，魏成林局长参加。

7月28日下午，郭金龙市长召开第45次市政府常务会议，研究贯彻落实中央林业工作会议精神推进本市林业改革工作有关问题，魏成林局长参加。

7月29日上午，陈刚副市长召开会议，研究本市土地储备办法立法有关问题，魏成林局长、刘辉副局长、张维副局长、曾赞荣副局长、郭创兴副巡视员参加。

7月29日上午，郭金龙市长出席中航工业顺义航空产业园开园暨航空发动机产业基地奠基仪式，李燕飞副局长陪同。

7月29日下午，郭金龙市长召开市政府专题会，研究本市轨道交通西郊线规划方案有关问题，魏成林局长参加。

7月29日下午，杜德印主任召开加快南城发展议案办理情况座谈会，曾赞荣副局长参加。

7月30日下午，郭金龙市长召开城市管理标准化工作会，魏成林局长参加。

7月30日下午，赵凤桐常委、苟仲文副市长召开会议，研究中村国家自主创新示范区8月份重点工作计划有关问题，张维副局长参加。

7月31日上午，吉林常务副市长召开2009—2012年在京重大投资项目调查工作总结会暨北京市服务中央单位和驻京部队综合服务平台工作推进会，史贤英副巡视员参加。

7月31日下午，吉林常务副市长召开会议，研究2009年上半年经济增长目标完成情况和下半年工作思路，魏成林局长参加。

7月31日下午，牛有成常委、夏占义副市长召开“三农”问题座谈会，张维副局长参加。

八月大事

2009年8月1日－8月31日

8月6日上午，苟仲文副市长召开市安全生产委员会工作会议，研究进一步加强安全生产举报投诉工作有关问题，李燕飞副局长参加。

8月6日下午，陈刚副市长召开第2期政府储备土地和入市交易土地联席会议，魏成林局长、曾赞荣副局长参加。

8月6日下午，苟仲文副市长召开会议，研究帮扶企业解决土地有关问题，刘辉副局长参加。

8月7日上午，赵凤桐常委召开会议，研究清华大学八家地区教师住宅项目有关问题，曾赞荣副局长参加。

8月7日上午，陈刚副市长召开会议，研究京沈客运专线星火站规划设计方案有关问题，魏成林局长参加。

8月11日上午，陈刚副市长召开会议，研究二炮和空军建设首长住宅情况、武警北京总队建设等关问题，刘辉副局长参加。

8月11日下午，郭金龙市长召开国庆环境整治会，刘辉副局长参加。

8月13日上午，陈刚副市长召开北京市城建系统重点工作调度会，魏成林局长、刘

辉副局长、张维副局长、曾赞荣副局长、谢俊奇副局长、史贤英副巡视员参加。

8月13日下午，刘淇书记、郭金龙市长召开全国维护稳定暨信访工作第二次电视电话会议及北京市维护稳定暨信访工作电视电话会议，刘敬忠纪检组长参加。

8月14日下午，赵凤桐副市长召开会议，听取中关村国家自主创新示范区空间范围和布局调整方案汇报，张维副局长参加。

8月18日上午，吉林常务副市长召开会议，按照中央治理工程建设领域突出问题工作领导小组办公室《关于召开全国工程建设领域突出问题专项治理工作电视电话会议的通知》（国监明电［2009］3号）关要求，对开展专项治理工作进行动员部署，刘辉副局长参加。

8月18日上午，赵凤桐副市长召开会议，研究海淀区八家地区清华大学教师住宅项目有关工作，曾赞荣副局长参加。

8月18日上午，吉林常务副市长召开市级国家行政机关绩效管理工作启动会议，郭创兴副巡视员参加。

8月19日上午，陈刚副市长召开会议，研究中关村国家自主创新示范区空间范围和布局调整规划有关问题，魏成林局长、张维副局长参加。

8月20日上午，郭金龙市长召开市政府常务会议，研究本市当前土地储备和供应形势等问题，魏成林局长、曾赞荣副局长参加。

8月21日上午，吉林常务副市长召开北京市金融工作座谈会，曾赞荣副局长参加。

8月21日下午，苟仲文副市长召开市安全生产委员会工作会议，李燕飞副局长参加。

8月24日上午，吉林常务副市长、牛有成常委、夏占义副市长出席北京市第二次区县合作发展联席会暨产业共建基地授牌仪式，郭创兴副巡视员陪同。

8月25日上午，李士祥秘书长、陈刚副市长出席全国组织干部学院建设项目开工奠基仪式，魏成林局长陪同。

8月25日下午，郭金龙市长、陈刚副市长召开北京市严格土地管理严肃查处违法用地工作会议，魏成林局长、张维副局长、郭创兴副巡视员参加。

8月25日下午，陈刚副市长召开东城区将军庙31号院城中村拆迁动员会，魏成林局长参加。

8月26日上午，夏占义副市长召开北京市南水北调配套工程征地拆迁动员会，魏成林局长参加。

8月26日下午，黄卫副市长召开会议，研究推进循环经济园区建设工作，曾赞荣副局长参加。

8月27日上午，陈刚副市长召开会议，研究城乡结合部地区规划问题，魏成林局长参加。

8月27日上午，吕锡文常委召开深化拓展“讲党性、重品行、作表率”活动座谈会，郭创兴副巡视员参加。

8月27日下午，郭金龙市长召开市政府常务会议，研究西游记文化产业园项目等问题，魏成林局长参加。

8月30日下午，苟仲文副市长召开北京汽车工业领导小组会议，讨论研究《北京市调整和振兴汽车产业实施方案》，魏成林局长参加。

九月大事

2009年9月1日–9月30日

9月1日下午，陈刚副市长召开会议，研究公共租赁住房、廉租住房租金测算和标准制定有关办法有关问题，曾赞荣副局长参加。

9月2日上午，陈刚副市长召开会议，研究丽泽商务区规划综合方案有关问题，刘辉副局长参加。

9月3日上午，刘淇书记主持召开北京市迎接中华人民共和国成立60周年动员大会，魏成林局长参加。

9月7日下午，阳安江主席主持召开“推进燕房合作协调小组”第四次会议，刘辉副局长参加。

9月8日上午，郭金龙市长主持召开市政府常务会，研究报审《加快南城建设促进首都经济社会协调发展议案办理情况的报告》有关问题，魏成林局长参加。

9月11日上午，刘淇书记、郭金龙市长召开北京市国家安全工作领导小组扩大会议，魏成林局长参加。

9月11日下午，吉林常务副市长主持召开会议，审计署审计调查组就北京市2008年—2009年6月财政收支情况统计调查报告交换意见，魏成林局长参加。

9月12日上午，刘淇书记、郭金龙市长出席六环路（良乡——寨口段）完工通车暨全环贯通仪式，魏成林局长陪同。

9月14日下午，郭金龙市长召开会议，研究市口岸办报审《关于加快建设北京内陆“无水港”的意见》的请示，魏成林局长参加。

9月15日上午，夏占义副市长召开2009年全市三秋农业工作会议，刘辉副局长参加。

9月21日上午，刘淇书记主持召开市委常委扩大会，传达学习贯彻党的十七届四中全会精神，魏成林局长参加。

9月22日下午，郭金龙市长召开市政府专题会，研究海淀区八家地区教师住宅项目土地成本测算有关问题，魏成林局长参加。

9月23日上午，赵凤桐常委召开会议，研究中关村国家自主创新示范区建设审批权限下放有关工作，张维副局长参加。

9月23日下午，刘淇书记主持召开十届市委常委会第113次会议，听取我市开展农村土地确权登记颁证试点工作情况汇报，魏成林局长参加。

9月24日下午，上海市委常委、三农工作领导小组组长吴志明率上海市有关部门考察我市“三农”工作，王安顺副书记、牛有成常委、夏占义副市长接待，刘辉副局长陪同。

9月25日上午，国土部徐绍史部长等部领导到我市调研土地管理问题，魏成林局长、刘辉副局长、张维副局长陪同。

9月25日上午，吉林常务副市长召开2009年北京市能源与经济运行调节工作领导小组国庆能源保障专题会，曾赞荣副局长参加。

9月25日下午，吉林常务副市长召开2009年第四季度全市公共安全形势分析会暨城市运行和应急管理系统“保国庆”动员部署工作大会，李燕飞副局长参加。

9月27日上午，刘淇书记、郭金龙市长等市领导出席京承三期（沙峪沟至市界）通车暨全线贯通仪式，魏成林局长陪同。

9月27日下午，陈刚副市长主持召开北京市工程建设领域突出问题专项治理工作动员部署会议，魏成林局长参加。

9月28日上午，刘淇书记、郭金龙市长等市领导出席地铁4号线开通试运营仪式，魏成林局长陪同。

9月28日上午，刘淇书记主持召开国庆60周年北京市筹委会第五次会议，听取市筹委会各工作机构关于国庆庆祝活动准备工作情况的汇报，魏成林局长参加。

9月28日下午，郭金龙市长、吉林常务副市长出席北京股权投资发展基金管理有限公司揭牌仪式，曾赞荣副局长陪同。

十月大事

2009年10月1日－10月31日

10月9日下午，郭金龙市长召开市政府常务会，听取国庆活动有关工作总结情况的汇报等，魏成林局长参加。

10月10日上午，魏成林局长出席北京市国庆60周年庆祝活动总结表彰大会。

10月10日上午，郭金龙市长召开中关村国家自主创新示范区领导小组第三次会议，研究中关村国家自主创新示范区建设进展情况，魏成林局长参加。

10月10日上午，蔡赴朝副市长、陈刚副市长召开会议，研究中国动漫游戏城项目进展情况，曾赞荣副局长参加。

10月10日下午，刘淇书记召开市委学习实践活动领导小组第七次会议，魏成林局长参加。

10月10日下午，陈刚副市长召开会议，研究轨道交通沿线土地储备资源优化有关规划意见等问题，魏成林局长、曾赞荣副局长参加。

10月12日至14日，张维副局长参加国土资源部《土地管理法》修改工作座谈会。

10月13日上午，陈刚副市长召开会议，研究怀柔区水岸江南等违法建设项目查处情况，魏成林局长参加。

10月13日下午，吉林常务副市长召开市国庆环境整治指挥部重点工程组国庆六十周年总结大会，魏成林局长参加。

10月14日上午，刘淇书记召开会议，听取中关村国家自主创新示范区中长期发展规划和空间布局调整情况汇报，魏成林局长参加。

10月16日上午，吉林常务副市长召开会议，研究1至9月份本市投资形势和投资调整工作建议，曾赞荣副局长参加。

10月19日上午，刘淇书记召开北京市推进廉政风险管理工作经验交流会，周新华组长参加。

10月19日下午，李士祥秘书长、陈刚副市长召开筹建中国纪检监察学院第六次联席会议，曾赞荣副局长参加。

10月20日上午，赵凤桐常委主持专题会研究中国农业大学有关建设规划工作，张维副局长参加。

10月21日上午，夏占义副市长召开北京市筹备第七届中国花卉博览会总结表彰大会，曾赞荣副局长参加。

10月21日下午，夏占义副市长召开三海子郊野公园建设情况座谈会，刘辉副局长参加。

10月22日上午，夏占义副市长参加本市小城镇产业发展现场观摩活动，刘辉副局长陪同。

10月23日下午，陈刚副市长主持北京市轨道交通勘察设计质量安全大会暨首席设计师聘任仪式，张维副局长参加。

10月26日下午，夏占义副市长召开会议，研究新发地批发市场、蟹岛产业集团、方园平安食品公司三家龙头企业建设有机绿色农产品物流配送基地有关工作，曾赞荣副局长参加。

十一月大事

2009年11月1日－11月30日

11月3日下午，郭金龙市长召开市政府专题会，研究加强本市涉及西藏文化遗产保护方案有关问题，魏成林局长参加。

11月5日下午，黄卫副市长、夏占义副市长召开北京市2009年化学需氧量减排项目协调会，重点研究推进定福庄往高碑店污水处理厂调水工程、通州通惠河北岸截污工程、通州永乐店镇污水处理厂、通州北运河城市段二期污水处理厂、通州台湖镇污水处理厂、平谷大华山污水处理厂6个项目建设，刘辉副局长参加。

11 月 6 日上午，程红副市长召开市政府涉侨工作联席会议第一次会议，曾赞荣副局长参加。

11 月 8 日上午，曾赞荣副局长参加海淀区八家地区土地整理回迁房项目奠基仪式。

11 月 9 日上午，谢俊奇副局长参加全国国土资源信息化工作会议。

11 月 9 日下午，陈刚副市长召开会议，研究下半年土地储备和上市供应情况等问题，魏成林局长、曾赞荣副局长参加。

11 月 10 日上午，丁向阳副市长到东城区调研创建国家中医药综合发展试验区工作，刘辉副局长陪同。

11 月 10 日下午，郭金龙市长召开市政府常务会议，研究城乡结合部地区建设规划有关问题，魏成林局长参加。

11 月 11 日上午，吉林常务副市长召开会议，研究分析 1 至 10 月份全市经济形势并部署下一步工作，魏成林局长参加。

11 月 11 日上午，陈刚副市长会见国家开发银行党建巡视组第四组，刘辉副局长陪同。

11 月 11 日下午，刘淇书记召开十届市委常委会第 117 次会议，听取关于我市山区沟域经济发展情况的汇报，魏成林局长参加。

11 月 11 日下午，陈刚副市长召开会议，研究建筑节能和住宅产业化工作，曾赞荣副局长参加。

11 月 12 日下午，吉林常务副市长、黄卫副市长召开会议，研究阿苏卫垃圾焚烧厂征地搬迁有关问题，刘辉副局长参加。

11 月 13 日下午，郭金龙市长、杜德印主任、陈刚副市长等市领导与部分市人大代表进行座谈，魏成林局长参加。

11 月 16 日上午，马志鹏常委、陈刚副市长召开市工程建设领域突出问题专项治理工作领导小组扩大会议，魏成林局长参加。

11 月 16 日上午，蔡赴朝副市长召开北京市第七次文物工作会议，刘辉副局长参加。

11 月 18 日上午，陈刚副市长到东城区调研旧城房屋保护修缮、打造特色街区活动，史贤英副巡视员参加。

11 月 19 日上午，赵凤桐常委召开会议，研究中关村示范区专项工作进展情况，张维副局长参加。

11 月 19 日下午，刘淇书记等市领导围绕城乡结合部拆迁改造工作到大兴区进行调研，魏成林局长陪同。

11 月 20 日下午，刘淇书记召开会议，研究海淀区北部地区规划有关工作，魏成林局长参加。

11 月 23 日下午，郭金龙市长召开市政府专题会，研究城乡结合部地区建设规划意见等问题，魏成林局长参加。

11月23日下午，苟仲文副市长召开会议，研究我市煤矿安全生产等工作，李燕飞副局长参加。

11月26日上午，陈刚副市长召开会议，研究东城区玉河保护区部分住宅及商业项目用地等宗地入市交易等问题，魏成林局长、曾赞荣副局长参加。

11月26日下午，陈刚副市长到石景山区、丰台区检查保障性住房建设工作，刘辉副局长陪同。

11月27日上午，郭金龙市长召开市政府专题会，研究阿苏卫焚烧厂及循环经济产业园区配套政策等问题，魏成林局长参加。

11月28日上午，吉林常务副市长召开会议，研究本市明年经济发展思路、主要经济指标预期有关问题，魏成林局长参加。

11月30日上午，陈刚副市长在北京市分会场主持第二次全国土地调查工作电视电话会议，魏成林局长、谢俊奇副局长参加。

十二月大事

2009年12月1日－12月31日

12月1日下午，郭金龙市长召开市政府常务会，研究落实国务院关于本市土地利用总体规划批复等问题，魏成林局长、张维副局长参加。

12月2日上午，郭金龙市长带队到通州区调研，魏成林局长陪同。

12月2日下午，郭金龙市长等市领导与国土资源部徐绍史部长等部领导举行座谈会，局领导班子参加。

12月3日上午，刘敬民副市长召开会议，研究北京卫戍区《在市委常委议军会议上的汇报提纲》有关议题情况，曾赞荣副局长参加。

12月3日下午，郭金龙市长到大兴区调研，魏成林局长陪同。

12月4日下午，吉林常务副市长召开会议，听取各部门关于本领域2010年工作目标、重大项目支撑情况和加快发展的主要措施，魏成林局长参加。

12月4日下午，李燕飞副局长参加国土资源部地质找矿改革发展大讨论工作视频会议。

12月4日下午，陈刚副市长召开会议，研究地铁9号线六里桥周边土地一级开发有关问题，曾赞荣副局长参加。

12月7日下午，郭金龙市长召开市政府常务会，研究《绿色北京行动计划(2010—2012年)》有关问题，魏成林局长参加。

12月7日下午，赵凤桐常委召开会议，研究中关村空间规划调整和海淀区唐家岭拆迁建设有关工作，张维副局长参加。

12月8日上午，刘淇书记召开全市领导干部会，传达中央经济工作会议精神，魏成林局长参加。

12 月 8 日下午，陈刚副市长召开会议，研究简化行政审批程序有关问题，局领导班子参加。

12 月 8 日下午，魏成林局长出席北京市人民政府和中国农业银行“北京城市南部地区建设金融合作协议签约仪式”。

12 月 9 日上午，刘淇书记召开市委市政府工作务虚会，魏成林局长参加。

12 月 10 日上午，谢俊奇副局长参加北京市党外领导干部进修班。

12 月 11 日上午，刘淇书记召开全市领导干部会议，魏成林局长参加。

12 月 11 日下午，苟仲文副市长召开会议，研究本市打击非法盗采活动有关问题，魏成林局长、李燕飞副局长参加。

12 月 14 日下午，夏占义副市长到丰台区调研绿隔、园博会建设情况，刘辉副局长参加。

12 月 15 日上午，刘淇书记召开会议，研究园博会、台湾会馆用地问题，刘辉副局长参加。

12 月 15 日下午，郭金龙市长召开市政府常务会议，研究中关村国家自主创新示范区工作进展情况等问题，魏成林局长参加。

12 月 16 日上午，刘淇书记召开市委专题会，听取编制《北京城市南部地区发展实施规划（2012—2020 年）》、《永定河绿色生态发展综合规划》有关情况的汇报，魏成林局长参加。

12 月 16 日下午，苟仲文副市长到顺义区调研产业发展情况，刘辉副局长陪同。

12 月 16 日下午，丁向阳副市长到大兴区新河劳教所现场视察土地情况，曾赞荣副局长陪同。

12 月 17 日下午，牛有成常委、陈刚副市长、夏占义副市长召开专题会，听取北京市农村土地确权登记颁证试点工作进展情况汇报，魏成林局长、谢俊奇副局长参加。

12 月 17 日下午，苟仲文副市长召开市安全生产委员会工作会议，研究讨论《市安全生产委员会议事规则》、《市级挂账生产安全隐患治理实施办法》、《安全生产综合考核实施方案》等，李燕飞副局长参加。

12 月 18 日上午，牛有成常委、夏占义副市长召开推进城乡一体化工作务虚会议，刘辉副局长参加。

12 月 18 日下午，刘淇书记、郭金龙市长召开会议，对贯彻全国政法工作会议精神进行部署，郭创兴副巡视员参加。

12 月 21 日上午，刘淇书记、郭金龙市长参观中国科学院建院 60 周年成就展并出席中国科学院和北京市全面科技合作座谈会以及《北京市人民政府——中国科学院联合推动中关村国家自主创新示范区建设合作协议》签约仪式，魏成林局长陪同。

12月21日下午，郭金龙市长召开市政府常务会议，研究2009年预算执行情况和2010年预算草案等问题，魏成林局长参加。

12月24日上午，刘淇书记主持召开市委十届七次全会，听取并审议刘淇同志代表市委常委会所作的工作报告；听取并讨论郭金龙同志关于全市经济社会发展工作的报告；审议通过《中共北京市委关于贯彻《<中共中央关于加强和改进新形势下党的建设若干重大问题的决定>的意见》；审议通过《中共北京市第十届委员会第七次全体会议决议》，魏成林局长参加。

12月28日，陈刚副市长参加全国城市和国有工矿棚区改造工作会议，刘辉副局长陪同。

12月30日下午，陈刚副市长出席中央国家机关西三旗职工住宅项目用地调配协议签字仪式，魏成林局长陪同。

12月30日下午，黄卫副市长召开会议，研究昌平区交通基础设施建设有关问题，郭创兴副巡视员参加。

12月31日上午，刘淇书记到海淀区北坞村进行专题调研，魏成林局长陪同。

12月31日上午，王安顺副书记主持召开北京市政法工作会议，张维副局长参加。

2009年北京市国土资源相关法规汇编目录

第一部分 综合类

全国人民代表大会常务委员会关于修改部分法律的决定
中华人民共和国主席令第十八号

国土资源行政复议规定
国土资源部令第46号

国土资源部办公厅关于印发《国土资源违法线索处理办法》（试行）的通知
国土资发［2009］76号

国土资源部关于印发《国土资源执法监察巡察工作规范》（试行）的通知
国土资发［2009］127号

北京市人民政府办公厅关于转发发展改革委市监察局加强扩大内需重大项目绿色审批通道管理和监督检查有关文件的通知
京政办函［2009］14号

北京市人民政府关于印发北京市帮扶企业应对国际金融危机若干措施的通知
京政发［2009］5号

北京市人民政府办公厅关于做好农村改革发展和重大投资项目政府信息公开工作的通知
京政办发［2009］8号

北京市人民政府关于深化改革转变职能提高效率进一步建设服务型政府的意见
京政发［2009］10号

北京市住房和城乡建设委员会等部门关于印发《北京市公共租赁住房管理办法（试行）》的通知
京建住［2009］525号

北京市国土资源局关于公布废止和失效的规范性文件的通知（第二批）
京国土法［2009］49号

第二部分　土地管理

国务院关于北京市土地利用总体规划的批复
国函［2009］116号

北京市土地利用总体规划文本（2006－2020年）

土地利用总体规划编制审查办法
国土资源部令第43号

土地调查条例实施办法
国土资源部令第45号

国土资源部关于改进报国务院单独选址建设项目用地审查报批工作的通知
国土资发［2009］8号

国土资源部关于促进农业稳定发展农民持续增收推动城乡统筹发展的若干意见
国土资发［2009］27号

国土资源部关于全面实行耕地先补后占有关问题的通知
国土资发［2009］31号

国土资源部关于调整工业用地出让最低价标准实施政策的通知
国土资发［2009］56号

国土资源部办公厅关于完善第二次全国土地调查中耕地增加或减少有关政策的通知

国土资厅发［2009］70号

国土资源部
监察部关于进一步落实工业用地出让制度的通知
国土资发［2009］101号

国土资源部关于严格建设用地管理促进批而未用土地利用的通知
国土资发［2009］106号

关于印发《限制用地项目目录（2006年本增补本）》和《禁止用地项目目录（2006年本增补本）》的通知
国土资发［2009］154号

国土资源部农业部关于划定基本农田实行永久保护的通知
国土资发［2009］167号

关于适用《违反土地管理规定行为处分办法》第三条有关问题的通知
监发［2009］5号

市县乡级土地利用总体规划编制指导意见
国土资厅发［2009］51号

北京市城乡规划条例
北京市人大常委会公告第4号

北京市实施《中华人民共和国耕地占有税暂行条例》办法
北京市人民政府令第210号

北京市地方税务局关于对《促进本市房地产市场健康发展实施意见》执行中税收征管有关问题的通知
京地税地［2009］38号

北京市地方税务局关于耕地占用税征收管理有关问题的通知
京地税地［2009］71号

北京市教育委员会
北京市国土资源局关于本市教育系统土地登记发证工作有关问题的通知
京教建［2009］4号

北京市建设委员会等部门关于贯彻国办发［2008］131号文件精神促进本市房地产市场健康发展的实施意见
京建办［2009］43号

北京市住房和城乡建设委员会关于执行《北京市城市房地产转让和管理办法》有关问题的通知
京建交［2009］475号

关于印发北京市2009年度土地储备开发计划的通知
京国土市［2009］210号

关于印发北京市2009年度土地供应计划的通知
京国土市［2009］211号

北京市地方税务局
北京市国土资源局关于加强耕地占用税管理工作的通知
京地税地［2009］69号

北京市国土资源局关于原外销商品房土地登记有关问题的通知
京国土籍［2009］604号

北京市国土资源局关于做好军产及保密产土地登记工作有关问题的通知
京国土籍［2009］787号

北京市国土资源局北京市第二次全国土地调查领导小组办公室关于印发《北京市土地总登记实施细则（试行)》的通知
京国土籍〔2009〕219号

关于城市园林绿化国有用地确权登记问题的通知
京国土籍〔2009〕245号

北京市国土资源局关于土地注销登记和土地权利证书收回问题的通知

京国土籍〔2009〕259号

第三部分　矿产资源管理

规划环境影响评价条例

中华人民共和国国务院第559号令

外商投资矿产勘查企业管理办法

商务部 国土资源部令2008年第4号

国土资源部关于印发《地质勘查资质监督管理办法》的通知

国土资发［2010］14号

国土资源部关于停止执行部分地质和矿产勘查开发相关规范性文件的通知

国土资发［2009］150号

北京市人民政府办公厅关于印发北京市打击非法开采矿产资源专项行动工作方案的通知

京政办发［2009］3号

北京市国土资源局关于加强对矿山监督管理防范矿山越界开采有关问题的通知

京国土矿〔2009〕96号

关于印发《北京市矿山地质环境治理和国家级地质遗迹保护项目管理暂行办法》的通知

京国土环〔2009〕256号

关于实施《北京市矿山生态环境恢复治理保证金管理暂行办法》有关事宜的通知

京国土环〔2009〕506号

关于印发《北京市建设项目用地压覆矿产资源储量核查技术要求》的通知

京国土勘〔2009〕573号

北京市国土资源局关于本市地热矿业权新立及变更范围进行实地核查的通知
京国土热〔2009〕623 号

关于印发《北京市矿山地质环境治理技术指南（试行）》的通知
京国土环〔2009〕770 号

第四部分 司法解释和文件

最高人民法院关于审理行政许可案件若干问题的规定
法释［2009］20 号

废止的规范性文件目录

序号	文件名称	文号	说明
1	北京市房地产管理局关于转发《北京市房地产抵押管理办法》的通知	京房地籍字［1994］第 238 号	审批事项与现行规定不一致
2	北京市房地产管理局关于实施《北京市房地产抵押管理办法》有关问题的通知	京房地籍字［1994］第 239 号	审批事项与现行规定不一致
3	北京市房地产管理局关于进一步贯彻《北京市房地产抵押管理办法》有关问题的通知	京房地籍字［1994］第 357 号	审批事项与现行规定不一致
4	北京市房地产管理局关于执行《北京市房地产抵押管理办法》若干问题的通知	京房法制字［1994］第 412 号	审批事项与现行规定不一致
5	北京市房地产管理局《关于〈国有土地使用证〉加盖专用章的通知》	京房产籍字［1994］第 212 号	已被北京市国土资源局《关于启用土地登记专用章的通知》（京国土籍［2005］249 号）替代
6	北京市房地产管理局《关于转让原划拨土地使用权须申报登记并补办有关出让手续的通知》	京房地字［1992］第 334 号	行政许可审批事项与现行规定不符

续表

序号	文件名称	文号	说明
7	北京市房地产管理局、北京市财政局《关于在本市危旧房改造及城镇成片开发区办理建设用地划拨手续时收取土地使用权出让预定金的通知》	京房地字［1993］524号	行政许可审批事项与现行规定不符
8	北京市房地产管理局《关于启用房地产抵押专用章的通知》	京房产籍字［1994］第408号	已被北京市国土资源局《关于启用土地登记专用章的通知》（京国土籍［2005］249号）替代
9	北京市房地产管理局《关于抵押房地产为他人担保办理抵押登记有关问题的通知》	京房地权字［1996］第118号	已被北京市国土资源局《关于进一步规范我市国有土地登记工作的通知》（京国土籍［2007］498号）替代
10	北京市房地产管理局关于对颁发《国有土地使用证》必须进行严格审核的通知	京房产籍字［1995］第475号	已被北京市国土资源局《关于进一步规范我市国有土地登记工作的通知》（京国土籍［2007］498号）替代
11	北京市房屋土地管理局关于《国有土地使用证》加盖专用章的通知	京房地权字［1996］第095号	已被北京市国土资源局《关于启用土地登记专用章的通知》（京国土籍［2005］249号）替代
12	北京市房屋土地管理局关于实施《北京市建设征地农转工人员安置办法》有关问题的规定	京地发（地）［1994］第1号	与《北京市建设征地补偿安置办法》（市政府148号令）不符
13	北京市房屋土地管理局《关于加强我市房地产抵押管理工作有关问题的通知》	京房地权字［1998］第281号	已被北京市国土资源局北京市建设委员会《关于房地产开发项目在建工程抵押登记有关问题的通知》（京国土籍［2007］751号）替代

续表

序号	文件名称	文号	说明
14	北京市房屋土地管理局《关于进一步加强北京市划拨城镇建设用地管理的通知》	京房地地字［1996］第278号	已被北京市国土资源局《关于加强国有土地使用权划拨管理工作的通知》（京国土用［2007］21号）替代
15	北京市划拨城镇建设用地工作程序（试行）	京房地地字［1996］第256号	行政许可审批事项与现行规定不符
16	北京市房屋土地管理局《关于进一步加强房地产权属管理工作的通知》	京房地权字［1997］第878号	房地产管理机构已变化
17	北京市国土资源和房屋管理局、北京财政局、北京市发展计划委员会关于延长《关于调整土地出让合同地价滞纳金标准的通知》执行期限的通知	京国土房管出字［2001］698号	与现行规定不符
18	北京市国土资源和房屋管理局关于办理土地登记有关问题的通知	京国土房屋权字［2000］97号	已被北京市国土资源局关于印发《北京市国有土地登记工作程序》的通知（京国土籍［2006］873号）替代
19	北京市国土资源和房屋管理局关于房地产抵押变更登记有关问题的通知	京国土房屋法字［2000］368号	已被北京市国土资源局北京市建设委员会《关于房地产开发项目在建工程抵押登记有关问题的通知》（京国土籍［2007］751号）替代
20	北京市国土资源和房屋管理局关于试行国土资源部新《土地分类》的通知	京国土房管权［2002］186号	与现行土地分类标准不符
21	北京市国土资源和房屋管理局关于印发《开发建设项目用地预审工作意见》的通知	京国土房管规科［2002］335号	行政许可审批事项与现行规定不符
22	北京市国土资源和房屋管理局关于下放临时用地审批事项的通知	京国土房管办［2002］489号	行政许可审批事项与现行规定不符

续表

序号	文件名称	文号	说明
23	北京市国土资源和房屋管理局关于印发北京市招标拍卖挂牌出让国有土地使用权暂行规定的通知	京国土房管出［2002］717号	已被北京市国土资源局《关于印发北京市出让国有土地使用权招标拍卖挂牌办法的通知》（京国土市［2005］302号）替代
24	北京市国土资源和房屋管理局关于公布《北京市国有土地使用权出让、转让、租赁程序（试行)》的通知	京国土房管出［2002］857号	行政许可审批事项与现行规定不符
25	北京市国土资源和房屋管理局关于切实做好土地整理开发项目验收和立项申报工作的通知	京国土房管集［2002］993号	主要内容已不符合经济社会发展实际
26	北京市国土资源和房屋管理局关于印发北京市土地一级开发管理暂行办法的通知	京国土房管出［2002］1100号	已被北京市国土资源局《北京市土地储备和一级开发暂行办法》（京国土市［2005］540号）替代
27	北京市国土资源和房屋管理局关于房地产开发项目抵押有关问题的通知	京国土房管权［2002］185号	已被北京市国土资源局北京市建设委员会《关于房地产开发项目在建工程抵押登记有关问题的通知》（京国土籍［2007］751号）替代
28	北京市国土资源和房屋管理局关于加强土地补偿款监督管理的通知	京国土房管征［2003］716号	已被北京市国土资源局《北京市征地补偿费征缴监督管理暂行规定》（京国土征［2008］16号）替代
29	北京市国土资源和房屋管理局关于调整新增建设用地土地有偿使用费征收等别的通知	京国土房管征［2003］50号	已被北京市财政局北京市国土资源局中国人民银行营业管理部《关于转发财政部等部门调整新增建设用地土地有偿使用费政策等问题的通知》（京财政二［2007］823号）替代

续表

序号	文件名称	文号	说明
30	北京市国土资源和房屋管理局关于加强探矿权、采矿权管理有关问题的通知	京国土房管矿［2003］22号	行政许可审批事项与现行规定不符
31	北京市国土资源和房屋管理局关于印发《北京市探矿权出让合同》、《北京市采矿权出让合同》文本的通知	京国土房管勘［2003］1023号	行政许可审批事项与现行规定不符
32	北京市国土资源和房屋管理局关于本市矿产资源补偿费（地热）征收标准的通知	京国土房管热［2003］673号	已被北京市发展和改革委员会北京市财政局《关于调整我市矿产资源补偿费（地热）征收标准的通知》（京发改［2004］1911号）替代
33	北京市国土资源和房屋管理局关于印发《北京市零星分散固体矿产资源储量评审备案暂行办法》和《北京市零星分散固体矿产资源储量评审机构和评审员管理的有关》的通知	京国土房管储［2003］905号	主要内容已不符合经济社会发展实际
34	北京市国土资源和房屋管理局关于城镇私房院土地登记发证有关问题的通知	京国土房管权［2003］600号	与《土地登记办法》（国土部令第40号）不符
35	北京市国土资源和房屋管理局关于国有划拨土地使用权抵押有关问题的通知	京国土房管权［2003］752号	已被北京市国土资源局《北京市国有土地登记工作程序》和《北京市国有土地登记工作规范》替代
36	北京市国土资源和房屋管理局关于加强国有土地使用权出让及土地证颁发管理有关问题的通知	京国土房管出［2004］689号	主要内容与现行法律·法规抵触
37	北京市国土资源和房屋管理局关于认真做好耕地和基本农田保护政策宣传有关工作的通知	京国土房管集［2004］467号	主要内容已不符合经济社会发展实际

续表

序号	文件名称	文号	说明
38	北京市国土资源局关于加强草皮生产用地管理有关问题的通知	京国土集［2004］326号	主要内容已不符合经济社会发展实际
39	北京市国土资源和房屋管理局关于切实做好改进和完善国家投资土地开发整理项目管理工作的通知	京国土房管集［2004］637号	主要内容已不符合经济社会发展实际
40	北京市国土资源和房屋管理局关于申报全成本投资核算市级土地开发整理试点项目的通知	京国土房管集［2004］679号	主要内容已不符合经济社会发展实际
41	北京市国土资源和房屋管理局关于试行办理土地出让手续同时进行权属调查的通知	京国土房管权［2004］485号	已被北京市国土资源局《关于出具地籍调查成果有关问题的通知》（京国土籍［2006］157号）替代
42	北京市国土资源局关于地热勘查报告评审备案及资料汇交有关问题的通知	京国土储［2004］246号	主要内容不符合经济社会发展实际
43	北京市国土资源局关于征地补偿款监管比例实施意见（试行）的通知	京国土征［2005］215号	已被北京市国土资源局《北京市征地补偿费征缴监督管理暂行规定》（京国土征［2008］16号）替代
44	北京市国土资源局关于土地更正登记办理程序的通知	京国土籍［2005］512号	与《土地登记办法》（国土部令第40号）不符
45	北京市国土资源局关于启用新的《北京市国有土地使用权出让合同》（招标拍卖挂牌）的通知	京国土用［2006］33号	与国土资源部国家工商行政管理总局发布的《国有建设用地使用权出让合同》不符
46	北京市国土资源局关于印发《北京市国有土地登记工作规范》（试行）的通知	京国土籍［2006］403号	已被北京市国土资源局《北京市国有土地登记工作规范》（京国土籍［2007］498号）替代

续表

序号	文件名称	文号	说明
47	北京市地质矿产局关于确定砖瓦粘土矿和矿泉水矿产资源补偿征收标准的通知	京地矿［1994］245号	部分调整对象已消失；另有新规定

失效的规范性文件目录

序号	文件名称	文号	说明
1	北京市房地产管理局《北京市城镇国有土地使用权登记发证工作实行承包的通知》	京房政字［1993］第372号	适用期已过
2	北京市房屋土地管理局《关于办理以集体所有的土地资产作价入股兴办内联乡镇企业的手续问题的答复》	京房地权字［1997］第005号	适用期已过
3	北京市房屋土地管理局《关于土地证书年检的通知》	京房地权字［1999］第746号	适用期已过
4	北京市国土资源和房屋管理局关于北京市建设用地地质灾害危险性评估范围的通知	京国土房管环字［2000］473号	适用期已过
5	北京市国土资源和房屋管理局关于南北池子历史文化保护街区中地价款收取标准的批复	京国土房管出字［2002］37号	适用期已过
6	北京市国土资源和房屋管理局关于开展矿泉水水源质量统检工作的通知	京国土房管环［2002］160号	适用期已过
7	北京市国土资源和房屋管理局关于开展矿产开发监督管理年度检查工作有关问题的通知	京国土房管矿［2002］209号	适用期已过
8	北京市国土资源和房屋管理局关于换发饮用天然矿泉水技术鉴定证书有关问题的通知	京国土房管储［2002］516号	适用期已过
9	北京市国土资源和房屋管理局关于在矿产资源管理工作中切实履行职责的通知	京国土房管矿［2002］608号	适用期已过
10	北京市国土资源和房屋管理局关于粘土砖生产企业换发采矿许可证有关问题的通知	京国土房管矿［2002］647号	适用期已过

续表

序号	文件名称	文号	说明
11	北京市国土资源和房屋管理局关于进一步贯彻落实本市范围内砂石场关停方案的通知	京国土房管矿［2002］975号	适用期已过
12	北京市国土资源和房屋管理局关于成立局矿业权评估委员会的通知	京国土房管勘［2003］812号	适用期已过
13	北京市国土资源和房屋管理局关于做好城镇国有土地分类统计工作的通知	京国土房管权［2004］547号	适用期已过
14	北京市国土资源局关于对北京市土地评估行业进行全面检查的通知	京国土出［2004］209号	适用期已过
15	北京市国土资源局关于印发北京市突发性地质灾害应急预案的函	京国土环［2004］133号	适用期已过
16	北京市国土资源和房屋管理局关于加强矿产资源勘查开采管理的通知	京国土房管矿［2004］263号	适用期已过
17	北京市国土资源和房屋管理局关于落实国土资源部地质灾害危险性评估工作有关要求的通知	京国土房管环［2004］659号	适用期已过
18	北京市国土资源局关于加快产业用地项目建设用地预审有关问题的通知	京国土市［2005］550号	适用期已过
19	北京市国土资源局关于门头沟分局委托组建矿业执法队伍的请示的批复	京国土人［2005］461号	适用期已过
20	北京市国土资源局关于做好地热采矿许可证换证工作的通知	京国土热［2005］530号	适用期已过
21	北京市国土资源局关于缴纳矿产资源补偿费的通知	京国土矿［2005］706号	适用期已过
22	北京市国土资源局关于注销采矿许可证有关问题的通知	京国土矿［2005］906号	适用期已过
23	北京市国土资源局关于开展矿泉水注册登记工作的通知	京国土勘［2007］780号	适用期已过

续表

序号	文件名称	文号	说明
24	北京市国土资源局关于近期建设项目用地预审有关问题的通知	京国土市［2005］292号	适用期已过
25	北京市国土资源局关于建立矿山环境恢复治理项目库的通知	京国土环［2007］153号	适用期已过

2009年北京市国土资源局政府信息公开年度报告

局办公室

引言

本报告是根据《中华人民共和国政府信息公开条例》（以下简称《条例》）要求，由北京市国土资源局编制的2009年度政府信息公开年度报告。

全文包括概述，主动公开政府信息的情况，依申请公开政府信息和不予公开政府信息的情况，政府信息公开的人员、收费及减免情况，政府信息公开咨询情况，因政府信息公开申请行政复议、提起行政诉讼的情况，政府信息公开工作存在的主要问题、改进情况和其他需要报告的事项。

我局政府网站 www. bjgtj. gov. cn 上可下载本报告的电子版。如对本报告有任何疑问，请联系：北京市国土资源局政府信息公开受理室64409795。

一、概述

《条例》施行近2年以来，我局开展了认真细致的工作，采取了相应的措施，进一步理顺工作流程，建立并逐步完善政府信息公开配套制度，强化管理和服务，细化主动公开政府信息分类，及时梳理并研究解决依申请公开工作中遇到的难点问题，密切联系兄弟单位，积累了一定的工作经验，取得了一些工作成效。

二、政府信息主动公开情况

（一）主要公开渠道

根据市政府信息公开办《关于各单位所属机构独立设置政府信息公开专栏相关工作的通知》要求，我局经过对前期基础信息的整理、录入，在2008年5月1日市局门户网站开通政府信息公开专栏的基础上，于2009年5月1日开通所属18个垂直管理分局政府信息公开专栏。专栏下设政府信息公开指南、政府信息公开目录、政府信息公开年报、依申请公开、监督投诉等栏目，方便公众查阅我局主动公开的政府信息。

截至12月底，共主动公开政府信息3652条，其中市局主动公开政府信息285条，各区县分局主动公开政府信息3367条。

主动公开了本部门机构及下属单位设置、办公地址、联系方式、主要领导简介及工作分工等内设机构信息20条；工作职责、机构职责信息1条；本部门2009年发布的政策文件、政策解读、实施细则等内容的信息，法律11部、法规30件、规章33件；本部门制定的长期发展规划，2009年度工作计划、为民办实事任务、折子工程及其执行进展情况等内容的信息，规划类信息2条，计划类信息1条；本部门2009年财政预算、2008年决算报告，以及2009年各专项资金使用管理办法、具体操作流程和资金分配结果等内容的综合信息1条；2009年本部门政府集中采购项目的招标公告信息1条；2009年本部门涉及的重大建设项目的批准和实施进展情况等内容的信息7条；结合本部门2009年重点工作和社会热点，围绕地质找矿改革发展大讨论专题向公众集中发布信息27条，围绕第40个世界地球日专题发布信息17条。

（二）公共查阅场所

在主动公开信息方面，为方便公众了解信息，市局机关和区县分局均在办公地点的受理大厅开辟了专门场地，设立了“北京市国土资源局政府信息公开受理室”，配备了专用电脑、电话、打印机、传真机、电子显示屏、资料栏等专用设备，主动摆放并派发了便民手册、服务指南等宣传品。

2009年，市局共接受公民、法人及其他组织政府信息公开方面的咨询7014人次。其中，现场咨询3991人次，占总数的56.9%；电话咨询3023人次，占总数的43.1%；网上咨询尚无内容。

在便民服务方面，主动对公开信息进行了检索目录编制、并安排专职受理人员负责受理公众的咨询和申请。在内部管理方面，我局要求受理部门对申请信息的申请人，努力做到热情服务，耐心解释，并主动与他们及时沟通，了解其真实需求，协助他们规范填写申请表。对于申请人对回复结果有疑义的，尽可能安排部门经办人员出面进行解释，化解矛盾，解决问题。

（三）其他需要说明的问题

按照市政府信息公开办《关于报送依申请信息内容分类的通知》要求，我局对本系统依申请公开信息分别按照“部门职能”、“申请信息内容”的标准，进行了分类细化，并在此基础上结合当前工作，对正在执行的《北京市国土资源局政府信息公开目录大纲》进行了初步修订。

我局还启动了对《条例》实施以来我局系统主动公开信息分类逐一制定主动公开政府信息模板的工作，第一阶段先从“信息名称及关键词”、“内容概述”、“公开形式”、“版面及格式（含字体、字号、排版形式）”等方面对本部门主动公开政府信息予以规范，从而提高政府信息公开工作的标准化率。

三、政府信息依申请公开情况

（一）申请情况

我局 2009 年度共收到政府信息公开申请 1662 件。

其中，当面申请 1612 件，占总数的 97%；通过互联网提交申请有 0 件，占总数的 0%；以传真形式申请 30 件，占总数的 1.8%；以信函形式申请 20 件，占总数的 1.2%。

从申请的信息内容来看，0.5% 是机构职能类信息，4.1% 是法规文件类信息，0.5% 是规划计划类信息，8.9% 行政职责类信息，86% 是业务动态类信息。

（二）答复情况

我局 2009 年度共答复政府信息公开申请 1571 件，其中：

“同意公开”的 1070 件，占总数的 68.1%，主要涉及土地登记、征地、土地出让合同等信息。

“同意部分公开”的 10 件，占总数 0.6%，主要涉及土地登记、征地等信息。

“不予公开”的 29 件，占总数 1.8%，主要涉及土地储备、土地登记、征地、土地利用等信息。

“信息不存在”的 414 件，占总数的 26.4%。

“非本机关掌握”的 17 件，占总数的 1.1%。

“申请内容不明确”的 28 件，占总数的 1.8%。

“非政府信息”的 1 件，占总数的 0.1%。

“涉及第三方”的 2 件，占总数的 0.1%。

（三）依申请公开政府信息收费情况

2009 年本机关依申请提供政府信息没有收取检索、复印、邮递等成本费用。

（四）其他需要说明的问题

与往年相当，绝大部分依申请公开信息与具体的征地拆迁、房地产开发项目密切相关。

四、行政复议和行政诉讼情况

按照《条例》第 33 条规定，公民、法人或者其他组织认为行政机关不依法履行政府信息公开义务的，可以向上级行政机关、监察机关或者政府信息公开工作主管部门举报。

公民、法人或者其他组织认为行政机关在政府信息公开工作中的具体行政行为侵犯其合法权益的，可以依法申请行政复议或者提起行政诉讼。

（一）行政复议

2009 年，针对政府信息依申请公开发生行政复议 78 件。

截至到 2009 年 12 月 31 日，申请人撤销复议、申请终止的 0 件，复议机关确认违法的0件。

(二)行政诉讼

2009年，针对政府信息依申请公开发生行政诉讼案41件。

五、主要问题和改进措施

经过近两年的实践，我局政府信息公开工作取得了一定的成效，但是还存在着一些问题，主要是表现为：主动公开信息的判别、判定工作影响了主动公开的力度；依申请公开信息在对《条例》的具体应用中存在不易把握之处，影响了后续的受理、检索查询、操作判定、公开等一系列程序，需要进一步完善和规范。

为依法实施政府信息公开工作，我局将进一步做好以下工作：

(一)强化主动公开信息，提高服务水平

我局将结合新一轮的机构改革，探索将主动公开信息工作与绩效考核相结合，完善考评工作。同时进一步扩大主动公开信息的范围。

(二)加强调查研究，提高工作水平

在依申请公开，信息属性确定等方面，结合工作实际，积极开展相关问题的调查研究，解决信息公开工作中的实际问题。

(三)及时总结，做好部门间的沟通工作

2009年是《条例》实施的第二年，我局将在做好本年度统计、总结工作的基础上，结合2008年年报、总结的各项数据，做好分析、对比工作，力争做到掌握苗头、发现趋势，指导新一年的工作。

六、说明与附图附表

(一)说明

对统计指标的说明，及统计期限，统计范围等的说明。

(二)附图与附表

附图一：本机关近年政府信息主动公开数量变化情况

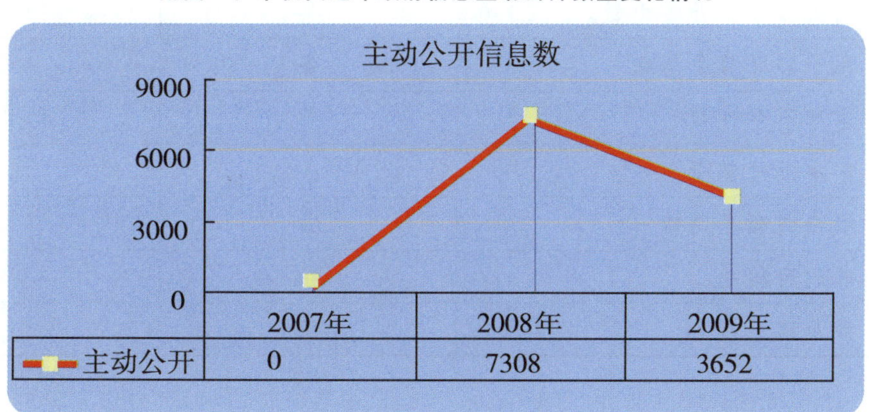

附图二：本机关近年依申请公开政府信息数量变化情况

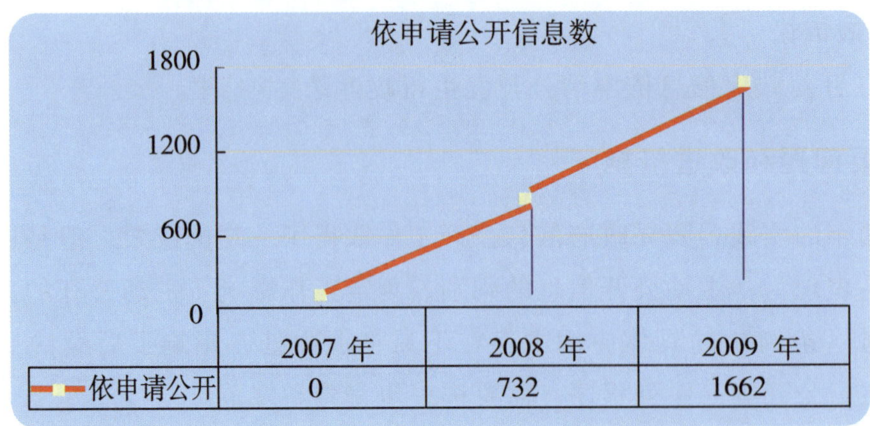

附表一：主动公开情况统计

指　　标	单位	数量
主动公开信息数	条	3652
其中：全文电子化的主动公开信息数	条	3652
新增的行政规范性文件数	条	87

附表二：依申请公开情况统计

指　　标	单位	数量
本年度申请总数	条	1662
其中：1. 当面申请数	条	1612
2. 传真申请数	条	30
3. 互联网申请数	条	0
4. 信函申请数	条	20
对申请的答复总数	条	1571
其中：1. 同意公开答复数	条	1070
2. 同意部分公开答复数	条	10
3. 不予公开答复总数	条	29
4. 信息不存在数	条	414
5. 非本机关掌握	条	17
6. 申请内容不明确	条	28
7. 非政府信息	条	1
8. 涉及第三方	条	2

附表三：咨询情况统计

指　　标	单位	数量
现场咨询数	次	3991
电话咨询数	次	3023
网上咨询数	次	0
政府信息公开专栏页面访问量	次	0

附表四：复议、诉讼、申诉情况统计表

指　　标	单位	数量
行政复议数	件	78
行政诉讼数	件	41
行政申诉数	件	0

附表五：人员与支出情况统计

指　　标		单位	数量
依申请提供政府信息收取费用总额		元	0
依申请提供政府信息减免收费总额		元	0
与行政诉讼有关的费用支出总额		元	0
政府信息公开指定专职人员总数		人	111
其中	1. 全职人员数	人	22
	2. 兼职人员数	人	89

2010年1月12日

2009年度北京市国土资源局荣获奖励情况

局办公室

集体荣誉

东城分局

1. 北京市奥运应急无偿献血志愿者队伍建设先进单位
2. 东城区社会治安综合治理优秀单位
3. 东城区处级干部理论文章评选活动组织奖
4. 北京市国土资源系统执法监察工作优秀单位
5. 东城区落实行政执法责任制工作良好单位
6. 全市乡（镇）、村级干部国土资源法律知识宣传教育培训活动成绩突出单位
7. 东城区第二届职工才艺大比拼活动优秀奖
8. 东城区创建全国文明城区先进集体
9. 东城区文明标兵单位
10. 综治调研文章《机关干部参与维护安全稳定工作的重要性和必要性》获鼓励奖
11. 2009年北京市国土资源局台球团体赛季军
12. 2009年北京市国土资源局党日活动银奖
13. “2009年北京青年土地学术论文征文活动”最佳组织奖
14. 首都国庆60周年群众游行支持贡献单位
15. 国庆安保工作60年特别贡献奖
16. 2009年度预算管理先进单位
17. 东城区2009年度优秀工会组织
18. 在“北京市土地储备系统多储快供”工作中获“业务考核奖”
19. 在“北京市土地储备系统多储快供”工作中获“多储快供优秀组织奖”
20. “2009我耕耘我收获”主题征文活动优秀组织奖
21. 2009年土地储备系统统计工作先进单位

22. 东城区社会治安综合治理2009年度先进单位

23. 东城区直机关“学习型机关”创建工作先进单位

24. 东城区级交通安全先进单位

25. 2009年度政务信息优秀单位

西城分局

1. 被区直机关工委评为五四红旗团支部

3. 2008年西城区档案系统先进单位

4. 2009年北京市国土资源局党日活动金奖

5. 国土资源系统2009年度先进基层党组织

6. 首都国庆60周年群众游行支持贡献单位

7.《关于城镇私有房屋土地使用权确权发证问题的探讨》一文获得西城区优秀调研成果二等奖

8. 分局被市局评为信访工作先进单位

崇文分局

1. 首都文明单位

2. 区级文明单位

3. 市国土系统文明单位

4. 国土资源法律宣传教育培训先进单位

5. 被市国土局和市人事局评为“国土资源管理先进单位”

6. 被崇文区政府评为庆祝新中国成立60周年筹备工作优秀组织奖

7. 储备分中心被市土地整理储备中心授予“多储快供突出贡献奖”

8. 财务工作被市局授予“综合管理先进单位”称号

9. 党支部被评为“党日活动银奖

宣武分局

1. 被市局评为“北京市2009年度国土资源管理先进集体”

2. 分局党支部被市局党组评为“2009年度先进基层党组织”

3. 国土宣武分局被宣武消防支队评为“消防工作先进集体”

4. 土地整理储备宣武分中心获得由北京市土地整理储备中心颁发的“2009年度分中心业务考核奖”

5. 土地整理储备宣武分中心获得由北京市土地整理储备中心颁发的“多储快供专项工作优秀组织奖”

朝阳分局

1. 被北京市宣传教育培训活动办公室评为“乡、村干部国土资源法律知识宣传教育培训活动先进集体”

2. 被市国土局党组评为“市国土系统2008年度文明单位”

3. 被市国土局、市人事局评为“北京市2008年度国土资源管理先进集体”

4. 分局党总支被市国土局党组评为“市国土系统2009年度先进基层党组织”

5. 分局被市国土局机关党委评为“党日活动金奖”

6. 分局党组被市国土局党组评为“先进基层党组织”

7. 分局被北京市朝阳区委、朝阳区人民政府、朝阳区国庆筹备工作领导小组评为“中华人民共和国成立60周年庆祝活动筹办工作先进单位”

8. 北京市土地整理储备中心朝阳分中心被北京市土地整理储备中心评为“2009年土地储备系统统计工作先进单位”

9. 北京市土地整理储备中心朝阳分中心被市国土局评为“2009年度融资管理先进单位”

10. 北京市土地整理储备中心朝阳分中心获北京市土地整理储备中心“投资落地奖”

海淀分局

1. 2009年北京市国土资源局机关党委党日活动铜奖

2. 2009年海淀区防汛抗旱指挥部优秀单位

3. 2009年海淀地区交通安全先进单位

4. 2009年北京市土地整理储备中心海淀区分中心荣获市土地整理储备中心基础工作奖

5. 2008年海淀区平安奥运先进单位

6. 2008年度海淀地区交通安全先进单位

7. 2008年度海淀区税源建设工作先进单位

8. 2008年度市国土系统文明单位

9. 荣获北京市海淀区国庆60周年安保和交通指挥部、国庆平安行动指挥协调小组国庆安保工作先进集体

10. 荣获市国土局2009年度核算管理先进单位荣誉称号

11. 荣获北京市海淀区海淀地区交通安全委员会2009年度海淀地区交通安全先进单位荣誉称号

12. 荣获2009年度海淀区政务信息工作优秀单位

13. 分局被市局评为信访工作先进单位

丰台分局

1. 2009年度北京市乡（镇）、村级干部国土资源法律知识宣传教育培训活动先进单位

2. 2009年度财务管理单项先进单位——预算管理

3. 2009年度北京市土地供应奖

4. 2009年度市国土资源系统党日活动铜奖

5. 2009年度丰台区献血先进单位

6. 2009年度土地储备工作先进单位

7. 分局储备分中心获得市国土系统先进集体称号

8. 2009年度市国土系统财务综合管理先进单位

石景山分局

1. 分局党支部被市局党组评为2009年市局系统优秀基层党组织

2. 石景山区庆祝新中国成立60周年筹办工作先进集体

3. 被市局评为2009年度决算编报先进单位

4. 储备分中心荣获了“业务考核奖”、“多储快供优秀组织奖”两个集体奖项

5. 分局的《组织演讲、党史知识问答和革命歌曲联唱》活动方案获得市局机关党委开展的“最佳党日”银奖

6. 分局被市局评为信访工作先进单位

门头沟分局

1. 北京市爱国卫生先进单位

2. 门头沟区文明单位

3. 门头沟区创建学习型机关先进单位

4. 门头沟区交通安全先进单位

5. 分局被市局评为信访工作先进单位

房山分局

1. 2010年1月被北京市评为2009年度“交通安全先进单位”

2. 2009年6月被北京市宣传教育培训活动办公室评为“北京市乡镇、村级干部国土资源知识宣传教育培训活动先进单位”

3. 2010年1月被北京市评为“国土资源管理先进集体”

4. 2010年1月被区政府评为“房山区调研工作先进单位”

5. 2009年11月被区政府评为“国庆安保先进集体”

6. 2009 年 7 月被市国土局评为 2009 年度“先进基层党组织”

7. 2009 年 12 月储备中心被市国土局储备中心评为“突出贡献奖”；

8. 2009 年 4 月被区直机关工委评为“优秀团支部”

9. 2009 年 10 月被档案局评为“档案管理先进集体”

10. 2010 年 1 月被市国土局评为 2009 年度土地储备系统“统计工作先进单位”

通州分局

1. 通州分局被首都精神文明建设委员会评为“2008 年度首都精神文明单位”

2. 通州分局荣获“2008 年度通州区信访排查工作优秀单位”称号

3. 通州分局纪检监察科被通州区委宣传部评为 2008 年度通州区宣传思想工作先进单位

4. 通州分局被通州区委评为“通州区党委系统信息工作先进单位”

5. 通州分局被通州区政府评为优秀信息单位

6. 通州分局被评为 2008 年度宣传贯彻落实《文物保护法》先进单位

7. 通州分局被评为“2008 年通州区政府法制工作先进单位”

8. 通州分局被区直机关工委评为 2008 年度文明单位

9. 通州分局党总支被评为 2008 年度先进基层党组织

10. 通州分局被评为 2008 年度通州区区级文明单位标兵

11. 通州分局在通州区直机关工委组织的第六届羽毛球团体赛中取得优异成绩，女子队荣获团体二等奖，男子队荣获团体三等奖

12. 2008 年通州分局在全市乡（镇）、村级干部国土资源法律知识宣传教育培训活动中，与通州区广播电视中心共同被北京市乡（镇）、村级干部国土资源法律知识宣传教育培训活动办公室评为成绩突出单位

13. 通州分局积极参加通州区第三届全民运动会，并被竞赛组委会评为优秀组织奖

14. 在通州区政府法制办 2009 年度全区行政处罚案卷评查中，通州分局被评为优秀单位

15. 通州分局办公室被通州区委、区政府、首都国庆 60 周年通州区筹备工作领导小组评为“首都中华人民共和国成立 60 周年庆祝活动筹办工作先进集体”

16. 通州分局在区政府法制办举办的依法行政知识竞赛决赛中获得集体二等奖

17. 被通州区总工会评为“工会工作先进单位”、“职工互助保障先进单位”和“信息工作先进单位”

18. 2009 年，通州分局被首都精神文明建设委员会评为“城乡携手迎奥运共建文明京郊行先进单位”和“迎国庆、讲文明、树新风活动先进单位”

19. 在市局财务系统开展的评奖表彰工作中，通州分局获财务综合管理先进单位

20. 分局被市局评为信访工作先进单位

顺义分局

1. 局被首都文明建设委员会评为“首都文明单位”

2. 局被国土资源局和农业部评为“全国基本农田保护工作先进单位”

3. 局被顺义区政府评为“政绩突出单位”

4. 局被北京市筹备第七届中国花卉博览会指挥部评为“最佳服务保障奖”

5. 局获得区政府“2009年政务公开与全程办事代理制工作先进集体”荣誉称号

6. 局被区纠正行业不正之风办公室评为政风行风与行政效能建设工作先进集体

7. 局被市局评为信访工作先进单位、财务综合管理先进单位

8. 局被区委、区政府评为“信访工作先进单位”

9. 局被区交通安全委员会评为“区级交通安全优秀单位”

10. 局被区体育局评为体育工作先进单位

11. 局机关党委被市国土局党组评为市国土系统“先进基层党组织”

12. 局纪检组被区纪律检查委员会、区监察局评为“先进纪检监察组织”

13. 局全程办被区妇联评为“三八红旗集体”　局被市局机关党委评为台球比赛优秀组织奖

14. 《机关党员走进新农村》活动在“最佳党日”活动评比中被市局机关党委评为银奖

昌平分局

1. 国土资源部授予昌平分局地质灾害群防群策“十有县”

2. 市国土资源局党组授予昌平分局机关党委“市国土系统先进基层党组织”

3. 昌平区住房和城乡建设工作委员会授予昌平分局党组机关党支部“2009年度先进党支部”

4. 市国土资源局授予昌平分局“2009年度财务综合管理先进单位”

5. 市国土资源局机关党委授予昌平分局“党日活动银奖”

6. 市土地整理储备中心授予昌平区分中心“业务考核奖”

7. 市土地整理储备中心授予昌平区分中心“投资落地奖”

8. 市交通安全委员会授予昌平分局“市级交通安全先进单位”

9. 昌平区公安局授予昌平分局“安防系统先进集体”

10. 北京市“首都文明单位”（待批）

11. 分局被市局评为信访工作先进单位

大兴分局

1. 大兴区政府被国土资源部、农业部评为全国基本农田保护工作先进单位

2. 大兴分局被北京市国土资源局评为2009年度国土资源系统财务管理先进单位

3. 第一党支部被北京市国土资源局评为先进基层党支部

4. 第二党支部被大兴区建设工委评为先进基层党支部

5. 大兴分局被北京市国土资源局评为2009年度信访先进单位

6. 大兴分局被大兴区委、区政府评为2009年度综合行政服务窗口工作先进单位

7. 大兴分局荣获2009年度北京市国土资源局台球团体赛第二名

8. 大兴分局被大兴区委、区政府评为2009年度政府信息公开优秀单位

9. 大兴分局被北京市国土资源局评为北京市乡（镇）、村级干部国土资源法律知识宣传教育培训活动成绩突出单位

10. 储备中心大兴分中心荣获北京市土地整理储备中心2009年度多储快供突出贡献奖

11. 监察科（队）荣获全国国土资源执法监察工作先进集体

12. 大兴分局荣获北京市大兴区绿化美化先进集体

平谷分局

1. 2008年度工会工作优秀单位

2. 2008年国土资源系统财务管理先进单位

3. 2008年度信息工作优秀单位

4. 2008年平谷区第四届全民运动会拔河比赛区直组第三名

5. 国土系统2008年度文明单位

6. 2008年度人口和计划生育工作先进单位

7. 09年第一季度优秀窗口

8. 平谷区政务信息优秀单位

9. 执法监察工作优秀单位

10. 09年第二季度优秀窗口

11. 09年第三季度优秀窗口

12. “最佳党日”活动评比铜奖

13. 09年第四季度优秀窗口

14. 北京市2008年度交通安全先进单位

15. 财务综合管理先进单位

16. 09年度优秀优秀窗口

17. 2009年度北京市单位内部安全保卫工作中集体嘉奖

18. 2009年度工会工作优秀单位

19. 平谷区社会治安综合治理先进单位

怀柔分局

1. 怀柔土地整理储备中心被市土地整理储备中心评为土地供应奖
2. 怀柔土地整理储备中心被市土地整理储备中心评为业务考核奖
3. 怀柔分局被区委表彰为“怀柔区庆祝建国60周年活动先进集体”
4. 怀柔分局被区政府评为“优秀调研信息工作单位”
5. 怀柔分局被区委区政府评为信息工作先进单位
6. 怀柔分局办公室被区综治委评为“怀柔区建国60周年国庆安保工作基层先进单位”
7. 怀柔分局执法监察队被怀柔共青团区委评为“青年文明号”

密云分局

1. 密云国土分局执法监察队被国土部评为“整顿和规范矿产资源开发秩序工作先进集体”
2. 全程办事代理服务窗口被密云县人民政府评为“红旗窗口”
3. 被密云县人民政府评为“信访工作优秀单位”
4. 被密云县交通安全委员会评为“交通安全先进单位”
5. 分局机关党委被市局党组评为“市国土系统2009年度先进基层党组织”
6. 分局党组被市局机关党委评为“党日活动银奖”
7. 被市局评为“国土资源管理先进单位”、“北京市乡（镇）、村级干部国土资源法律知识宣传教育培训活动先进单位”、“信访工作先进单位”
8. 被密云县交通安全委员会评为“交通安全先进单位”

延庆分局

1. 2009年度延庆县交通安全先进单位
2. 延庆县2009年乒乓球邀请赛（动力100杯）最佳团队奖

局机关和事业单位

1. 首都文明单位
2. 首都“迎国庆、讲文明、树新风”活动先进集体
3. 土地整理储备中心、利用事务中心被市直机关工委评为市直机关文明单位
4. 土地整理储备中心工会分会被市总工会评为北京市模范职工小家
5. 土地整理储备中心团支部被市直机关团工委评为2008年度市直机关共青团红旗团支部
6. 执法监察大队党支部获市直机关工委最佳党日”活动评比一等奖

7. 登记中心、地籍处党支部获市直机关工委“最佳党日”活动评比二等奖

8. 土地整理储备中心团支部获市直机关工委“最佳党日”活动评比三等奖

9. 北京市部门决算工作一等奖

10. 耕地保护处被评为2008年北京市三八红旗集体

11. 耕地保护处被评为北京市2008年国土资源管理先进集体

12. 耕地保护处被评为2008年国土资源管理系统文明处室

13. 市纠风办和市经信委联合组织的北京市政务网站考核评价工作中，我局土地交易信息查询服务被评为2009年度优秀网上服务项目

14. 由执法监察大队（处）撰写的《加强综合治理，落实共同责任，坚决遏制违法违规用地高发势头》一文，在2009年度首都综治工作重点调研成果评选活动中荣获优秀奖

15. 市局被评为“安全保卫工作”标兵单位

16. 市局被评为“首都绿化工作先进单位”

17. 市局信访工作被市政府信访办评为“优秀”

18. 市局被评为“国庆安保”工作先进集体

个人奖项

东城分局

1. 李伟、姚明亮、闫德林、张志斌、杨娜同志被评为东城区创建文明城区工作先进个人

2. 李伟同志被评为北京市国土资源系统2009年度优秀共产党员

3. 李伟同志被评为2009年度优秀政务信息工作领导者

4. 陈伯陶、刘岩同志被评为北京市国土资源系统2009年信访工作先进个人

5. 姚明亮同志被评为2009年度优秀工会工作者

6. 朱生平同志被评为北京市国土资源局2009年度财务管理先进个人

7. 韦先波、陈晓瑛、雷雪同志在2009年北京青年土地学术论文征文活动中获一等奖

8. 张志斌、刘岩、刘京菁同志在2009年北京青年土地学术论文征文活动中获二等奖

9. 卫博、赵辉、王晓博、原鹏、刘丹同志在2009年北京青年土地学术论文征文活动中获三等奖

10. 杨娜同志被评为2008年度东城区优秀团干部

11. 谢伟同志被评为全市乡（镇）、村级干部国土资源法律知识宣传教育培训活动先进个人

12. 雷雪同志被评为2008年度优秀法制干部
13. 张同心、孙梅芳同志被评为首都国庆60周年群众游行优秀工作者
14. 蒋明宇同志被评为北京市国土资源系统2009年度优秀党务工作者
15. 韦先波同志被评为东城区直机关2007—2008年度优秀共产党员
16. 韦先波、庞秀华同志被评为2009年公安内保工作嘉奖
17. 刘丹同志被评为“2009我耕耘我收获”主题征文活动二等奖
18. 刘丹同志被评为2009年度多储快供先进个人
19. 薛守娥同志被评为2009年度优秀政务信息工作者

西城分局

1. 林毅同志被区直机关评为工委青年之友
2. 白承同志被区直机关评为优秀团员
3. 燕彦、白承、李玉栓同志被评为首都国庆60周年群众游行优秀工作者
4. 林毅、刘善顺、李捷被评为市局优秀共产党员
5. 苏兰英同志被评为区委优秀党务工作者
6. 中共中央政治局委员、中共北京市委书记刘淇同志、北京市人民政府市长郭金龙同志授予西城国土分局局长林毅同志纪念证书，感谢他在参加首都中华人民共和国成立60周年庆祝活动筹办工作期间所做出的贡献

崇文分局

1. 朱希昆、山广诠、王玉洁、马淳朴同志被市国土局评为优秀共产党员
2. 王桂忠同志被市国土局评为优秀党务者
3. 高惠明同志被市整理储备中心评为“多储快供”先进个人
4. 张立华同志被评为2009年国土系统财务管理“先进个人”
5. 崔雨萌同志被评为2009年《北京崇文年鉴》编纂工作“先进个人”

宣武分局

1. 阎建国同志被市局评为“北京市2009年度国土资源管理先进工作者”
2. 郭根存同志被市局党组评为“2009年度优秀党务工作者”
3. 王钰红同志被市局党组评为“2009年度优秀党员”
4. 郭鹏同志被市局党组评为“2009年度优秀党员”
5. 王冬同志被北京市土地整理储备中心评为“多储快供先进个人”
6. 刘俊兰同志被宣武消防支队评为“消防工作先进个人”
7. 周绍华同志被公安宣武分局授予“内保工作嘉奖”
8. 刘序昕同志被公安宣武分局授予“内保工作嘉奖”

9. 高伟同志被区直机关工委评为“2009 年度宣武区优秀共青团员”

朝阳分局

1. 樊文祯、王国韬、赵光耀、王楠、杜和平、朱婧琎6名同志被市国土局党组评为“优秀共产党员”。李燕同志被市局党组评为“优秀党务工作者”

2. 张雅明同志被朝阳区委、朝阳区人民政府评为“奥运安保工作先进个人”

3. 林海燕同志获得2009年度多储快供工作先进个人

4. 杜伟同志获得朝阳区精神文明委“朝阳区‘迎国庆、讲文明、树新风’活动先进个人”

海淀分局

1. 张继安、韩淑英、朱亮荣获国庆安保工作先进个人

2. 赵艺华同志荣获海淀区2008年度信访排查调处工作先进个人

3. 武克非同志荣获2009年办理人大代表建议、政协委员提案工作先进个人

4. 彭仲宇同志荣获2009年度海淀区知识型职工标兵

5. 刘明同志荣获2009年度海淀区公文处理先进个人

6. 王月玲同志荣获2009年海淀区法制工作先进工作者

7. 赵艺华同志荣获中共海淀区委员会、海淀区人民政府第六届民族团结进步先进个人荣誉称号

8. 和金庆同志荣获2009年度海淀区政务信息工作优秀信息工作领导者

9. 张凯同志荣获2009年度海淀区政务信息工作优秀信息工作者

10. 郑来柱同志荣获海淀区信息化工作先进工作者

丰台分局

1. 董树立、姜新焕、石莉、张舰荣获市国土资源系统优秀共产党员称号

2. 李刚荣获市国土资源系统优秀党务工作者称号

3. 董树立、刘跃芬、王廉友荣获北京市宣传教育培训先进个人

4. 石莉荣获市三八红旗手称号

5. 王晶荣获市国土资源系统财务管理先进个人

6. 石莉荣获市国土系统先进工作者

7. 石莉荣获市国土系统储备工作先进个人

8. 王廉友荣获市国土系统“保红线”先进个人

9. 田涛、岳立阳荣获市国土系统土地储备投资工作先进个人

10. 林晶、张伟荣获2009年北京国土资源青年学术论文一等奖

11. 韩沈飞、李晋荣获2009年北京国土资源青年学术论文二等奖

12. 张舰、孙一铭荣获2009年北京国土资源青年学术论文三等奖
13. 董树立、孙立珍荣获信访工作先进个人
14. 李晋获得区国庆安保先进个人称号
15. 李晋获得区献血先进个人称号
16. 孙一铭获得市国土系统“爱党、爱国、爱岗”征文活动纪念奖

石景山分局

1. 分中心常务副主任吕振库同志荣获“2009年度多储快供先进个人奖”
2. 张坚、张志民、祝宝森、张德军、杜红霞获得石景山区庆祝新中国成立60周年筹办工作先进个人称号
3. 马桂兰同志被市局评为2009年优秀党务工作者
4. 刘敏生、吕振库、董宇青同志被市局评为2009年优秀共产党员
5. 李文明同志被授予石景山文明之星光荣称号
6. 鹿崇娥同志被市局评为2009年度财务工作先进个人
7. 李佳同志被评为2009年北京市乡（镇）、村级干部国土资源法律知识宣传教育培训活动先进个人

门头沟分局

1. 李望同志获北京市爱国卫生先进个人
2. 田嘉楠同志获北京市中华人民共和国成立60周年庆祝活动安全保卫先进个人
3. 王军征同志获门头沟区“五五普法规划、服务科学发展”调研征文三等奖
4. 杨立新同志获门头沟区治安保卫个人嘉奖

房山分局

1. 2009年11月崔京龙同志被国土资源部评为“整顿和规范矿产资源开发秩序工作先进个人”
2. 2009年12月赵劲峰同志被国土部、农业部评为“全国基本农田保护先进个人
3. 2010年1月高冰山同志被首都绿化委员会评为“首都绿化美化积极分子”
4. 2010年1月任振秋同志被评为北京市“国土资源先进工作者”
5. 2010年1月杨玉波同志出席北京市“千亿元土地储备开发投资落地先进个人”
6. 2010年1月王慧文出席北京市“千亿元土地储备开发投资落地先进个人”
7. 2010年1月任振秋同志被区政府评为2009年度“调研先进个人”
8. 2009年8月李泽田同志被评为“优秀党务工作者”
9. 2009年11月李雪生同志被被区政府评为“国庆安保先进个”
10. 2009年12月解春来同志被市国土局储备中心评为“多储快供标兵”

11. 2009 年 12 月刘克海同志被市国土局评为 2009 年度“财务管理先进个人”

12. 2009 年 12 月温宪平同志被市国土局评为“信访先进个人”

13. 2009 年 11 月纪文同志被区政府评为“房山区国庆安保先进个人”

14. 2009 年 11 月尹少成同志被区政府评为“房山区国庆安保先进个人”

15. 2009 年 8 月李惠英同志被市国土系统评为 2009 年度“优秀共产党员”

16. 2009 年 8 月王文元同志被市国土系统评为 2009 年度“优秀共产党员”

17. 2009 年 8 月袁文静同志被市国土系统评为 2009 年度“优秀共产党员”

18. 2009 年 8 月杨玉波同志被市国土系统评为 2009 年度“优秀共产党员”

19. 2009 年 8 月赵苹同志被市国土系统评为 2009 年度“优秀共产党员”

20. 2009 年 8 月谢颖同志被市国土系统评为 2009 年度“优秀共产党员”

21. 2009 年 4 月张玉征同志被区直机关工委评为“优秀团干部”

22. 2010 年 1 月高冰山同志被区绿化办评为“绿化美化先进个人”

23. 2010 年 1 月李爱萍同志被房山区妇女联合会评为“三八红旗手”

24. 2010 年 1 月纪文同志被国土部评为“全国执法监察先进个人”

通州分局

1. 执法监察大队张文艳同志荣获“2008 年度通州区信访排查工作先进个人”

2. 纪检监察科李鸿雁同志被评为 2008 年度通州区优秀宣传干部

3. 史伟玮同志被评为信息工作先进个人

4. 刘占恩同志被评为优秀信息工作领导，杨憬民同志被评为优秀信息员

5. 康振宇同志被评为“重视法制工作的领导”

6. 执法监察科马选军同志被评为“优秀法制科长”

7. 杨憬民等 3 名同志被评为优秀共产党员，王运波等 9 名同志被评为先进工作者

8. 郑学忠同志被北京市人民政府、首都绿化委员会评为“2008 年度首都绿化美化积极分子”

9. 2008 年通州分局在全市乡（镇）、村级干部国土资源法律知识宣传教育培训活动中，马选军、李宏宇、张健三位同志被评为先进个人

10. 郑学忠、李雪梅同志被评为优秀工会干部，李雪梅被评为“职工互助保障先进个人和优秀信息员

11. 在市局财务系统开展的评奖表彰工作中，张清同志获先进个人称号

顺义分局

1. 孙桂祥同志被区委、区政府评为“顺义区 2009 年度就业再就业工作先进个人”

2. 孙桂祥、王军生、刘宝、申长华、李全、高宝荣、史建国、李书国、田红涛、贾红颖 10 名同志被第七届中国花卉博览会组委会评为“先进个人”

3. 赵丽婷同志被市国土局党组评为“优秀党务工作者”、被区体育局评为体育工作优秀干部

4. 刘宝、蔺宝军、史建国、田红涛、王英梅、李中权同志被市国土局党组评为“优秀共产党员”

5. 申长华同志被市局评为信访工作先进个人

6. 高宝荣同志被区委、区政府评为“信访先进工作者”、被市局评为信访工作先进个人

7. 田红涛同志被市局评为“财务管理先进个人”

8. 雷海霞同志被区妇联评为“三八红旗手”

9. 张健鸿同志被区体育局评为体育工作优秀干部、被区计委生育委员会评为优秀计生干部、在市局机关党委举办的“爱党爱国爱岗”征文活动中获二等奖

10. 白润友被区交通安全委员会评为“区级交通安全优秀管理干部”、市公安局给予记“三等功”奖励

11. 吴宝金被区信息化管理办公室评为先进个人

12. 刘继华、崔勇同志在“走进美丽宝岛—台湾知识有奖竞答”活动中获三等奖

昌平分局

1. 任宝玲、王淑珍、蒲世赛、王东、张万生、付静侠、张永刚同志获市国土系统优秀共产党员

2. 郑全智、孙宪海、侯亚芹、杨广合、谷天宝、庄俊全、袁平同志获昌平区建委系统优秀共产党员

3. 刘智荣同志获市储备中心“多储快供标兵”

大兴分局

1. 李启岭同志被评为国土资源部、农业部全国基本农田保护工作先进个人

2. 秦凯同志被评为北京市土地整理储备中心多储快供标兵

3. 景文成同志被评为北京市国土资源局优秀党务工作者

4. 庞波和贾朝然同志被评为北京市国土资源局信访工作先进个人

5. 孙龙广、金浩、刘洋（女）、贾朝然和胡卫东同志被评为北京市国土资源局机关党委优秀党员

6. 景文成同志被评为大兴区政府信息公开优秀领导

7. 孙龙广同志被评为大兴区行政服务优秀领导

8. 李凤河、谢长海和张亚丽同志被评为大兴区建设工委优秀党员

9. 刘海雁同志被评为北京市国土资源局系统财务管理先进个人

10. 鲁维深和陶沙同志被评为北京市国土资源局乡（镇）、村级干部国土资源法律

知识宣传教育培训活动先进个人

11. 张明辉和贾克兵同志被评为大兴区国庆60周年安保工作先进个人

12. 邓福华同志被评为大兴区依法行政先进个人

13. 张洪芳同志被评为大兴区全程办事代理工作先进个人

14. 刘娟同志被评为大兴区综合行政服务窗口先进个人

15. 李爱杰同志被评为大兴区政府信息公开先进个人

16. 马丽欣被评为大兴区人力资源和社会保障优秀工作者

17. 霍锋同志在北京市国土资源系统关于开展“爱党、爱国、爱岗”征文活动中获纪念奖

平谷分局

1. 费永新、陈建华同志被评为信访工作先进个人

2. 张亚民同志被评为国土资源系统财务管理先进个人

3. 郭再安同志被区委办公室评为优秀信息工作领导者

4. 张保红同志被区委办公室评为优秀信息员

5. 姚军航、张保红同志被评为北京市乡镇、村级干部国土资源法律指示宣传教育培训活动先进个人

6. 王君艳同志被评为档案工作先进个人

7. 李满芝同志被平谷区综合行政服务中心评为第一季度服务之星

8. 张海静同志被被评为平谷区优秀团干部

9. 傅景玉同志被区政府办公室评为优秀政务信息工作领导

10. 张保红同志被区政府办公室评为优秀政务信息员

11. 朱维兰同志被平谷区综合行政服务中心评为第二季度服务之星

12. 付景玉、郭再安、郭利军、张亚民、王庆明、王永刚同志被评为市国土系统2009年度优秀共产党员

13. 李　杰同志被平谷区综合行政服务中心评为第三季度服务之星

14. 刘伯文同志获平谷区机关工委羽毛球比赛男单冠军

15. 朱长福同志被平谷区评为庆祝中华人民共和国成立60周年先进个人

16. 赵　春同志被平谷区评为庆祝中华人民共和国成立60周年先进个人

17. 郭立军、李满芝、高晓红同志在市局国土系统“爱党爱国爱岗”征文活动中获三等奖

18. 张保红同志在市局国土系统“爱党爱国爱岗”征文活动中获二等奖

19. 姚军航同志获2009年国土资源青年学术交流会论文三等奖

20. 韩芸同志获2009年国土资源青年学术交流会论文三等奖

21. 李满芝同志被平谷区综合行政服务中心评为第四季度服务之星

22. 李满芝、李杰、朱维兰同志被平谷区综合行政服务中心评为年度服务之星

23. 张全才同志被平谷区综合行政服务中心评为年度优秀首席代表

24. 张雅民同志被评为财务管理先进个人

25. 高文辉同志被评为多储快供标兵

26. 张海静同志在“平谷区职工安全——托起一片蓝天”演讲比赛中获三等奖

27. 朱长福同志被评为北京市2009年度内部安全保卫个人嘉奖

28. 姚军航、徐艳同志被评为2009年市局信访先进个人

29. 郭再安同志被平谷区工会评为2009年优秀工会工作者

30. 王君艳同志被区档案局评为2009年度优秀信息员

怀柔分局

1. 唐军生同志被国土资源部评为“全国整顿与规范矿产资源开发秩序先进个人”

2. 李彩霞同志被市土地储备中心评为先进个人

3. 刘玉祥被评为市国土局“优秀党务工作者”

4. 纪品良、潘连筠、张宝君、王常柱、马军、张金泉、李彩霞同志被评为市局优秀共产党员

5. 胡海伶、王常柱、吴润臣同志被市国土局评为工会工作积极分子；贾伟同志被市国土局评为优秀工会工作者

6. 高绍振、梁银波同志荣获市国土系统关于开展“爱党、爱国、爱岗”征文活动纪念奖

7. 要启明被区政府评为“优秀调研信息工作者”

8. 杜玉芹、沈贺宾同志被区委评为“国庆60周年庆祝活动先进个人”

9. 解朋、要启明、霍长明同志被区综治委评为“平安国庆先进个人”

10. 张晓波同志被共青团怀柔区委评为“创业带头人”

11. 林凤娥同志被区委区政府评为为信息工作先进个人

12. 韩维瀛、钱朝勇、候立祥、李泳儒、杨舒云和周飞同志被评为怀柔分局优秀共产党员

密云分局

1. 罗金宇同志被评为全程办事代理服务窗口“先进工作者”

2. 王国辅、任明信、张金凤、李桂芝、苏春国、祁爱华、于洪宇、崔亮等8同志人被市局党组评为“市国土系统2009年度优秀共产党员”

3. 罗秀民、张义臣同志被市局通报表扬

4. 罗秀民、刘继武同志被市局评为“信访工作先进个人”

5. 季宝林、夏小芳同志荣获财政部颁发的“会计工作30年荣誉证书”

6. 宋沛林同志被团县委评为“共青团员标兵”

延庆分局

1. 王亚震同志被评为延庆县2009年度社会矛盾排查化解先进工作者
2. 丁立川同志被评为2009年北京市交通安全先进个人
3. 孟宪利同志获“聚焦国土、主动服务、促和谐促发展”摄影比赛二等奖
4. 孟宪利同志获亚洲国际集邮展览会镀金奖
5. 苗强同志被评为2009年延庆县统计系统先进个人

局机关和事业单位

1. 刘辉同志、王黎明同志和赵蓬璐同志获首都“迎国庆、讲文明、树新风”活动先进个人
2. 谢俊奇同志获九三学社参政议政工作纪念奖
3. 王瑾同志被评为2009年国土资源局先进党务工作者
4. 王瑾同志被评为北京市第二次全国农业普查工作先进个人
5. 王瑾同志被评为北京市乡（镇）、村级干部国土资源法律知识宣传教育培训活动先进个人
6. 刘娜同志被评为全国基本农田保护工作先进个人
7. 邹木金、朱晓忠同志荣获国家南水北调工程突出贡献奖
8. 邹木金同志被评为2009年局优秀共产党员
9. 陈一昕同志被评为“全国整顿和规范矿产资源开发秩序先进个人”
10. 石帅同志被评为市直机关共青团优秀团干部
11. 祁博同志被评为市直机关共青团优秀团员

统计资料

在4.22纪念第40个世界地球日的宣传活动

统计资料

2009年国土资源主要统计指标分析

信息科技处

一、建设项目土地预审情况

2009年全市用地已通过预审项目1392个，预审总面积17711.41公顷，同比增长87%。其中，建设用地8857.74公顷，同比增长96%；农用地8405.82公顷，同比增长83%；未利用地447.85公顷，同比增长27%。（详见图1）

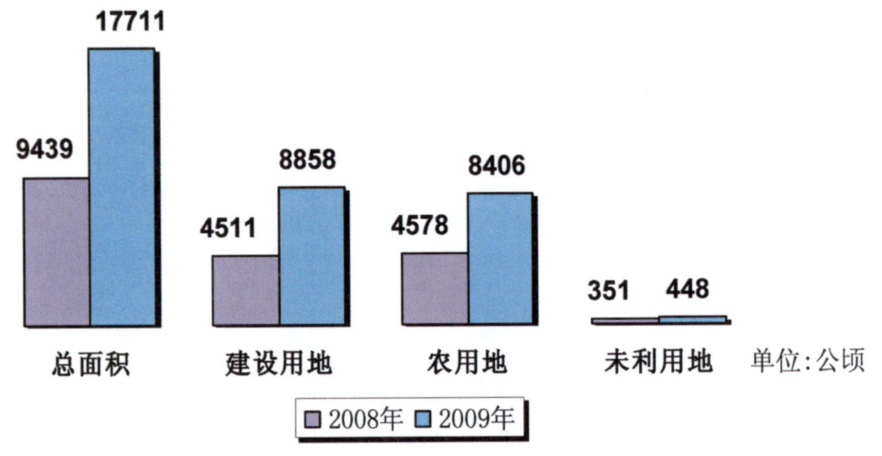

图1　2008年和2009年土地预审面积情况

从项目的用地类型看，2009年排在前四位的用地类型分别是储备类11100.79公顷，同比增长185%；基础设施类3773.67公顷，同比增长26%；住宅类项目1041.03公顷，同比增长44%；科教文卫类项目1018.67公顷，同比增长45%。（详见图2）

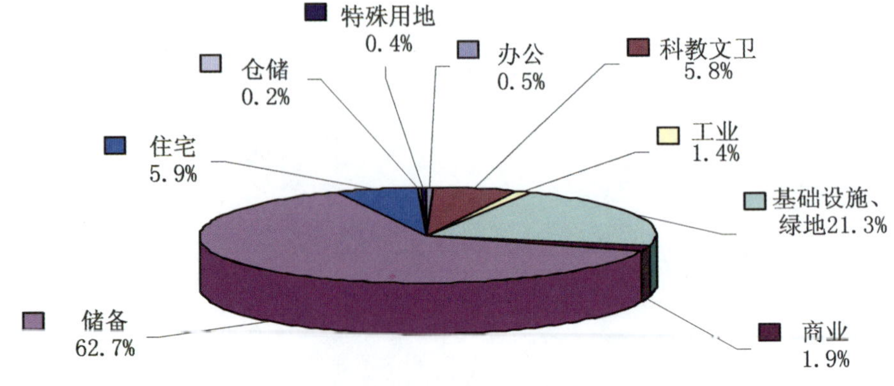

图2　2009年建设项目预审用地类型情况

从空间分布上看，2009年土地预审数据显示，朝阳、通州、顺义和房山区预审土地面积均达2000公顷以上，分别为2487.45公顷、2316.38公顷、2254.41公顷和2060.6公顷，占预审总面积的14%、13%、12%和11%。(详见图3)

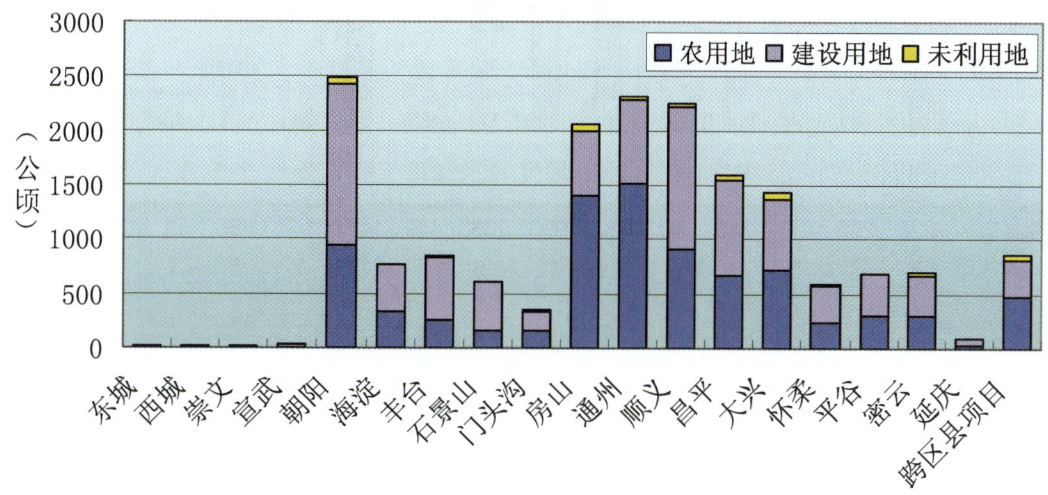

图3 2009年土地预审面积空间分布情况

二、审批建设用地情况

2009年共审批建设用地8418.77公顷，同比增长178%。其中，农用地转用5557.57公顷，含耕地3552.9公顷，同比分别增长218%和204%。(详见图4)

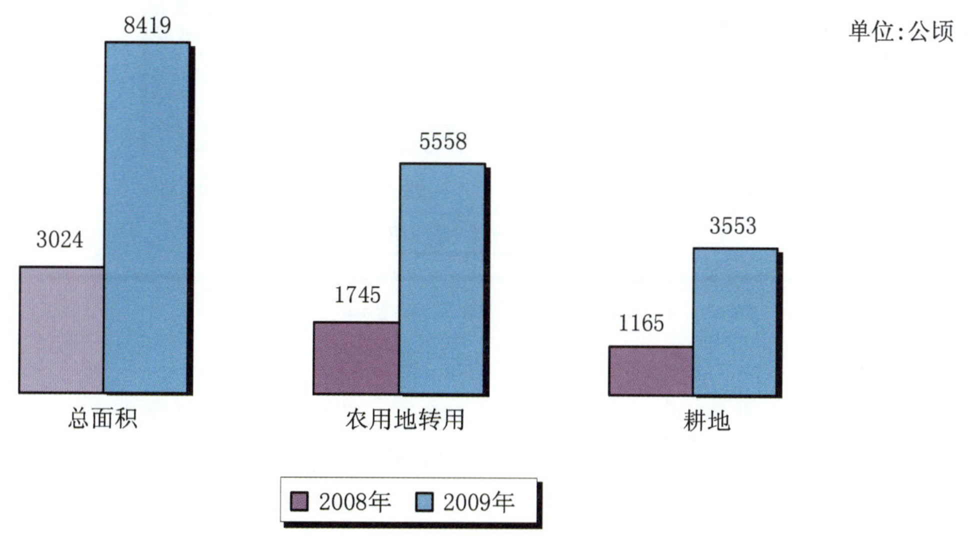

图4 2008年和2009年审批建设用地情况

从空间分布上看，审批建设用地前三位的区县分别是房山、大兴和顺义区。2009年分别审批房山、大兴和顺义区建设用地1583.11公顷、1410.98公顷和1338.26公顷，分别占审批总面积的19%、17%和16%。(详见图5)

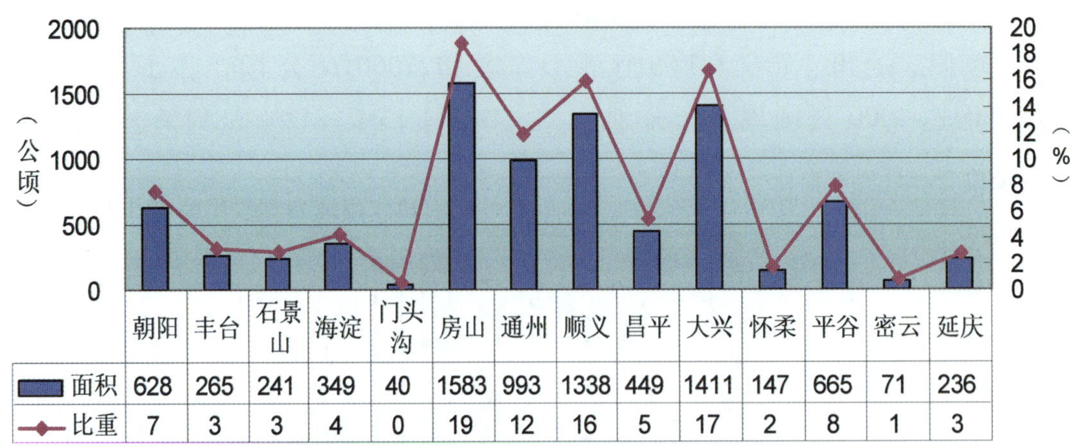

	朝阳	丰台	石景山	海淀	门头沟	房山	通州	顺义	昌平	大兴	怀柔	平谷	密云	延庆
面积	628	265	241	349	40	1583	993	1338	449	1411	147	665	71	236
比重	7	3	3	4	0	19	12	16	5	17	2	8	1	3

图 5　2009 年审批建设用地空间分布情况

三、土地供应总量情况

2009 年我市供应土地 6303.02 公顷，其中出让（签订合同）1569.45 公顷、划拨 721.62 公顷、以征代划 4011.94 公顷，分别占土地供应总量的 25%、11% 和 64%。（详见图 6）

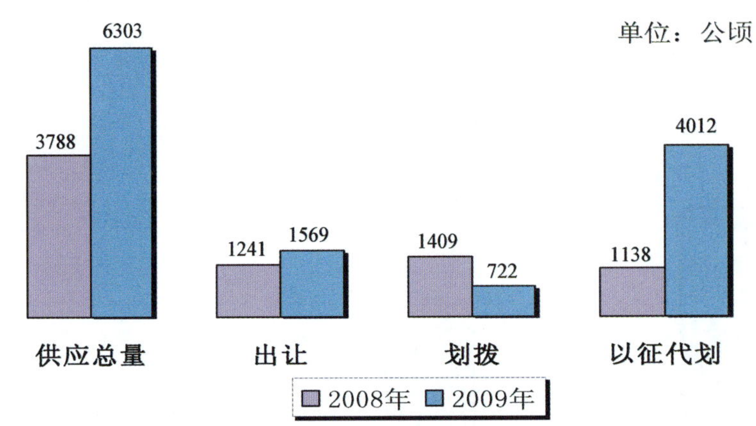

图 6　2008 年和 2009 年土地供应总量情况

从各类用地所占比重来看，2009 年土地供应总量中，交通运输用地、代征道路和代征绿化用地居前三位，分别是 1412.66 公顷、1315.89 公顷和 1197.82 公顷，分别占供应总量的 23%、21% 和 19%。（详见图 7）

（一）土地供应情况——出让（签订合同）

2009 年全市共出让土地 1569.45 公顷（不包括现状补办协议出让项目），同比增长 26%。（详见图 8）

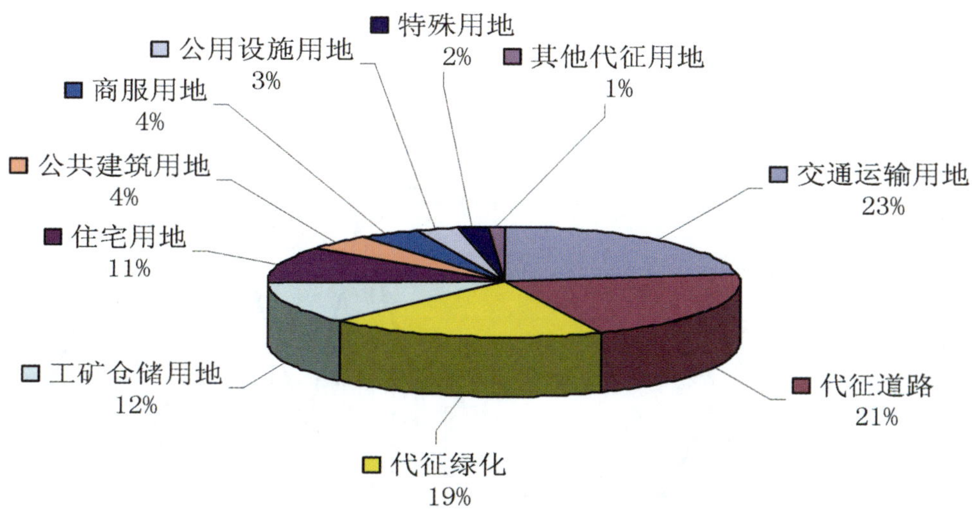

图7　2009年土地供应地类情况

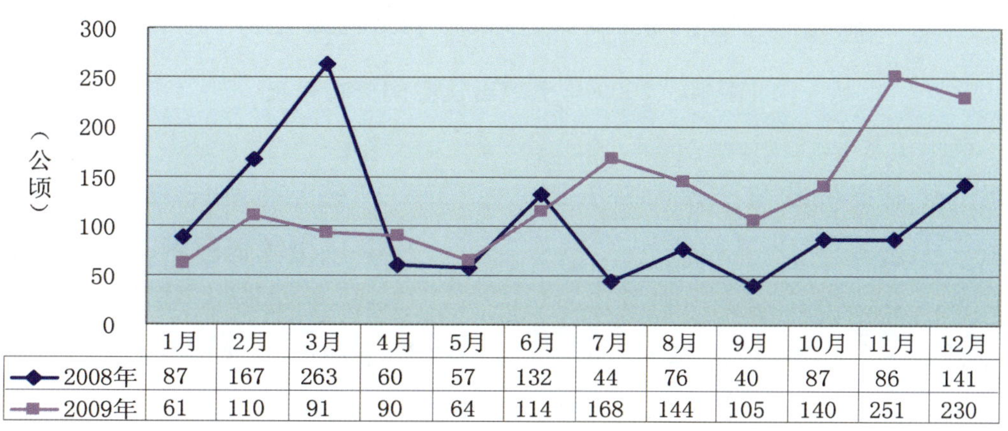

	1月	2月	3月	4月	5月	6月	7月	8月	9月	10月	11月	12月
2008年	87	167	263	60	57	132	44	76	40	87	86	141
2009年	61	110	91	90	64	114	168	144	105	140	251	230

图8　2008年和2009年各月土地出让情况

从出让土地结构类型上看，2009年工矿仓储用地和商服用地出让同比分别增长160%和111%；公用设施用地、住宅用地和公共建筑用地同比分别下降53%、35%和9%。(详见图9)

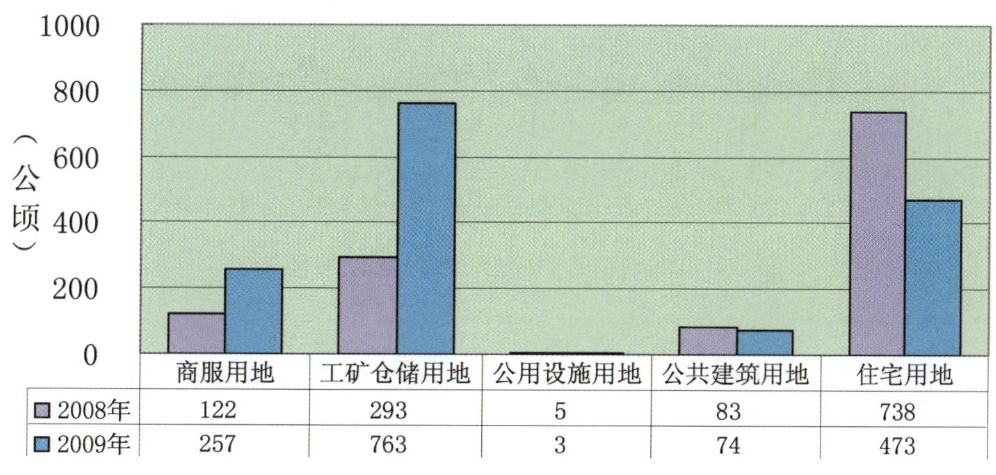

	商服用地	工矿仓储用地	公用设施用地	公共建筑用地	住宅用地
2008年	122	293	5	83	738
2009年	257	763	3	74	473

图9　2008年和2009年出让土地用地类型情况

从空间分布上看，主要集中在顺义、亦庄、大兴等区县。2009年出让顺义区、亦庄开发区和大兴区土地261.9公顷、229.65公顷和198.77公顷，分别占出让总面积的17%和、15%和13%。（详见图10）

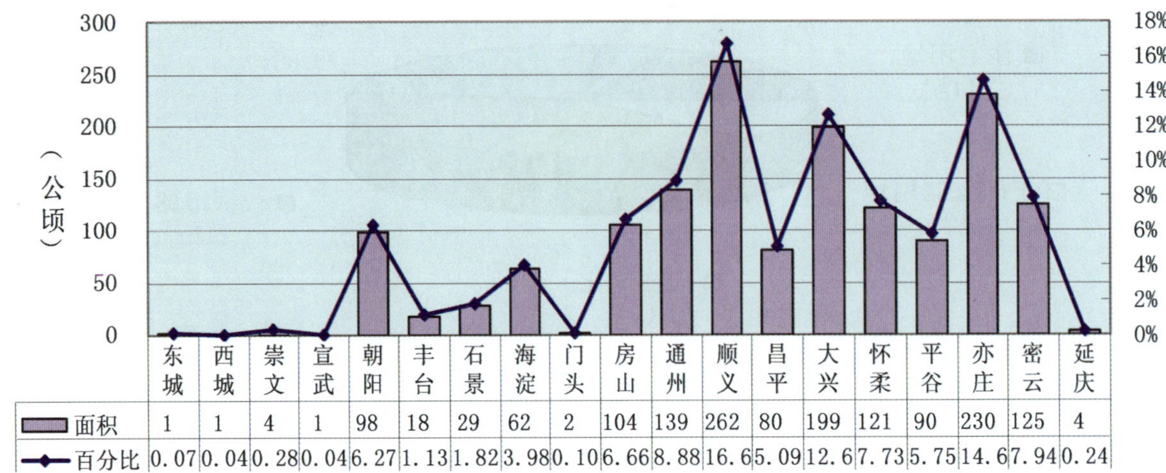

	东城	西城	崇文	宣武	朝阳	丰台	石景	海淀	门头	房山	通州	顺义	昌平	大兴	怀柔	平谷	亦庄	密云	延庆
面积	1	1	4	1	98	18	29	62	2	104	139	262	80	199	121	90	230	125	4
百分比	0.07	0.04	0.28	0.04	6.27	1.13	1.82	3.98	0.10	6.66	8.88	16.6	5.09	12.6	7.73	5.75	14.6	7.94	0.24

图10　2009年土地出让空间分布情况

土地出让成交价款与土地收益上缴金额情况

2009年，土地出让成交价款712.33亿元，同比（645.32亿元）增长10%，土地收益上缴金额483.33亿元，同比（336.27亿元）增长43%。

（二）土地供应情况——划拨

2009年全市共划拨土地722公顷，同比下降48%。（详见图11）

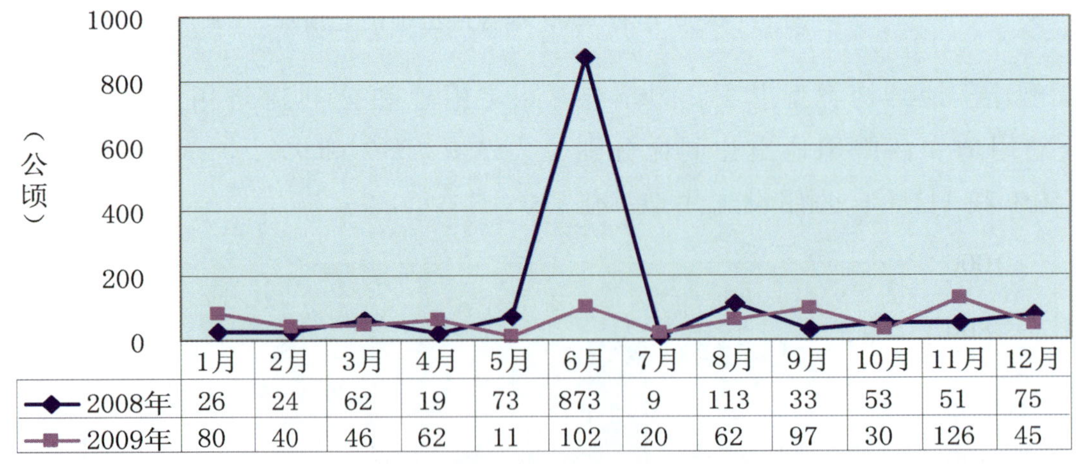

	1月	2月	3月	4月	5月	6月	7月	8月	9月	10月	11月	12月
2008年	26	24	62	19	73	873	9	113	33	53	51	75
2009年	80	40	46	62	11	102	20	62	97	30	126	45

图11　2008年和2009年各月划拨用地情况

从划拨土地的用地类型上看，特殊用地、住宅用地和公共建筑用地同比分别增长224%、46%和10%；公用设施用地和交通运输用地同比分别下降77%和92%。2009年首次出现1宗划拨工矿仓储用地（政府投资的垃圾处理厂）。（详见图12）

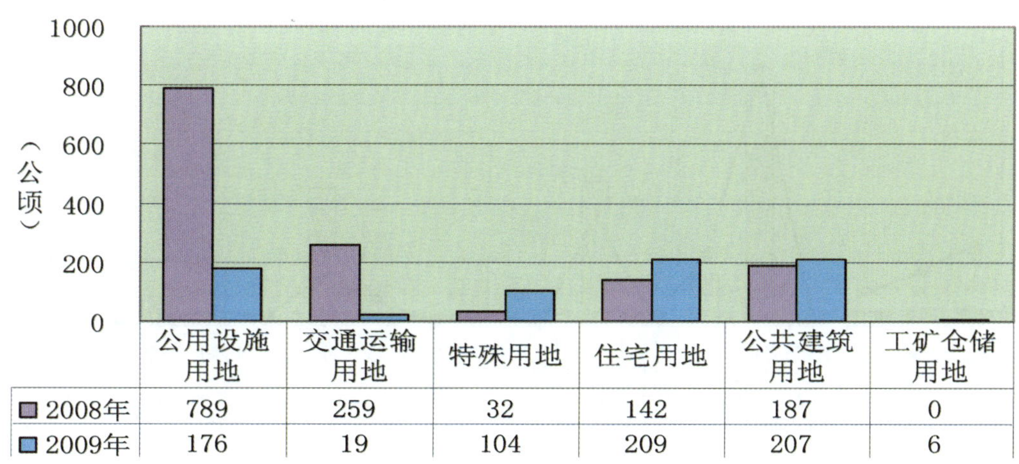

	公用设施用地	交通运输用地	特殊用地	住宅用地	公共建筑用地	工矿仓储用地
2008年	789	259	32	142	187	0
2009年	176	19	104	209	207	6

图 12　2008 年和 2009 年土地划拨情况

（三）土地供应情况——以征代划

2009 年，全市以征代划土地 4011.94 公顷，同比增长 252%，主要是代征道路和代征绿化，约为 2514 公顷，占以征代划总面积的 63%。（详见图 13）

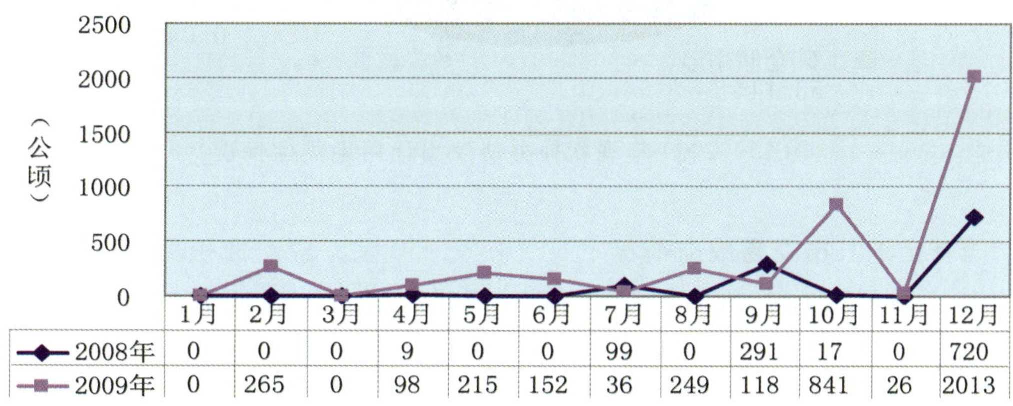

	1月	2月	3月	4月	5月	6月	7月	8月	9月	10月	11月	12月
2008年	0	0	0	9	0	0	99	0	291	17	0	720
2009年	0	265	0	98	215	152	36	249	118	841	26	2013

图 13　2008 年和 2009 年以征代划情况

四、现状补办协议出让情况

2009 年，现状补办协议出让项目 346 宗，面积 284.14 公顷，成交价款 18.74 亿元，现状补办协议出让面积同比下降 70%，成交价款同比下降 54%。

从空间分布上看，现状补办协议出让主要集中在朝阳、海淀和昌平等区县。2009 年现状补办协议出让朝阳、海淀和昌平区土地分别 69.98 公顷、38.83 公顷和 37.01 公顷，分别占现状补办协议出让总面积的 25%、14% 和 13%。（详见图 14）

从用地类型上看，工矿仓储用地和商服用地是现状补办协议出让的主要部分，分别为 159.52 公顷和 80.78 公顷，占总量的 56% 和 28%。（详见图 15）

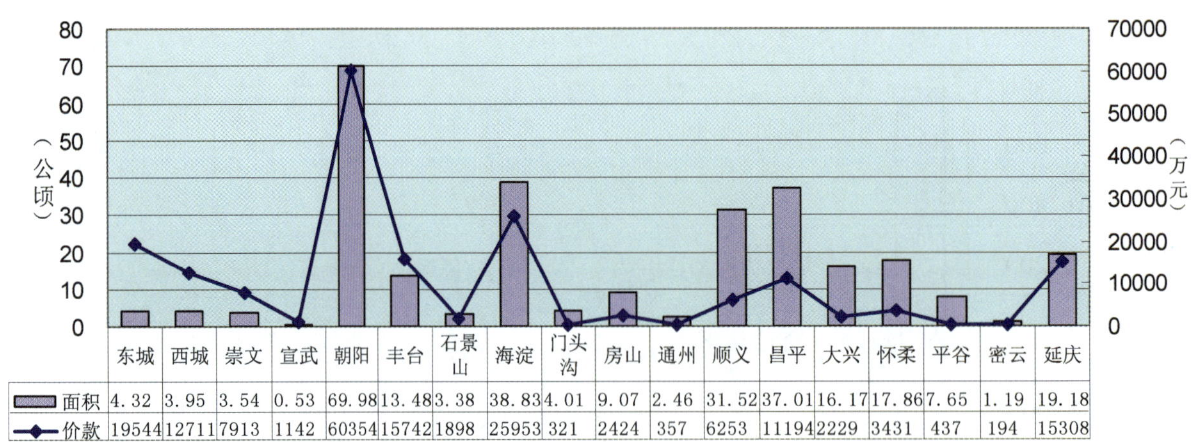

	东城	西城	崇文	宣武	朝阳	丰台	石景山	海淀	门头沟	房山	通州	顺义	昌平	大兴	怀柔	平谷	密云	延庆
面积	4.32	3.95	3.54	0.53	69.98	13.48	3.38	38.83	4.01	9.07	2.46	31.52	37.01	16.17	17.86	7.65	1.19	19.18
价款	19544	12711	7913	1142	60354	15742	1898	25953	321	2424	357	6253	11194	2229	3431	437	194	15308

图 14　2009 年现状补办协议出让面积和成交价款情况

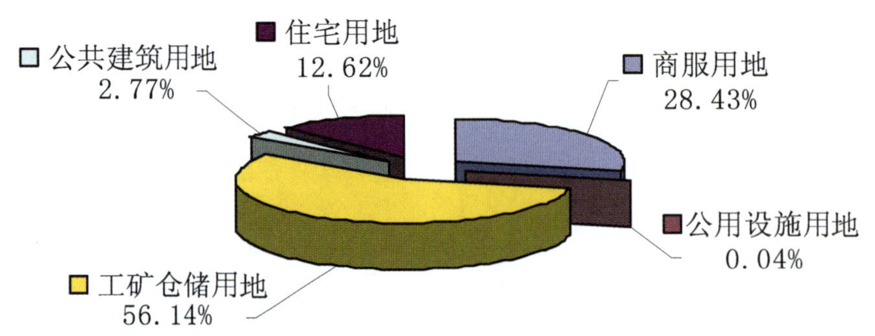

图 15　2009 年现状补办协议出让用地类型情况

五、国有土地入市交易成交情况

2009 年，全市国有土地入市交易成交 250 宗，成交面积 1965.16 公顷，同比增长 52%。（详见图 16）

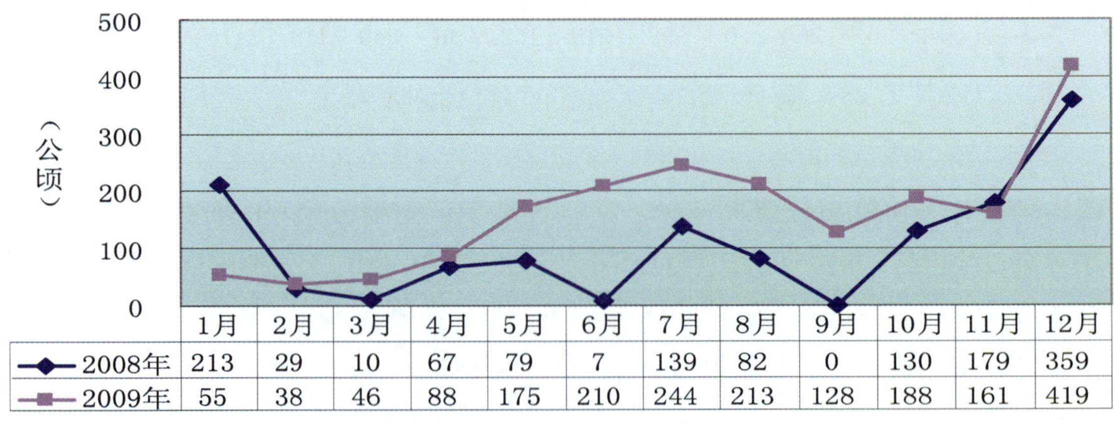

	1月	2月	3月	4月	5月	6月	7月	8月	9月	10月	11月	12月
2008年	213	29	10	67	79	7	139	82	0	130	179	359
2009年	55	38	46	88	175	210	244	213	128	188	161	419

图 16　2008 年和 2009 年土地入市交易成交情况

从用地类型上看，2009 年商服用地、住宅用地和工矿仓储用地入市交易成交量同比分别增长 328%、52% 和 22%，分别占入市交易成交总量的 13%、50% 和 37%。（详见图 17）

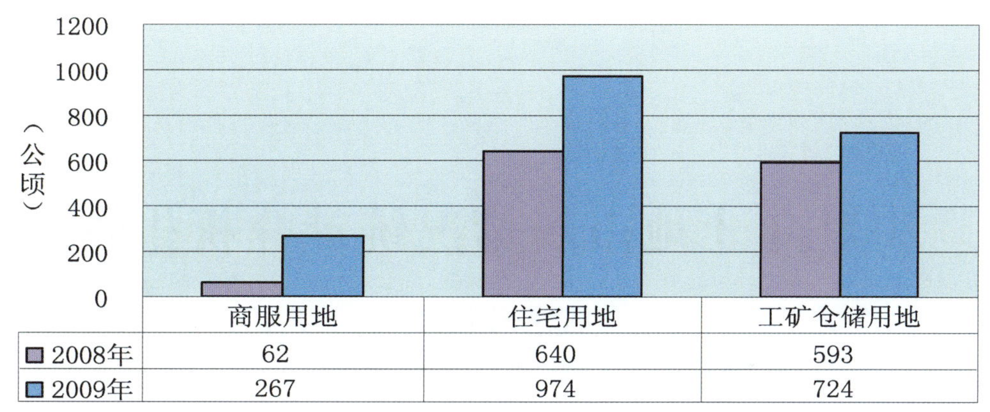

图17 2008年和2009年入市交易成交土地用地类型情况

从入市交易土地的空间分布看，主要集中在顺义区和大兴区。（详见图18）

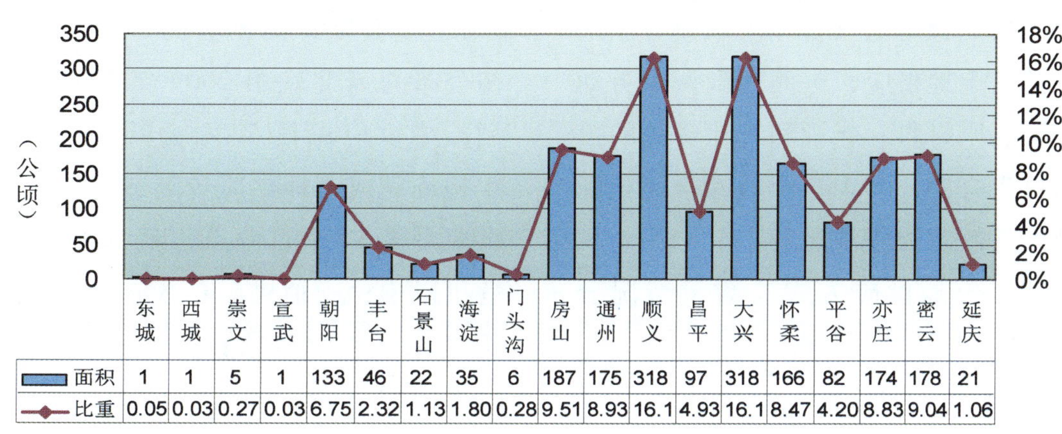

图18 2009年土地入市交易空间分布情况

六、国有土地使用权抵押情况

2009年我市土地使用权抵押6994宗，抵押面积12159.79公顷，评估金额12260.97亿元，贷款金额4897.21亿元。抵押面积、评估金额和贷款金额同比分别增加102%、110%和127%。

七、矿产资源许可证情况

2009年，全市矿产资源勘查有效许可证40件，新立17件；主要矿种采矿有效许可证237件，新立6件，注销9件。

八、国土资源违法案件查处情况

2009年，全市共立案查处土地违法案件615件，同比增长80%；结案1240件，同比增长179%。

2009年全市共立案查处地矿违法案件48件，同比下降68%。

2009 年土地市场情况统计分析报告

信息科技处

以土地政策参与宏观经济调控，是我国在特殊国情下实行的重大管理创新，政府可以通过土地政策的制定和实施，实现宏观经济长期稳定增长目标。调控好土地市场尤其是土地供应，进而达到调控劳动力、资金、原材料、能源和其他资源的投入量和投入方向，实现资源的综合优化配置，最终有效调控经济运行。

北京市土地供应方式与数量情况分析如下：

一、土地供应结构和用途进一步优化，供应总量稳步增长

2009 年全年北京市土地供应总量 6303.02 公顷，同比增长 66.4%，根据年初公布的《北京市 2009 年度土地供应计划》中供应总量 5700 公顷的目标，2009 年超额完成土地供应计划，超出计划土地供应量 9.57 个百分点，除 2008 年受金融危机影响，土地供应总量有所下降外，自 2007 年以来北京市的土地供应保持了相对稳定的态势（详见图 1）。

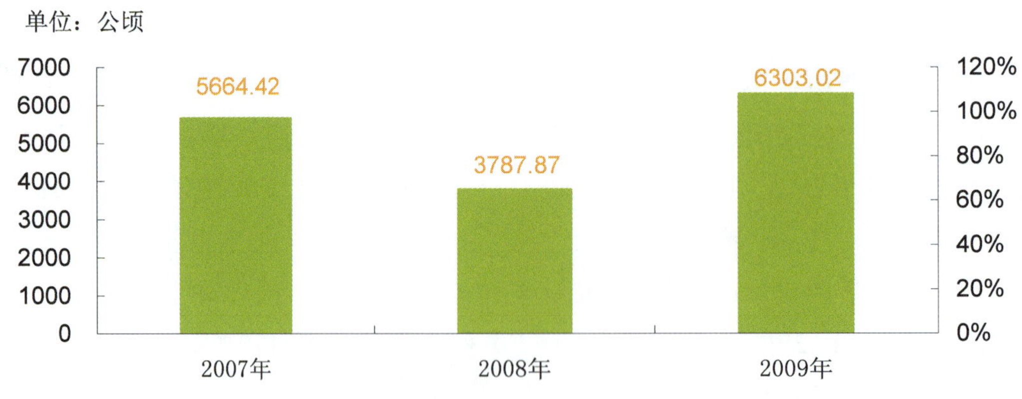

图 1　2007 年以来北京市土地供应情况

二、从供地结构看，商服、工矿仓储及其他用地量明显增加，住宅、公共建筑、公共设施用地略有下降（详见图 2）

2009 年，北京市土地供应结构变化情况大致可归纳为：商服、工矿仓储及其他用地分别增加 0.86%、4.47%、27.88%，而住宅、公共建筑、公共设施用地分别减少 12.43%、2.65%、18.13%。受金融危机影响，2008 年供应总量仅为 3787.87 公顷。2009 年在国家扩内需、保

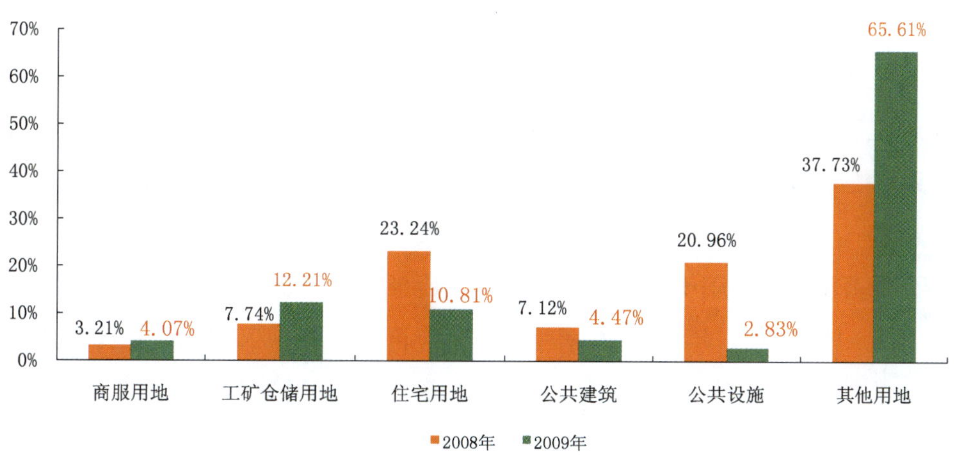

图 2　2008 年、2009 年土地供应按用地类型分

增长等惠民政策拉动下，土地供应总量为6303.02公顷，是自2007年以来再创新高，商服用地、工矿仓储用地及其他用地（主要包括交通运输和代征市政用地等）所占供地比重呈增长态势。按照市委市政府关于帮扶企业应对国际金融危机的工作部署及市帮扶企业应对国际金融危机联系协调办公室的要求，市国土资源局正继续积极开展应对金融危机帮扶企业工作。

三、以征代划的土地供应占据主力位置

2009年，以土地出让方式供地面积为1569.45公顷，同比增加26%。其中，商服用地供应比较平稳，月供面积均保持在50公顷以下；工矿仓储用地在第四季度出现大幅度增长；住宅用地出让主要集中在下半年，面积为367.11公顷，占全年住宅供应总量的78%。

以土地划拨方式供地面积721.62公顷，同比减少49%；以征代划面积达到4011.94公顷，同比增长2.53倍。自2008年第二季度以来，北京市进一步调控土地供应结构，以确保保障性住房的

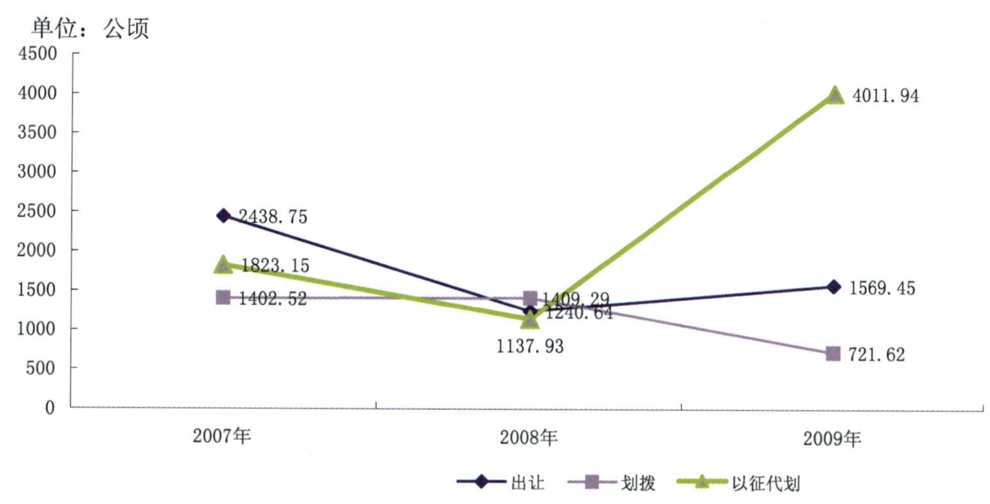

图 3　2007 年以来北京市不同土地供应方式对比图

供地任务，确保交通运输、燃气、供热、供电等市政民生工程、中央在京单位和部队用地、重点工程建设用地需求。

四、土地供应呈现出逐步向城市发展新区扩大的趋势

2009年北京市建设用地供地面积6303.02公顷，与2008年相比增加66.4%。按首都功能区划分，首都核心区（东城、西城、崇文、宣武）、城市拓展区（朝阳、海淀、丰台、石景山）、城市发展新区（通州、顺义、大兴、昌平、房山五区和亦庄开发区）、生态涵养区（门头沟、平谷、怀柔、密云、延庆）的土地供应总量分别为：21.25公顷、1078.68公顷、4078.19公顷、1124.89公顷，占2009年度建设用地供应总量的比重分别为0.34%、17.11%、64.70%、17.85%；北京市2009年新增建设用地供应面积1736.22公顷，其中城市发展新区新增建设用地面积为1037.34公顷，占新增建设用地供应面积的59.75%；生态涵养区用地面积为405.65公顷，占新增建设用地供应面积的23.36%（详见表1、2）。

表1　2007年以来北京市各区县土地供应总量情况

	2007年	比重（%）	2008年	比重（%）	2009年	比重（%）
首都核心区	47.59	1.95	32.8	0.87	21.25	0.34
城市拓展区	570.73	23.40	1547.33	40.85	1078.68	17.11
城市发展新区	1596.31	65.46	1919.1	50.66	4078.19	64.70
生态涵养区	224.13	9.19	288.64	7.62	1124.89	17.85

表2　2007年以来北京市各区县土地新增面积

	2007年	比重（%）	2008年	比重（%）	2009年	比重（%）
首都核心区	0.00	0.00	0.00	0.00	0.00	0.00
城市拓展区	207.82	16.09	161.23	22.53	293.23	16.89
城市发展新区	938.29	72.63	512.53	71.61	1037.34	59.75
生态涵养区	145.8	11.28	42.01	5.87	405.65	23.36

从以上表格可以看出，2009年无论从土地供应总量上还是从新增建设用地的供应量上，北京市都加大了城市发展新区的土地供应力度。首都核心区没有新增建设用地的供应，城市功能拓展区和城市发展新区是土地供应的主力，城市功能定位逐渐落实，土地供应空间布局进一步优化。

表 1 建设项目预审批复情况

（按区县分列）

计量单位：公顷

	项目个数	建设用地规模						备 注
			农用地			建设用地	未利用地	
				耕 地	占用基本农田			
甲	1	2	3	4	5	6	7	8
合 计	1392.00	17711.41	8405.82	5465.48	1167.66	8857.74	447.85	
东城区	25.00	8.55				8.55		
西城区	20.00	14.72				14.72		
崇文区	11.00	14.52				14.52		
宣武区	11.00	27.33				27.33		
朝阳区	188.00	2487.75	934.93	441.58	101.38	1482.92	69.90	
海淀区	161.00	762.03	327.61	142.18	0.00	431.95	2.47	
丰台区	76.00	841.77	250.66	169.21	18.75	579.33	11.78	
石景山区	34.00	614.35	166.63	47.81	0.00	435.00	12.72	
门头沟区	33.00	353.77	158.88	64.44	0.00	182.39	12.50	
房山区	119.00	2060.60	1409.45	1111.61	103.37	583.52	67.63	
通州区	144.00	2316.38	1519.03	1258.37	700.29	769.10	28.25	
顺义区	143.00	2254.41	906.13	595.66	33.61	1304.46	43.82	
昌平区	100.00	1592.07	662.45	461.72	42.55	882.05	47.57	
大兴区	87.00	1431.29	713.83	527.05	11.60	659.69	57.77	
怀柔区	61.00	585.41	242.28	120.43	14.42	333.98	9.15	
平谷区	40.00	690.08	308.23	137.51	9.38	377.54	4.31	
密云县	102.00	707.09	301.99	101.32	1.02	366.83	38.27	
延庆县	24.00	88.82	32.58	21.63	0.00	56.18	0.06	
跨区县项目	13.00	860.47	471.14	264.96	131.29	347.68	41.65	

备注：涉及亦庄开发区项目情况

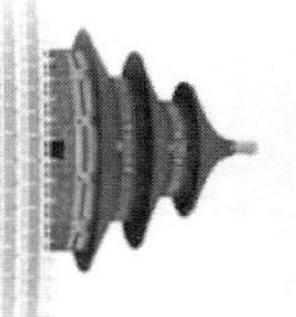

表2 建设项目预审批复情况

（按用途分列）

计量单位：公顷

	项目个数	建设用地规模						备 注
			农用地			建设用地	未利用地	
				耕 地	占用基本农田			
甲	1	2	3	4	5	6	7	8
合 计	1392	17711.41	8405.82	5465.48	1167.66	8857.74	447.85	
办 公	59	89.83	4.40	4.10	0.00	85.43	0.00	
科教文卫	251	1018.67	256.37	168.37	19.87	745.64	16.66	
工 业	54	243.59	43.45	25.89	0.00	182.55	17.59	
基础设施、绿地	368	3773.67	1833.26	977.84	295.43	1765.47	174.94	
商 业	69	339.80	191.45	9.28	41.59	142.41	5.94	
储 备	423	11100.79	5819.87	4144.50	780.72	5086.84	194.08	
住 宅	122	1041.03	241.77	121.38	30.05	764.90	34.36	
仓 储	5	31.65	1.86	1.86	0.00	29.79	0.00	
特殊用地	41	72.38	13.39	12.26	0.00	54.71	4.28	

表3 用地审批情况（一）

2009年1－12月

计量单位：公顷

	合计						国务院批准						省级政府审批					
		新增建设用地				原有集体建设用地		新增建设用地				原有集体建设用地		新增建设用地				原有集体建设用地
			农用地转用		未利用地				农用地转用		未利用地				农用地转用		未利用地	
				耕地						耕地						耕地		
甲	1	2	3	4	5	6	7	8	9	10	11	12	13	14	15	16	17	18
合　计	8418.7700	5754.8325	5557.5733	3552.8965	197.2592	2241.5337	1486.9084	1235.8394	1190.8087	806.7636	45.0307	175.1277	6931.8616	4518.9931	4366.7646	2746.1329	152.2285	2066.4060
市辖区	8111.0278	5528.3596	5359.3730	3457.7929	168.9866	2203.7381	1308.6275	1074.7730	1056.0820	734.5141	18.6910	169.1316	6802.4003	4453.5866	4303.2910	2723.2788	150.2956	2034.6065
朝阳区	628.3790	281.3178	279.8790	213.9301	1.4388	291.0100	67.8222	42.0055	40.5667	29.7987	1.4388	20.7411	560.5568	239.3123	239.3123	184.1314		270.2689
丰台区	264.9421	162.1115	161.9179	79.0814	0.1936	94.1207	25.8220	17.1410	17.1410	8.6931		2.0376	239.1201	144.9705	144.7769	70.3883	0.1936	92.0831
石景山区	241.1060	111.1555	105.5119	42.4643	5.6436	121.1550							241.1060	111.1555	105.5119	42.4643	5.6436	121.1550
海淀区	349.4406	189.3576	187.7662	35.5859	1.5914	130.1554	31.3943	21.2547	21.2547			10.1396	318.0463	168.1029	166.5115	35.5859	1.5914	120.0158
门头沟区	40.3735	28.8503	22.0962	2.9853	6.7541	11.5232							40.3735	28.8503	22.0962	2.9853	6.7541	11.5232
房山区	1583.1123	1217.1833	1184.1579	783.6239	33.0254	312.0332	55.8279	47.2145	46.8551	34.5913	0.3594	6.4566	1527.2844	1169.9688	1137.3028	749.0326	32.6660	305.5766
通州区	993.1706	837.0166	820.5637	642.5550	16.4529	124.1756	303.7594	291.3212	284.5169	254.3162	6.8043	8.6673	689.4112	545.6954	536.0468	388.2388	9.6486	115.5083
顺义区	1338.2583	864.4591	838.6368	512.2385	25.8223	435.8773	458.7663	345.9325	339.1966	188.1947	6.7359	92.4514	879.4920	518.5266	499.4402	324.0438	19.0864	343.4259
昌平区	449.4700	295.7780	271.3285	151.1772	24.4495	114.3224							449.4700	295.7780	271.3285	151.1772	24.4495	114.3224
大兴区	1410.9769	956.2518	912.8218	671.0275	43.4300	371.8968	123.6520	101.3856	98.1428	81.2293	3.2428	8.8919	1287.3249	854.8662	814.6790	589.7982	40.1872	363.0049
怀柔区	147.1781	120.3388	112.4234	77.7010	7.9154	26.8393							147.1781	120.3388	112.4234	77.7010	7.9154	26.8393
平谷区	664.6204	464.5393	462.2697	245.4228	2.2696	170.6292	241.5834	208.5180	208.4082	137.6908	0.1098	19.7461	423.0370	256.0213	253.8615	107.7320	2.1598	150.8831
县	307.7422	226.4729	198.2003	95.1036	28.2726	37.7956	178.2809	161.0664	134.7267	72.2495	26.3397	5.9961	129.4613	65.4065	63.4736	22.8541	1.9329	31.7995
密云县	71.4494	35.2000	33.3490	6.5524	1.8510	12.7170	2.2800	2.2800	2.2800	2.2800			69.1694	32.9200	31.0690	4.2724	1.8510	12.7170
延庆县	236.2928	191.2729	164.8513	88.5512	26.4216	25.0786	176.0009	158.7864	132.4467	69.9695	26.3397	5.9961	60.2919	32.4865	32.4046	18.5817	0.0819	19.0825

表3　用地审批情况（二）

2009年1－12月

计量单位：公顷

	城镇村建设用地						单独选址建设用地			
		商服用地	工矿仓储	住宅用地		其他		交通运输用地	水利设施用地	其他
					三类住房					
甲	1	2	3	4	5	6	7	8	9	10
合　计	6990.8290	782.0328	683.4381	2285.1970		3240.1611	1427.9410	1303.8217	66.7952	57.3241
市辖区	6861.3677	780.1818	666.5591	2240.1298		3174.4970	1249.6601	1127.8208	66.7952	55.0441
朝阳区	560.5568	115.6601	29.6758	155.8047		259.4162	67.8222	65.9517		1.8705
丰台区	239.1201	22.0872		114.6974		102.3355	25.8220	23.5124	2.3096	
石景山区	241.1060	76.4960		121.9330		42.6770				
海淀区	318.0463	56.8389	22.5689	102.6879		135.9506	31.3943		8.6577	22.7366
门头沟区	40.3735			24.1373		16.2362				
房山区	1527.2844	203.3603	142.4703	450.5551		730.8987	55.8279		55.8279	
通州区	689.4112	81.4763	19.5058	235.8009		352.6282	303.7594	303.7594		
顺义区	879.4920	74.5715	115.1308	248.6340		441.1557	458.7663	432.8694		25.8969
昌平区	449.4700	22.2002	67.6365	173.6509		185.9824				
大兴区	1346.2923	42.7817	231.8721	397.3249		674.3136	64.6846	60.1445		4.5401
怀柔区	147.1781	47.3367	31.6853	18.1510		50.0051				
平谷区	423.0370	37.3729	6.0136	196.7527		182.8978	241.5834	241.5834		
县	129.4613	1.8510	16.8790	45.0672		65.6641	178.2809	176.0009		2.2800
密云县	69.1694	1.8510	16.8790	30.6659		19.7735	2.2800			2.2800
延庆县	60.2919			14.4013		45.8906	176.0009	176.0009		

表4 国有土地供应（签订合同）情况（一）

（按区县分列）

计量单位：宗、公顷、万平方米、万元

	出让小计					协议出让				
	宗地数	面积		规划建筑面积	成交价款	宗地数	面积		规划建筑面积	成交价款
			新增					新增		
	1	2	3	4	5	7	8	9	10	11
合　计	331	1569.4511	1269.4747	2679.0834	7123322.68	50	193.3731	188.8269	280.6099	120087.84
市辖区	314	1441.1164	1146.2500	2493.3674	7011964.36	49	190.5564	186.0102	270.9747	118945.29
东城区	1	1.0784		4.6000	190100.00					
西城区	1	0.6360		1.3601	21200.00					
崇文区	3	4.3184		15.2882	101940.00					
宣武区	1	0.6295		1.8000	13460.00					
朝阳区	26	98.3560	36.0586	269.6044	1797831.92	6	27.9876	27.9876	62.7911	36998.35
丰台区	5	17.7987	17.1493	14.1173	67621.96	3	15.7722	15.7193	9.4153	7145.44
石景山区	7	28.6240	13.5920	89.3349	334971.89					
海淀区	18	62.4990	48.2397	94.8543	371692.29	8	15.8028	11.6773	21.8116	11478.90
门头沟区	3	1.5661	1.3185	1.9881	1053.20	2	0.3561	0.1085	1.0201	230.20
房山区	14	104.4834	99.7320	180.8622	773779.54	3	0.2263	0.1061	0.3389	89.78
通州区	27	139.3742	96.6817	287.3139	901986.79	1	1.3333	1.3333	0.9090	133.33
顺义区	66	261.9012	228.0057	280.0148	437052.61	7	34.6379	34.6379	27.7105	2750.51
昌平区	20	79.8589	45.2851	125.3793	265926.59	8	35.7788	35.7788	49.6740	16576.60
大兴区	37	198.7740	128.9649	351.3927	1296354.05	1	7.1658	7.1658	23.6370	4394.49
怀柔区	14	121.2603	113.7493	141.0972	155138.23	3	14.4793	14.4793	17.5303	4585.49
平谷区	20	90.3130	87.8279	176.8924	48035.73					
亦庄开发区	51	229.6453	229.6453	457.4676	233819.56	7	37.0163	37.0163	56.1369	34562.19
县	17	128.3347	123.2247	185.7160	111358.32	1	2.8167	2.8167	9.6352	1142.55
密云县	16	124.5783	119.4683	182.2601	110215.32	1	2.8167	2.8167	9.6352	1142.55
延庆县	1	3.7564	3.7564	3.4559	1143.00					

表4 国有土地供应（签订合同）情况（二）

（按区县分列）

计量单位：宗、公顷、万平方米、万元

	招标出让					拍卖出让						挂牌出让				
	宗地数	面积	新增	规划建筑面积	成交价款	宗地数	面积	新增	规划建筑面积	成交价款	纯收益	宗地数	面积	新增	规划建筑面积	成交价款
	13	14	15	16	17	19	20	21	22	23	24	25	26	27	28	29
合　计	26	74.7481	47.7973	233.4936	750189.79							255	1301.3299	1032.8505	2164.9799	6253045.05
市辖区	26	74.7481	47.7973	233.4936	750189.79							239	1175.8119	912.4425	1988.8991	6142829.28
东城区	1	1.0784		4.6000	190100.00											
西城区												1	0.6360		1.3601	21200.00
崇文区	3	4.3184		15.2882	101940.00											
宣武区	1	0.6295		1.8000	13460.00											
朝阳区	6	3.5301	0.2637	6.7220	34613.60							14	66.8383	7.8073	200.0913	1726219.96
丰台区												2	2.0265	1.4300	4.7020	60476.52
石景山区	5	23.6723	12.7388	73.3439	251886.89							2	4.9517	0.8532	15.9910	83085.00
海淀区												10	46.6962	36.5624	73.0427	360213.39
门头沟区												1	1.2100	1.2100	0.9680	823.00
房山区												11	104.2571	99.6259	180.5233	773689.76
通州区												26	138.0409	95.3484	286.4049	901853.45
顺义区												59	227.2633	193.3678	252.3043	434302.10
昌平区												12	44.0801	9.5063	75.7053	249349.99
大兴区	1	6.7246		14.8115	36508.00							35	184.8836	121.7991	312.9442	1255451.56
怀柔区												11	106.7810	99.2700	123.5669	150552.74
平谷区												20	90.3130	87.8279	176.8924	48035.73
亦庄开发区	9	34.7948	34.7948	116.9280	121681.30							35	157.8342	157.8342	284.4027	77576.07
县												16	125.5180	120.4080	176.0808	110215.77
密云县												15	121.7616	116.6516	172.6249	109072.77
延庆县												1	3.7564	3.7564	3.4559	1143.00

表 4　国有土地供应（签订合同）情况（三）

（按用地类型分列）

计量单位：宗、公顷、万平方米、万元

	出让小计					协议出让				
	宗地数	面积	面积：新增	规划建筑面积	成交价款	宗地数	面积	面积：新增	规划建筑面积	成交价款
	1	2	3	4	5	7	8	9	10	11
合　计	331	1569.4511	1269.4747	2679.0834	7123322.68	50	193.3731	188.8269	280.6099	120087.84
商服用地	81	256.5791	156.5305	575.8683	2149922.93	12	26.6682	25.9319	31.1612	26175.60
工矿仓储用地	161	763.3674	758.2464	990.6314	519868.76	12	51.3106	51.3106	50.9831	9573.38
公用设施用地	1	2.5271	2.5271	1.2635	1137.19	1	2.5271	2.5271	1.2635	1137.19
公共建筑用地	20	74.4361	67.6175	114.4999	56286.99	19	71.4274	67.6175	108.0012	38050.47
住宅用地	68	472.5414	284.5532	996.8203	4396106.81	6	41.4398	41.4398	89.2009	45151.20
其中：高档住宅										
其中：普通商品住房	67	470.5029	284.5532	991.7240	4383556.81	6	41.4398	41.4398	89.2009	45151.20
其中：中低价位、中小套型	2	12.0242	12.0242	32.1891	13556.25	2	12.0242	12.0242	32.1891	13556.25
其中：经济适用住房										
其中：廉租房										
其中：其他住房	1	2.0385		5.0963	12550.00					
水利设施用地										
特殊用地										

表4　国有土地供应（签订合同）情况（四）

（按用地类型分列）

计量单位：宗、公顷、万平方米、万元

	招标出让					拍卖出让						挂牌出让				
	宗地数	面积	新增	规划建筑面积	成交价款	宗地数	面积	新增	规划建筑面积	成交价款	纯收益	宗地数	面积	新增	规划建筑面积	成交价款
	13	14	15	16	17	19	20	21	22	23	24	25	26	27	28	29
合　计	26	74.7481	47.7973	233.4936	750189.79							255	1301.3299	1032.8505	2164.9799	6253045.05
商服用地	22	51.6058	35.0585	178.7906	558725.79							47	178.3051	95.5401	365.9165	1565021.53
工矿仓储用地												149	712.0568	706.9358	939.6483	510295.38
公用设施用地																
公共建筑用地												1	3.0087		6.4987	18236.52
住宅用地	4	23.1423	12.7388	54.7030	191464.00							58	407.9593	230.3746	852.9164	4159491.61
其中：高档住宅																
其中：普通商品住房	4	23.1423	12.7388	54.7030	191464.00							57	405.9208	230.3746	847.8201	4146941.61
其中：中低价位、中小套型																
其中：经济适用住房																
其中：廉租房																
其中：其他住房												1	2.0385		5.0963	12550.00
水利设施用地																
特殊用地																

表4 国有土地供应（签订合同）情况（五）

（按区县分列）

计量单位：宗、公顷、万平方米、万元

	划拨				租赁					其他供地方式				
	宗地数	面积		规划建筑面积	宗地数	面积		规划建筑面积	租金	宗地数	面积		规划建筑面积	收入
			新增				新增					新增		
	1	2	3	4	5	6	7	8	9	10	11	12	13	14
合　计	133	721.6228	466.7477	762.5765										
市辖区	120	654.3664	407.2456	721.4645										
东城区	1	0.6023		1.9600										
西城区	7	6.7669		12.8583										
崇文区														
宣武区	2	7.2200		0.4400										
朝阳区	17	60.3267	35.3187	154.5100										
丰台区	12	68.9493	17.8194	100.7900										
石景山区	2	2.7132	0.3663	9.4864										
海淀区	16	161.4594	124.6904	96.0640										
门头沟区	5	9.9136	8.4766	2.2381										
房山区	14	109.5393	49.2875	116.5200										
通州区	11	29.9203	22.0041	55.8590										
顺义区	5	23.6784	17.7622	23.8040										
昌平区	10	41.1547	23.2686	45.0800										
大兴区	8	103.8284	96.7012	68.2927										
怀柔区	5	20.0294	4.9583	25.1400										
平谷区	4	6.5923	6.5923	4.2420										
亦庄开发区	1	1.6722		4.1800										
县	13	67.2564	59.5021	41.1120										
密云县	7	8.9743	4.8599	4.7490										
延庆县	6	58.2821	54.6422	36.3630										

表4 国有土地供应（签订合同）情况（续）（六）

（按用地类型分列）

计量单位：宗、公顷、万平方米、万元

	划拨				租赁					其他供地方式				
	宗地数	面积		规划建筑面积	宗地数	面积		规划建筑面积	租金	宗地数	面积		规划建筑面积	收入
			新增				新增					新增		
	1	2	3	4	5	6	7	8	9	10	11	12	13	14
合计	133	721.6228	466.7477	762.5765										
商服用地														
工矿仓储用地	1	5.9162		4.7400										
公用设施用地	36	175.8478	147.0358	92.8926										
公共建筑用地	53	207.4262	130.3541	169.4032										
住宅用地	31	209.0767	82.4662	485.2126										
其中：高档住宅														
其中：普通商品住房														
其中：中低价位、中小套型														
其中：经济适用住房	15	138.5564	64.8146	292.1326										
其中：廉租房	7	3.1439		9.0200										
其中：其他住房	9	67.3764	17.6516	184.0600										
交通运输用地	6	19.3246	3.5424											
水利设施用地														
特殊用地	6	104.0313	103.3492	10.3281										

表5 国有土地使用权交易情况（一）

（按区县分列）

	转让			出租		
	宗数（宗）	面积（公顷）	转让金（万元）	宗数（宗）	面积（公顷）	租金（万元）
	1	2	3	4	5	6
合计	97	202.4546	844060.61			
市辖区	94	199.6195	842979.99			
市局（利用中心）	45	95.8320	760518.43			
东城区						
西城区						
崇文区						
宣武区						
朝阳区						
丰台区						
石景山区						
海淀区	1	16.0501	27222.12			
门头沟区						
房山区	3	5.0438	1649.38			
通州区	12	35.3081	19690.04			
顺义区	9	18.5924	16230.80			
昌平区	2	3.6357	2473.69			
大兴区	1	0.6552	634.23			
怀柔区	16	11.3176	8217.68			
平谷区	2	8.4497	2835.96			
亦庄开发区	3	4.7349	3507.66			
县	3	2.8351	1080.62			
密云县	2	0.6522	157.62			
延庆县	1	2.1829	923.00			

表5 国有土地使用权交易情况（二）

（按用地类型分列）

		转让			出租		
		宗数（宗）	面积（公顷）	转让金（万元）	宗数（宗）	面积（公顷）	租金（万元）
		1	2	3	4	5	6
合计		97	202.4546	844060.61			
商服用地		21	20.1791	276674.80			
工矿仓储用地		50	131.6782	98609.21			
公用设施用地							
公共建筑用地		1	0.4943	8983.00			
住宅用地		25	50.1030	459793.60			
其中	别墅、高档公寓	3	3.2567	196422.25			
	普通商品房	22	46.8463	263371.35			
	经济适用房						
	其他住房						
特殊用地							
其他用地							

表6 北京市城镇国有土地使用权登记发证情况

计量单位：宗、万平方米

	合计		国有土地使用权初始登记														国有土地使用权变更登记								国有土地使用权注销登记	
					出让		划拨		政府储备		入股		授权经营		国家租赁				转移登记				其他			
																			大业主		小业主					
	宗数	面积	宗数	面积	宗数	面积	宗数	面积	宗数	面积	宗数	面积	宗数	面积	宗数	面积	宗数	面积	宗数	面积	宗数	面积	宗数	面积	宗数	面积
甲	1	2	3	4	5	6	7	8	9	10	11	12	13	14	15	16	17	18	19	20	21	22	23	24	25	26
合计	19373	13750.80	5548	10015.68	894	1957.81	4320	3144.01	325	4908.39			7	4.51	2	0.96	13825	3735.12	593	849.56	12202	149.79	1030	2735.77	73	145.55
土地权属登记中心	7620	473.76	49	417.08			29	114.14	20	302.94							7571	56.68	3	20.61	7535	35.29	33	0.78		
东城区	2855	141.78	2496	101.48	45	6.00	2438	90.08	12	4.47			1	0.93			359	40.30	64	37.53	245	0.94	50	1.83		
西城区	437	125.34	286	81.63	19	5.12	264	75.78	3	0.73							151	43.71	30	9.25	72	0.73	49	33.73		
崇文区	446	61.39	66	47.01	17	8.15	46	37.25	3	1.61							380	14.38	7	3.76	358	1.15	15	9.47		
宣武区	577	164.78	288	116.44	48	6.25	234	104.56	4	3.22			2	2.41			289	48.34	22	4.89	211	0.36	56	43.09		
朝阳区	2248	3691.51	435	3074.52	122	155.33	184	421.28	126	2496.88			1	0.07	2	0.96	1813	616.99	82	65.77	1512	27.39	219	523.83		
丰台区	928	503.28	224	398.12	92	138.67	124	254.17	7	4.22			1	1.06			704	105.16	66	13.62	575	8.29	63	83.25	37	6.60
石景山区	485	1757.06	182	1316.53	9	20.95	148	902.57	25	393.01							303	440.53	6	0.75	151	0.49	146	439.29		
海淀区	851	654.88	120	360.02	53	80.67	61	255.28	5	24.04			1	0.03			731	294.86	25	48.26	665	20.08	41	226.52	2	0.75
门头沟区	109	247.02	58	63.52	6	2.56	51	60.95					1	0.01			51	183.50	13	35.37			38	148.13		
房山区	199	964.38	103	481.60	24	35.60	48	118.64	31	327.36							96	482.78	26	50.38	3	1.16	67	431.24		
通州区	518	816.45	379	742.30	73	292.07	288	176.16	18	274.07							139	74.15	25	73.66	114	0.49				
顺义区	643	1095.97	172	840.80	110	376.43	31	270.67	31	193.70							471	255.17	26	78.87	418	23.00	27	153.30		
昌平区	642	886.90	328	393.32	69	162.58	251	58.34	8	172.40							314	493.58	53	189.99	222	25.26	39	278.33	6	98.00
大兴区	277	624.47	115	496.40	55	226.83	45	81.14	15	188.43							162	128.07	22	24.54	117	0.40	23	103.13	11	21.62
怀柔区	203	311.41	68	176.85	32	91.45	35	54.52	1	30.88							135	134.56	57	37.20			78	97.36	13	15.27
平谷区	77	379.52	33	282.57	22	74.46	6	12.49	5	195.62							44	96.95	17	42.73			27	54.22	4	3.31
密云县	99	237.15	59	123.77	31	77.65	28	46.12									40	113.38	27	85.00			13	28.38		
延庆县	56	185.14	23	151.62	8	4.78	8	8.20	7	138.64							33	33.52	10	7.54			23	25.98		
北京经济技术开发区	103	428.61	64	350.10	59	192.26	1	1.67	4	156.17							39	78.51	12	19.84	4	4.76	23	53.91		

表7　北京市城镇国有土地使用权抵押权登记发证情况（一）

（按区县分列）

	宗数（宗）	抵押面积（万平方米）	评估金额（万元）	贷款金额（万元）
甲	1	2	3	4
合　计	6994	12159．79	122609700．16	48972131．41
土地权属登记中心	2587	1421．30	12887741．77	2362704．62
东城区	169	76．86	7499588．49	3296554．67
西城区	86	52．69	3989750．99	2159187．76
崇文区	123	36．20	3922936．37	983737．74
宣武区	79	22．56	1208313．90	516976．20
朝阳区	1154	3140．71	50854344．59	21495912．14
丰台区	328	193．22	2787464．85	1475189．23
石景山区	100	276．65	1507433．66	899699．32
海淀区	496	294．49	7572714．02	3441247．43
门头沟区	32	137．96	273213．35	110360．00
房山区	107	463．13	1743746．98	787093．06
通州区	384	1547．71	7366372．51	3145665．34
顺义区	340	771．37	4350092．85	2230345．12
昌平区	207	1114．32	5517979．17	1922247．50
大兴区	191	827．85	4322363．34	1850498．18
怀柔区	194	344．10	448056．39	250964．80
平谷区	103	360．81	495357．49	189389．90
密云县	101	314．88	532832．52	231721．38
延庆县	44	93．24	124928．56	47265．00
北京经济技术开发区	169	669．74	5204468．36	1575372．02

表 7　北京市城镇国有土地使用权抵押权登记发证情况（二）

（按用地类型分列）

	宗数（宗）	抵押面积（万平方米）	评估金额（万元）	贷款金额（万元）
甲	1	2	3	4
合　计	6994	12159．79	122609700．16	48972131．41
商服用地	1058	793．66	28702730．81	12958881．35
工矿仓储用地	1002	2770．64	6555683．27	2837613．76
公用管理与公共服务用地	18	64．00	1195097．51	541250．79
住宅用地	4167	1973．59	24399326．56	9777031．09
高档住宅	1769	340．15	6769870．61	2236011．09
普通商品房	2373	1544．15	16945912．18	7270033．35
经济适用住房	2	18．85	79627．00	52549．90
廉租住房				
其他住房	23	70．44	603916．77	218436．75
交通运输用地				
政府储备用地	214	5340．88	45239882．06	15297168．90
综合用地	507	887．10	15596784．09	6960249．72
特殊用地				
其他土地	28	329．92	920195．86	599935．80

表 8　勘查许可证发放情况

计量单位：个、宗、万元

	勘查许可证发证			勘查许可证取得方式						
				探矿权出让						
				合计		申请在先出让	协议出让		招拍挂出让	
	新立	有效	灭失	个数	价款金额	个数	个数	价款金额	个数	价款金额
	1	2	3	4	5	6	7	8	9	10
合计	17	40		40		40				
地热	17	40		40		40				

表 9　主要矿种采矿许可证发放情况

计量单位：个、宗、万元

	采矿许可证发证					采矿许可证取得方式				
						采矿权出让				
	许可证数			矿山生产规模		探矿权转采矿权	协议出让方式		招拍挂出让方式	
	新立	有效	消失	新立	消失	个数	个数	价款金额	个数	价款金额
	1	2	3	4	5	6	7	8	9	10
合 计	6	237	9							
锰矿										
煤		33	2							
铁矿		9	2							
地热	5	149								
铜矿										
矿泉水	1	46	5							

表 10　北京市矿产种类统计表

<table>
<tr><th colspan="2" rowspan="2">矿类</th><th colspan="3">探明有资源储量并编入储量表的矿种</th><th colspan="2">已发现但尚未探明资源储量的矿种</th></tr>
<tr><th>名称及矿产地数</th><th colspan="2">矿种数</th><th>名称</th><th>矿种数</th></tr>
<tr><td colspan="2">合计</td><td>365</td><td colspan="2">67</td><td></td><td>60</td></tr>
<tr><td colspan="2">能源矿产</td><td>煤（35）</td><td colspan="2">1</td><td>地热、石油、天然气</td><td>3</td></tr>
<tr><td rowspan="2">金属矿产</td><td>黑色金属矿产</td><td>铁（47）、锰（1）、铬铁矿（2）、钒（2）、钛（2）</td><td>5</td><td rowspan="2">19</td><td></td><td></td></tr>
<tr><td>有色、贵金属及稀有稀散元素矿产</td><td>铜（8）、铅（6）、锌（8）、铝土矿（1）、钨（3）、铋（1）、钼（8）、镁（2）、铂（1）、钯（1）、金（10）、银（5）、镓（2）、镉（1）</td><td>14</td><td>镍、钴、锡、汞、锑、铑、铱、钌、锇、铌、钽、铍、锆、锶、铈、锗、铟、铊、铼、硒、碲、铀、钍</td><td>23</td></tr>
<tr><td rowspan="3">非金属矿产</td><td>冶金辅助原料非金属矿</td><td>红柱石（1）、普通萤石（1）、熔剂用灰岩（12）、冶金用白云岩（13）、冶金用石英岩（4）、铸型用砂（1）、冶金用脉石英（4）、耐火粘土（7）、铁矾土（1）产</td><td>9</td><td rowspan="3">7</td><td>兰晶石、矽线石、堇青石</td><td>3</td></tr>
<tr><td>化工原料非金属矿产</td><td>硫铁矿（3）、电石用灰岩（8）、制碱用灰岩（1）、含钾砂页岩（2）、含钾岩石（1）、泥炭（28）</td><td>6</td><td>磷、硼、重晶石、蛇纹岩</td><td>4</td></tr>
<tr><td>建筑材料及其他非金属矿产</td><td>石棉（2）、石墨（2）、滑石（1）、长石（2）、叶腊石（1）、透辉石（3）、玉石（4）、水泥用灰岩（26）、建筑石料用灰岩（4）、制灰用灰岩（11）、泥灰岩（1）、玻璃用石英岩（1）、玻璃用砂岩（1）、水泥配料用砂岩（5）、建筑用砂（9）、砖瓦用砂（3）、水泥配料用脉石英（1）、天然油石（2）、陶粒页岩（3）、砖瓦用页岩（6）、水泥配料用页岩（2）、陶瓷土（3）、砖瓦用粘土（8）、水泥配料用粘土（6）、饰面用角闪岩（1）、饰面用辉长岩（1）、饰面用闪长岩（1）、铸石用辉绿岩（2）、建筑用花岗岩（1）、饰面用花岗岩（4）、饰面用大理岩（15）、饰面用板岩（1）</td><td>32</td><td>兰石棉、石膏、高岭土、蛭石、沸石、石榴子石、伊利石、累托石、海泡石、冰洲石、云母、电气石、方解石、方柱石、板岩、陶粒用粘土、白垩、砚石、光学水晶、熔炼水晶、压电水晶、刚玉、麦饭石、透闪石</td><td>24</td></tr>
<tr><td colspan="2">水气矿产</td><td></td><td colspan="2"></td><td>地下水、矿泉水、医疗矿泉水</td><td>3</td></tr>
</table>

注：矿种后括号内数字为矿产地数

表 11 二○○九年矿产资源勘查登记情况通报表

面积：平方千米

序号	许可证号	项目名称	探矿权人	勘查单位	项目性质	勘查矿种	勘查阶段	勘查面积	经纬度极值坐标	有效期限	备注
1	T11120090101023332	北京市昌平区小汤山镇蓬莱科艺苑地热勘探	北京蓬莱房地产开发中心	北京市地质工程勘察院	市场	地热	勘探	0.16	116°24′45″～116°25′00″ 40°08′30″～40°08′45″	2009.01.20～ 2011.01.20	新立
2	T11120090201024862	北京市顺义区胡各庄地区地热勘探	北京京辰房地产开发有限公司	北京地热星科技开发有限公司	市场	地热	勘探	0.66	116°40′30″～116°41′00″ 40°06′30″～40°07′00″	2009.02.19～ 2010.02.19	延续
3	T11120090201025239	北京市房山区窦店镇田家园村地热勘探	北京田家园房地产开发有限公司	北京市地热研究院	市场	地热	勘探	0.66	116°02′45″～116°03′15″ 39°39′15″～39°39′45″	2009.02.27～ 2011.02.27	新立
4	T11120090201025240	北京市昌平区小汤山镇飞鹰宾馆地区地热勘探	北京飞鹰宾馆	北京市地热研究院	市场	地热	勘探	0.66	116°27′30″～116°28′00″ 40°10′00″～40°10′30″	2009.02.27～ 2011.02.27	新立
5	T11120090201025241	北京市延庆县三里河地区地热勘探	北京龙腾八达岭地热研究中心	北京华清双泉水井工程有限公司	计划	地热	勘探	2.45	115°57′30″～115°58′45″ 40°28′00″～40°28′45″	2009.02.27～ 2011.02.27	新立
6	T11120090201025242	北京市朝阳区东风乡辛庄村地热勘探	北京泛海东风置业有限公司	北京市地热研究院	市场	地热	勘探	1.32	116°29′00″～116°30′00″ 39°56′15″～39°56′45″	2009.02.27～ 2011.02.27	新立
7	T11120090301026098	北京市平谷区峪口镇地热勘探	北京峪口龙翔投资管理中心	北京市地质工程勘察院	市场	地热	勘探	0.98	117°00′15″～117°01′00″ 40°11′15″～40°11′45″	2009.03.16～ 2011.03.16	新立
8	T11120090301026099	北京市昌平区军都旅游度假村地热勘探	北京军都旅游度假村有限责任公司	北京市地热研究院	市场	地热	勘探	0.33	116°15′45″～116°16′00″ 40°14′00″～40°14′30″	2009.03.16～ 2011.03.16	新立
9	T11120090301026819	北京市朝阳区银帆．西雅图地区地热勘探	北京弘泰基业房地产有限公司	北京市地质工程勘察院	市场	地热	勘探	0.66	116°30′30″～116°31′00″ 39°55′15″～39°55′45″	2009.03.20～ 2010.03.20	新立
10	T11120090301026818	北京市朝阳区平房乡平房村地热勘探	北京佰佳世纪投资有限公司	北京市地质工程勘察院	市场	地热	勘探	0.66	116°31′15″～116°31′45″ 39°56′30″～39°57′00″	2009.03.20～ 2011.03.20	新立

续表

序号	许可证号	项目名称	探矿权人	勘查单位	项目性质	勘查矿种	勘查阶段	勘查面积	经纬度极值坐标	有效期限	备注
11	T11120090501028394	北京市顺义区李桥镇后桥地区地热勘探	北京甄氏房地产开发集团公司	北京市地热研究院	市场	地热	勘探	0.66	116°40′00″～116°40′30″ 40°03′30″～40°04′00″	2009.05.05～ 2011.05.05	新立
12	T11120080401006113	北京市昌平区北七家镇世纪星城住宅小区地热勘探	北京市八仙房地产开发有限责任公司	北京市地质调查研究院	市场	地热	勘探	0.66	116°26′15″～116°26′45″ 40°07′15″～40°07′45″	2009.05.14～ 2011.05.14	保留
13	T11120080401006114	北京市昌平区北七家镇上城国际花园地热勘探	北京原创住业房地产开发有限公司	北京市地质调查研究院	市场	地热	勘探	0.33	116°22′45″～116°23′15″ 40°07′00″～40°07′15″	2009.05.22～ 2010.05.22	延续
14	T11120090501029402	北京市昌平区西三旗国际体育健身中心地热勘探	北京住总房地产开发有限公司	北京市华清地热开发有限责任公司	市场	地热	勘探	0.66	116°21′00″～116°21′30″ 40°03′30″～40°04′00″	2009.05.25～ 2010.05.25	新立
15	T11120090701031481	北京市延庆县大王庄中陆生态园地热勘探	北京中陆汇杰园林绿化工程有限公司	北京华清双泉水井工程有限公司	市场	地热	勘探	0.16	115°51′00″～115°51′15″ 40°22′45″～40°23′00″	2009.07.08～ 2011.07.08	新立
16	T11120090701031482	北京市通州区梨园镇车里坟迤南地区地热勘探	北京隆鹤房地产开发有限公司	北京市地热研究院	市场	地热	勘探	0.66	116°39′15″～116°39′45″ 39°52′00″～39°52′30″	2009.07.08～ 2011.07.08	新立
17	T11120090701031726	北京市房山区良乡高教园区中央设施区地热勘探	北京市良乡高教园区建设管理委员会办公室	北京市地质工程勘察院	市场	地热	勘探	1.49	116°10′00″～116°10′45″ 39°42′45″～39°43′30″	2009.07.16～ 2011.07.16	新立
18	T11120090901033355	北京市朝阳区金盏乡小店村地热勘探	北京市朝阳小店经济合作社	北京市地热研究院	市场	地热	勘探	0.66	116°33′45″～116°34′15″ 40°00′15″～40°00′45″	2009.09.01～ 2011.09.01	新立
19	T11120090901033559	北京市平谷区地热普查	北京市地质勘察技术院	北京市地质勘察技术院	计划	地热	普查	36.55	117°01′01″～117°05′12″ 40°13′53″～40°17′13″	2009.09.07～ 2011.01.07	新立
20	T11120091201037281	北京市顺义区后沙峪镇金泰花园小区地热勘探	北京金房房地产开发有限公司	北京华清荣昊新能源开发有限责任公司	市场	地热	勘探	0.66	116°29′00″～116°29′30″ 40°05′15″～40°05′45″	2009.12.21～ 2011.12.21	新立

截止到2009年12月31日北京市国土资源局颁发地质勘查资质证书统计表

序号	资质证号	单位名称	法人名称	单位住址	邮编	电话	经济类型	批准资质	有效期起	有效期止
1	11200911100003	北京市地质工程勘察院	张安京	北京市海淀区北洼路8号	100037	010－51166518	国有	地球物理勘查：丙级	2009－1－5	2014－1－4
2	11200911100005	北京地大地质科技公司	薛清鹏	北京市海淀区学院路29号	100083	82328932	国有	地质钻探：乙级 水文地质、工程地质、环境地质调查：丙级	2009－1－5	2014－1－4
3	11200911100009	北京航天勘察设计研究院	郭中泽	北京市丰台区西四环南路83号8号楼	100071	010－68749287	国有	液体矿产勘查：乙级；水文地质、工程地质、环境地质调查：乙级；地质钻探：乙级	2009－1－5	2014－1－4
4	11200911100018	北京京煤集团地质勘探队	汤振祥	北京市门头沟区门头沟路24号	102300	01069842472	国有	固体矿产勘查：丙级；地质钻探：丙级	2009－1－5	2014－1－4
5	11200911100031	北京市地质调查研究院	蔡向民	北京市沙河镇沙阳路11号	102206	010－51529220	国有	液体矿产勘查：乙级；固体矿产勘查：乙级；水文地质、工程地质、环境地质调查：乙级	2009－1－5	2014－1－4
6	11200911100033	北京市地质勘察技术院	刘长林	北京市朝阳区立水桥甲2号	102218	84812649	国有	液体矿产勘查：乙级；水文地质、工程地质、环境地质调查：乙级；地球化学勘查：乙级	2009－1－5	2014－1－4
7	11200911100034	北京市地质矿产勘查开发总公司	付刚	北京市宣武区南纬路4号	100050	010－62264552	国有	地球物理勘查：乙级	2009－1－5	2014－1－4
8	11200911100040	北京万地地质工程公司	夏孟	北京市海淀区北洼路90号	100037	51166238	国有	地质钻探：乙级	2009－1－5	2014－1－4
9	11200911100049	北京中煤大地技术开发公司	邢树亭	北京市朝阳区亚运村安苑北里5号	100073	010－63825566－8317 •	国有	液体矿产勘查：乙级；气体矿产勘查：乙级；固体矿产勘查：乙级；水文地质、工程地质、环境地质调查：乙级；地质钻探：乙级	2009－1－5	2014－1－4

续表

序号	资质证号	单位名称	法人名称	单位住址	邮编	电话	经济类型	批准资质	有效期起	有效期止
10	11200911100054	核工业北京地质研究院	李子颖	北京市朝阳区安外小关东里10号院	100029	010－64914830	国有	水文地质、工程地质、环境地质调查：乙级；地球物理勘查：乙级；地球化学勘查：乙级	2009－1－5	2014－1－4
11	11200911100059	神华（北京）遥感勘查有限责任公司	刘波坤	北京市海淀区上地信息产业基地上地四街1号	100085	010－62978070	国有	水文地质、工程地质、环境地质调查：乙级；地球物理勘查：乙级	2009－1－5	2014－1－4
12	11200911100060	首钢地质勘查院地质研究所	邓斌	北京市石景山区晋元庄路23号	100144	01068865021	国有	水文地质、工程地质、环境地质调查：乙级；地球物理勘查：乙级；地质钻探：乙级	2009－1－5	2014－1－4
13	11200911100063	有色金属矿产地质调查中心	王京彬	北京市朝阳区安定门外北苑五号院四区	100012	010－84922233	国有	水文地质、工程地质、环境地质调查：丙级；地球物理勘查：丙级；地球化学勘查：丙级	2009－1－5	2014－1－4
14	11200911100065	中兵勘察设计研究院	贺美	北京市宣武区西便门内大街79号	100053	010－83117601	国有	水文地质、工程地质、环境地质调查：乙级；地球物理勘查：乙级	2009－1－5	2014－1－4
15	11200911100066	中材地质工程勘查研究院	田震远	北京市朝阳区望京西路甲50号1号楼401、402	100102	01064733180	国有	区域地质调查：乙级；水文地质、工程地质、环境地质调查：乙级；地球物理勘查：乙级	2009－1－5	2014－1－4
16	11200911100069	中国地质科学院地质力学研究所	龙长兴	北京市海淀区民族学院南路11号	100081	010－68412325	国有	区域地质调查：乙级；固体矿产勘查：乙级；水文地质、工程地质、环境地质调查：乙级	2009－1－5	2014－1－4
17	11200911100070	中国地质科学院矿产资源研究所	王瑞江	北京市百万庄大街26号	100037	010－68335862	国有	区域地质调查：乙级；液体矿产勘查：乙级；地球物理勘查：乙级；地球化学勘查：乙级；地质实验测试（岩矿鉴定）：乙级	2009－1－5	2014－1－4

续表

序号	资质证号	单位名称	法人名称	单位住址	邮编	电话	经济类型	批准资质	有效期起	有效期止
18	11200911100071	中国地质矿业总公司	宋永祺	北京市朝阳区安贞西里三区26楼浙江大厦7层	100029	010 – 64446979	国有	固体矿产勘查：乙级；地质钻（坑）探：乙级	2009 – 1 – 5	2014 – 1 – 4
19	11200911100072	中国建筑材料工业地质勘查中心北京总队	田震远	北京市朝阳区望京西路甲50号 – 1卷石天地大厦A座	100102	01064733180	国有	区域地质调查：乙级；地质实验测试（岩矿测试）：乙级 水文地质、工程地质、环境地质调查：丙级	2009 – 1 – 5	2014 – 1 – 4
20	11200911100073	中国煤炭地质总局地球物理勘探研究院	霍全明	北京市丰台区靛厂299号	100039	010 – 81201114 – 3684221	国有	液体矿产勘查：乙级；水文地质、工程地质、环境地质调查：乙级	2009 – 1 – 5	2014 – 1 – 4
21	11200911100074	中国煤炭地质总局勘查总院	徐水师	北京市丰台区靛厂299号	100039	88246147	国有	地球化学勘查：乙级	2009 – 1 – 5	2014 – 1 – 4
22	11200911100075	中国冶金地质总局矿产资源研究院	闫学义	北京市朝阳区姚家园路105号2座	100029	010 – 64444539	国有	遥感地质调查：乙级	2009 – 1 – 5	2014 – 1 – 4
23	11200911300021	北京奇陆地质矿产研究所	方明	北京市昌平区北七家镇宏翔鸿信息中心419	102209	010 – 64117305	股份合作	固体矿产勘查：乙级	2009 – 1 – 5	2014 – 1 – 4
24	11200911500004	北京思源建井有限责任公司	张安京	北京市怀柔区雁栖工业开发区	101400	010 – 51166230	有限责任	液体矿产勘查：乙级；水文地质、工程地质、环境地质调查：乙级；地质钻探：乙级	2009 – 1 – 5	2014 – 1 – 4
25	11200911500007	北京地调地质勘查有限公司	陈雪敏	北京市朝阳区芳园里小区22楼	100020	010 – 65383504	有限责任	固体矿产勘查：丙级	2009 – 1 – 5	2014 – 1 – 4
26	11200911500008	北京恩地科技发展有限责任公司	唐长钟	北京市朝阳区安华西里1区13号楼附楼310	100081	010 – 64251139	有限责任	固体矿产勘查：乙级	2009 – 1 – 5	2014 – 1 – 4
27	11200911500010	北京合地威技术开发有限公司	魏芳友	北京市通州区郎府工业区	100078	010 – 58076149	有限责任	地球物理勘查：乙级	2009 – 1 – 5	2014 – 1 – 4

续表

序号	资质证号	单位名称	法人名称	单位住址	邮编	电话	经济类型	批准资质	有效期起	有效期止
28	11200911500011	北京华昌新业物探技术服务有限公司	侯树麒	北京市平谷区黄松峪乡政府东侧	100021	01085801850	有限责任	地球物理勘查：乙级	2009－1－5	2014－1－4
29	11200911500012	北京华地四维勘测技术有限公司	徐秀力	北京市海淀区建材城中路3号楼2层201（程远大厦B座201）	100096	010－62920262	有限责任	地球物理勘查：乙级	2009－1－5	2014－1－4
30	11200911500015	北京华夏建龙矿业科技有限公司	苑占永	北京市丰台区南四环西路188号七区五号楼	100070	010－51103290	有限责任	固体矿产勘查：乙级	2009－1－5	2014－1－4
31	11200911500016	北京城建勘测设计研究院有限责任公司	金淮	北京市朝阳区安慧里五区六号	100101	64922389	有限责任	水文地质、工程地质、环境地质调查：乙级	2009－1－5	2014－1－4
32	11200911500017	中色金地资源科技有限公司	王京彬	北京市丰台区科学城星火路10号180室（园区）	100012	010－84921115	有限责任	固体矿产勘查：乙级	2009－1－5	2014－1－4
33	11200911500022	北京勘察技术工程有限公司	罗壮伟	北京市海淀区学院路31号	100080	010－62586887	有限责任	区域地质调查：乙级；水文地质、工程地质、环境地质调查：乙级；地球化学勘查：乙级	2009－1－5	2014－1－4
34	11200911500023	北京聚正中能源工程技术服务有限公司	孙丽青	北京市朝阳区惠新里甲10号4号楼208、209室	100029	010－84651976	有限责任	地质钻探：乙级	2009－1－5	2014－1－4
35	11200911500024	北京金百通矿产技术开发有限公司	解永宽	北京市朝阳区安定路35号安华发展大厦726室	100029	010－64410467	有限责任	固体矿产勘查：丙级	2009－1－5	2014－1－4
36	11200911500025	北京佳奥特矿产技术有限公司	季素兰	北京市朝阳区立水桥北苑家园莲葩园202号楼2－201室	100012	010－84959538	有限责任	固体矿产勘查：丙级	2009－1－5	2014－1－4
37	11200911500026	北京瑞丰勘查有限责任公司	郁成惠	北京市东城区朝阳门北大街1号新保利大厦17层17A3	100010	010－64082030	有限责任	固体矿产勘查：丙级	2009－1－5	2014－1－4

续表

序号	资质证号	单位名称	法人名称	单位住址	邮编	电话	经济类型	批准资质	有效期起	有效期止
38	11200911500027	北京盛世蓝筹矿业投资有限公司	黄鹏	北京市朝阳区工体东路丙2号红街大厦3栋1206室	100027	010－84400666	有限责任	固体矿产勘查：乙级	2009－1－5	2014－1－4
39	11200911500028	北京盛特伟业科技发展有限公司	王杰	北京市海淀区西三旗沁春家园6号楼1门602号	100096	010－82957550	有限责任	固体矿产勘查：丙级	2009－1－5	2014－1－4
40	11200911500029	北京石大开元石油技术有限公司	任志刚	北京市海淀区学院路20号北京石油学院15楼120室	100083	010－82375601	有限责任	地质钻探：丙级	2009－1－5	2014－1－4
41	11200911500030	北京市大地开源地质工程有限公司	赵华永	北京市海淀区田村路39号	100039	010－88623813	有限责任	固体矿产勘查：乙级	2009－1－5	2014－1－4
42	11200911500036	北京市华清地热开发有限责任公司	黄学勤	北京市朝阳区立水桥甲2号	102218	010－84840477	有限责任	固体矿产勘查：乙级；地球物理勘查：乙级；地球化学勘查：乙级 地质坑探：丙级	2009－1－5	2014－1－4
43	11200911500037	北京市华清源泉地质勘查有限责任公司	胡艳兵	北京市朝阳区安外立水桥甲2号	102218	010－84810621	有限责任	地质钻探：丙级	2009－1－5	2014－1－4
44	11200911500038	北京市勘察设计研究院有限公司	沈小克	北京市海淀区羊坊店路15号2号楼203房间	100038	010－63961694	有限责任	水文地质、工程地质、环境地质调查：乙级；地质钻（坑）探：乙级 液体矿产勘查：丙级	2009－1－5	2014－1－4
45	11200911500039	北京市水工环地热工程勘察有限公司	贾成庆	北京市海淀区阜成路42号院6D－5	100036	51717948	有限责任	地质钻探：丙级	2009－1－5	2014－1－4
46	11200911500042	北京西域纵横能源科技有限公司	赵明城	北京市朝阳区广渠门外大街北侧富力城富力家园办公1－2105号	100022	010－65212116	有限责任	固体矿产勘查：乙级	2009－1－5	2014－1－4

续表

序号	资质证号	单位名称	法人名称	单位住址	邮编	电话	经济类型	批准资质	有效期起	有效期止
47	11200911500043	北京鑫德地质勘探有限公司	张嘉曦	北京市朝阳区东三环中路9号2604	100020	010－85910540	有限责任	固体矿产勘查：丙级	2009－1－5	2014－1－4
48	11200911500045	北京元亨利贞投资管理有限公司	王芳	北京市大兴区庞各庄镇甜园路2号204房间	100097	010－96096068	有限责任	固体矿产勘查：乙级	2009－1－5	2014－1－4
49	11200911500046	北京中核大地矿业投资有限公司	李德连	北京市东城区和平里七区乙十二楼401－408号	100013	010－64220815	有限责任	固体矿产勘查：乙级；水文地质、工程地质、环境地质调查：乙级；地球物理勘查：乙级	2009－1－5	2014－1－4
50	11200911500047	北京中交工程勘察有限公司	逯一新	北京市海淀区车公庄西路20号东区14栋办公楼215室	100044	65128365	有限责任	水文地质、工程地质、环境地质调查：丙级	2009－1－5	2014－1－4
51	11200911500048	北京中金泰科勘探技术有限公司	段文岗	北京市海淀区西三环北路87号国际财经中心A座802	100089	010－63284260	有限责任	固体矿产勘查：乙级	2009－1－5	2014－1－4
52	11200911500052	北京中色资源环境工程有限公司	刘跳民	北京市丰台区南四环西路188号七区20号楼三层	100070	010－63702715	有限责任	固体矿产勘查：乙级；水文地质、工程地质、环境地质调查：乙级；地质钻探：乙级	2009－1－5	2014－1－4
53	11200911500053	北京众博达石油科技有限公司	何顺利	北京市昌平区科技园区白浮泉路10号2号楼北控大厦417－1室	100012	64856065	有限责任	地质钻探：丙级	2009－1－5	2014－1－4
54	11200911500061	天元矿业有限责任公司	刘建舟	北京市通州区新华北路55号二层226室	101149	010－61599514	有限责任	固体矿产勘查：丙级	2009－1－5	2014－1－4
55	11200911500064	正元国际矿业有限公司	丁传锡	北京市海淀区创业中路36号5层501室	100028	010－59282121	有限责任	水文地质、工程地质、环境地质调查：丙级；地球化学勘查：丙级	2009－1－5	2014－1－4
56	11200911500067	中地宝联（北京）建设工程有限公司	董桂海	北京市西城区后广平胡同38号国英大厦21	100035	010－66503286－8035	有限责任	固体矿产勘查：乙级	2009－1－5	2014－1－4

续表

序号	资质证号	单位名称	法人名称	单位住址	邮编	电话	经济类型	批准资质	有效期起	有效期止
57	11200911500068	中地地矿建设有限公司	王愉吾	北京市通州区芳草园1205号-15号	101113	010-51095562	有限责任	固体矿产勘查：乙级；地质钻探：乙级 水文地质、工程地质、环境地质调查：丙级	2009-1-5	2014-1-4
58	11200911600020	中矿资源勘探股份有限公司	王平卫	北京市丰台区丰台路口139号西附楼103号	100089	010-58815527	股份有限	水文地质、工程地质、环境地质调查：乙级；地质坑探：乙级	2009-1-5	2014-1-4
59	11200911900001	北京三泰通地勘察技术发展有限公司	尹冰川	北京市海淀区万柳怡水园1#楼1001	100089	82563499	其它	地球物理勘查：乙级；地质钻探：乙级	2009-1-5	2014-1-4
60	11200913300057	明科矿业（中国）有限公司	蔡之凯	北京市海淀区知春路9号坤讯大厦1207室	100191	010-82335198	外资	固体矿产勘查：乙级	2009-1-5	2014-1-4
61	11200913300062	维克特地质勘查（北京）有限公司	迈克尔·约翰·哈德森	北京市西城区德外新风街2号天成科技大厦A座505	100088	010-82273040	外资	地质钻探：丙级	2009-1-5	2014-1-4
62	11200913400055	凯地地质勘查（北京）有限公司	杰米·登姆普西·库克	北京市西城区高粱桥路6号A座办公楼8A1单元	100044	010-58302160	外商投资股份有限	地质钻探：丙级	2009-1-5	2014-1-4
63	11200911300006	北京地大捷飞物探与工程检测研究院	曾校丰	北京市海淀区学院路29号84栋7号	100083	010-82359168	股份合作	固体矿产勘查：乙级；水文地质、工程地质、环境地质调查：乙级	2009-1-6	2014-1-5
64	11200911100082	北京市地热研究院	张勇	北京市海淀区田村路39号	100143	010-88622751	国有	液体矿产勘查：乙级；水文地质、工程地质、环境地质调查：乙级	2009-8-10	2014-8-9
65	11200911100083	北京市地质工程设计研究院	齐如明	北京市密云县滨河路46号	101500	010-69041723	国有	液体矿产勘查：乙级；水文地质、工程地质、环境地质调查：乙级	2009-8-10	2014-8-9

续表

序号	资质证号	单位名称	法人名称	单位住址	邮编	电话	经济类型	批准资质	有效期起	有效期止
66	11200911500076	中矿（北京）国际地质矿业有限责任公司	戴韶生	北京市朝阳区安贞西里三区26楼9层901室	100029	64418257	有限责任	固体矿产勘查：乙级 地球物理勘查：丙级；地质钻（坑）探：丙级	2009-8-10	2014-8-9
67	11200911500077	中科远航矿业有限公司	朱日祥	北京市海淀区金庄1号院1号楼305p	100029	010-82998063	有限责任	固体矿产勘查：乙级；地球物理勘查：乙级	2009-8-10	2014-8-9
68	11200911500080	北京金有地质勘查有限责任公司	杨志刚	北京市丰台区星火路10号203室（园区）	100070	01051337638	有限责任	地质钻（坑）探：乙级 水文地质、工程地质、环境地质调查：丙级	2009-8-10	2014-8-9
69	11200911500081	北京科若思技术开发有限公司	张雪	北京市海淀区马甸南路2号院6号楼524	100088	82001226	有限责任	地球物理勘查：丙级	2009-8-10	2014-8-9
70	11200911500086	北京依科瑞德地源科技有限责任公司	苏存堂	北京市昌平区科技园区超前路37号	102200	010-69728906	有限责任	地质钻探：丙级	2009-8-10	2014-8-9
71	11200911600079	北京华清双泉水井工程有限公司	王月洁	北京市通州区新华北街75号（京华科技园）	101149	01084965875	股份有限	地球物理勘查：乙级；地质钻探：乙级 液体矿产勘查：丙级；水文地质、工程地质、环境地质调查：丙级	2009-8-10	2014-8-9
72	11200911600084	北京天地鸿图测绘有限公司	王文辉	北京市房山区良乡西潞大街3号	102488	89356027	股份有限	固体矿产勘查：丙级	2009-8-10	2014-8-9
73	11200921100088	中航勘察设计研究院	陈昌富	北京市海淀区知春路56号	100098	010-82118591	国有	水文地质、工程地质、环境地质调查：乙级	2009-8-10	2014-1-4
74	11200921500087	北京中色地科矿产勘查研究院有限公司	王京彬	北京市朝阳区大屯路科学园南里风林绿洲Ⅰ乙号楼1102号	100101	010-84927639	有限责任	地球化学勘查：乙级	2009-8-10	2014-1-4

续表

序号	资质证号	单位名称	法人名称	单位住址	邮编	电话	经济类型	批准资质	有效期起	有效期止
75	11200911100035	北京市地质研究所	刘连刚	北京市西城区德外黄寺大街24号	100120	51632050	国有	水文地质、工程地质、环境地质调查：乙级；遥感地质调查：乙级	2009-1-5	2014-1-4
76	11200911700078	北京奥瑞安能源技术开发有限公司	杨陆武	北京市海淀区科学院南路2号融科资讯中心C座南楼1207-1210室	100190	010-51652229	有限责任	气体矿产勘查：乙级；固体矿产勘查：乙级	2009-8-10	2014-1-4
77	11200911500013	北京华清荣昊新能源开发有限责任公司	王进荣	北京市平谷区金海湖镇工业小区10号	101200	010-84841266	有限责任	地质钻探：乙级；水文地质、工程地质、环境地质调查：丙级	2009-1-5	2014-1-4
78	11200913100058	派力工程有限公司	陈进	北京市海淀区香山丰户营38号	100093	010-52960303	中外合资经营	液体矿产勘查：乙级；水文地质、工程地质、环境地质调查：乙级	2009-1-5	2014-1-4
79	11200921500085	北京西蒙矿产勘查有限责任公司	任晓东	北京市朝阳区北苑5号院四区8号楼三层	100012	010-84934051	有限责任	固体矿产勘查：乙级	2009-8-10	2014-1-4
80	11200911500044	北京星辰地质勘查有限责任公司	赵建文	北京市通州区玉桥西里72号院16号楼1517室	101100	010-60521200	有限责任	液体矿产勘查：丙级；水文地质、工程地质、环境地质调查：丙级；地质钻探：丙级	2009-1-5	2014-1-4
81	11200911500051	北京中色物探有限公司	段文岗	北京市海淀区北洼路甲3号院D座5层520、521	100089	010-63360249	有限责任	固体矿产勘查：乙级	2009-1-5	2014-1-4

截止到2009年12月31日国土资源部颁发的北京地区地质勘查资质证书统计表

序号	资质证号	单位名称	住所	法定代表人	邮政编码	联系电话	批准资质登记、类别	有效期
1	01200921500244	北京中色物探有限公司	北京市海淀区长春桥路11号2号楼401室	张少云	100090	010－63284261	地球物理勘查：甲级	2009年12月25日至2013年12月29日
2	01200911100198	北京市地质研究所	北京市西城区黄寺大街24号	刘连刚	100120	010－51632050	区域地质调查：甲级；固体矿产勘查：甲级	2009年09月27日至2014年09月26日
3	01200911100199	北京市地质调查研究院	北京市昌平区沙河镇沙阳路11号	蔡向民	102206	010－51529220	区域地质调查：甲级；固体矿产勘查：甲级	2009年09月27日至2014年09月26日
4	01200911500200	中联煤层气有限责任公司	北京市东城区安定门外大街3号	孙茂远	100011	010－64298288	气体矿产勘查：甲级	2009年09月27日至2014年09月26日
5	01200911500201	北京华清双泉水井工程有限公司	北京市通州区新华北街75号（京华科技园）	王月洁	101149	010－84965875	地质钻探：甲级	2009年09月27日至2014年09月26日
6	01200911500202	北京奥瑞安能源技术开发有限公司	北京市海淀区科学院南路2号融科资讯中心C座南楼1207－1210室	杨陆武	100190	010－51652229	气体矿产勘查：甲级	2009年09月27日至2014年09月26日
7	01200911500203	北京中核大地矿业投资有限公司	北京市东城区和平里七区乙十二楼401－408号	李德连	100013	010－64220815	区域地质调查：甲级；固体矿产勘查：甲级；地质钻探：甲级	2009年09月27日至2014年09月26日
8	01200911500204	北京市大地开源地质工程有限公司	北京市海淀区田村路39号1号楼3层	赵华永	100039	010－88623813	地质钻探：甲级	2009年09月27日至2014年09月26日
9	01200911500205	中石油煤层气有限责任公司	北京市西城区六铺炕街6号1号楼417室	接铭训	100724	010－51278711	气体矿产勘查：甲级	2009年09月27日至2014年09月26日
10	01200921600023	中色地科矿产勘查股份有限公司	北京市朝阳区大屯路科学园南里风林绿洲I乙号楼1102号	王京彬	101001	010－84927639	固体矿产勘查：甲级；地球物理勘查：甲级	2009年03月23日至2013年12月29日

续表

序号	资质证号	单位名称	住所	法定代表人	邮政编码	联系电话	批准资质登记、类别	有效期
11	01200921500024	北京勘察技术工程有限公司	北京市海淀区学院路31号	罗壮伟	100080	010－62586887	固体矿产勘查：甲级；地球物理勘查：甲级	2009年03月23日至2013年12月29日
12	01200921100025	中国石油化工集团公司	北京市朝阳区朝阳门北大街22号	苏树林	100029	010－64990551	石油天然气矿产勘查（陆地）：甲级 石油天然气矿产勘查（海洋）：乙级	2009年03月23日至2014年02月11日
13	01200911100036	北京市地质工程勘察院	北京市海淀区八里庄北洼路8号	张安京	100037	010－51166518	液体矿产勘查：甲级；水文地质、工程地质、环境地质调查：甲级；地质钻探：甲级	2009年04月08日至2014年04月07日
14	01200911100038	北京市水文地质工程地质大队	北京市海淀区北洼路38号	张安京	100037	010－51560309	液体矿产勘查：甲级；水文地质、工程地质、环境地质调查：甲级	2009年04月08日至2014年04月07日
15	01200911100001	中国石油天然气集团公司	北京市西城区六铺炕	蒋洁敏	100724	010－62094157	石油天然气矿产勘查（陆地）：甲级 石油天然气矿产勘查（海洋）：乙级	2009年02月12日至2014年02月11日
16	01200911100003	中国海洋石油总公司	北京市东城区朝阳门北大街25号	傅成玉	100010	010－84521593	海洋地质调查：甲级；石油天然气矿产勘查（海洋）：甲级 石油天然气矿产勘查（陆地）：乙级	2009年02月12日至2014年02月11日
17	01200911300004	北京地大捷飞物探与工程检测研究院	北京市海淀区学院路29号84栋7号	曾校丰	100083	010－82359168	地球物理勘查：甲级	2009年02月12日至2014年02月11日
18	01200911500005	北京三泰通地勘察技术发展有限公司	北京市海淀区万柳怡水园1幢10层1001号	尹冰川	100089	010－82563499	固体矿产勘查：甲级	2009年02月12日至2014年02月11日
19	01200811500003	北京中资环钻探有限公司	北京市海淀区中关村东路66号1号楼2004室	黄震	100190	010－62670848	地质钻探：甲级	2008年12月30日至2013年12月29日
20	01200811100004	中煤地质工程总公司	北京市朝阳区定福庄南里8号	李继超	100073	010－63825566	气体矿产勘查：甲级；固体矿产勘查：甲级；地质钻探：甲级	2008年12月30日至2013年12月29日

续表

序号	资质证号	单位名称	住所	法定代表人	邮政编码	联系电话	批准资质登记、类别	有效期
21	01200811100005	北京市地质工程设计研究院	北京市密云县滨河路46号	齐如明	101500	010-69041723	固体矿产勘查：甲级；地质钻探：甲级	2008年12月30日至2013年12月29日
22	01200811600006	中矿资源勘探股份有限公司	北京市丰台区丰台路口139号西附楼103号	王平卫	100071	010-58815527	固体矿产勘查：甲级；地质钻探：甲级	2008年12月30日至2013年12月29日
23	01200811100007	北京市地质勘察技术院	北京市朝阳区立水桥甲2号	刘长林	102209	010-84812649	地球物理勘查：甲级	2008年12月30日至2013年12月29日
24	01200811100008	北京中煤大地技术开发公司	北京市朝阳区亚运村安苑北里5号	邢树亭	100029	010-65751790	气体矿产勘查：甲级；固体矿产勘查：甲级；地质钻探：甲级	2008年12月30日至2013年12月29日
25	01200811100009	中国煤炭地质总局勘查总院	北京市丰台区靛厂299号	徐水师	100039	010-88246147	区域地质调查：甲级；液体矿产勘查：甲级；气体矿产勘查：甲级；固体矿产勘查：甲级；水文地质、工程地质、环境地质调查：甲级；地球物理勘查：甲级；遥感地质调查：甲级；地质钻（坑）探：甲级	2008年12月30日至2013年12月29日
26	01200811500010	北京金有地质勘查有限责任公司	北京市丰台区星火路10号203室（园区）	杨志刚	100070	010-51337638	固体矿产勘查：甲级	2008年12月30日至2013年12月29日
27	01200811500011	北京市华清地热开发有限责任公司	北京市朝阳区安外立水桥甲2号	黄学勤	102209	010-84844380	液体矿产勘查：甲级；水文地质、工程地质、环境地质调查：甲级；地质钻探：甲级	2008年12月30日至2013年12月29日
28	01200811100012	中国建筑材料工业地质勘查中心北京总队	北京市朝阳区望京西路甲50号1号楼	田震远	100102	010-64733180	固体矿产勘查：甲级	2008年12月30日至2013年12月29日

续表

序号	资质证号	单位名称	住所	法定代表人	邮政编码	联系电话	批准资质登记、类别	有效期
29	01200811100013	核工业北京地质研究院	北京市朝阳区安外小关东里10号院	李子颖	100029	010－64914830	区域地质调查：甲级；固体矿产勘查：甲级；遥感地质调查：甲级；地质实验测试（岩矿鉴定、岩矿测试）：甲级	2008年12月30日至2013年12月29日
30	01200811100015	中材地质工程勘查研究院	北京市朝阳区望京西路甲50号1号楼401、402	田震远	100102	010－64733180	固体矿产勘查：甲级；地质实验测试（岩矿鉴定、岩土试验、选冶试验）：甲级	2008年12月30日至2013年12月29日
31	01200811100016	有色金属矿产地质调查中心	北京市朝阳区安外北苑五号院四区	王京彬	100012	010－84922233	区域地质调查：甲级；固体矿产勘查：甲级；遥感地质调查：甲级	2008年12月30日至2013年12月29日
32	01200811100017	中国煤炭地质总局特种技术勘探中心	北京市丰台区西局南街甲15号	李继超	100073	010－63825566－8521	液体矿产勘查：甲级；固体矿产勘查：甲级；水文地质、工程地质、环境地质调查：甲级；地球物理勘查：甲级	2008年12月30日至2013年12月29日
33	01200811100018	北京国电华北电力工程有限公司	北京市海淀区花园路甲13号8号楼209号	刘朝安	100011	010－59385588	水文地质、工程地质、环境地质调查：甲级	2008年12月30日至2013年12月29日
34	01200811100019	北京市地热研究院	北京市海淀区田村路39号	张勇	100143	010－88622751	地质钻探：甲级	2008年12月30日至2013年12月29日
35	01200813100020	派力工程有限公司	北京市海淀区志新西路14号	陈进	100083	010－82373640	地质钻探：甲级	2008年12月30日至2013年12月29日
36	01200811100022	中国国土资源航空物探遥感中心	北京市海淀区学院路29号	王平	100083	010－82329070	航空地质调查：甲级；遥感地质调查：甲级	2008年12月30日至2013年12月29日
37	01200811500023	正元国际矿业有限公司	北京市海淀区创业中路36号5层501室	丁传锡	100028	010－59282121	固体矿产勘查：甲级	2008年12月30日至2013年12月29日

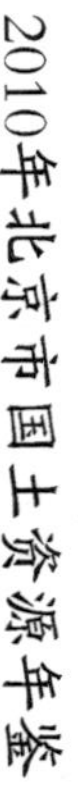

续表

序号	资质证号	单位名称	住所	法定代表人	邮政编码	联系电话	批准资质登记、类别	有效期
38	01200811100024	北京市地质矿产勘查开发总公司	北京市宣武区南纬路4号	付刚	101500	010－62264552	液体矿产勘查：甲级；固体矿产勘查：甲级；水文地质、工程地质、环境地质调查：甲级；地质钻（坑）探：甲级	2008年12月30日至2013年12月29日
39	01200811100025	中国煤炭地质总局地球物理勘探研究院	北京市丰台区靛厂299号	霍全明	100039	010－81201114	固体矿产勘查：甲级；地球物理勘查：甲级	2008年12月30日至2013年12月29日
40	01200811100027	北京市地质工程公司	北京市海淀区田村路39号	张勇	100143	010－88622738	地质钻探：甲级	2008年12月30日至2013年12月29日
41	01200811500028	中国黄金集团地质有限公司	北京市东城区安定门外青年湖北街1号808室	周仁照	100080	010－84871287	固体矿产勘查：甲级	2008年12月30日至2013年12月29日
42	01200811100029	首钢地质勘查院地质研究所	北京市石景山区晋元庄路23号	邓斌	100044	010－68865021	固体矿产勘查：甲级	2008年12月30日至2013年12月29日
43	01200811100030	中国地质科学院地质研究所	北京市西城区百万庄大街26号	侯增谦	100037	010－68999668	区域地质调查：甲级	2008年12月30日至2013年12月29日
44	01200811100031	中国地质科学院矿产资源研究所	北京市西城区百万庄大街26号	王瑞江	100037	010－68335862	固体矿产勘查：甲级	2008年12月30日至2013年12月29日

续表

序号	资质证号	单位名称	住所	法定代表人	邮政编码	联系电话	批准资质登记、类别	有效期
45	01200811500032	北京中金泰科勘探技术有限公司	北京市海淀区长春桥路7号万柳亿城大厦第C2座12A层	段文岗	100089	010－63284260	地质钻探：甲级	2008年12月30日至2013年12月29日
46	01200811100035	神华（北京）遥感勘查有限责任公司	北京市海淀区上地信息产业基地上地四街三号	刘波坤	100085	010－62978070	固体矿产勘查：甲级；遥感地质调查：甲级	2008年12月30日至2013年12月29日
47	01200811700036	中昊海外建设工程有限公司	北京市朝阳区北土城西路11号5层	田潮	100196	010－88431607	地质钻探：甲级	2008年12月30日至2013年12月29日

表 12　2009 年度北京市矿产资源开发利用情况（按矿种分列）

矿种	矿山企业数					从业人员（个）	年产矿量		实际采矿能力（万吨/年）	工业总产值（万元）	综合利用产值（万元）	矿产品销售收入（万元）	利润总额（万元）
	合计	大型	中型	小型	小矿		万吨	万立方米					
合计	169	10	21	107	31	27339	2083.37	0	2284.87	497094.3	95743.72	341819.17	53647.8
煤炭	28	2	1	25	0	19128	628.59	0	610.63	298885.48	26670	182373.06	25992.43
铁矿	9	0	3	6	0	4174	525.68	0	582.55	160994.58	58371.38	143999	25116
熔剂用灰岩	4	1	1	2	0	521	77.92	0	195	2128.16	10	1776.02	384.09
制碱用灰岩	1	1	0	0	0	41	79.37	0	79.37	19806.08	3820.14	217.48	0
叶蜡石	1	0	0	1	0	45	0.25	0	0.45	200	23	180	20
水泥用灰岩	17	0	3	9	5	604	354.77	0	316.51	4752.4	3087.4	3901.96	1079.5
建筑石料用灰岩	8	1	0	7	0	377	154	0	194	1714	1014	1314	78.18
制灰用石灰岩	13	0	1	7	5	307	115.83	0	120.83	1262.5	812.5	1222.5	62.5
建筑用白云岩	3	0	0	3	0	67	26.43	0	38.33	357.04	26	242.04	107.5
玻璃用砂岩	2	0	0	0	2	22	13.33	0	13.33	200	54.5	200	4.2
水泥配料用砂岩	2	0	1	0	1	12	11.67	0	11.67	175	40	175	3.6
砖瓦用页岩	9	2	7	0	0	222	53.5	0	68.5	386.5	396.5	386.5	94.5
建筑用花岗岩	7	2	1	2	2	267	4.54	0	4.53	510	460	489	47
饰面用花岗岩	1	0	1	0	0	25	0	0	6	0	0	0	0
建筑用凝灰岩	1	0	0	0	1	12	0	0	0.01	8	0	0	0
建筑用大理岩	8	1	0	0	7	211	3.87	0	33.78	555	555	530	15.2
饰面用板岩	9	0	0	7	2	407	8.22	0	9.38	390.85	403.3	403.3	98.34
矿泉水	46	0	2	38	6	897	25.4	0	0	4768.71	0	4409.31	544.77

表 12 2009 年度北京市矿产资源开发利用情况（按经济类型分列）

企业经济类型	矿山企业数					从业人员（个）	年产矿量		实际采矿能力（万吨/年）	工业总产值（万元）	综合利用产值（万元）	矿产品销售收入（万元）	利润总额（万元）
	合计	大型	中型	小型	小矿		万吨	万立方米					
合计	169	10	21	107	31	27339	2083.37	0	2284.87	497094.3	95743.72	341819.17	53647.81
一、内资企业	163	9	19	105	30	27152	2003.51	0	2205.5	476648.22	91923.58	341064.69	53671.81
国有企业	15	1	2	11	1	888	240.32	0	281.5	5262.9	2385	4862.76	1500.65
集体企业	64	0	4	49	11	4753	387.67	0	479.54	61619.95	28575.8	58702.5	5481.23
股份合作企业	23	3	3	7	10	387	101.64	0	105.02	1552	1158.5	1477	51.72
联营企业	2	0	1	1	0	32	0.18	0	0	365	0	344	89.5
有限责任公司	23	1	3	19	0	2138	252.52	0	295.05	46863.94	9998	30981.8	4273.94
股份有限公司	12	2	2	8	0	18340	863.54	0	804.95	359421.59	48385.38	243162.79	42146.87
私营企业	17	1	4	7	5	478	106.85	0	158.74	1052.84	910.9	1023.84	109.3
其他企业	7	1	0	3	3	136	50.8	0	80.71	510	510	510	18.6
二、港、澳台商投资企业	2	0	0	2	0	114	0.48	0	0	640	0	537	-24
港、澳台商投资企业	2	0	0	2	0	114	0.48	0	0	640	0	537	-24
三、外商投资企业	4	1	2	0	1	73	79.37	0	79.37	19806.08	3820.14	217.48	0
外商投资企业	4	1	2	0	1	73	79.37	0	79.37	19806.08	3820.14	217.48	0

北京市国土资源局怀柔分局成立于2005年7月。

机构设置：9个行政科室(办公室、财务科、纪检监察科、综合科、执法监察科、利用科、耕保科、地藉科、矿管科)。4个事业单位（土地储备、登记、利用、执法监察队）。6个国土资源管理所。党群机构：1个党总支，5个党支部、工会、团总支。共有党员69人、干部职工83人。

怀柔国土分局在市国土局和怀柔区委、区政府的领导下，认真落实市委、市政府“保增长、保红线、保稳定”的总体要求，以落实1000亿土地储备投资资金任务为主线，以推进列入市、区两级绿色审批通道的各项重点工程为重点，以“三进两促”为契机狠抓队伍的作风建设，各项工作取得了新成绩。

一、精心组织，全力做好第二次全国土地调查工作。在完成了城镇国有土地和农村集体土地地籍调查工作的基础上，完成了第二次全国土地调查工作，获得了覆盖全区的土地权属状况和土地利用现状调查成果，形成了集土地产权与土地利用现状为一体、图形与属性数据相关联的城乡一体化地籍数据库。在完成了第二次全国土地调查基础上，国土分局利用现代化办公理念，将第二次全国土地调查成果应用到地籍管理信息系统建设中，并以地籍管理信息系统为平台，建立了怀柔区国土资源综合管理信息系统。目前，已实现相关业务由纸质办公到电子办公网络化，初步形成现代化管理模式。

二、认真组织各类宣传活动，加大宣传力度。一是在怀柔电视台制作专题节目《国土方圆》26期，在怀柔报开设《土地管理法》宣传知识专栏15期，从不同侧面、不同角度，宣传了国土资源各项工作。二是坚持以每年4月22日“世界地球日”和6月25日“全国土地日”为契机，设摊定点进行土地法律法规知识专题宣传、现场咨询和现场指导。活动期间共发放宣传材料8000余份, 宣传展板8块, 张贴横幅16条。三是坚持送土地利用总体规划图、土地利用现状图下乡活动，突出讲解土地用途管制制度和耕地保护制度等相关内容，并在区“法制公园”设立永久性宣传橱窗，定期对宣传内容进行更新，突出宣传工作实效性和针对性。

三、坚持土地利用总体规划“龙头”地位，严格土地用途管制。自规划实施以来，严格按照土地利用总体规划，从紧控制非农建设用地扩张，严把各类建设项目用地预审关，不断加大现有建设用地整理力度，提高土地利用程度和利用效益。一是农用地利用结构和布局逐步向实现集约、高效的现代化郊区型农业转变。二是统筹安排卫星城、小城镇、旅游开发、基础设施等建设用地，积极为我区经济社会发展提供用地保障。三是开展土地整理复垦，开发后备资源，全区土地开发、整理、复垦总量达到3.5万亩。

四、以保护耕地为核心，严格占用耕地补偿制度，确保我区耕地总量不减少，质量有提高。坚持“管住总量、严控增量、盘活存量、节约集约”的原则，不断加强耕地保护监管体系建设，严格“占一补一”的耕地补偿制度，实现占补平衡。一是以责任促保护。建立耕地保护目标责任制，层层签订耕地保护目标责任状。二是以管理促保护。通过严格把关，加强用地计划管理。三是以质量促保护。不断提高复垦专项资金的使用效率，加强对开发整理工作的质量管理，切实提高补充耕地质量等级为我区耕地占补平衡做出了贡献。

拆除违法小产权房

怀柔区依法拆除杨宋镇伍陆风情园违法项目

怀柔区拆除区内非法砂石厂

小延安外集体合影

储备中心选手演讲

北京市国土资源局怀柔分局

五、以完成行政许可和行政服务事项为重点，严格审批程序，进一步提高服务水平和审批效率。在完成各项行政许可和行政服务事项中，坚持“随到随办、重点标识、主动服务、加快办理”的原则，对外主动服务，尤其是做好审核前的各项指导工作，避免项目单位走弯路，加快上报速度；对内加强协调沟通，优化办事程序，改串联审批为并联审批，缩短办理时限，特别是对绿色通道项目、重点工程、折子工程等项目，坚持“急事急办、特事特办、专人专盯”，把责任和时限落实到具体人，项目审批时限普遍压缩50%以上，极大提高了服务质量和审批效率。行政许可和行政服务类事项中，未出现违规审批、越权审批行为。

六、以规范土地管理与利用秩序为目标，严格执行国土资源法律法规，坚决查处违法违规用地行为。为切实加强土地管理，坚决查处违法违规用地，积极采取了多项措施努力遏制违法违规用地行为。成立了3个国土资源动态巡查分队。坚持对全区实施拉网式、不间断地专项巡查。2009年共计动态巡查4830人次，215个工作日，行程72450公里。通过巡查共发现新增违法用地52宗，各镇（乡）自行上报违法用地111宗。同时还以国土资源部年度卫片执法检查、北京遥感2号卫星季度卫片执法检查契机，坚持镇乡巡查与部门巡查相配套、定期巡查与经常巡查相结合，初步构建起了区—镇乡—村三级动态监察网络。几年来，通过动态巡查、卫片执法检查、群众举报等方式发现并立案查处土地违法案件331件，结案199件，其中下发处罚决定书139件，以其他方式结案60件，申请法院强制执行59件，其它案件正在依法查处之中。

七、获得荣誉

怀柔分局先后被评为市级、区级、系统“首都文明单位”、被市局评为“土地供应奖”、“业务考核奖”、“预算管理先进单位”、“政务信息工作优秀单位”。

被怀柔区委、区政府评为“怀柔区庆祝建国60周年活动先进集体”、“优秀调研信息工作单位”、“信息工作先进单位”、“怀柔区建国60周年国庆安保工作基层先进单位”。

在市局的正确领导下，怀柔国土分局将结合我区土地管理工作实际，进一步改进工作作风，创新工作机制，处理好保障发展与保护资源的关系，树立在发展中保护、在保护中发展的理念，走出一条节约集约利用土地资源的新路子，不断提高国土资源对怀柔区经济社会全面协调可持续发展的保障能力。

分局参加市局系统第一届秋季运动会

土地日，分局局长与常务副县长在密云大剧院宣讲团发放宣传材料

市局组织的第一届运动会，拔河比赛分局获得团体第二

分局组织职工开展活动迎接7.1党的生日

3.8节，分局组织职工开展歌舞活动庆祝

北京市国土资源局密云分局

北京市国土资源局密云分局（简称“密云分局”）于2005年5月21日正式挂牌成立。分局机关设办公室、土地利用科、耕保征地科、地籍科、财务科、执法监察科、纪检监察科等7个职能科室，其中，办公室、执法监察科、地籍科分别加挂政工科、地质矿产科、综合科牌子，编制27人；下属：土地储备分中心、权属登记事务中心、土地利用事务中心、执法监察队、国土一所、国土二所、国土三所、国土四所、国土五所、国土六所等10个事业单位，编制103人。密云县土地总面积2225.87平方公里（合333.88万亩）。

近年来，在市国土局和县委、县政府的正确领导下，密云分局始终坚持以科学发展观为指导，紧紧围绕“保增长、扩内需、调结构、促就业、强基础”的发展大局，把保障促进发展作为头等大事，把严格国土资源执法监管作为基本要求，把推进改革创新作为工作动力，把服务改善民生作为根本目的，主动作为，积极应对，着力破解资源保障难题，全面推行节约集约用地措施，优化用地结构和布局，加速长效机制建设，严格耕地目标考核制度，为实现县域经济社会发展目标提供了有效资源保障。通过开展创建文明单位活动，全局努力创造一流的工作业绩，形成了良好的工作秩序、高效的工作机制、求真务实的工作作风和廉洁奉公的良好形象。截止到2009年，密云分局连续14年被首都精神文明办评为“首都文明单位标兵”；被国土部评为“整顿和规范矿产资源开发秩序工作先进集体”；被密云县人民政府评为“红旗窗口”、“信访工作优秀单位”、“政绩突出单位”。被市国土局评为“市国土系统先进基层党组织”、“国土资源管理先进单位”、“北京市乡（镇）、村级干部国土资源法律知识宣传教育培训活动先进单位”、“信访工作先进单位”、“党日活动银奖”、“文明单位标兵”。

保质保量完成了1000亿土地储备开发项目本年度投资计划任务。密云分局成立了保增长保红线行动工作领导小组和落实1000亿土地储备开发项目投资工作领导小组；为加快全市1000亿土地储备开发项目投资的落实工作，分局局长每周对重点项目进行一次调度，针对重点项目的进展情况和具体问题做出工作安排。并协调县政府有关部门召开1000亿土地储备开发项目实施企业落实投资工作调度会，明确企业责任，了解各项目实施进度和存在的问题，从而帮助协调解决；为加快重点项目用地审批报批，分局主要领导、主管领导带队到企业和有关乡镇现场办公。对市、县重点建设项目办理实施“绿色通道”审批制度，做到“特事特办、急事急办、要事先办”，确保重点建设项目的快速落地。要求分局所属各部门提高认识，增强为“绿色通道”项目服务的责任感；规范运作，提升行政审批服务水平；加大跟踪，确保“绿色通道”服务到位。

加强国土资源执法，规范用地和矿业秩序。加大国土资源执法力度，使全县用地秩序进一步好转。开展了土地执法“百日行动”、查处土地违法专向行动和国土部卫片遥感监测违法用地的查处工作，妥善处理了“未批先用”产业（工业）项目和清查农业设施有关工作。同时，对经动态巡查、群众举报等形式

6.25普法宣传发放资料现场

国土普法培训

2008年召开土地二次调查预检会

2009年3月，分局牵头县政府组织召开全县土地管理大会

7.1分局党组组织党员召开纪念建党86周年

分局局长现场说法：讲党性重品行教育大会6.25

推进廉政风险防范管理工作动员会

发现的土地违法案件进行了查处。严厉打击非法开采运输矿产资源行为，为保护首都水源区的环境，做出积极努力。通过多次组织联合执法行动，大型机械非法开采运输矿产资源现象已基本杜绝，人工非法开采已被控制在最小范围。

加强矿产资源管理，搞好矿山综合环境治理。按时完成县域内7家矿山企业矿产资源开发利用年检工作，并相应地完善了矿产企业的矿产资源储量统计基础表，并全面足额完成了矿产资源补偿费的征收工作。加强对矿山环境综合治理项目的监管，防止施工方违规操作。积极探索出矿山环境综合治理新路子，实现了“矿山变绿、农业增效、农民增收”。近年来，向市国土局争取综合治理项目，为项目区恢复生态景观环境、有效增加林耕地2000余亩。

汛期地质灾害防治和地质环境监管工作进一步完善。编制了汛期地质灾害防治方案、应急预案，明确了各级行政领导防灾责任，落实了重点地质灾害隐患点监测人员，建立健全了群测群防的地质灾监测防治网络体系，几年来未发生大的地质灾害事故，确保了广大民群众的生命财产安全。

国土资源普法宣传工作深入人心、不留死角，国土资源管理工作得到社会各行业的认可。以全国“土地日”、“法制宣传日”和“世界地球日”等重大宣传日为契机，向广大群众宣传国土法规知识。开展了“密云县镇、村级干部国土资源法规学习培训班”、“定期到重点乡镇、村国土普法送下乡活动”。

密云分局将继续紧紧围绕国土资源管理的中心工作和密云经济社会发展，充分发挥职能作用，扎实工作，主动作为，坚持依法行政，严格落实党风廉政建设责任制，强化全局业务和队伍的基础建设，不断提高国土资源管理水平。

二O一O年六月十二日

7.1党组组织党员瞻仰白乙华烈士陵园

轻工业环境保护研究所
北京北科土地修复工程技术研究中心

轻工业环境保护研究所（原轻工业部环境保护科学研究所）成立于1979年。1998年按照国家科学技术部的体制改革方案，由中央转制到北京市，现隶属于北京市科学技术研究院，为公益性科研机构。2002年成立中国轻工业清洁生产中心；2008年经北京市编办批准，加挂北京北科土地修复工程技术研究中心的牌子。目前我单位拥有“环境影响评价甲级证书”、“环境工程乙级设计证书”、“工程咨询丙级证书”和“国家计量认证（CMA）证书”，为国家硕士研究生学位（环境工程专业）授予科研单位。

轻工业环境保护研究所（北京北科土地修复工程技术研究中心）立足行业、围绕北京发展面临的环保问题，以“服务政府、服务社会、服务公益环保事业”三个服务为核心，从事土地修复和再利用的工程与技术研究、场地环境评价的方法和技术标准研究及技术应用、资源综合利用和新农村建设新技术研究、城市污水的治理研究与技术开发、循环经济、节能减排及新材料的开发与应用。

北京北科土地修复工程技术研究中心是北京市第一家专门针对北京市土地修复工程的研究机构，主要是解决北京市各类土地修复和再利用的工程与技术问题。中心已建立“北京市科学技术研究院环境修复重点实验室”、“地下水环境污染控制重点实验室”、“土壤生态修复功能实验室”和“通过国家计量认证（CMA）的集检测科研于一体的多功能实验室——中轻环境实验中心”等四大创新平台作为土地修复技术硬件条件保障。中心建立了一支有较高科研创新能力的环境技术研发队伍（其中具有中高级以上职称人员44名，研究生学历以上人员40余名）。

该中心成立2年来，主要致力于工矿区废弃土地复垦、土地整治、未利用土地开发及生态修复；污染场地评价、污染场地修复技术研发；河道生态修复、土壤质量调查、公路生态修复、生态监测、生态环境规划等方面的研究和应用技术开发，并取得一定的社会经济效果。先后承担了北京市及国家环保部等多项课题，属国内行业先行者之一，科研技术储备及实践经验积累在国内均处于较领先位置。承担国家环境保护部－《场地环境质量评价技术规范》，北京市科委－《北京市典型场地污染的关键异/原位修复技术研究与示范》、《永定河河滨带生态修复技术试验研究》、《北京矿区生态修复技术研究》、北京市财政专项《北京市典型污染土壤修复技术研究》、《北京矿区生态修复技术服务体系平台建设》，北京市环保局－《场地环境评价的技术标准研究等项目》。同时我们积极为政府、为社会提供科技支撑和服务，相继完成了国家土壤污染状况调查项目《北京市重点工业企业与工业园土壤污染状况分析》、《加油站土壤污染状况调查与分析》和《北京市典型矿区场地土壤质量及土壤环境调查与分析》项目，以及《北京吉普车厂场地评价》、《北京焦化厂搬迁场地评价》、《化工三厂场地验收》等项目。

本中心与美国、加拿大、日本、英国、意大利等国家的有关土地修复科研和环保机构建立了良好的合作交流联系。展望“十二五”，我们将加大土地应用技术开发和技术服务，为建设“世界城市”、“宜居城市”作出技术支撑。

北京永定河
河道生态修复调查

门头沟矿区
生态修复效果（1年后）

北京焦化厂污染土地现场取样